KB040085

재일코리안운동과 저항적 정체성

이 저서는 2011년도 정부재원(교육과학기술부)으로 한국학중앙연구원의
지원에 의하여 연구되었음.(ASK-2011-ABC-0102)

재일코리안연구총서003
재일코리안운동과 저항적 정체성

초판 1쇄 발행   2016년 7월 15일

편   자 | 청암대학교 재일코리안연구소
발행인 | 윤관백
발행처 | **돌선인**

등   록 | 제5-77호(1998.11.4)
주   소 | 서울시 마포구 마포대로4다길 4(마포동 324-1) 곳마루빌딩 1층
전   화 | 02)718-6252 / 6257
팩   스 | 02)718-6253
E-mail | sunin72@chol.com
Homepage | www.suninbook.com

정가   35,000원

ISBN   978-89-5933-990-7   94900
ISBN   978-89-5933-625-8   (세트)

· 잘못된 책은 바꿔 드립니다.

재일코리안연구총서003

재일코리안운동과 저항적 정체성

청암대학교 재일코리안연구소 편

책을 내며

2011년 12월 한국학중앙연구원 한국학진흥사업단의 지원을 받은 5년간의 학술프로젝트, 『재일코리안 100년』을 시작한 지 벌써 4년이 지났습니다. 한국 연구자 일곱 명, 일본 연구자 다섯 명, 이렇게 열두 명이 많은 기대와 함께 연구 사업을 시작했습니다. 연구책임자와 전임연구원은 청암대학교 재일코리안연구소의 연구와 실무를 담당하였고, 멀리 떨어진 한국, 일본의 공동연구원과 국적과 거리(距離)의 장벽을 극복하고 유기적인 연구를 수행할수 있을지가 과제였지만 이제는 원만하게 마무리할 수 있는 단계에 이르렀습니다. 이제야 3차년도의 연구 성과를 담아 이 책을 간행하게 되었습니다. '재일코리안 운동과 저항적 정체성'이라는 주제로 열다섯 편의 논문들을 모았습니다.

지난 4년여를 뒤돌아보며 프로젝트의 연구책임자로서 감회가 남다릅니다. 이들 논문은 두 차례의 국내학술세미나와 두 차례의 국제학술대회에서 발표와 토론을 거친 것입니다. 이와는 별도로 연구방향의 전문성 제고를 목적으로 연구소에 재일코리안 관련 전문가들을 모시고 두 차례 워크숍을 갖기도 했습니다. 지금까지 한국에서 '재일코리안사'에 대한 연구가 어떻게 진행되었는지에 대해 통사적으로 살펴보고, 재일코리안의 운동과 저항, 정체성에 대해 인식을 새롭게 한 것도 세미나와 학술대회, 그리고 워크숍을 통해서 가능했습니다.

이 책의 구성과 목적, 논문에 대한 소개는 서문에서 서술하기 때문에 여기서 언급하지 않겠습니다. 이번 주제는 재일코리안의 역사를 이해하는 데

빠질 수 없는 문제입니다. 서문의 연구사 정리에서 보듯이 기존의 연구 성과들도 상당히 있습니다만, 이렇게 책으로 묶여진 우리의 연구 성과가 재일코리안 운동의 다양한 양상과 저항적 정체성에 대한 연구를 한 단계 업그레이드시키는 계기가 되기를 기대해 봅니다.

저희 연구소는 청암대학교 교책연구소입니다. 연구소에서는 재일코리안과 관련된 자료집과 저서, 번역서 발간 등 재일코리안 관련 사업을 다각도로 추진하고 있습니다. 1차년도(2011)의 '이주와 정주', 2차년도(2012)에는 '생활과 문화'에 이어 3차년도(2013)의 연구주제인 '재일코리안 운동과 저항적 정체성'을 수행하면서 현지 출장을 통해 자료조사 및 수집을 진행하였습니다.

이 책이 간행되기까지 적지 않은 어려움도 많았지만 전 양의모 전임연구원의 역할이 적지 않았습니다. 6편의 일본어 논문을 한글로 번역하는 작업을 했습니다. 번역된 논문을 저자들이 다시 확인한 뒤 최종 수정을 마쳤습니다. 그리고 전체 논문에 대한 편집 작업은 김인덕 부소장, 성주현·황익구 전임연구원이 진행하고 연구책임자가 이를 총괄했습니다.

이제서야 저희 프로젝트의 3차년도 사업이 마무리된 느낌이 듭니다. 저희 연구소와 이 프로젝트에 관심과 격려를 보내 주신 우리 청암대학교 강명운 총장님을 비롯해 여러 분들께 감사를 드립니다. 자료집, 재일코리안사전 등을 비롯해 저희 연구소의 대부분의 간행물을 출판해 주시는 도서출판 선인 윤관백 사장님과 편집진 여러분께도 감사의 인사를 올립니다. 저희 연구소가 최선을 다해 소기의 목표를 달성할 수 있도록 앞으로도 큰 힘을 주시기를 기대합니다. 우리 사회가 재일코리안 문제에 좀 더 관심을 갖고 일본에 사는 동포들과 마음으로 소통하게 되었으면 좋겠습니다. 이 책이 그러한 관심에 부응하는 학술적인 성과로 남았으면 합니다.

2016년 6월
청암대학교 재일코리안연구소 소장 정희선

목차

제2부_ 전후 재일조선인의 삶과 정체성

서 문

1. 연구의 목표와 연구사적 의미

본 연구팀의 '재일코리안 디아스포라 100년 – 새로운 재일코리안상의 정립'
이라는 연구사업의 3차년의 주제는 "재일코리안운동과 저항적 정체성"이다.

여기에서는 '재일코리안운동'이라는 개념으로 재일코리안이 전개한 각종,
각양의 운동을 포괄하고 통시적으로 전반적인 고찰을 시도하였다. 재일코
리안운동은 사회주의 운동, 독립운동, 노동운동보다 훨씬 확장된 개념으로
설명할 수 있고, 시기적으로도 일제강점기부터 현재까지이다. 주민운동 등
로컬리티와의 관련성, 내선융화 동화정책의 영향과 이에 대한 재일코리안
의 대응에 대해서도 연구를 진행하고 있다.

역사적 존재일 뿐만 아니라 실존하는 재일코리안은 내부적으로 이념 계
층 세대에 따라 다양한 이해관계를 가진 복합적인 존재이다. 일제강점기의
민족운동·사회운동과 전후 재일코리안 운동의 계승과 단절, 일본 사회운
동 세력과의 연대문제 등 여러 주제에 초점을 맞추어 운동사와 사회사·생
활사의 접목을 시도하였다.

전술했듯이 올해의 연구는 재일코리안[1]이 전개한 각종 운동과 저항적
정체성에 관한 연구이다. 재일코리안은 지난 100년간 어떤 가혹한 조건에

---

[1] 본 연구팀은 기본적으로 '재일코리안'이라는 용어를 쓰고 개별 필자의 상징적인 의미와 주관적
관점 등에 따라 '재일한인', '재일조선인', '재일한국인' 등의 용어를 혼용한다.

서도 물러서지 않고 다양한 형태로 민족적 억압과 사회적 차별에 맞서 싸웠다. 그들의 운동과 운동방침, 그와 맞물린 일제의 (식민)정책과 재일코리안들이 직면한 사회적 조건에 관해서는 상당한 연구 성과가 축적되어 있다고 할 수 있다.

재일코리안의 운동의 역사는 전전과 전후로 나누어 서술할 수 있는데, 전전의 경우는 박경식의 일련의 연구가 주목된다. 그에 의해 재일코리안 운동의 역사는 시작되었다고 할 수 있는데, 1세대와 2세대 그리고 대학에서의 아카데믹한 연구에 기초하여 일정한 성과가 보이고 있다.[2]

전후 재일코리안운동에 대한 연구는 일천한다. 이 가운데는 해방 공간의 민족교육과 생활문제, 본국지향성에 주목한 연구 등이 주목되는데,[3] 특히 조사 연구가 계속 진행되고 있지만 가미무라 히데키의 강연록은 이 분야 연구의 초석이 되고 있는 것은 사실이라고 생각한다.[4]

본 연구는 다음의 4가지 주제에 주목하여 진행되었다. 이런 주제 분류는 100년사를 놓고 하는 새로운 시도이다.

첫째, 일본 사회운동 세력과의 연대문제이다. 재일코리안운동이 일본의 운동세력과 어떤 관계를 갖고 운동을 전개하였는가를 다룬 연구이다. 1929년 무렵을 경계로 재일코리안운동 세력은 자신들만의 운동이 갖는 한계를 느끼고 일본의 운동 세력과의 연대를 강화하여 갔다. 본 연구들이 다룬 것은 주로 일본 운동 세력 안에 편입하여 그들 조직 안에서의 활동을 통해 운

---

2) 여기에 대해서는 박경식의 연구가 주목된다(朴慶植, 『在日朝鮮人運動史 -8 · 15解放前 -』, 三一書房, 1979). 아울러 일반적인 내용은 다음의 책에서 참고 가능하다(전준, 『조총련연구』, 고대 아세아문제연구소, 1972 ; 김준엽 · 김창순, 『한국공산주의운동사』(5), 청계연구소, 1986 ; 김도형, 김인덕 공저, 『1920년대 이후 일본 · 동남아지역 민족운동』, 독립기념관 한국독립운동사연구소, 2008).

3) 박경식의 연구에 기초한 김덕룡, 최영호 등의 연구가 주목된다.(朴慶植, 『解放後在日朝鮮人運動史』, 三一書房, 1989 ; 최영호, 『재일한국인과 조국광복 : 해방직후의 본국귀환과 민족단체활동』, 글모인, 1995, 金德龍, 『朝鮮學校の戰後史 -1945~1972 -』, 社會評論社, 2002). 최근에는 일상의 문제와 생활문제, 일본 내 인권 관련된 관점에서의 연구 등도 진행되고 있다.

4) 카지무라 히데키 지음, 김인덕 옮김, 『재일조선인운동 -1945~1965』, 1994, 현음사.

동의 폭을 넓혀 간 것을 다룬다.

둘째, 내선융화 동화정책의 영향과 이에 대한 재일코리안의 대응에 주목하였다. 넓은 의미에서의 동화정책에 대한 재일코리안의 대응을 소개하고자 한다. 여기서 말하는 내선융화란 황국신민화 정책만이 아니라 전후에 일본의 국가정책을 강요하는 것도 포함하고 있다. 특히 민족교육에 대한 직간접적인 탄압-보조금 삭감 의무교육에서 제외 등-도 결국은 일본 정부자신들의 정책을 따르게 하기 위한 일종의 동화정책이고 따라서 일제강점기 내선융화의 연장선에 있다고 할 수 있다. 소수민족의 존재를 인정하지않고 그들을 자신들의 문화와 체제 속에 강제로 편입하려 한다는 점에서 그렇게 하고 있는 것이다.

셋째, 일제강점기의 민족운동, 사회운동과 전후 재일코리안운동의 계승과 단절의 문제에 주목한다. 전전과 전후의 연속과 단절 문제를 다룬 것이다. 전전의 민족운동이 이른바 독립운동과 계급투쟁이었다면 전후의 그것은 주로 정체성 확립과 권리획득투쟁이었다고 할 수 있다. 그런데 전전과 전후를 연결해서 이러한 문제를 다룬 논문은 거의 없고 사실 여기에 제시된 연구도 그러한 요구를 충족시키기는 어렵다.

넷째, 다양한 재일코리안의 삶의 연결선상의 운동에 주목하고자 하였다. 글자 그대로 위의 분류에 속하지 않는 운동에 대한 연구이다. 재일코리안 100년 운동은 일본과 한국, 그리고 재일이라는 축을 통해 지속, 단절, 연대 등의 개념을 통해 형상화되었다. 이는 일본이라는 공간을 고려해 보면 자연스러운 결과라고 할 수 있다.

전전 일본제국주의와 전후 일본정부는 끊임없이 재일코리안의 정체성을 말살하여 그들을 일본이라는 범주로 편입시키려고 하였으나, 도리어 재일코리안의 운동을 활발하게 만들어 버린 셈이 되었다. 재일코리안은 종교, 사회주의 사상, 대중예술 등의 다양한 수단을 통해 일본의 동화정책에 저항하며 자신들의 정체성을 유지하여 왔다. 전전에는 독립운동으로, 전후에는 민족적 정체성 유지와 권리획득운동이라는 형태로 나타났던 것이다.

이에 따라 이 책의 체제는 2부로 구성되었다. 제1부 '일제강점기 재일조선인의 저항과 운동'은 9편의 논문으로, 제2부 '전후 재일조선인의 삶과 정체성'은 6편의 논문으로 구성되어 있다. 총 15편의 논문은 유기적 연관성을 갖고 100년의 운동사를 정리하고 있다.

2. 제1부 : 일제강점기 재일조선인의 저항과 운동

제1부 '일제강점기 재일조선인의 저항과 운동"은 9편의 논문으로 구성되어 있는데 그 내용을 보면 다음과 같다.

김인덕의 「일제강점기 재일조선인 운동재고-반일, 친일, 운동진영 내부 논쟁을 중심으로-」은 반일과 친일운동, 운동진영 내부의 논쟁을 통해 일제강점기 재일조선인 운동을 살펴보고 특별히 운동진영 내의 국제주의와 지역주의의 대립에 대하여 자세히 논함으로써 일본이라는 공간에서 전개된 재일조선인의 운동을 종합적으로 분석하고자 한 논문이다. 반일운동의 경우 시기적으로 보면 1929년 이전을 전기로, 1929년 이후를 후기로 보고 그 성격 변화가 국제주의와 지역주의의 논쟁을 거쳐 이루어졌다고 보고 있다. 논쟁의 핵심에는 민족이냐 계급이냐 라는 운동의 방향과 성격이 놓여 있으며 결국 국제주의의 승리로 끝나 일본운동세력과의 연대가 이루어진 것이다. 친일운동에 대하여는 일본이라는 특수공간에서 이루어진 친일인 만큼 다른 방법에 의한 접근이 필요하다는 인식을 내놓고 있다.

제목과 마찬가지로 반일, 친일, 운동진영 내부 논쟁의 순으로 내용이 전개되고 있다. 먼저 1929년을 획으로 한 전기와 후기 재일조선인운동의 양태를 분석하였고 그를 바탕으로 몇 가지 특징을 추출하였다. 이어서 '재일조선인 친일파 논의와 실제'에서 김두용의 친일파인식을 소개하며 이를 바탕으로 상애회와 그 핵심세력인 박춘금, 이기동의 친일행각을 논한 뒤에 재일조선인 친일파의 특징을 분석하였다. 그리고 재일조선노동총연맹의 일본노동조합전국협의회(전협)으로의 해소를 둘러싼 논쟁이 민족과 계급, 국제주의와 지역주의를 키워드로 전개되는 과정을 자세히 소개하고 이에 대한 평가를 내리고 있다.

반일과 친일을 모두 재일조선인운동으로 본 시점이 신선하다고 여겨진다. 그것이 서로 어떤 상관관계를 갖는지, 재일조선인의 삶을 하나의 틀에서 살펴서 종합적인 분석을 시도하였다고 한 것은 의미가 크다 하겠다.

오노 야스테루의 「일본에서의 초기 조선인 사회주의운동 - '조선독립운동사'와 '재일조선인사'의 사이에서 고찰 - 」은 1920년대 초에 형성된 재일조선인의 사회주의운동이 국제코민테른과의 연대로 인해 그 중심이 조선으로 옮겨 가면서 쇠퇴해지고 잔류세력에 의해 재건되는 과정을 살펴본 논문이다. 재일조선인 사회주의운동은 기존의 주장처럼 순조롭게 발전 계승되어 간 것이 아님을 밝히고 있다. 조선으로 돌아가 조선 사회주의운동을 이끌어 간 세력과 잔류하여 재일조선인 사회주의운동을 지속적으로 전개한 세력의 대립구조로 인해 크게 흔들렸다는 것이 논문 전체에서 제시되는 내용이다.

이러한 일련의 과정을 시기별로 나누어 분석하고 있다. 쌀소동을 통해 재일조선인 노동자들이 관심의 대상이 되었고 최초의 사상단체인 '흑도회'의 창설과 분열을 통해 재일조선인 사회주의운동이 본격화된다. 이어 시나노가와 조선인노동자 학살사건으로 인한 재일조선인 사회주의운동의 급속한 진전을 보이고, 이것이 코민테른 내에서의 위상을 높이게 되어 재일조신인이 아닌 조선인 전체로 운동의 대상이 바뀌어 가게 됨에 따라 재일조선인 사회주의운동은 도리어 쇠퇴의 길을 걷게 되었다. 이에 대하여 잔류세력들은 재일조선인 사회주의운동을 조선사회주의운동의 그늘에서 벗어나 독자적인 운동으로 만들기 위한 움직임을 전개하고 양자 간의 대립은 극심해지게 되었다. 그 후에 전개된 재일조선인 사회주의운동은 따라서 초기 사회주의운동의 흐름 속에서 형성된 것이 아닌 단절적인 성격을 갖는다고 결론짓고 있다.

필자는 재일조선인 사회주의운동의 기술의 어려움을 호소하고 있다. 국제주의에 휘둘려 민족의 결집에 관심을 갖지 않은 주류세력의 이탈에 대한 비주류세력의 민족지향적 운동 간의 대립 갈등이 초기 재일조선인 사회주의운동의 흐름을 너무나 복잡하게 만들었기 때문이라고 인식하고 있다. 비단 사회주의운동만이 아니라 민족운동 전체에 있어서도 이런 식의 대립-본국 중심주의와 현지 중심주의-은 존재하였을 것이고, 이 논문은 그러한 문제의식을 구체적으로 논했다는 것에 의미가 있다.

최재성의 「일본 유학시기 이여성의 민족운동」은 이여성의 1922년부터 1926년 말까지 4년여 간 일본에서 활동한 내용에 대한 연구 논문이다. 3·1운동 시기 대구에서 혜성단을 결성하고, 격문을 제작, 배포하는 활동을 하다가 일제 경찰에 체포되어 3년의 옥고를 치른 후 일본 릿교대학에 유학하면서 일본 생활을 했다. 그동안 사회주의 단체인 북성회와 일월회 창립에 참여하고, 그 기관지의 편집, 발행의 책임을 맡으면서 필자로도 활동했다. 그밖에 동아일보 배척운동 등 일본 내 여러 강연회나 방학 중 국내 연설회에도 참여했다.

일제강점기 조선인 사회주의자들은 '일본 제국주의 타도, 조선의 완전한 독립'을 내걸고 투쟁했다. '조선 인민의 적은 일본의 지배계급'(북성회 강령), '계급적·성적·민족적 억압과 착취에 조직적으로 투쟁'(일월회 강령) 등을 강령으로 표방한 재일조선인 사회주의자도 마찬가지였다. 이여성은 이런 목적을 가진 사회주의 단체에 참여하고, 기관지 편집, 발행을 한 것으로 이는 민족해방운동을 수행한 것이다.

또한 「일본의 군사교육문제」, 「〈시〉 弱者의 頌歌」, 「野蠻人의 恐怖와 文明人의 恐怖」, 「朝鮮政治運動者들에게」, 「起蹶無常한 支那軍閥 郭松齡의 沒落과 張作霖의 再興」, 「졸업생과 생활비」 이렇게 6개의 글을 통해 이여성이 1920년대 중반 사회주의자로서 상당한 이론을 갖추었고, 또 이를 바탕으로 주위의 지식인과 노동자들에 대한 계몽운동을 벌였다는 내용을 소개하고 있다.

성주현의 「천도교청년당 도쿄당부의 조직과 활동」은 3·1운동을 주도한 천도교는 일본에서의 민족운동에도 정력적이었음을 다각적인 관점에서 살

펴보고 있다. 아울러 손병희의 망명으로 맺어진 일본과의 인연이 청년신도
들의 자발적인 결성으로 부활하여 다양한 형태의 민족운동을 전개하였음을
확인할 수 있다. 본국의 천도교 단체가 분열과 통합을 거듭하는 가운데 그
영향을 벗어나지는 못하였지만, 그럼에도 불구하고 1939년 천도교청년당의
해산까지 꾸준히 이어져 갔던 사실도 서술하고 있다.

　활동의 내용은 전도(포교, 포덕) 순회강연, 대외 활동, 부문 단체의 조직
과 활동 등으로 이루어졌다. 전도가 종교의 본래 활동이라면, 나머지는 민
족적인 성격의 활동임을 논문은 각종 근거를 들어 입증하고 있다. 주로 국
내에서 이루어진 강연활동은 때론 일경의 강연중지나 해산을 강요당하는
일도 비일비재했고 이는 민족적 성격에서 기인했다고 한다. 대외활동 중의
하나인 1923년 관동대지진 피해자 구조 활동도 민족운동의 일환이었다. 색
동회, 소년회 등의 부문단체조직의 활동의 하나로 발행된 '개벽전선'은 민족
의식을 고양한다는 이유로 발매 및 배포금지 압수 등을 당하였다.

　민족종교로 출발한 천도교의 일본지역 민족운동에 대해서는 일반적으로
알려진 것이 그리 많지 않은 현실을 감안할 때 본 논문의 의의는 매우 크다
고 하겠다. 동학농민혁명에서의 동학의 역할, 3·1운동에서의 비중 정도가
알려진 가운데, 천도교청년당 도쿄당부의 민족운동을 파헤쳐 알린 것은 주
목되는 성과이다.

　도노무라 마사루의 「식민지기의 재일조선인 문화활동 – 민족적 저항의
요소에 착목하여」는 상대적으로 덜 주목 받고 있는 재일조선인의 문화 활
동을 프롤레타리아 문화운동 계열과 상업적 조선인 예술활동을 통해 살펴
보고자 했다. 기존의 연구가 사회주의계열 운동 특히 노동운동에 치우쳐있
는 연구사적 반성을 전제로 하고 있다. 또한 프롤레타리아 문화운동 계열과
상업적 조선인 예술활동의 관계가 전혀 고려되지 않았다는 기존연구의 한
계도 넘어서고자 하고 있다.

　이러한 관점에서 프롤레타리아 문화운동의 시기를 세 시기로 나뉘어 각
각의 시기의 특징과 구체적 내용이 논해지고 있다. 제1기는 1920년대와

1930년대 초, 이른바 재일조선인의 형성기로 양자의 활동이 각각의 영역에서 별다른 관계없이 독자적으로 이루어지고 있었던 시기이다. 제2기는 1930년대 중반기로 일본공산당에 대한 집중적인 탄압으로 인해 활동의 제약이 극심하여짐으로 인해 양자 간에 긴밀한 관계가 형성되어 활동이 전개된 시기이다. 제3기는 1930년대 중반에서 해방까지의 시기로 철저한 동화정책으로 인해 민족문화를 위한 문화 활동이 점점 위축되어 간 기간이다.

민족문화 활동을 통한 민족운동은 재일조선인들에게 보다 친밀한 형태로 민족의 아이덴티티를 심어주었다는 점에서 큰 의미를 갖는다고 본 논문은 강조하고 있다. '춘향전', '아리랑'과 같은 전통적 색채의 공연은 물론 반민족주의자를 풍자하거나 일제에 의해 억압받는 조선인들의 삶의 애환을 그린 연극 등을 통해 다시금 민족을 그들의 마음과 머리에 각인시켰기 때문이다. 최승희 배귀자 같은 무용가가 추는 조선풍의 무용은 보이지 않는 민족혼을 유형으로 표현한 것이기에 그 자체로서 충분히 민족운동이었다고 할 수 있다.

정희선의 「재일조선인과 일본반제동맹－중앙과 지방조직에서의 재일조선인의 활동을 중심으로－」은 재일조선인이 자신들만의 민족운동의 한계를 극복하고 나아가 국제연대를 모색하기 위해 일본반제동맹을 통한 전개한 활동을 분석한 논문이다. 1929년에 창립된 일본반제동맹은 '반제국주의민족독립지지동맹 일본지부'의 약칭이며 이들은 조선, 대만의 독립과 일본제국주의의 타도를 위해 조선인과의 공동투쟁을 내세우고 있었다. 이에 따라 조선인운동가들의 참가가 활발하게 이루어졌고, 한때 숫자상으로, 적극성에 있어서 큰 비중을 차지하기도 했다.

본고는 일본반제동맹 안에서의 재일조선인의 성격과 역할을 분석하고 그 의미를 평가하고자 하였다. 먼저 일본반제동맹의 조직에 대한 소개를 하고 중앙에 속한 재일조선인의 역할에 대하여 논하고 있다. 이어 각 지역조직 안에서의 재일조선인의 역할을 설명하고 있으며 마지막으로 전체조직 안에서의 재일조선인 활동가들의 특성에 대한 분석을 하고 있다.

결론에서는 일본반제동맹에서의 재일조선인의 비중과 역할이 일본반제동맹의 생명을 유지하게 하였다고 높이 평가하면서도 분열책에 따른 한일 연대의 한계와 국제연대의 미흡을 지적하고 있다.

이 논문은 재일조선인들이 일본의 운동조직에 참가하여 어떠한 역할을 수행하고 얼마나 큰 비중을 차지했는가를 구체적으로 밝히고 있다. 인텔리 중심의 재일조선인들이 자신들의 민족운동의 한계를 극복하고자 참가하여 가장 적극적으로 활동하였고, 60~70%에 이르는 비중을 갖고 있었으며, 아울러 다른 운동조직에도 동시에 참가하고 있었다고 한다.

김광열의 「1930년대 재일한인이 일본 좌파 노동운동에 참가한 배경」은 비교적 높은 학력을 가지고 청운의 꿈과 함께 일본행을 실행했지만, 민족 차별과 억압의 구조 속에서 절망을 느껴 사회주의운동에 적극적으로 가담하게 되었다면서 '재일한인'의 운동적 참가 특성을 서술하고 있다. 그리고 구체적인 자료를 통해 입증했다. 내선일체를 외치며 조선과 일본이 하나임을 외친 일제의 모습이 얼마나 허구적이었는지 새삼 느끼게 하는 사실이다.

이들의 사회주의운동이 일본 좌파노동운동의 한 부분으로 이루어지게 된 것은 내외적인 이유가 있다고 논문은 지적하고 있다. 내부적으로는 1922년에 도쿄조선노동동맹회에서 시작된 재일조선인 노동운동단체가 1925년 재일조선노동총동맹이라는 전국 조직으로 발달하였음에도 불구하고 일제의 대대적 탄압으로 위축되면서 일본 좌파조직에 편입되어 갈 수밖에 없었던 것, 아울러 이전부터 산업별 노동조합운동과 일본 좌파와의 협동전선을 추구하여 온 사정 등을 서술하고 있다. 아울러 외부적으로는 거주지 노동자를 해당국의 좌파 노동조합이 조직 내로 흡수해야 한다는 코민테른의 지시가 있었던 점을 들고 있다.

이 논문에서 특히 주목되는 것은 재일조선인의 일본 좌파 노동운동 내에서의 적극적 활동이 드러나고 있는 점이다. 계급적 억압에 민족적인 차별이라는 또 다른 고난을 감내해야 했던 재일조선인들에게 좌파운동은 시간을들여 이루어가야 할 과제가 아닌 현실의 삶의 문제를 해결해야 할 절박한 것이었다.

정혜경의 「일제 말기 강제로 동원된 조선인의 저항」은 '강제동원'이라는 단어가 주는 피동적인 성격을 이에 대한 조선인들의 저항운동을 살펴봄으로써 민족운동의 또 다른 양상을 보여주고자 한 논문이다. 저항의 모습은 소극적으로는 징용이나 징병기피 · 도망 · 태업 등이었고, 적극적으로는 파업에서 무장투쟁 비밀결사에 이르렀다. 처음엔 단순히 저항이라는 성격을 가졌던 것이 식민지 지배의 모순에 대한 인식과 일본의 패전에 대한 희망 확대 등에 의해 점차 민족운동의 성격을 띠게 되었다고 한다. 필자는 과거의 연구들이 저항 자체를 축소시켜 보거나 실패로 끝났다고 다소 과소평가한 것에 대한 재평가를 요구하고 있다.

필자는 저항의 지역별 시기별 분석을 실시함으로써 저항의 성격을 규명하려고도 했다. 먼저 동원과정 자체에서 발생한 저항의 내용을 특히 탄광에의 징용과 학도병징집에 대한 저항을 중심으로 시기적 성격과 함께 소개하고 있다. 이어 한반도와 일본 그리고 동남아시아지역을 대상으로 각각 지역별 운동양상을 분석하고 있는데, 일본지역이 실제 동원인원의 많음과 일반 재일조선인과의 연대 가능성 — 실제로 비밀결사에의 참여도 보임 —, 그리고 일본제국주의의 본거지라는 특성으로 인해 가장 저항이 심했다는 점을 적시하고 있다. 결론에서는 시기별로 볼 때 일본제국의 영역이 넓어져 행정에 의한 일관적 동원이 어려워지고 동원범위가 확대되어 간 전쟁 후기로 갈수록 저항이 극심해졌으며, 저항의 성격도 구조적 모순과 민족차별에 대한 각성이 내포된 것으로 변화되었다고 논증하고 있다.

기무라 겐지의 「재일조선인 협화회체제의 말단기구 — 야마구치현의 사례를 중심으로 —」는 재일조선인들의 동화기구인 협화회체제의 말단기구로서의 특징을 야마구치현이라는 특정지역을 통해 추출하고자 했다. 구체적으로는 조선인단체들이 야마구치현 협화회 아래로 집약되는 과정을 명확히 하고 그 아래 만들어진 지회와 지회의 중심 구성원으로서의 지도원과 보도원의 설치 및 활동을 명확히 하는 것으로 되어 있다. 논문은 야마구치현의 협화회 구성과 지회, 그리고 그 구성원의 임명과 역할에 대하여 논하고 있다. 야마구치현 내의 재일조선인들을 대상으로 하는 각종 단체를 협화회의 이름 하에 결집되는 과정을 1차에서 3차에 걸쳐 상세히 살피고 각 지회의 설치와 지도원과 보도원의 임명과 그 역할에 대하여 보다 구체적으로 논하고 있다. 아울러 협화회가 이러한 조직과 인원을 통해 하고자 한 '내선동화'와 전시협력을 위해 전개한 활동—강연회 장정연성훈련 등—에 대하여 살펴보고 있다.

이러한 내용을 통해 필자는 협화회를 통한 조선인 통제가 어떻게 이루어졌는지를 야마구치현의 사례를 통해 자세하고도 명확히 밝히고 있다. 전체의 성격을 확실히 파악하기 위해 지방의 사례를 철저히 조사 분석하는 것이 전체를 이해하는데 큰 도움을 준다는 것을 필자는 본 연구를 통해 보여주고 있다.

3. 제2부 : 전후 재일조선인의 삶과 정체성

제2부 '전후 재일조선인의 삶과 정체성'은 6편의 논문으로 구성되어 있는데, 그 내용은 다음과 같다.

미즈노 나오키의 「일본 패전 후의 정치범 석방과 재일동포」는 재일조선인이 정치범 석방운동에 얼마나 적극적이었고, 그 이유는 무엇인가를 명확히 하고자 하는 논문이다. 재일조선인이 정치범 석방운동에 적극적이었던 사실은 정치범 석방운동이 일본인에 의한 그것보다 훨씬 이른 시기에 시작되었고, 또한 석방자들을 맞이하는 사람들 중 재일조선인의 비중이 컸다는 사실 등에서 확인되었다. 점령군이 정치범 석방을 구체적으로 일본정부에 제시하기 이전에 이미 재일조선인은 정치범 석방을 위해 움직이고 있다는 사실을 여러 가지 자료를 통해 보여주고 있다.

이에 대해 필자는 두 가지 원인을 제시하고 있다. 재일조선인이 치안유지법 등에 의해 집중적으로 탄압을 받아 정치범 가운데의 비중이 상대적으로

컸기 때문에 재일조선인에게 있어서 정치범 석방이 해방을 위해 매우 중요하다고 여겨졌다는 점이 하나이다. 또 하나는 조선에서의 정치범 석방이 패전 직후 이루어져 이것이 신문 등을 통해 일본에 전달되었고, 이로 인해 재일조선인의 정치범석방운동이 가속화되었다는 분석이다. 두 가지 원인과 더불어 필자는 재일조선인의 조직의 강고함을 논문에서 강조하고 있다.

패전으로 어수선한 가운데에서도 재일조선인이 강한 민족의식에 바탕을 둔 행동력을 보여주었다는 사실은 매우 중요한 의미를 갖는다. 본 논문은 그것을 정치범 석방이라는 구체적인 사실을 중심으로 자세하게 입증했다는 점에서 그 가치를 찾을 수 있을 것이다. 본국의 변화가 재일조선인에게 영향을 미친 것은 비단 정치범 석방 문제만은 아니었지만 정치범 석방 문제가 최초의 사례일 수 있다는 점에서 연구사적 의미가 크다.

동선희의 「해방 후 고베지역 재일코리안의 동향과 전해건(全海建)의 활동 -장남 전성림의 증언을 중심으로-」는 해방 후 민단과 조총련(조련)의 이념 대립 가운데 자신의 신념을 바탕으로 통일과 평화운동을 전개한 화산 전해건의 삶을 분석한 논문이다. 조직의 논리에 편승해 세력을 넓혀 가지 않고, 이념에 구애받지 않으며 활동한 그에게 남겨진 것은 철저히 소외된 삶이었다. 해방 이후 그의 행적이 제대로 평가 받지 못하고 심지어 해방 전의 행적마저 친일로 간주된 원인을 필자는 이러한 그의 개인적 신념에 기초한 탈조직적 활동에 기인한다고 분석하고 있다.

논문의 내용은 해방 이후 발생한 얽히고설킨 재일조선인 간의 대립과 혼란의 흐름 속에서 전해건이라는 개인이 걸어 간 길을 더듬어 가는 형식으로 되어 있다. 일제 하의 민족운동에서 나름대로의 위상을 갖고 있던 그가 분쟁의 그늘에서 벗어나 독자적인 활동을 전개하게 된 경위부터 시작하여 통일과 평화운동에 대한 그의 신념에 기초한 활동이 구체적으로 그려지고 있다. "조선 사람은 분열해선 안 된다"라는 신념과 통일에 대한 집념, 평화에 대한 그의 열망 모든 것이 한시를 통해 표현되는 전해건의 모습에서 확인된다. 그것은 좌절된 이상주의자 모습 바로 그것이었음을 필자는 직간접적으로 강조하고 있다.

임영언의 「재일동포의 민족교육과 운동」은 한국학교에 초점을 맞춘 실태
조사보고서에 기초한 분석적인 논문이다. 일본에서 민족교육에 대한 차별
이 심각해지는 상황에서 민족학교와 민족교육은 민족의 정체성유지를 위해
서 매우 중요한 해외동포정책이라고 하는 것이 연구의 배경이다. 부모의 교
육수준부터 한국학교 선택 이유, 수업과 교사에 대한 만족도 등의 다양한
설문을 통해 실태파악을 시도하고 있다. 아울러 민단계 한국학교와 총련계
학교의 사례분석도 실시하여 비교 검토하는 작업도 곁들여져 있다.

이러한 조사를 통해 각 주제에 대한 내용 소개가 이루어지고 있다. 설문
조사에 대한 결과 보고와 함께 민족학교와 총련계 학교의 비교에서는 글로
벌 인재양성이라는 한국학교의 목표와 '민족의식' 고취라는 총련계 학교의
목표를 대조시키고 있다.

후지나가 다케시의 「오사카에서의 민족교육운동의 현재 - 오사카부 오사
카시 보조금 문제를 중심으로 - 」는 조선학교 보조금문제와 관련해서 마이
너리티에 대한 보호와 식민지지배에 대한 일본정부의 책임 문제를 제기하
고 있는 논문이다. 그것은 단순한 합법성이나 논리적 정확성을 넘어서는 보
다 보편적인 가치를 갖는 것임을 전제하고 있다.

민주당정권이 들어서고 2010년이 되어 조선학교에 대한 일본사회의 태도
는 급격히 악화되기 시작했다. 그 이전까지 일본정부와 자치단체는 민족교
육에 대하여 호의적인 태도를 취해 왔다. 일본 중앙정부와 각 자치단체는
각종 보조금을 확대하면서 민족학교가 수행하는 교육적 역할을 경제적으로
지원했다. 또한 제도적 차별에 대하여도 - 일본 전국체전 참가 문제, 정기권
할인율 격차 등 - , 이를 시정해감으로써 민족교육에 큰 힘을 실어주었다.
히지만 2010년 이후 보고금은 여리 가지 이유로 삭감되고 민주당정권의 공
약인 고교무상화에서 제외되는 등의 차별을 감수해야 했다. 이러한 차별의
선봉에 선 것이 오사카부와 오사카시를 장악한 오사카유신회였고, 본 논문
은 그러한 사실을 비판적인 관점에서 자세하게 살펴보고 있다.

아울러 이러한 차별의 배경에는 북한에 대한 공공연한 적대감, 나아가 일본사회의 마이너리티와 식민지문제에 대한 무지와 무관심에 있다고 필자는 지적하고 있다. 직접적인 이유로 거론되는 일본인 납치문제는 단지 그 도화선이 되었을 뿐이라고 했다. 민족학교에 대한 차별이 재특회를 통한 차별운동의 흐름 속에 위치지워져야 한다는 점도 주목하고 있다.

마쓰다 도시히코의 「히타치취업차별재판 이후 재일 한국인 권리쟁취운동」은 재일코리안의 삶의 방향이 귀국에서 정주로 바뀌는 것에 따른 운동의 성격이 차별철폐로 바뀌어 가는 과정을 운동의 주체에 대한 분석을 중심으로 살펴보고 있다. 1970~74년의 '히타치채용차별재판'을 계기로 재일코리안의 권리쟁취운동은 정주를 전제로 한 것으로 바뀌게 되었고, 구체적으로는 지문날인 반대운동과 지방참정권 요구운동, 즉 '시민권 없는 사람들의 시민적 권리쟁취운동'이라고 규정되는 것이었다고 것이다.

재일코리안 2세의 증가와 성장으로 인한 정주지향성의 강화, 한일국교수교에 따른 재일코리안의 법적지위 보장의 실망스러운 수준이었던 사실에서 오는 좌절 등이 이러한 결과를 가져온 주요인으로 필자는 지적하고 있다. 이러한 운동의 두 주체인 민투련과 민단이 구체적으로 어떻게 운동을 전개하였는가를 논문은 서술하며 아울러 조심스레 평가를 내리고 있다. 초기에 운동을 주도한 민투련은 주로 재일교포 2세에 의한 행정 차별 철폐운동이었고 많은 성과를 올렸으나, 여러 세력의 연합이라는 약점으로 인해 활동과 조직의 대폭적 축소를 면치 못하고 말았다는 것이다. 이에 비해 민단은 초기에는 정주지향=동화라는 경계심으로 소극적이었으나, 차츰 적극적으로 관여하면서 운동의 주도권을 잡게 되었다고 했다. 하지만 민단 주도의 운동은 지문날인반대운동에 비교적 성공적인 결과를 가져왔음에도 불구하고 지방참정권운동을 국내 마이너리티문제에서 동아시아의 대립구조 안에 포함시키는 방법적인 오류 등으로 인해 한계에 부딪히게 된다.

필자는 이러한 재일코리안운동의 한계보다 '마이너리티에 대한 불관용적인 경향', '아시아 국가들과의 관계 악화'를 운동이 침체된 중요한 원인이라고 지적하며 논문을 마무리하고 있다. 민투련의 내분과 조총련의 운동에 대한 동화론적 비판 등 재일코리안 내부의 의견 대립을 반대론자들이 이용하였다는 점은 인정하지만 근본적인 문제는 일본 사회에 있음을 보다 중시해야 한다는 것이다.

이신철의 「재일동포사회의 분단극복과 통일운동」은 해방 이후 한반도의 분단과 한국전쟁 등의 정세변화로 인해 분열되어 온 재일코리안 사회가 1980년대를 기점으로 민족통일과 동아시아 공동체 형성에 대한 능동적 모습을 취하게 되는 과정을 분석한 논문이다. 당초에는 비교적 연대관계를 유지하여 온 민단과 총련의 양대 재일코리안 세력은 한국전쟁으로 크게 대립하기 시작하였고 북한의 정책변화, 4·19혁명과 한일국교정상화, 한국의 10월 유신 등에 영향을 받아 극한 대립상태로 치닫게 된다고 한다.

이에 대해 본국지향보다는 재일에 정체성을 추구하게 된 2, 3세의 등장과 증가가 재일코리안의 통일과 일본사회의 공생을 내건 새로운 움직임을 가져왔다. 이는 과거 한반도에 의해 수동적인 역할에 머물던 재일코리안 사회가 자신들의 변화로 한반도와 동북아시아에 영향을 끼치려는 능동적인 존재가 되고자 한 것이었다. 그러나 한반도의 변화에 여전히 휘둘릴 수밖에 없는 한계를 극복하지 못하고 남북관계의 악화가 운동의 정체와 변질-정치적 운동으로-을 초래하여 버리고 말았다.

필자는 논문을 통해 재일코리안 사회가 한반도 정세에 영향을 미칠 수 있는 능동적인 존재로의 변화를 지적하였으며 이는 매우 의미 있는 것이라 하겠다. 그리고 그것이 일본사회와의 공생이라는 관점에 더하여 궁극적으로는 동아시아 공동체라는 보다 큰 비전으로 연결되고 있다고 높이 평가하고 있다. 재일코리안은 과거 한국인도 일본인도 아니라는 정체성의 혼란을 겪었고 이것이 약점으로 지적되어 왔으나 필자는 도리어 그것이 일본과 한반도의 정세에 보다 객관적인 자세로 대처할 수 있는 기반이라고 하여 그들의 적극적 역할을 기대하고 있다.

제1부_
일제강점기 재일조선인의
저항과 운동

일제강점기 재일조선인 운동 재고
-반일, 친일, 운동진영 내부 논쟁을 중심으로-

1. 머리말

재일조신인은 일본에 정치, 그리고 경제적인 목적을 갖고 도일하여 일본
에 정주한 사람들을 말한다.[1] 일제강점기 이들 재일조선인은 반일운동을
전개했다. 그 운동은 다양성과 지역성을 보이고 시기별 특성을 띠고 있다.
특히 노동운동과 청년·학생운동을 통해 전개되었다. 이러한 재일조선인의
운동은 일본제국주의에 대한 저항사임은 분명하다.

이런 재일조선인 운동은 식민지 조선을 일제의 지배에서 해방시켜 독립
국가를 수립하는데 종국적인 목표가 있었다. 동시에 각종 정치적 문제에 대
해 민족, 계급적 투쟁을 전개했다.

일제강점기 재일조선인사와 재일조선인 운동사에 대한 연구는 선행 연
구[2]를 통해 확인할 수 있다. 동시에 여러 형태로 관련 자료가 일본과 국내

---

1) 1910년부터 1945년 시기에 일본에 살았던 '한민족'에 대해 여러 가지 용어가 사용되고 있다.
   '재일조선인', '재일코리안', '재일한인'이라는 용어가 사용되는데, 역사성에 주목하여 본고는
   '재일조선인'을 쓴다.
2) 연구사는 주로 박경식과 도노무라 마사루(外村大)의 연구사와 필자의 글을 참조한다.(朴慶植,

에서 간행되어 오고 있다.[3] 여기에서 나아가 최근에도 다양한 분야에서 연구가 진행되고 있다.[4]

본 연구는 재일조선인의 1910년부터 1945년 시기 식민지 조선 출신으로 일본 사회 속에서 살아갔던 재일조선인의 운동에 대해 주목하고자 한다. 일찍이 박경식은 재일조선인사는 운동사가 중심이라고 하면서 재일조선인 연구도 운동사 중심으로 진행했다.[5] 그리고 그는 '전전 식민지 지배에 대한 저항과 전후의 정주와 일본 사회에 대한 요구투쟁이 재일조선인 사회의 골간이다'라고 했다. 일제강점기 재일조선인에게 민족 정체성은 저항적 특성을 갖고 있었다. 이런 모습이 당시 일본 속 재일조선인 사회의 주류, 내지는 대세였다고 할 수 있다. 그러나 반면 그 내부에는 논쟁의 구도가 있었고, 그리고 여러 가지 이유로 부일과 친일을 한 사람도 존재했던 것은 사실이다. 실제로 다양한 사회 분위기가 존재했다.

본 연구는 재일조선인의 운동을 반일과 친일 그리고 운동 진영 내부의 논쟁을 통해 재구성해 보고자 한다.

일제 강점기 재일조선인 운동은 국내와 다른 공간인 일본에서 전개되었다. 즉 일본이라는 생활공간에서 전개되어, 국내와 일본이라는 이중적 영향을 받게 되었다. 동시에 국제적 영향과 나아가 일상의 생활이 작용하기도 했다. 본고는 이런 요소가 재일조선인 운동을 규정하는데 주요하게 작용해

『在日朝鮮人運動史 -8 · 15解放前-』, 三一書房, 1979 ; 김인덕, 「일본지역 독립운동에 관한 연구의 회고와 전망」, 『한국사론』(26), 1996 ; 外村大, 『在日朝鮮人社會の歷史學的研究』, 綠蔭書房, 2004)

3) 明石博隆 · 松浦總三 編, 『昭和特高彈壓史』(6)(7)(8), 太平出版社, 1975~1976 ; 金正明 編, 『朝鮮獨立運動』(3)(4), 原書房, 1966~1967 ; 朴慶植 編, 『在日朝鮮人關係資料集成』(1-5), 三一書房, 1975~1976 ; 朴慶植 編, 『朝鮮問題資料叢書』(1-15), アジア問題研究所, 1994 ; 世界革命研究會, 『資料在日朝鮮人共産主義運動』(『世界革命運動情報』(特別號2, 4號), 小澤有作 編, 『在日朝鮮人』(『近代民衆の記錄』(10)), 新人物往來社, 1978 ; 김인덕 편, 『식민지시대 민족운동사자료집 -일본지역편-』(1-7), 국학자료원, 1997 ; 外村大 · 김인덕 공편, 『解放前 在日韓人關係記事集成I - 朝鮮日報 編-』, 경인문화사, 2008. 5.

4) 임영언 외, 「재일코리안 연구」, 윤인진 외, 『재외한인 연구의 동향과 과제』, 북코리아, 2011.

5) 그가 주도한 연구회의 명칭은 재일조선인운동사연구회이다.

왔다고 생각한다. 이에 따라 재일조선인의 운동을 시대적 양태와 특징, 친일성, 지역주의와 국제주의의 충돌의 모습을 통해 볼 것이다. 이를 위해 첫째, 1910~40년대를 1929년을 축으로 전기와 후기로 나누어 그 양태와 특징을 재구성하고, 둘째, 재일조선인 친일에 대한 논의와 실제를 김두용의 논점과 대표적 재일조선인 친일 활동가의 행적을 검토하여 그 의미를 고찰할 것이다. 그리고 셋째로 재일조선인 운동의 전환을 가져온 1929년 해체 논의를 지역주의와 국제주의의 충돌이라는 관점에서 활동가들의 논점을 통해 검토해 보겠다.

2. 재일조선인 운동의 양태와 특징

1) 전기 재일조선인 운동의 양태[6]

재일조선인 사회는 1910년 이후 본격적으로 형성되어 왔다. 1910년 이전에는 재일조선인이 주로 유학생과 소수의 상인이었다고 할 수 있다. 전근대를 불문하고 그 이전에도 일본으로 이주한 경우가 없지 않았다. 이들은 소수로 일본 사회 속에서 '조선인'으로 살아갔다.

1910년 한일병합 이후 재일조선인 사회는 유학생 중심으로 구성된다.[7] 1910년대 초 재일조선인 유학생은 여러 형태로 유학했다. 이들은 국권회복을 부르짖는 사람이 절대 다수는 아니었다. 반일과 국제사회의 동향에 민감한 반응을 하면서 본격적으로 반일적 모습을 드러낸 것은 1917년 후반부터이다. 그 이유는 국제정세의 변화 가운데 러시아혁명의 성공, 그리고 일본

---

6) 일제강점기 재일조선인의 운동을 전기와 후기로 구분한다. 그 분기점은 일반적으로 1929년으로 재일조선인 운동의 해체논의를 축으로 한 운동진영의 변화에 주목한다.

7) 정혜경, 「재일한인의 정착과 생활(1920-1928)」, 『일본 한인의 역사』(상), 국사편찬위원회, 2009, 68쪽.

내 1918년 8월 쌀소동의 영향이 주요했다고 할 수 있다.

이들 유학생의 중심 거주지지역은 도쿄(東京)와 오사카(大阪), 나고야(名古屋) 등지의 대도시였다. 그리고 도쿄의 경우 동경조선기독교청년회의 회관이었다. 이곳은 동경조선유학생학우회(이하 학우회)를 비롯한 다른 조직이 주최한 모임의 회장으로 자주 사용되었다. 이들 유학생의 근거지인 동경조선기독교청년회는 재일조선인 유학생운동의 메카와 같았다.

재일조선인의 1910년대 반일운동을 거론할 때 주목되는 사건이 1919년 2·8운동이다. 2·8운동을 주도한 세력은 학우회이다. 이후 2·8운동의 주체는 여러 지역과 다양한 형태로 반일운동에 헌신해 갔다. 특히 1919년 2·8운동 이후 일본 유학생은 재일조선인 사회로 들어가 계몽 활동과 상호부조, 노동조건의 개선 등을 위한 운동에 나아갔다.[8]

1919년 3·1운동 이후 국내에서의 반일투쟁의 활발한 전개와 더불어 일본에서도 재일조선인들은 단체를 중심으로 보다 활발하게 반일운동을 전개하는데, 일반적으로 재일조선인 운동이 본격화된 계기적 사건은 니가타현(新潟縣) 조선인 노동자 학살사건이다. 1922년 7월 니가타현 수력발전소 건설현장에서 일하던 조선인 노동자 100여 명이 학살되었다.[9] 이 사건을 통해 재일조선인 활동가들은 힘을 모으기 시작했다.

국내와 마찬가지로 1920년대 초 재일조선인 운동에서 주목되는 조직은 사상단체이다. 동시에 1920년대 재일조선인의 반일운동에서는 민족주의계열의 종교단체의 역할을 무시할 수 없다. 민족주의계열의 종교단체로 반일투쟁세력을 형성했던 계열은 천도교와 기독교계열이었다. 천도교계열의 경우 1921년 2월 천도교종리원이 도쿄에 창립되었다.[10] 그리고 동경천도교청년회가 1921년 2월 결성되었다. 동시에 기독교 세력의 경우는 전술한 동경

---

8) 강재언, 「2·8독립선언과 3·1운동」, 국사편찬위원회, 『한민족독립운동사』(3)(3·1운동), 1988, 215쪽.
9) 朴慶植, 『在日朝鮮人運動史 -8·15解放前-』, 三一書房, 1979, 102~103·146~147쪽.
10) 표영삼 외, 『천도교청년회80년사』, 천도교청년회 중앙본부, 2000, 495쪽.

조선인기독교청년회를 들 수 있다.[11]

한편 일본지역의 반일운동사에서는 단체 중심의 투쟁과 함께 의열투쟁의 내용을 주목해야 한다. 그 선구로는 1921년 민원식을 처단한 양근환의거이다. 양근환은 1921년 도쿄의 호텔에서 참정권운동을 위해 간 민원식을 단도로 처단했던 것이다. 이와 함께 1920년대 일본인에게 큰 충격을 준 의열투쟁으로 김지섭의 의거를 들 수 있다. 의열단원 김지섭은 1923년 관동대지진 때 조선인이 학살된 사실을 알고 천황이 거주하는 궁성 정문과 니주바시교(二重橋)에 폭탄을 투척했다.

그런가 하면 일본에서도 모든 조선인이 반일운동에 나섰던 것은 아니었다. 재일조선인의 일부는 부일과 더 나아가 반민족적 행위를 서슴치 않는 경우도 있었다. 1920년 대표적인 재일 '반일주구' 단체로는 상애회가 존재했다.[12] 상애회는 1923년에는 10만의 조직이 되어 재일조선인 사회를 또 다르게 대표했다.[13]

한편 1925년 이후 일본 사회운동과 국내 대중운동의 고양과 더불어 재일조선인 반일운동도 활발해졌다. 정치적 색깔이 분명해졌다. 이에 따라 지역 단위에서의 조직적 성과에 기초해 전국적인 대중 조직들이 나타나기 시작했다. 그 대표적인 것이 재일본조선노동총동맹과 재일본조선청년동맹 등이었다.

재일조선인 노동운동 단체는 초기의 상호부조와 친목을 목적으로 하는 경향에서 노동자계급의 성장과 함께 계급해방을 내건 조직으로 성장해 갔는데, 그 중심이 재일본조선노동총동맹이었다. 그리고 재일조선인 청년운동이 전국적으로 조직된 것이 재일본조선청년동맹이었다.[14]

재일조선인의 운동의 경우도 대중운동의 성장은 재일조선인 전위 조직의

11) 유동식, 『재일본한국기독교청년회사-1906-1990-』, 재일본한국기독교청년회, 1990, 51쪽.
12) 金斗鎔, 『日本に於ける反朝鮮民族運動史』, 鄕土書房, 1947, 3쪽.
13) 상애회에 대해서는 후술한다.
14) 『大衆新聞』 1928年 4月 1日, 朴慶植 編, 『朝鮮問題資料叢書』(5), 388쪽.

성과로 귀결되었다. 조선공산당 일본부와 조선공산당 일본총국, 고려공산
청년회 일본부와 일본총국은 반일운동에 나서게 되었다. 이 조직들은 프롤
레타리아 헤게모니 쟁취와 신간회 전술에 주목하며, 재일조선인 운동을 주
도했다. 아울러 이 조직은 재일조선인의 노동운동 조직과 학생, 청년운동
조직 등을 지도했다.[15) 조선공산당 일본총국과 고려공산청년회의 플랙션은
이런 조직을 내부에서 지도하며 실제 투쟁을 선도했다.[16) 특히 기관지를
통해 적극 선전과 선동 활동에 나섰다. 대중적으로 삼총(三總) 해산음모에
반대하여 해금운동에 궐기할 것을 호소하고, 치안유지법 개악, 조선 증병과
중국 출병 반대, 식민지 노예교육 반대에 일어난 조선의 학생 동맹휴학 투
쟁 지지 등을 적극 선동했다. 이밖에도 학우회와 후술할 신간회 동경지회
등에도 조선공산당의 플랙션이 활동했다.[17) 특히 학우회의 경우 합법공간
을 통해 대중적 재일조선인 운동을 선도하기 위해 내부 조직의 개편을 통
해 조직 내부에 영향력을 강화하기도 했다.[18)

한편 1920년대 중반 이후 재일조선인운동도 대중성을 띄면서 1927년 5월
7일 와세다(早稻田) 스콧트홀에서 신간회 동경지회를 창립했다.[19) 당시 도
쿄에 신간회 동경지회가 빨리 설립될 수 있었던 이유로는 민족단일당을 결
성하려는 움직임이 국내와 연결되어 동시에 전개되었던 사실, 조선공산당
일본부의 지도 아래 공동투쟁이 도쿄지역에서 전개되어 왔기 때문이다.

실제로 재일조선인의 합법운동은 신간회와 함께 단체 연합에 의해 지도
되었다. 재일조선인 대중조직으로 연합체적인 성격을 띤 조선인단체협의회
가 그것이다. 조선인단체협의회는 정우회선언 이후 국내 및 일본에서의 통

---

15) 「朝鮮人の共産主義運動」, 金正明 編, 『朝鮮獨立運動』(4), 947~949쪽.
16) 「在留朝鮮人運動狀況」(1930), 朴慶植 編, 『在日朝鮮人關係資料集成』(2-1), 三一書房, 1975, 137
   쪽.
17) 水野直樹, 「신간회 동경지회의 활동에 대하여」, 『신간회연구』, 동녘, 1984, 125쪽.
18) 김인덕, 「제1부 1920년대 이후 일본지역 민족운동」, 김인덕 · 김도형, 『1920년대 이후 일본 · 동
   남아지역 민족운동』, 독립기념관 한국독립운동사연구소, 2008, 4, 70~71쪽.
19) 『無産者新聞』(82) 1927年 5月 14日.

합운동의 결과 결성되었다.[20]

그런가 하면 전술한 상애회를 상대로 한 재일조선인 단체의 박멸적 투쟁
이 전개되었다. 재일조선인 반일세력은 친일의 상징적인 상애회와 대결적
투쟁을 불가피하게 수행했고, 내용적으로 이것은 재일조선인 사회의 또 다
른 모습을 규정하기도 했다고 보여진다.[21]

이상과 같이 1910년대에 형성된 재일조선인 사회는 학생, 노동자, 일부의
농민, 소상공인 등으로 구성되었다. 이런 재일조선인 사회에 기초하여 재일
조선인 운동은 반일적 내용을 띠었다. 그리고 정치적 문제에 민감하게 반응
했다. 특히 민족적 문제에 주목하면서 유학생 중심으로 자리가 잡혀 갔다.
1920년대에 가서는 재일조선인 운동이 노동자와 청년, 학생이 투쟁의 중심
에 서게 되었다. 1920년대 중반 이후에는 광범위한 전민족의 요구를 수렴하
는 투쟁 보다 정치적 색채가 명확한 '정치 투쟁'이 전개되었다. 특히 1920년
대 후반 통일적인 재일조선인 운동은 당과 대중단체의 유기적 관계 속에서
대중운동을 통해 발전해 갔던 사실에 주목할 필요도 있다.

2) 후기 재일조선인 운동의 양태

1929년 재일조선인 운동은 변화를 맞이했다. 이러한 변화는 방향전환이
라고도 하는데, 이른바 방향전환을 야기한 해체 논의는 재일본조선노동총
동맹과 내용적으로는 일본공산당과 일본노동조합전국협의회(이하 전협)가
선도했다. 특히 김두용, 김호영 등은 1929년 9월부터 재일본조선노동총동맹

20) 『思想運動』(3-4), 1926年 4月, 朴慶植 編, 『朝鮮問題資料叢書』(5), アジア問題硏究所, 1994, 196
쪽.
21) 대표적인 사례를 보면 1926년 6월 13일 상애회는 재일본조선노동총동맹 사무실을 습격하여
박천 등 9명에게 중경상을 입혔다. 이 사건으로 인해 재일본조선노동총동맹과 상애회의 대립
이 본격적으로 개시되어, 재일본조선노동총동맹은 1926년 6월 13일 본부 사무소가 습격당한
것과 쟁의부장 김삼봉의 집이 습격당하고 김삼봉이 상애회 아지트에서 고문당한 사실을 선전
하며 상애회 괴멸을 주장했다.(「일본의 동지제형 여러분에게 고함」(1926. 6. 15), 大原社會問題
硏究所 소장)

내부에서 해체 논의를 실제로 주도했다.[22]

이런 해체 논의는 결국 일본 사회운동 속에서 이중적 임무를 띠고 전개된 재일조선인 운동과 일본 사회운동과 연계되어 진행되었다.

일상적인 일본 사회운동 속의 활동은 진보적인 일본 사회운동 세력도 재일조선인과 함께했다. 실제로 일본공산당 조직 내로 재일조선인 공산주의자들은 대거 들어간다. 당시 일본 노동운동에 있어 1930년대 전투적 투쟁은 전협이 주도하는데,[23] 여기에 산하 조직으로 조선인위원회가 만들어졌고, 그 중심은 재일조선인이었다. 이와 함께 재일조선노동총동맹은 조직적으로 해체되었고, 이후 전협 조선인위원회의 지령 아래 산업별로 재조직 투쟁이 전개되었다. 동시에 재일조선인의 당재건운동 차원의 조직운동도 일본사회운동과 연계되었다.

반제운동에도 반일적인 재일조선인은 나섰다. 재일조선인은 적극적으로 국제주의적 경향이 강한 일본반제동맹에 가입해 활동했다.[24] 재일조선인 좌익과 인테리층은 민족주의운동의 무력함에 한계를 느끼고 여기에 가입했던 것이다. 재일조선인은 일본반제동맹이 개인이나 조직의 이해관계와 무관하게 민족·사회적 혁명을 재정, 정치적으로 원조할 것이라는 내용에 매력을 느꼈던 것 같다.

일본의 프롤레타리아예술단체 전일본무산자예술단체협의회(이하 나프)는 1930년 10월 프로핀테른 제5회 대회의 「프로레타리아 문화−교육조직의 역할과 임무−」에 관한 테제에 따라 예술 및 문화운동의 방향전환에 나섰다. 이에 따라 일본프롤레타리아문화연맹(이하 코프)이 결성되었다. 1932년 2월 코프 중앙협의회 서기국은 재일조선인을 염두에 두고 조선협의회의 설치를 결정했다. 조선협의회는 재일조선인 노동자를 문화를 통해 획득하고

22) 구체적인 지역주의와 국제주의의 갈등은 후술한다.
23) 김광열, 「1930년대 일본 혁신노동조합의 한인조합원운동−일본노동조합전국협의회를 중심으로−」, 『일본역사연구』(23), 2006, 참조.
24) 박한용, 「일제강점기 조선 반제동맹 연구」, 고려대학교 박사학위논문, 2012, 123쪽.

나아가 전동맹의 활동을 통일시키고자 했다.

한편 1930년대 재일조선인 운동에서 민족주의적 경향을 띤 조직운동으로 주목되는 것이 동아통항조합의 자주운항운동이었다.[25] 이것은 오사카 재일 제주인이 중심이 되어 전개한 독자적인 운동이었다.[26] 재일제주인은 독자성을 확보하고 정치적인 선도성을 보이면서 동시에 경제적인 실리의 추구에 나섰다. 이러한 모습은 재일조선인 사회의 다른 지역 출신과 달리 집단적인 움직임이었다.

이와 함께 재일조선인에 의해 독자적으로 전개된 1930년대 재일조선인 반일운동이 존재했다. 반파시즘운동의 시기에 재일조선인은 신문사를 통해 신문을 만들고 대중적인 선전과 선동에 노력을 경주했다. 조선신문사와 민중신문사가 이를 대표한다고 할 수 있다.

이와 동시에 1930년대의 재일조선인 운동에서는 1920년대와 마찬가지로 의열투쟁도 전개된다. 이 시기 의열투쟁으로 주목되는 것은 이봉창의거이다.[27] 이봉창은 1932년 1월 8일 일왕 히로히토(裕仁)가 관병식장(觀兵式場)에서 사쿠라다몽(櫻田門) 밖의 경시청 청사 앞으로 지날 때 수류탄을 던졌던 것이다.

그런가 하면 전시체제기 재일조선인은 무기력하게 일본제국주의의 지배에 무능력하게 당하기만 하지 않았다. 일본에 간 조선인은 탄압과 저항에 대해 태업, 파업, 폭동 등과 노동을 기피해 도주했다. 학생, 청년, 노동자 등이 중심이 되어 단체를 조직하고 반일투쟁이 전개되었다.[28] 특히 학생과 청년은 지역과 대학 내 조직을 통해 일상적인 문제[29]와 각종 정치적인 현

25) 梁永厚, 『前後 大阪の朝鮮人運動 1945-1965』, 未來社, 1994, 19~29쪽.
26) 김인덕, 「1920년대 후반 재일제주인의 민족해방운동」, 『제주4·3연구』, 역사비평사, 1999, 48쪽.
27) 이현희, 『이봉창의사의 항일투쟁』, 국학자료원, 1997, 참조.
28) 『昭和思想統制史資料』 別卷(上), 生活社, 1981, 395쪽, 489쪽.
29) 주택 임대와 관련한 차가인문제, 참정권 문제, 민족교육 문제, 의료문제, 소비조합과 생활조합 문제 등이 당시 재일한인 사회의 생활적인 차원에서 진행되었던 내용도 확인된다.(정혜경,

안에 반일투쟁으로 대응했다.

　이상과 같이 1930년대 재일조선인 운동은 두 가지 방식, 즉 일본 사회운동 속에서 투쟁을 하거나 독자적인 조직을 갖고 투쟁을 전개했다. 이러한 1930년대 재일조선인 운동은 1920년대와 여러 가지 면에서 달랐다. 일본 사회운동 속에서 운동을 전개해야만 했고, 이에 따라 재일조선인의 태도도 달라졌다. 재일조선인은 일제의 탄압 아래에서는 단순한 시위를 통한 투쟁이 성공할 수 없다고 판단했고, 따라서 일상적인 생활의 요구에도 적극적으로 나서기도 했던 것으로 보인다. 한편 전시동원체제 이후 1940년대 재일조선인 운동은 강제연행에 대한 저항과 학생·청년의 단체 조직을 통한 반일투쟁이 한 흐름으로 존재했다.

3) 재일조선인 운동의 특징

　일제강점기 재일조선인 사회는 운동적 다양성이 공존한 것은 사실이다. 계열의 구분을 넘어 일상을 반영하는 다양성이 운동의 본질을 규정하고 있었다. 계열적 운동을 넘은 재일조선인의 운동은 다음과 같은 특징이 있다.

　첫째, 반일운동으로 반제적 성격이 강했다. 특히 민족적인 문제에 지속적인 관심을 갖고 전개되었다.

　둘째, 재일조선인 운동은 일본지역을 중심으로 전개되었던 지역단위 운동으로 도시형 운동이었다. 대도시를 중심으로 일본 사회 속에서 전개되었다.

　셋째, 재일조선인 사회는 운동 주도세력이 변해 갔다. 1910년대는 유학생이 중심이었다. 1920년대에는 청년, 학생과 노동자가 선도했다. 그리고 1929년 이후 방향전환을 통해 일부의 재일조선인은 일본 사회운동의 한 축으로 투쟁을 전개했다. 또한 다른 세력은 일본 사회운동과 거리를 갖고 독자적으

───────────────

「일제하 在日한국인 민족운동의 연구 : 大阪지방을 중심으로」, 한국정신문화연구원 한국학대학원 박사학위논문, 1999, 197~202쪽)

로 움직였다. 강제연행기와 1940년대를 거치면서 재일조선인 운동은 강제
연행에 대한 저항에 학생, 청년단체가 중심이 되었다.

넷째, 1920년대 재일조선인 운동은 고조기를 맞이했다. 그 중심은 노동운
동과 학생운동으로 이 운동이 대중운동을 선도했다. 동시에 이런 운동 양태
는 중앙 조직 중심적 경향이 강했다.[30]

3. 재일조선인 친일파 논의와 실제

1) 김두용의 친일파 인식

일제강점기 재일조선인 사회는 다양한 논점을 통해 볼 수 있다고 생각한
다. 그 이유는 재일조선인 사회가 다양한 사람으로 구성되었기 때문이다.
반일운동을 전개한 재일조신인과 보통 평범한 일상을 살아간 재일조선인
등이 존재했던 것이다. 특히 여기에는 친일파, 반민족세력, 반일주구, 민족
반역자라고 하는 융화와 융합의 삶과 운동을 살아간 사람이 존재했다. 이들
'친일파'는 국내와 다른 친일의 모습을 보였다. 이런 재일조선인 친일파의
문제를 처음으로 정리한 사람이 김두용이다.[31]

일반적으로 친일파에 대한 연구사[32]의 내용을 보면, 단행본의 형태로 가
장 먼저 간행된 것으로 『친일파 군상』[33]을 들 수 있다. 일본에서는 일본지

---

30) 한편 일제강점기 재일조선인의 운동의 경험은 전후 재일조선인의 사회형성에 기여한다. 이런
   상황은 정주과정에서 재일조선인의 단체 만들기에 재일조선인의 역할과 미귀국자의 적극 참
   가로 확인되기도 한다.
31) 김두용의 친일파 인식에 대해서는 다음의 글이 참조된다. (鄭栄桓,「プロレタリア国際主義の
   屈折─朝鮮人共産主義者金斗鎔の半生─」, 一橋大学社会学部 学士論文, 2002 ; 김덕룡,「『호시
   노 기미』노트-조선인공산주의자를 사랑한 일본인 크리스챤의 기록-」(2008.4. 미공개원고))
32) 친일파에 대한 연구현황은 다음의 글 참조. (이현종,「친일파문제에 대한 연구현황과 과제」,
   『순국』, 1990. 7~8호 ; 정운현,「친일파 연구의 현황과 과제」(제14회 현대사연구 집담회, 한국
   정신문화연구원 현대사연구소 1998년 11월 18일 발표문))
33) 민족정경문화연구소 편, 『친일파 군상』, 삼성문화사, 1948.

역 내 재일조선인의 활동과 관련하여 1947년에 『日本に於ける反朝鮮民族運動史』가 출판되었다. 이것이 김두용의 저작이다.

대체로 친일파에 대한 범주화의 시점에서는 능동적인 인물, 피동적으로 끌려서 활동하는 척 했던 인물로 정리하고 있다.[34] 이후 친일파는 1876년부터 1945년 시기 사회 각 분야에서 자신의 임무를 기능적으로 수행하면서 총체적으로 민족의 말살에 능동적으로 참여했던 사람들로 통칭하기도 했다.[35] 특히 친일파에 대해 범죄자, 반민족적, 반민중적, 반민주적 사상, 태도 및 습관을 가진 자, 반민족성을 가진 존재라고 실존적 의미를 부여하기도 한다.[36] 민족문제연구소는 '일제에 협력한 행위를 한 자'로 그리고 친일반민족행위진상규명위원회는 '일제에 협력해 우리 민족에 해를 기친 행위를 한 자'로 규정했다.

전술했듯이 재일조선인 친일파에 대해 김두용은 『日本に於ける反朝鮮民族運動史』(鄕土書房, 1947)과 그리고 「在日朝鮮人 反動團體의 罪惡相」(『歷史諸問題』(8), 1949. 7)을 통해 정리했다.[37] 김두용의 경우 재일본조선인연맹(이하 조련)의 조직 강화에 주목하며, 일본지역 친일파의 역사[38]를 정리했던 것이다. 집필 당시에도 상당한 정치적 의미가 있는 작업의 산물이었고,[39] 그의 표현에 따르면 "이 재일조선인연맹을 조직함에 있어 그 시초로부터 일대 장애물로 된 것은 일본제국주의자들의 주구로서 일본에 있어 일본의 패전 직전까지 조선인민을 해롭게 하며 민족적 이익을 유린해 온 친

---

34) 김학민·정운현 엮음, 「친일파군상」, 『친일파 죄상기』, 학민사, 1993, 353~354쪽.

35) 김봉우, 「친일파의 범주와 형태」, 『광복50주년 기념 일제잔재와 친일파 문제에 관한 학술회의』, 1995, 96쪽.

36) 이헌종, 「8·15 이후 친일파 척결 실패와 오늘의 과제」, 『순국』, 1989. 11·12, 참조. 그리고 이들에 대한 조사와 연구 성과가 최근에는 사전과 보고서로 생산되었다.

37) 서론과 결론의 내용 일부와 협화사업 기구표를 제외하고는 내용적인 차이가 없다. 『日本に於ける反朝鮮民族運動史』에만 협화사업 기구표가 보인다. 이후 최근까지 포괄적으로 재일조선인 친일파, 친일세력에 대한 연구는 보이지 않는다.

38) 김두용은 이것을 '반동단체사'라고 했다.

39) 金斗鎔, 「在日朝鮮人 反動團體의 罪惡相」, 『歷史諸問題』(8), 1949. 7, 3~4쪽.

일파 민족반역자들의 음모와 책동과 암약이었다."고 했다. 그리고 "이 친일
파 민족반역자는 의연히 일본제국주의자들과 결탁하여 그들의 지원을 받으
면서 재일조선인연맹 조직 결성을 방해하려고 온갖 시도와 책동을 다하고
있었다. 그들은 민주주의자라는 가면을 쓰고 나와서 재일조선인연맹 조직
에 지도적 역할을 하려고 하였으며 연맹 조직의 초기에 있어서는 연맹의
중앙기관과 각 지방기관의 간부의 지위를 장악함으로써 연맹을 일본제국주
의자들의 이익에 봉사하는 반동적인 친일단체로 만들려고 온갖 음모와 책
동을 하였다."고 했다.

   이렇게 김두용은 친일파를 옛날의 반동으로 일본제국주의에 협력했던
'민족반역자'라고 규정했다.[40] 그는 친일파는 '반동의 길'을 걷는 자, '민족반
역자'라고 하고, 아울러 친일단체를 '반동단체'로 표현하고 있다. 그의 이런
역사적 규정은 역사성과 함께 시대성을 반영한 개념이다.[41]

2) 상애회

   역사적 실체로서 재일조선인의 1920년 대표적인 친일단체로는 상애회[42]
를 들 수 있다. 그리고 각지의 내선협회 등을 들 수 있다.[43] 김두용은 『日本
に於ける反朝鮮民族運動史』에서 반동단체로 협화회, 일심회, 흥생회에 주목
했다.

   알려져 있듯이 상애회는 처음 출발할 때는 상구회였다. 1921년에 가서 상
애회로 정식 출발했고, 1923년경에는 회원이 10만 명이 되었다.[44] 왜 상애

---

40) 金斗鎔, 『日本に於ける反朝鮮民族運動史』, 郷土書房, 1947, 57쪽.
41) 다양한 개별 단체의 성격에 대해서는 별도의 연구가 필요하다.
42) 裵始美, 「1920年代における在日朝鮮人留學生に關する硏究」, 一橋大學博士論文, 2011, 249쪽.
43) 내선협회로 대표적인 단체는 大阪府內鮮協和會, 神奈川縣內鮮協會, 兵庫縣內鮮協會 등으로
    이들 단체는 표면적으로는 사회사업을 내세우고 있으나, 실제로는 府·縣의 내무국장을 이사
    장으로 하고 이사 및 평의원 구성에서 경찰관료들이 실권을 잡고 운영되고 있었다. 자세한
    내용은 樋口雄一, 『協和會』, 社會評論社, 1986, 20쪽을 참조.
44) 자세한 내용은 マンフレッド·リングホーファー, 「相愛會」, 『在日朝鮮人史硏究』(9), 1981; 金

회라고 했는가에 대해, 김두용은 인류 상애의 정신, 공존공영의 본의에 입
각하여, 일선융화를 위해서, 그것을 철저하게 하기 위해서라고 했다.[45]

한편 일제는 1934년부터 중국 침략을 위한 준비로 상애회보다 강력한 반
동주구 단체가 현실적으로 필요했다. 이 문제를 해결하기 위해 일제는 적극
적으로 나섰고, 1934년 4월 오사카부(大阪府)에 내선융화사업조사회라는 것
을 만들어 구체적인 안을 만들기 시작했다. 그리고 1936년 협화회는 정식으
로 출범했다. 이후 협화회는 전국적으로 확대되었다. 특히 특고기관과 결합
되어 있어서 특고 경찰 대행기관이었다고도 했다. 이 협화회는 1944년 말
흥생회로 이름을 바꿨고,[46] 일심회가 조직되었다.[47]

그런가 하면 재일조선인 친일파를 거론할 때는 개인으로 박춘금과 이기
동을 얘기한다.[48] 김두용은 박춘금에 대해 다음과 같이 그의 역할을 규정
하고 있는데, "상애회라고 하면 곧바로 박춘금과 이기동을 생각하는 사람이
많을 것이다. 이기동이 어떤 사람인지 몰라도 박춘금이라고 하면 조선인이
면서 일본의 대의사가 된 저명한 친일파로 오늘날 민족반역자라고 하는 것
은 누구도 알고 있을 것이다. 이 박춘금이야말로 일본에서의 조선인반동단
체의 두목으로 종전에는 조선에 가서 대의단을 만들어 조선 내 조선인 혁
명가를 일망타진할 계획을 세웠을 정도이고 나아가 시종일관 일본군국주의
에 협력하는 것을 즐긴 사람이다. 이 자가 상애회를 만든 장본인이다."[49]라
고 했다. 분명 박춘금은 일본 사회의 상징적 재일조선인 친일파였다.

이렇게 상애회의 활동에 있어 우두머리는 박춘금[50]이었다. 그는 1920년

斗鎔,『日本に於ける反朝鮮民族運動史』, 鄕土書房, 1947을 참조.
45) 金斗鎔,『日本に於ける反朝鮮民族運動史』, 鄕土書房, 1947, 15쪽.
46) 金斗鎔,「在日朝鮮人 反動團體의 罪惡相」,『歷史諸問題』(8), 1949. 7, 43쪽.
47) 金斗鎔,『日本に於ける反朝鮮民族運動史』, 鄕土書房, 1947, 55~56쪽.
48) 국제고려학회 일본지부 재일코리안사전편집위원회 편, 정희선 외 역,『재일코리안사전』, 선인,
2012, 204~205쪽.
49) 金斗鎔,『日本に於ける反朝鮮民族運動史』, 鄕土書房, 1947, 3쪽.
50) 박춘금의 행적에 대해서는 다음의 글 참조.(松田利彦,「朴春琴論」,『在日朝鮮人史研究』(18),
1988, 小熊英二,「朝鮮生まれの日本人－朝鮮人衆議院議員・朴春琴－」,『コリアン・マイノリ

대 초부터 반일주구배로 이름을 날렸고 친일테러의 선봉장으로, 본격적인 친일주구로서의 전면적인 등장은 알려져 있듯이 1923년 관동대지진 시기이다. 1923년 관동대지진이 발생하여 조선인이 무차별 죽어 가는 상황이 닥쳐왔다. 이러한 상황에서 재일조선인 반일세력은 적극적으로 활동하지 못했다. 재일조선인 가운데에도 선진적인 활동가들은 투옥되거나 감금상태였기 때문에, 조선인학살사건에 대해 전술도 없었고, 따라서 저항할 수도 없었다. 그들에게 연대의식이란 단순히 일상적인 수준에서 머문 것이었다.[51]

이기동[52]은 박춘금과 함께 상애회를 주도했다. 유흥업소 경영자였던 그는 1920년 일본에서 조선고학생동우회에서 회장을 맡았다. 이후 그는 박춘금과 도쿄에서 상애회를 주도, 회장을 맡았다. 특히 각종 이권 사업에 관여했던 이기동은 긴자(銀座)에서 댄스홀을 경영했고, 수차례에 걸쳐 병기를 헌납했다.[53]

한편 재일조선인 사회에서 지역성을 띤 친일파로는 이선홍을 들 수 있다. 이선홍은 1921년 오사카 조선인 노동자 단체인 선인형제회를 조직하여 부회장으로서 오사카 재일조선인 사회에서 지도자로 부상했다.[54] 1922년 조선인협회를 조직, 회장을 맡기도 했다. 이런 조선인협회는 내선융화를 목표로 할 것인가에 대한 의견의 대립으로 융화를 주장하는 이선홍이 회장에서 일시적으로 물러났던 일도 있었다. 그가 관여한 조선인협회는 사업으로 조

テイ硏究』(1), 1998. 1)
51) 한편 이 사건의 재일조선인 민족해방운동사 속의 의의는 다음과 같이 정리할 수 있다. 첫째로 생존의 문제가 걸린 상황에서 일본인과의 연대의 한계가 들어나 향후 국제연대를 모색하는 과정에서 그 내용을 달리했다. 둘째로 재일조선인 운동은 후퇴했고, 조직은 잠시 붕괴되었다. 그러나 빠른 속도로 조직의 재건이 진행되었고, 이것은 새로운 재일조선인 운동의 계기로 작용했다. 셋째로 재일조선인은 학살을 극복하면서 반일의 의미를 보다 극명하게 인식하게 되어 반일투쟁의 내용을 보다 풍부하게 했다.
52) 정운현, 『친일파는 살아 있다』, 책보세, 2011, 참조.
53) 국제고려학회 일본지부 재일코리안사전편집위원회 편, 정희선 외 역, 『재일코리안사전』, 선인, 2012, 290~291쪽.
54) 친일인명사전편찬위원회 편집부 지음, 『친일파인명사전』, 민족문제연구소, 2010, 참조.

선인의 취업 알선, 무료 숙박시설, 무료치료, 간이 야학교 등을 운영했다. 그리고 내선융화의 실현을 위해 '내선인 결혼소개소'를 운영했다. 또한 조선 인협회 총본부는 회장 이선홍의 정치적 활동과 함께 여러 사업을 전개했다.

3) 재일조선인 친일파의 특징

최근 한국 사회와 정부는 친일, 친일파의 문제를 민족적, 국가적인 차원 에서 다시 정리하고자 했다. 민족문제연구소는 『친일인명사전』(전3권, 2009) 을 간행했다. 여기에는 4,389명이 친일파로 등재되었다. 한국정부는 친일반 민족행위진상규명위원회,[55] 친일반민족행위자재산조사위원회 등을 통해 과 거사 청산과 관련해 친일파를 정치적으로 정리하고자 했다.[56]

이런 한국 내의 친일파에 대한 유형과 대비적으로 재일조선인 친일파의 개념화는 다음의 사실에서 출발할 수도 있다.

첫째, 재일조선인 친일파 문제 인식은 김두용이 선도했다는 점을 확인한 점이다. 그의 『日本に於ける反朝鮮民族運動史』는 다분히 정치적 목적을 전 제로 했다. 조련 중심의 친일, 친일파에 대한 논의는 그가 주도한 중심 내 용이었다.

둘째, 재일조선인 친일파 인식은 일본과 국내의 정치 상황에 따른 접근이 요청된다. 특히 일상적인 삶 속의 재일조선인 친일파에 대한 인식은 당시 활동 당사자의 현실과 규정적 요소를 토대로 한 이해가 전제되어야 한다.

셋째, 재일조선인 친일파의 인식과 범주화는 보다 풍부한 논의가 필요하 다. 이선홍의 경우 심도 있는 논의가 요청된다. 이선홍의 경우 친일 규정에 는 불가피성이 거론되기도 하기 때문이다. 물론 박춘금의 경우는 다르다.[57]

---

55) 친일파로 1,005명을 보고서에 싣고 있다.
56) 김민철, 「탈식민지의 과제와 친일파 청산운동」, 정근식 외 엮음, 『식민지 유산, 국가 형성, 한 국 민주주의(1)』, 책세상, 2012, 263쪽.
57) 이와 함께 재일조선인 친일파의 경우 단체별 연구를 통한 성격 파악이 요청된다.

4. 1929년 재일조선인 운동 단체의 해체 논의

1) 국제주의와 김두용의 논리

일제강점기 재일조선인 운동에서 시기를 구분할 때 1929년에 주목한
다.[58] 그 이유는 재일조선인 운동이 결정적 변화가 야기되었기 때문이다.
그 중심이 노동운동 단체의 방향전환과 해체 논의이다.[59]

1929년 재일조선인 노동운동을 중심으로 한 해체 논의는 김두용[60]과 이
성백, 김호영[61] 그리고 김문준[62]이 함께 했다.

---

58) 박경식 이후 대부분의 연구자와 연구 성과가 이런 경향성이 있다.

59) 여기에 대해서는 박경식, 정혜경, 김인덕의 글을 참조한다(朴慶植, 『在日朝鮮人運動史 -8 · 15
解放前-』, 三一書房, 1979 ; 정혜경, 「일제하 在日한국인 민족운동의 연구 : 大阪지방을 중심으
로」, 한국정신문화연구원 한국학대학원 박사학위논문, 1999 ; 김인덕, 「재일조선인 민족해방
운동의 방향전환논쟁」, 역사비평편집위원회 편, 『논쟁으로 본 한국사회100년』, 역사비평사,
2000). 박경식은 노선전환에 대한 본질적인 문제제기로 민족, 식민지문제에 대한 바른 이해가
되지 않았다는 점을 들고 있다(朴慶植, 『在日朝鮮人運動史 -8 · 15解放前-』, 三一書房, 1979,
224쪽).

60) 김두용(金斗鎔) 1903~? : 노동운동가. 함경남도 함흥에서 태어났다. 도일 후 구제중학(舊制中
學) · 구제삼고(舊制三高)를 거쳐 1926년에 도쿄제대(東京帝大) 미학미술사학과에 입학(중퇴).
도쿄제대 재학 중에 신인회(新人會)에 소속. 일본프로레타리아예술동맹에 소속되어 『전기(戰
旗)』 · 『프로레타리아예술』을 중심으로 집필활동을 하면서, 조선프로레타리아예술동맹 도쿄
지부 설립에 참여하고, 기관지 『예술운동』(『무산자』로 속간)을 편집 간행. 1929년경부터 노동
운동에 관여하여 『재일본조선노동운동은 어떻게 전개해야 하는가』(1929.11)를 집필하여 재일
본조선노동총동맹이 일본노동조합 전국협의회로 해소를 추진. 1930년부터 해방까지 여러
차례 체포 · 투옥되었다. 1930년대 후반에는 일본프로레타리아문화연맹의 기관지 『우리동무』
편집장, '조선예술좌' 위원장으로 활동, 『문학평론』과 『살아있는 신문』에 집필. 해방 후 조련
결성에 참여했고, 정보부장과 기관지 『해방신문』의 주필을 맡았다. 일본공산당 중앙위원 후
보 · 조선인부 부부장을 맡아 『전위(前衛)』에 논문을 발표했고, 일본에서의 조선인운동에 영향
을 주었다. 1947년에 북한으로 귀국 후에는 북조선노동당 중앙위원 후보.(국제고려학회 일본
지부 재일코리안사전편집위원회 편, 정희선 외 역, 『재일코리안사전』, 선인, 2012)

61) 김호영(金浩泳) 생몰년 미상 : 사회주의운동가 · 정치인. 경상남도 밀양 출생. 1923년경 일본으
로 건너가 1927년 재일본 조선노동조합총연맹 중앙위원, 도쿄 조선노동조합 간부를 지냈다.
1929년 '재일 조선노총의 당면의 문제에 관한 의견서'를 만들기도 하였고, 재일본 조선노동조
합총연맹과 일본 노동조합전국협의회(全協) 통합을 주장하기도 하였다. 한때 도쿄 가나가와
(神奈川)현 노조 폭행사건에 대한 책임을 지고 재일본 조선노동조합총연맹 중앙위원 직책에
서 물러났으나 젠쿄오(全協)로 통합되자 다시 복권되었다. 1930년 젠쿄오 조선인위원회 결성
에 참여하였다. 1932년 반제동맹에 가입하였고, 이 때 젠쿄오 식료조합 조직원이 되었다. 같은

먼저 이 해체 논의는 당시 운동 당사자들이 스스로 결론을 내렸다고 보
인다. 일본노동조합전국협의회(이하 전협) 관동자유노동조합 상임집행위원
회는 1931년 1월 발행한「프로핀테른 제5회 대회에 대한 정당한 해서가 대
중화를 위한 투쟁으로」63)에서 재일본조선노동총동맹의 해소와 전협으로의
재조직의 과정에 오류가 있었다고 인정했다. 즉, 재일본조선노동총동맹의
전협으로의 해소가 당시 간부의 방침에 의해 오로지 기계적 종파적으로 수
행되었다는 것이다. 그리고 일본의 노동자계급과 조선인 노동자의 투쟁을
통해 통일의 혁명적 의의가 양국의 광범위한 대중 가운데 충분히 침투하지

해 7월 한때 일본 경찰에 검거되기도 하였다. 9월 교통쇄신회(交通刷新會)에 가입하였으며,
1934년 젠쿄오 일본항만노조위원회 도쿄지부 책임자로 기관지『항만노동자』를 발행하였다.
그 뒤 노동문제로 또다시 일본 경찰에 검거되었고, 옥중에서 변절한 모습을 보여, 같은 해 5월
기소유예 처분을 받아 출옥하였다. 같은 해 11월 한글신문『동경조선민보』를 창간하였는데,
이 신문은 1936년 9월『동경조선신보』로 개칭되었다. 1937년 8월 또 일본 경찰에 검거되었으
나, 다시 전향하여 석방되었고, 9월『동경조선신보』폐간신고서를 경찰에 제출하였다. 1938년
9월 조선북부지방 폭풍재해 구제사업 발기인이 되었다. 1945년 이후, 조선노동조합전국평의
회 중앙위원으로 선출되어 조선노동조합전국평의회 기관지인『전국노동자신문』의 발행인이
되었다. 1946년 2월 조선노동조합전국평의회를 대표하여 민주주의민족전선 결성대회에 참가
하였다. 그 뒤에 월북하여 1948년 8월 황해남도 해주에서 열린 남조선 인민대표자대회에서 최
고인민회의 제1기 대의원에 선출되었다. 그 뒤 9년 후인 1957년 8월 최고인민회의 제2기 대의
원에도 재선되었다. 그의 사망일자는 확인되지 않고 있다(한국민족문화대백과사전(http://ency
korea.aks.ac.kr/Contents/Index?contents_id=E0011072), 참조).
62) 김문준(金文準, 1894~1936) : 노동운동가. 제주도 조천리(朝天里)에서 태어나 제주농림학교 졸업.
1920년대 중기에 오사카(大阪)로 도항하여 고무공장에서 일하면서 노동운동에 참여, 1927년
재일본조선노동총동맹 산하 오사카조선노동조합집행위원(이듬해 집행위원장), 같은 해 신간
회 오사카지회 결성을 주도했다. 1929년 오사카조선소년동맹, 오사카고무공조합 결성. 1930년
조선노총의 일본노동조합 전국평의회(전협) 합류에 민족적 입장에서 반대하여 비판당했는데,
오사카고무공조합을 전협일본화학산업노동조합 오사카지부로 개편. 같은 해 8월 고무노동자
들의 파업을 준비하던 중 치안유지법 위반으로 체포되어 징역 3년 6개월. 출옥 후인 1935년
6월, 조선인노동운동가와『동아일보』등 본국 언론관계자들의 협력을 얻어 오사카에서 조선
어신문『민중시보(民衆時報)』를 간행. 내선융화정책에 저항하여 재일조선인 노동자, 상인, 해
녀 등의 노동과 생활, 보건위생, 교육, 문화, 스포츠 등 차별 하의 재일조선인 생활 문제를 많
이 보도하여 민족적인 생활권 확립과 옹호·신장을 지향하여, 계급투쟁 주축의 노동운동 속에
서 이채를 띠었다. 1936년 5월 옥중에서 받은 고문의 후유증과 폐결핵으로 사망.『민중시보』는
같은 해 9월 당국의 탄압으로 27호로 폐간. 2000년 한국 정부는 건국훈장 애족장(愛族章) 서
훈.(국제고려학회 일본지부 재일코리안사전편집위원회 편, 정희선 외 역,『재일코리안사전』,
선인, 2012)
63) 山邊健太郎 編,『社會主義運動』(2), みすず書房, 1965, 431쪽.

않았다고 지적했다. 특히 조직적으로도 가나가와(神奈川), 니가타(新潟), 가나자와(金澤)을 비롯하여 전국에 걸쳐 재일본조선노동총동맹 가맹조합의 재조직을 완결짓지 못했다고 조직 활동의 한계를 지적했다. 아울러 도쿄, 오사카와 마찬가지로 재조직이 끝났다고 하는 곳에서도 상당한 수의 노동자를 분산시켜 운동의 힘을 축소시켰다는 것이다. 결론적으로 "예전 조선인위원회의 임무를 재일본조선노동총동맹의 전협으로의 해소과정에서 특별한 과도적 기관으로 규정한 것, 이 기관에서 활동한 동지가 지배계급에게 탈취당한 이후 재건을 위한 노력이 충분하지 않았던 것은 명백히 오류이다."라고 조직 내부의 한계까지 지적하고 있다. 이런 오류적 해체 논의와 해체 과정은 코민테른 국제선의 이른바 '우선주의'가 초래한 결론이었는지 모른다.[64]

1929년 해체 논의에서 먼저 주목되는 문건이 김두용의 것이다. 팜플렛 「재일본조선노동운동을 어떻게 전개할 것인가」는 재일본조선노동총동맹 해체의 취지와 이유를 밝히고자 전국대표자회의에 제출하기 위해 작성되었다.[65]

주요 내용은 크게 두 가지이다. 첫째, 민족적 투쟁의 폐기, 둘째, 노동계급의 권력획득이다. 구체적인 내용을 정리해 보면, 재일본조선노동총동맹은 노동계급 독자의 투쟁을 등한시하고 조선공산당의 지도 아래에 활동하고 조선 내의 민족적 투쟁과 결합하여 재일본조선노동총동맹의 혁병적 조합투쟁을 방해했다고 한다. 또한 일본 좌익단체와 연락이 지속적이지 않았기 때문에 일본제국주의의 탄압에 핵심이 소진되었고, 이것은 운동방침의 오류에서 야기된 것이라고 평가했다. 이런 문제를 해결하는 것은 종래 조선

64) 프로핀테른 제4회 대회는 자본주의제국의 외국인 노동자와 식민지 노동자는 자신이 현재 살고 있는 나라의 노동조합에 들어가서 싸울 것을 제기했다. 이후 대회가 끝난 이후 열린 일본문제소위원회에서도 재일본조선노동총동맹에게는 일본노동조합평의회에 통합하라는 방침이 결정되었다.

65) 金正明, 『朝鮮獨立運動』(5), 1018~1036쪽.

공산당의 지도 아래에 있었기 때문에 특수한 탄압을 받았던 것을 전제로
하여 일본 내지에서는 일본공산당의 지도 아래 들어가 지배계급의 공세에
대항해야 한다면서 노동계급의 이익을 옹호 획득하는 길은 전 노동계급의
공동투쟁 이외에는 다른 방법이 없다고 했다.

이와 함께 재일본 조선노동계급의 이익을 대표하여 충실하게 투쟁하기
위해서는 모든 민족적 투쟁을 버리고 오로지 좌익노동조합으로 철저히 권
력 획득을 위한 투쟁을 수행해야 한다고 했다. 아울러 조·일 노동자의 노
동 조건은 완전히 일치하고 임금의 차별, 민족적 차별 등의 특수한 탄압은
일본 노동계급을 위한 것이 아니며 일본제국주의의 소산이기 때문에 이들
차별의 철폐는 일본노동계급과의 협력 없이는 실현이 불가능하다고 했다.

이상과 같은 내용에 기초해 김두용은 일본에서 노동계급의 계급적 이해
를 옹호하고 권력 획득 투쟁을 수행하는 혁명적 노동단체는 전협이기 때문
에 여기에 합류하는 것이 타당하다고 했다. 문제는 이 글의 작성자 김두용
이 산업별 조직에서 미조직 노동자로 남을 수밖에 없는 자유노동자에 대한
대책을 제시하지 못했다는 점이다. 그리고 원칙론적인 주장만을 되풀이한
사실이다.

2) 해체 논의의 전개 : 지역주의와 국제주의의 충돌

실제로 재일조선인 노동운동의 해체 논의는 지역주의와 국제주의가 충돌
하는데, 전협으로부터 재일본조선노동총동맹의 전협으로의 해소 의견[66]이
제출되자 전협으로의 해소와 산업별 조직의 방향으로 나아갈 것이 제기되
었다.[67]

---

66) 프로핀테른 일본문제 소위원회의 결의와 1928년 8월 제2회 태평양노동조합회의의 동일산업에
    있어 민족별 노동조합의 합동이 확인된 내용이 일본에 전달되어 일본공산당의 주도 아래 전협
    이 중심이 되어 조성된 의견이다.
67) 「朝鮮人の共産主義運動」, 金正明 編, 『朝鮮獨立運動』(4), 947~949쪽.

구체적으로 개별적인 움직임을 보면, 가나가와조선노동조합의 이성백의 경우 그는 해체에 반대했다.[68] 그 내용은, 첫째, 해소에 의한 민족적 결집점의 상실이 두렵다, 둘째, 당시 가나가와에서는 실업반대 투쟁이 우선적이었고 따라서 산업별 재편성이 의문시된다, 셋째, 운동의 대중성에 대한 의문으로 당시 전협 보다 대중성에 있어서는 조선인 조직이 앞선다, 넷째, 조·일 조직 사이의 연대에 있어 전협이 사회민주주의를 배격하여 연대가 일방적이다라고 했다.

이렇게 가나가와조선노동조합에서 지도적 역할을 했던 이성백은 민족별 조직 해체 방침을 비판했다. 이에 따라 현(縣) 내에서는 다른 현 지역에 비해 노선 전환이 가장 늦게 진행되었다. 토건 노동자가 주력인 가나가와에서의 노선전환은 가나가와조선노동조합을 해체하여 전협 토건 가나가와지부를 결성한 사실에서 확인된다. 이성백은 계속되어지는 세몰이에 밀려 해체에 찬성하게 되었던 것 같다.

또한 재일본조선노동총동맹의 해체 논의를 선도한 사람이 김호영이었다. 1929년 9월 말 재일본조선노동총동맹 관동지방협의회에서 밀린 김호영은 관서지역으로 가서, 독자적인 활동을 전개한다. 그리고 해체 분위기를 고양시켰는데, 김호영은 「재일본조선노동총동맹의 당면문제에 관한 의견서-산업별 편성과 일본노동조합전국협의회 가맹으로-」에서 자신의 논리를 전개한다.[69] 먼저 기존의 활동에 있어 문제가 생긴 근본적 원인으로 "노총의 근본적 결함은 공장에 기초를 두지 않는 것", "노동자의 산업별 이해를 혼합한 조직이라는 것", "1산업 1조합의 좌익노동조합의 조직원칙에 반하여 민족별 조합으로 한 것" 등을 지적했다.

그런가 하면 1929년 12월 14일 밤 오사카의 김용주 집에서 전국대표자회의 및 확대중앙집행위원회가 열렸다.[70] 여기에는 재일본조선노동총동맹 중

68) 김인덕, 『재일조선인 민족운동 연구』, 국학자료원 1996, 279쪽.
69) 早稻田大學 마이크로필름실 소장.
70) 「朝鮮人の共産主義運動」, 金正明 編, 『朝鮮獨立運動』(4), 1048쪽.

앙에서 김두용, 오사카조선노동조합 대표 김문준과 방청객의 자격으로 김
호영이 참가했다. 이 자리에서는 김호영의 복권을 승인하고 각 가맹조합을
전협으로의 해체투쟁으로 견인하기 위해 새로이 중앙위원회를 조직하기로
했다. 이후 김호영은 「재일본조선노동총동맹의 투쟁과 신방향」[71]에서 1929
년 12월 14일 재일본조선노동총동맹 전국대표자회의의 방침인 첫째, 공장
을 기초로 조합을 재조직하고, 둘째, 산업별 공동투쟁을 통해, 셋째, 일본노
동조합전국협의회로 해소한다는 내용에 따라 민족적 편견과 국민적 장애를
타파하여 '조선노동자는 노총으로'라는 표현을 '모든 노동자는 전협으로'로
대치할 것을 강력히 주장했다.

이렇게 김호영은 재일본조선노동총동맹의 전면적 해체에서 나아가 공장
중심의 산별체계로의 강력한 재구성을 표명하면서 해체 논의를 선도하고
실제 현실 해체운동을 주도해 갔다. 물론 그의 뒤에는 전협이 존재했다.

그런가 하면 재일본조선노동총동맹의 해체를 주도한 그룹은 김문준 등의
오사카지역 반대세력을 전면적으로 비판했다. 그들은 오사카의 재일조선인
노동운동가들은 스파이, 사회투기자로 몰고 이들의 박멸을 주장했다. 문제
는 해체를 주장한 그룹의 논리가 실제로 구체적인 내용을 전제로 전개되지
못했다는 것이다.

김문준도 전협 조선인위원회에 비난의 취소를 요구하고 성명서를 발표했
다. 그러나 이와 달리 전협으로의 신속한 해체에 협력할 것을 결의했다. 김
문준은 1930년 2월 28일 「또다시 성명한다」[72]에서, "「전협으로의 즉시 가입」
은 원칙적이고 절대적으로 올바른 것이었다. 구체적인 방침 의견이 결정된
김두용의 팜플렛 「재일본조선노동운동을 어떻게 전개할 것인가」가 발행된

71) 『日本社會運動通信』 1929年 12月 18日.
72) 大原社會問題研究所 소장. 이 문건에 대한 전면적인 비판이 朴××生의 「典型的派閥主義者金文
準の公開狀をアバク」(『進め』, 1930. 7)에 실려 있다. 여기에서는 김문준에 대해 장일성을 숭배
하는 파벌주의자로 규정하고 일본의 노농파와 춘경원당이 완전히 제휴하고 있다고 했다.(朴
××生, 「典型的派閥主義者金文準の公開狀をアバク」, 『進め』, 1930. 7, 26쪽)

12월 중순 전 대회에서 전협으로의 가입이 결정되었다. 이 회의의 결의는 절대적이고 뒤에 반대하는 것은 반역자로 취급했다. 문제는 여기에 있다."고 했다. 그리고 김문준은 처음부터 이해와 열의를 가지고 전협으로의 해소 투쟁을 임무로 적극적으로 수행해 왔던 사람 가운데 일인이라고 자평하면서 방향 전환의 길을 갔다.

결론적으로 김문준은 해체를 전면적으로 부정하고 반대 투쟁을 전개하지 않았다. 그는 오사카지역에서 활동하면서 재일본조선노동총동맹 중앙과 조직선이 달랐던 것이다. 이것이 그에게는 문제였다고 보인다.

3) 해체 논의의 평가

1929년은 재일조선인 운동의 전환점이 되었다. 이 가운데 재일본조선노동총동맹 해체 논의는 전면적인 재일조선인 운동의 방향 전환을 가져온 결정적인 계기였다. 이 가운데 지역주의와 국제주의는 충돌했고, 그 과정에서는 국제선이 결정적 영향력을 행사했다. 해체 논의는 다음과 같이 평가할 수 있다.

첫째, 재일조선인 운동 단체와 재일조선인의 잠재적인 운동 역량을 무시한 것이었다.

둘째, 해체 논의에 있어 해체를 반대한 경우도 전면적, 지속적으로 반대하지 않았다. 그것은 단지 방식과 시기의 차이에서 연유한 일시적인 반대였다.

셋째, 지역주의와 국제주의의 충돌은 코민테른 국제선에 대한 대응방식의 문제로 평가할 수 있다. 결국 재일조선인 운동의 대세가 독자적인 조직의 해체와 일본 사회 운동 속으로 편입되어 갔기 때문이다.

결국 해체 논의로 대중적 재일조선인의 선도적인 조직들은 없어져야 했다.[73] 그럼에도 불구하고 이전부터 영향력을 갖고 있던 민족주의계열의 조

---

73) 대부분의 활동가들이 해체 논의를 불가피하게 수용했어도 다수의 재일조선인 단체는 해체되거나 약화되었다.

직은 상존해 갔고, 해체 논의 이후에도 민족적 아이덴티티는 재구성되어 갔다.[74]

5. 맺음말

이상과 같이 재일조선인 운동은 반일적 특징을 보였고, 친일성, 지역주의와 국제주의가 충돌했다. 이것이 재일조선인의 운동의 정체성을 구성하는 요소라고 할 수 있다.

박경식은 공산주의운동과 노동운동이 재일조선인 운동을 선도했다고 한다. 그리고 그는 재일조선인 운동사 연구의 필요성으로 첫째, 실천적 과제에 조응하는 이론적 구축을 심도 있게 할 필요, 둘째, 민족해방운동 및 사회발전에서의 재일조선인 운동의 제대로 된 역할의 평가, 셋째, 일본의 노동 및 반제, 반전, 민주화투쟁에서의 재일조선인의 역할과 일본인민과의 국제적 연대를 강화하는 것에서의 역할과 의의에 대한 정당한 평가가 요청되는 점을 들고 있다.[75] 이와 함께 융화운동과 상애회 같은 반민족운동에 대한 구체적인 구명하지 못한 점을 한계라고 자평하기도 했다.[76]

시대적 한계를 넘어 재일조선인의 운동은 통시대성을 갖고 단절과 함께 연속적으로 진행되었다. 그리고 반일성과 친일성, 동시에 지역주의와 국제주의가 충돌의 구성요소였다. 동시에 보편적 범주화가 어려운 재일조선인 친일파와 국제주의의 일방성 등이 공존했다.

1945년 전후 재일조선인의 정주 이후 재일조선인 운동과 일제강점기 재일조선인 운동은 연속과 단절이 이어지는 과정이었다. 특히 개인과 단체를

---

74) 해체 논의 이후에도 재일조선인은 강력한 투쟁력을 보였다.
75) 朴慶植, 『在日朝鮮人運動史 -8·15解放前-』, 三一書房, 1979, 11~14쪽.
76) 朴慶植, 『在日朝鮮人運動史 -8·15解放前-』, 三一書房, 1979, 354쪽.

중심으로, 정치적 지형도 속에서 거듭 충돌을 일으켰다.

　향후에는 재일조선인 운동에 대한 이해는 동시 진행을 통한 다양한 논의가 요청된다. 여기에서는 구조적인 접근과 일상의 삶을 전제로 한 논의도 요구된다고 생각한다.

■ 김인덕

일본에서의 초기 조선인 사회주의운동

– '조선독립운동사'와 '재일조선인사'의 사이에서 –

1. 머리말

조선독립운동은 한반도 내 뿐만 아니라 미국, 극동 러시아, 만주, 일본 등 여러 지역에서 전개된 것이 특징이다. 이러한 망명 지역의 운동 중에서, 전전 일본에서 전개된 조선인 사회주의 운동은 그 성격을 파악하는 것이 가장 어려운 운동이라고 생각된다. 왜냐하면, 조선에서의 독립운동 경험을 가진 활동가들이 일본에서 조선인 사회주의 운동을 이끌었던(혹은 반대로 일본에서의 활동을 거쳐 조선 내 운동의 지도자가 된) 것이 나타나고 있듯이, 일본에서의 조선인 사회주의 운동은 조선 독립 운동의 일환이었다.

한편 일본에 정주하는 조선인 노동자의 증가를 배경으로서, 재일조선인 노동자의 조직화를 목표로 내건 사회주의 단체인 일월회(一月会)를 비롯해 자신들의 운동을 재일조선인의 운동으로 간주하는 경우도 있었기에, 조선 내에서 전개된 사회주의 운동과는 분명히 다른 성격이라는 것도 부정할 수 없다. 또 그 시비를 떠나 일본의 조선인 사회주의 운동은 일본의 사회주의

운동과 가장 밀접한 관계가 있던 운동이었고, 또한 코민테른을 정점으로 하는 국제 공산주의 운동의 일부이기도 했다. 나는 전전 일본에서 전개된 조선인 사회주의 운동은 "조선 독립 운동사", "재일 조선인사", "일본 사회주의 운동사", "인터내셔널사(史)"의 사이에서 흔들리고 있던 운동이었다고 생각한다.

이와 같은 관점에서 이 글에서는 조선 독립 운동의 일환으로 시작된 일본에서의 조선인 사회주의 운동 속에서 재일조선인의 운동(약간 막연하지만 재일조선인 사회와 노동자에 주목한 운동)이란 요소가 나타나는 과정을 코민테른과 일본 사회주의 운동과의 관계성에 유의하면서 개관하겠다. 구체적으로는 운동 주체인 조선인 지식 엘리트들이 재일조선인 노동자를 어떻게 인식했고 어떻게 운동에 동원하려고 했는지 그 변천을 고찰하고자 한다.

2. 쌀소동과 조선인 노동자

일본에서 독립(항일)운동이 시작된 것은 강점 이전까지 거슬러 올라간다. 도쿄에 유학하는 조선인 학생은 강점 이전부터 유학생 단체를 조직해서 출판물의 간행부터 비밀결사운동에 이르기까지 폭넓은 활동을 벌였다. 그러나 조선인 유학생의 근본적인 목적은 일본에서 근대적 지식을 익히거나 다른 나라의 지식인과 교류하여 조선의 독립에 공헌하는 데에 있었다. 그러므로 일본에 거주하고 있는 조선인 노동자에 관심을 갖는 일은 별로 없었고, 일본 지역에서의 조선독립운동이라는 성격을 가지고 있었다.

3·1독립 운동의 도화선으로 평가되는 1919년 2·8독립선언은 그 전형이다. 그런데 거의 비슷한 시기에 염상섭(廉想涉, 본명은 廉尙燮)이 오사카(大阪)에 거주하고 있는 조선인 노동자를 대상으로 독립선언을 계획했다. 염상섭은 변희용(卞熙瑢, 게이오(慶應) 대학, 1922년 이후 북성회의 지도자)으로부터 제공된 자금 35엔을 자본으로 격문 및 독립 선언서를 작성하고, 3월

18일에 오사카의 공장에서 일하는 조선인 노동자들에게 격문과 선언서를 12, 3통 배포하였다. 다음날인 19일에 덴노지(天王寺)공원에서도 배포하려고 했으나 경찰에 검거되었다. 격문이나 선언서의 내용 자체는 민족자결주의와 일본의 조선 지배의 부당성을 주장한 것으로 재일조선인의 노동환경 등에 대해서는 전혀 언급하지 않았지만 이 선언서는 "在大阪韓國勞働者一同(재오사카 한국노동자 일동)" 명의로 발표되었고 조선인 노동자를 대상으로 한 최초의 운동이었다.

염상섭은 1912년에 일본에 유학해서, 아자부(麻布)중학교, 교토 부립 제2중학교(京都府立第二中学校), 게이오기주쿠 대학부 예과(1918년 입학)에 다니는 등, 노동자와는 거리가 먼 엘리트 학생의 길을 걸어왔다. 그런데도 왜 3·1운동이 한창 진행될 때에 조선인 노동자에게 주목했을까. 염상섭은 동대 신인회(東大新人會)의 기관지 『데모크라시(デモクラシイ)』에서 다음과 같이 말하고 있다.

> [일본은] 그들의 행동[조선 유학생의 독립 운동]의 원인을 민족적 차이에 근거한 독립이라는 미명에 동경해서 일어난 망동이라고 보고 있는가. 거꾸로 추리하면 작년 가을 일본의 쌀폭동 같은 경우는 어떻게 해석해야 할까. 아마도 마음속에서부터 온양, 발효시킨 절실한 요구만큼 진실한 건 없다. 쌀 폭동과 유학생의 행동은 그 표면은 다르지만 그 생존 보장을 얻고자 하는 진지한 요구에 있어서 다른 점이 없다.[1]

염상섭은 조선 독립운동과 일본의 쌀 소동은 "생존 보장을 얻고자 하는 진지한 요구"라는 점에서는 똑같다고 논함으로써 조선 독립운동과 일본 노동 운동이 연대할 가능성을 나타내고 있다. 염상섭이 쌀 소동을 이렇게 인식한 것은 다음과 같은 두 가지의 가능성이 있을 것이다.

하나는 염상섭이 쌀소동을 직접 봐 온 인물이었다는 것이다. 염상섭은

---

1) 廉尚燮,「朝野の諸公に訴ふ」,『デモクラシイ』2호, 1919년 4월, 2쪽.

1919년 11월에 불과 3주간이긴 했지만, "노동자 생활을 체득"하기 위해 복음 인쇄 합자회사(福音印刷合資會社)에서 식자공으로 근무해서 엘리트 학생에 서 노동자로 변신했다.[2] 요코하마(橫浜)에 있는 복음인쇄 합자회사는 유학 생 단체인 학생회 기관지 『학지광(学之光)』을 비롯해 조선인 유학생의 한글 출판물의 인쇄를 도맡아 온 인쇄소였는데 노동 운동과도 관련이 깊다. 일본 의 노동운동에 있어서, 식자공 조합에 의한 노동운동은 특히 활발했는데 복 음인쇄 합자회사의 식자공들은 쌀소동 시기에 파업을 일으켰고, 이 인쇄소 직공인 이시다 구조(石田九藏)는 일본 사회주의동맹의 결성을 준비한 인물 이었다.[3] 이와 같이 염상섭은 쌀소동이나 노동 운동의 당사자와 가까운 곳 에 있었다.

다른 하나는 조선인도 일본인에 섞여 쌀소동에 참여했다는 점이다. 1918 년 8월 22일 『신호우신일보(神戸又新日報)』에는 다음과 같은 기록이 있다.

> 주목해야 할 점은 시내에 재류하는 많은 조선인 노동자들이 이번 소동에 섞 여 참여하고 있다는 것이다. 검거된 사람 중에서도 적지 않게 발견됐지만 그들 은 고베노동회사(神戸労働会社) 와키하마(脇浜) · 아라타쵸우(荒田町) 일대, 효 고(兵庫) 하마사키(浜崎) 거리 부근 등에 각자 집단을 만들었는데, 그 수는 약 천여 명에 달해……[4]

고베뿐만 아니라, 히로시마(廣島)에서도 1918년 8월 조선인이 쌀가게를 습격한 것이 신문에 보도되었다.[5] 쌀소동에 참여한 조선인과 일본인 노동 자의 관계성에 대해서는 앞으로 자세히 조사할 필요가 있지만, 어찌되었든 염상섭은 쌀소동 및 이로 인해서 일본의 노동운동이 격화되는 것을 목격하

2) 廉想涉, 「横歩文壇回想記(第一回)」, 『思想界』 114호, 1962, 205쪽.
3) 警視庁 編, 「思想要注意人名簿(大正十年一月十五日調)」, Microfilm Orien Japan Reel 27.
4) 井上淸 · 渡辺徹 編, 『米騒動の研究』 第三巻, 有斐閣, 1960, 47쪽.
5) 데이터베이스, 「戰前日本在住朝鮮人關係新聞記事檢索」(http://www.zinbun.kyoto-u.ac.jp/~mizna/ shinbun)에 의한다.

고, 게다가 거기에 조선인이 참가했다는 사실에서 재일조선인 노동자 문제를 발견하고 재일조선인 노동자에게 주목한 것으로 보인다.

이상과 같이, 2·8독립 선언을 계기로 일본에서 조선독립운동이 본격화되는 뒷면에서 쌀소동을 배경으로 조선인 노동자에 주목한 재일조선인 운동의 요소가 움트고 있었다. 하지만 격문과 선언문에서는 "재대판한국노동자 일동"이란 용어를 제외하고, 일본에서 일하는 조선인 노동자에 대해 전혀 언급하지 않았으며 염상섭이 불과 3주 만에 식자공에서 물러나 소설가로 변신했다는 사실이 보여주듯이 그의 재일조선인 노동자를 대상으로 한 운동계획은 일시적, 그리고 형식적인 것에 불과했고, 이러한 운동은 한동안 주춤하게 된다.

3. 조선 독립 운동의 신천지 ― 김약수와 흑도회

1920년대에 들어서 공산주의자인 김약수(金若水), 아나키스트인 박열(朴烈)이 활동가로서 등장한다. 심지어 1921년에는 일본에서의 최초 조선인 사상 단체인 흑도회(黑濤會)가 결성됐다. 이런 사실은 기존의 연구에서도 초기의 조선인 사회주의운동을 대표하는 것으로 주목되어 왔다. 여기서는 김약수의 동향을 중심으로 초기의 조선인 사회주의 운동의 양상을 살펴보겠다.

김약수는 일본의 조선인 사회주의운동의 지도자로서 알려져 있지만, 그가 재일조선인 노동자에 대해 얼마나 관심을 갖고 있었는지는 의문이다. 김약수는 3·1운동 후에 중국에서 조선으로 돌아와 1920년에 조선노동공제회의 기관지 『공제(共濟)』의 편집을 담당했다. 그러나 조선 내에서의 엄격한 검열에 의해, 『공제』가 번번이 발행금지 처분이 되었기 때문에, 1921년 봄에 조선보다는 검열이 엄격하지 않은 일본으로 활동 거점을 옮겼다.

1926년 김약수와 같은 파벌(북풍파)에 속하는 신철(辛鐵)과 김영우(金泳雨)는 김약수 그룹의 이력을 적은 보고서를 코민테른에 제출했는데, 거기에

는 1921년에 일본으로 거점을 옮긴 이유에 대해 일본이 "출판사업을 하는데
있어서도 조선에 비교하면 하기 쉽"고, "일본재류조선인 사이에서 동지를
규합하고 선전사업을 함과 동시에, 조선 내지를 향하여 기초적 원리학설을
수입해서 계몽운동에 전력을 다했다"[6]고 되어있다. 조선보다 검열이 심하
지 않은 일본에서 출판사업을 하고, 그것을 조선으로 보내 사회주의사상을
보급할 것이 주된 목적이었고 조선 내에서의 검열에 의한 언론활동의 좌절
이 활동방침에 반영되어있다. 즉, 김약수에게 있어서 일본은 조선 독립운동
의 신천지였다. 물론, 일본재류조선인에 대해서 선전사업을 하는 것도 목적
이었지만, 당시 김약수는 학우회와 접촉하고 있었으며, 주요 대상은 유학생
이었다고 생각된다.

그러한 출판사업이란, 『대중시보(大衆時報)』의 간행이었다. 『대중시보』는
1922년 6월에 발행된 제4호부터 내용이 급격히 공산주의화 되는데, 1921년 5
월의 임시호와 9월에 간행된 제3호에서는 공산주의, 아나키즘을 불문하고,
폭넓게 사회주의이론을 소개하고 있다. 실제로, 일본의 사회주의 사상단체에
서 조선인과 교류한 다카쓰 마사미치(高津政道)는, 일본공산당과 조선인과의
관계에 대해서 기록한 코민테른에 보낸 편지에서, "동지 김약수와 정태신(鄭
泰信)이 편집한 『대중시보』는 전체적으로 사회주의에 입각하고 있긴 하지만,
공산주의에 입각한 것은 아니었다"[7]고 적고 있다. 그런 까닭으로, 『대중시보』
간행에는 후에 아나키스트가 되어 김약수와 대립하게 되는 원종린(元鐘麟)
등도 깊이 관여하고 있었다. 1921년 9월의 시점에서는, 일본에서 활약하는 조
선인 사회주의자는 아나키즘과 볼셰비즘의 사상분화가 명확하지 않았으며,
아직 막연하게 사회주의이론을 공부하고 있는 단계에 지나지 않았다.

1921년 11월에 결성된 흑도회는 나중에 아나키스트가 되는 원종린과 박
열, 공산주의자가 되는 김약수 등이 가입하고 있었다. 1921년 9월 시점에서

---

6) 辛鐵 · 金泳雨, 「國際共產党執行委員會 貴中 一九二六年二月十一日」, РГАСПИ, 495/135/124/
   79-80.

7) "The J.C.P and the Koreans", РГАСПИ, 495/127/74/98-99.

조선인 사회주의자들의 사상적 미분화 상황을 염두에 두면, 막연하게 사회
주의 이론을 모색하는 단체로서 흑도회는 결성되었다고 추측된다. 실제로
김약수의 맹우로서 1922년에 러시아에 건너간 정태신은 코민테른에 보낸
문서에서 흑도회를 '진보적 사상을 가진 사람들의 단체'라고 소개하고 있
다.8) 그런데 흑도회 결성에는 일본인 사회주의자가 관여하고 있었다. 흑도
회는 아나키스트인 이와사 사쿠타로(岩佐作太郎)의 집에서 에스페란토어 강
습회를 명목으로 열린 회합에서 결성되었는데, 에스페란토어는 오스기 사
카에(大杉榮)가 일찍이 습득하고 있던 언어로서, 중국인과 교류할 때 에스
페란토어를 쓰는 등, 특히 아나키스트가 쓰던 언어이다.9) 그러므로, 흑도회
는 일본인 아나키스트의 영향 하에 결성되었고 때문에 조선인의 사상적 미
분화에도 불구하고, 흑(黑)도회라는 명칭이 붙여졌다고 추측된다. 이 점에
대해서 위의 코민테른에 보낸 문서에 김약수 그룹의 초기 활동이 "일본에서
의 강력한 아나키즘적인 사조"에 촉구되었다고 솔직히 적혀있는 것에서도
입증된다.

조선인 사이에서 아나키즘과 볼셰비즘의 대립이 명확해진 것은 1922년 6
월에서 7월에 이르러서였다. 앞에서 언급한 바와 같이, 김약수는 1922년 6
월, 9개월 만에 『대중시보』제4호를 간행했으나, 그것은 공산주의의 소개에
축을 둔 내용으로 변모하였으며, 이 잡지의 창간에 깊이 관여한 원종린 등,
아나키스트가 된 인물이 배제되었다. 한편, 7월에는 흑도회의 결성 멤버였
던 박열을 편집인으로 하여 아나키즘색이 강한 잡지인 『흑도(黑濤)』의 창간
호(일본어)가 발행되었다. 그리고 권두의 「창간하면서」라는 기사에서 이 잡
지가 흑도회의 기관지임을 선언했다. 즉, 아나키즘도 볼셰비즘도 없었던 시
기에 창간된 『대중시보』를 공산주의에 심취한 조선인의 점유물로 한 김약
수와 마찬가지로, 박열 역시 아나키즘과 볼셰비즘의 분화가 명확하지 않으

---

8) "Корейская Коммунистическая организация в ТОКИО", РГАСПИ, 495/135/64/43.
9) 田中克彦, 『エスペラント』, 岩波書店, 2007, 128쪽.

시대에 결성된 흑도회를 아나키즘으로 심취한 조선인의 단체로 규정한 것이다.

흑도회가 정식으로 해산하는 것은 1922년 11월인데, 7월에 『흑도』가 간행된 시점에서 분열은 심각했다. 실질적으로는 이미 분열되었음에도 불구하고 흑도회가 존속하게 된 이유는 같은 달에 시나노강(信濃川)에서 조선인노동자 학살사건이 일어났기 때문이며, 잡지의 간행과 사회주의 이론의 보급을 중심업무로 해 왔던 볼셰비키파의 조선인 사회주의자들이 재일조선인 노동자문제에 본격적으로 눈을 돌리게 된 것은 이때부터였다.

4. 시나노강 조선인노동자학살사건과 국제공산주의운동의 등장

1922년 7월, 시나노강 수력발전소의 공사현장에서 도망간 조선인 노동자를 감시역이었던 일본인이 학살하는 시나노강(정확히는 나카쓰(中津)강) 조선인노동자학살사건이 일어나자, 김약수와 박열 등의 활동가를 필두로, 유학생 단체인 학우회, 나아가 조선의 『동아일보』에서 파견된 나경석(羅景錫)이 결집해서 진상규명에 나섰다. 9월 7일에는, 재일조선YMCA에서 학살사건을 규탄하는 시나노강학살문제강연회가 열렸으며 김약수는 사회를 맡았다. 게다가, 9월 11일에는 김약수 그룹을 중심으로 하여 일본재류조선인노동자상황조사회가 조직되었다. 그리고 볼셰비키파의 조선인 사회주의자는 조선인 노동자의 조직화에 착수했고 11월에는 동경조선노동자동맹회(東京朝鮮勞動者同盟會), 12월에는 대판조선노동동맹회(大阪朝鮮勞動者同盟會)의 설립에 성공했다. 즉, 시나노강조선인노동자학살사건은 출판사업과 이론의 보급에 몰두하고 있었던 조선인 사회주의자가 재일조선인 노동자문제에 본격적으로 대응하는 계기가 되었으며, 적어도 표면상으로는 재일조선인 운동으로서의 사회주의 운동이 급속히 진전했다고 할 수 있다.

그런데 일본재류조선인노동자상황조사회를 포함한 일련의 활동에서 박

열 등의 아나키즘의 그룹과 김약수 등의 볼셰비키파는 협력관계에 있었지
만, 내부대립은 심각했었다. 김광열에 의하면, 박열 등의 아나키즘 그룹은
김약수 등을 "볼셰비키당의 독재정부에 노동자를 이용하는 정치적 야심이
가득하다고 비판"했는데, 그 배경에는 고학생을 중심으로 하는 아나키즘파
와 인테리 학생을 중심으로 하는 볼셰비키파의 경제적 환경의 차이가 있었
다고 한다.[10] 사실은, 일본재류조선인노동자상황조사회의 활동이 전개되고
있는 뒷면에서 아나키즘파가 비판한 '정치적 야심'을 휘젓는 사건이 일어나
고 있었다. 김약수 등 볼셰비키파의 조선인 사회주의 운동과 코민테른을 정
점으로 하는 국제 공산주의 운동과의 합류였다.

코민테른과 연결되는 조선 공산주의 운동은 모스크바와 비교적으로 연락
하기 쉬운 러시아나 상해가 초기의 중심지였으며, 코민테른이 승인한 조직
인 상해파와 이르쿠츠크파의 두개의 고려공산당이 공산주의 운동을 선도하
고 있었다. 그리고, 코민테른의 지시에 따라 두개의 고려공산당을 통합하기
위한 대회가 시베리아의 베르후네우딩스크(현 올란우데)에서 1922년 10월
19일부터 28일까지 개최되었다. 이 통합대회에는 러시아와 중국에 재류하
는 조선인뿐만 아니라, 조선내의 사회주의자, 그리고 김약수와 활동을 같이
하고 있었던 정태신이 참가했다. 즉, 일본에서의 볼셰비키파 조선인 사회주
의 운동은 이 통합대회를 통해서 코민테른에 그 존재를 알림으로써, 국제
공산주의 운동과 합류하게 된 것이다.

정태신은 재일본조선인공산주의단체(Корком организация в Японии)라는
서류상의 조직의 대표로서 참가했는데, 그 때 "ПОЛОЖЕНИИ КОРЕЙЦЕВ
В ЯПОНИИ"(재일조선인의 상황)[11]이라는 문서도 작성했다. 재일본조선인
공산주의단체의 관련단체로서 일본재류조선인노동자상황조사회가 언급되
고 있는 것으로 보아, 조사회가 조직된 9월 11일부터 정태신이 10월 19일의

---

10) 金廣烈, 「1920年代初期日本における朝鮮人社會運動—黑燾會を中心に」, 『日朝關係史論集—姜
德相先生古稀・退職記念』, 新幹社, 2001, 501쪽.
11) "ПОЛОЖЕНИИ КОРЕЙЦЕВ В ЯПОНИИ", РГАСПИ, 495/135/64/44-48.

통합대회에 참가하기 위해서 러시아로 향하기 전에 작성한 것으로 생각되
며, 조사회의 성과를 반영시킨 것으로 추측된다. 이 문서는 총 5쪽이며, 노
동자에 관한 내용은 처음의 2쪽 정도에 지나지 않는다. 그리고 나머지는 도
쿄의 유학생에 관한 것이라는 점에서 한계가 있다. 조사회에 의한 조선인
노동자의 현황조사는 관헌의 방해에 의해 제대로 못했으며, 박열이 자유노
동자로서 조선인 노동자 속으로 들어가 조사한 정도였다는 것[12]과 관련이
있을지도 모른다. 그렇지만, 조선인 노동자에 관한 조사자료를 작성할 수
있었다는 의미에서 분열상태에 있었긴 하지만, 김약수 그룹에 있어서는 흑
도회를 존속시킨 의미는 확실히 있었다고 할 수 있다. 아무튼 이 문서는 조
선인 활동가가 작성한 최초의 재일조선인 노동자에 관한 것이었으며, 이것
을 통하여 재일조선인 노동자문제가 코민테른에도 전해졌다는 점에서 획기
적인 것이었다.

그 내용은, 먼저 재일조선인의 인구통계를 해설하고 있고, 약 15만 명, 그
중 14만 8천 명이 노동자로 되어있고, 제1차 세계대전기에 노동자의 일본이
주가 진행되었다고 한다(나머지는 유학생). 다음으로 주된 거주지가 기록되
어 있는데, 홋카이도(北海道), 규슈(九州), 오사카, 고베, 교토, 나고야(名古
屋)가 많고, 주요 직업은 광산, 철도, 전력, 공장(경공업) 등이 많고 여성도
3천 명(방직여공) 있었으나 기술자는 없었다고 한다. 그리고 조선인 노동자
의 노동상황은, 노동 시간이나 임금 등에서 일본인과 차별적 대우를 받고
있으나, 파업을 비롯한 노동운동에 관한 지식은 갖고 있으며, 그 증거로서
동우회가 1922년의 제3회 메이데이(노동절)에 참가한 것을 들고 있다.

이것이 위의 문서의 내용인데, 시나노강조선인노동자학살사건을 배경으
로 하여, 정태신(또한 그를 대표로 파견한 김약수)은 재일조선인 노동자문
제의 전문가로서 통합대회에서 그 존재를 제기했다고 할 수 있다. 예를 들
면, 1922년 당시의 재일조선인 인구의 추계치는 9만 741명이며,[13] 약 15만

12)「朝鮮人がはじめて參加した第3回メーデー前後」,『朝鮮研究』 40호, 1956, 32쪽.

명을 주장하는 문서의 수치와는 큰 차이가 있다. 조사의 한계는 있었겠지만, 조선인 노동자문제의 중요성을 코민테른에 알리기 위해 과장되었을 가능성이 있다. 또, '흑도회의 멤버를 중심으로 결성된 조선고학생동우회(朝鮮苦学生同友會)를 '조선 노동자의 단체'로 설명하고 있는데, 실제로는 메이데이에 동우회 멤버 중 4, 5명이 개인적으로 참가한 것에 지나지 않았음에도 불구하고,[14] 조선인 노동자가 노동운동에 관심을 갖고 있는 증거로서 제시했다는 점 역시 재일조선인의 노동운동이 진전되고 있음을 알리기 위한 과장이었을 것이다.

이와 같이 1922년 7월의 시나노강조선인노동자학살사건은 일본에서 일어나는 조선인 사회주의 운동이 종래의 언론활동에 중점을 둔 일본지역의 조선 독립운동으로부터, 일본에 이주한 조선인의 상황을 고려한 재일조선인의 운동으로 변화하는 계기가 되었는데, 이와 같은 움직임과 함께 코민테른과 연결되는 국제 공산주의 운동의 일부가 되기도 했다. 그러나 10월의 고려공산당 통합대회 시점에서 일본에서는 조선인 노동자단체가 없을 뿐만 아니라, 공산주의 단체도 없었다. 김약수 등의 볼셰비키파 사회주의자는 러시아에 파견된 정태신의 귀국을 기다리지 않고 11월에 북성회를 결성해서 11월과 12월에 도쿄과 오사카에서 조선노동동맹회를 설립한다. 이러한 배경에는 시나노강조선인노동자학살사건으로 인해 조선인 노동자문제를 해결할 필요가 생긴 것도 있었겠지만, 동시에 코민테른에 볼셰비키파 조선인의 역량을 보여주기 위한 「정치적 야심」도 있었을 것이다. 조선노동동맹회가 조선인노동자의 노동쟁의를 거의 지원하지 않고, 신문에서 "거의 유명무실"이라고 평가되었다는 사실은,[15] 볼셰비키파 조선인 사회주의자의 목적이 조선인 노동자를 지원하기보다는 노동단체의 조직 그 자체에 있었음을

13) 外村大, 『在日朝鮮人社會の歷史學硏究』, 綠蔭書房, 2004, 42쪽.
14) 앞의 「朝鮮人がはじめて參加した第3回メーデー前後」, 31쪽.
15) 塚崎昌之, 「一九二二年大阪朝鮮勞働同盟の設立とその活動の再檢討」, 『在日朝鮮人史硏究』 36호, 2006, 39쪽.

잘 보여주는 것으로 보인다.

5. 코민테른의 지도하에서—재일조선인 운동과의 이별

1922년 11월에 조직된 북성회는 일본에서 최초로 생긴 조선인 공산주의 단체로서 알려져 있으며, 가타야마 센(片山潛)을 비롯한 일본공산당원도 높게 평가했던 단체였다. 그러나, 조선노동동맹회의 사례가 나타내고 있듯이 재일조선인 운동으로서 생각할 때, 북성회의 활동은 불발로 끝났다.

앞에서 언급한 바와 같이, 코민테른은 두 개의 고려공산당을 통합시키기 위해서 통합대회를 개최했는데, 결국 대회는 성공하지 못했고 당의 통합은 이루어지지 않았다. 그렇기 때문에, 코민테른은 고려공산당을 해산시키고 통일된 조선 공산당을 조직하기 위해서 코루뷰로(korean Bureau)를 설치하고, 그때까지 러시아를 비롯한 여러 망명지역에서 전개되었던 조선 공산주의 운동의 거점을 조선 내로 옮기도록 했다. 그리고 1923년 5월에 코루뷰로(조선) 내지부가 조직되었고, 일본 공산당의 추천을 받아 김약수가 위원이 되었다. 즉, 북성회 결성 후 김약수는 코민테른에게 인정받아서 새로운 조선 공산주의 운동의 중심지가 된 조선 내에서 활동하는 기회를 얻게 된 것이다.

지금까지, 북성회의 활동으로서는 노동자의 조직화(조선노동동맹회)와 사회주의 이론의 계몽활동이 지적되어 왔다. 그리고 후자에 관해서는 기관지 『척후대(斥候隊)』의 간행과 더불어 1923년 8월에 북성회 멤버가 경성, 대구, 광주, 김해, 부산 등에서 강연한 것이 주목되어 왔다. 그러나 김약수를 비롯한 북성회의 중심멤버는 일본에 돌아가지 않았고 북성회를 건설사(建設社)라는 명칭으로 바꾸었다.

신철과 김영우가 1926년 코민테른에 보낸 앞의 보고서에 의하면, "1923년 여름부터는 (북성회) 본부와 그 주력을 조선 내지에 옮겨서 중앙 및 지방에

서 조직사업과 실제운동(實際運動)을 일으켜서 이것을 지도했다"고 적혀 있
다. 즉, 1923년 여름에 북성회가 조선에서 행한 순회공연은 북성회의 거점과
주력을 조선에 옮기는 작업의 일환이었던 것이다. 한편, 비주력의 낙인이 찍
힌 북성회의 일본잔류멤버의 임무는 1921년에 김약수가 일본에 활동거점을
옮긴 이유와 똑같은 "기관지만은 일본 동경에서 계속 발행"하는 것이었다.16)
즉, 일본잔류멤버인 이여성(李如星), 안광천(安光泉), 변희용의 의식은 제쳐두
고, 북성회의 주력이었던 김약수 등의 건설사에 있어서는, 북성회의 일본에
서의 활동은 『척후대』를 건설사의 기관지도 겸해서 간행하는 것이었으며,
재일조선인 노동자문제는 주요한 임무가 아니게 되었다. 즉, 일본에서 안전
하게 기관지만 발행할 수 있다면, 그것으로 만족하게 되었던 것이다.

　앞에서 언급한 조선노동동맹회가 조선인 노동자의 노동쟁의에서 역할을
발휘하지 못했다는 것은 이 때문이라고 생각된다. 실제로, 적어도 도쿄의
조선노동동맹회는 건설사의 관리감독하에 있었다. 1924년 1월에 도쿄조선
노동동맹회는 기관지(일본어)로서 『노동동맹(勞動同盟)』을 창간했는데 이헌
(李憲)과 마명(馬鳴)을 비롯한 동맹회의 집행위원과 건설사의 멤버가 겹쳐
있는 한편, 안광천 등의 북성회 일본잔류멤버의 이름은 없었다. 게다가, 동
맹회의 사무소의 주소(도쿄 요도야바시초 쓰노하즈 725)는 건설사가 같은
해 9월에 발행하는 『해방운동』의 발행소와 똑같으며, 북성회의 사무소(일본
잔류멤버에 의한 『척후대』의 발행소)와는 주소가 다르다. 또 이 잡지에서는
북성회에 대해서 '기관지 『척후대』를 계속해서 간행하기 위해 노력 중'이라
고 쓰여 있다.17) 시나노강조선인노동자학살사건을 계기로서 급속히 진전한
재일조선인 운동으로서의 사회주의 운동이 1923년에 들어서 다시 정체한
것은 볼셰비키파의 조선인 사회주의자가 '재일조선인운동'과 '국제공산주의
운동'을 비교한 후, 후자를 선택하여, 일본에서의 운동을 이전과 같은 잡지

---

16) 辛鐵·金泳雨, 앞의 글, РГАСПИ, 495/135/124/780, 92.
17) 「團體消息」, 『勞動同盟』 1호, 1924년 1월, 4쪽.

의 발행소로서의 위치로 되돌린 결과였다.

1924년 9월에는, 북성회 일본잔류멤버가 『척후대』의 간행을 계속하는 한편, 건설사도 독자적인 기관지 『해방운동』을 간행했기 때문에, 『척후대』는 건설사의 기관지가 아니게 되었다. 그리고 지면에는 "(북성회)회원의 대부분은 하기(夏期)를 이용해서 고국에서 활약하고 있으며, 동경에서는 안광천 군 외 4,5명의 동지가 본루를 견수하고 있다고 한다"18)고 쓰여 있어서 1924년에도 북성회 일본 잔류멤버로부터 더 많이 빼낸 것을 알 수 있다. 그리고, 건설사는 단체명을 북풍회(北風會)로 개명하여, 서울파와 화요파와 함께 조선을 대표하는 공산주의 파벌을 형성하면서 1925년의 조선공산당의 지도세력이 되었다. 이와 같이, 볼셰비키파의 조선인 사회주의자는 북성회의 결성 후, 단계적으로 일본에서 철수하고 새로 조선 공산주의운동의 중심지가 된 조선으로 거점을 옮김에 따라 일본에서의 조선인 사회주의운동은 쇠퇴하게 된 것이다.

6. 일월회—전략으로서의 재일조선인운동

1925년 1월 3일, 북성회 일본잔류멤버의 이여성, 안광천, 송언필(宋彦弼,) 박낙종(朴洛鐘), 하필원(河弼源), 김세연(金世淵) 등에 의해서 동경에서 일월회가 결성되었다. 이것에 대해서 기존의 재일조선인운동사 연구에서는 "북성회의 발전적 해소"에 의해 결성되었다고 설명될 때가 많다.19) 그러나 이것은 일월회의 결성을 정확히 설명하는 표현이 아니라고 생각된다. 우선 북성회 일본잔류멤버의 동향을 살펴보자.

위에서 언급한 바와 같이, 김약수 등의 북성회의 "주력"은, 1923년 여름부터

---

18) 「團體와 個人消息」, 『解放運動』 1호, 1924년 9월, 33쪽.
19) 예를 들면, 『在日コリアン辭典』, 明石書店, 2010 등이 있다.

단계적으로 거점을 조선 내로 옮겨, 북성회 일본잔류멤버의 임무는『척후대』
를 간행하는 것이었다. 그러므로, 북성회 일본잔류멤버는 활발한 활동을 하
지 않았고 일본 경찰도 "작년(1923년) 여름 순회공연단을 조직하고 조선으
로 건너간 이후, 조선에서의 행동에 주의할 필요가 있다"[20]고 보고 있었다.

   북성회 일본잔류멤버의 활동이 부진했던 요인으로서, 김약수 등의 건설
사의 방침과 함께 관동대지진의 영향도 크다. 관동대지진과 그 후의 조선인
학살로 인해, 일본재류조선인 사회 전체가 큰 피해를 입었고, 북성회 멤버
는 피해를 입은 재일조선인의 조사와 위문으로 분주하였다. 김약수와 같이
북성회의 조선에서의 순회공연에 참가했던 백무(白武)는 대구에서 그 소식
을 들었다고 하는데[21] 관동대지진을 경험했는가 아닌가라는 문제는 조선
내의 건설사와 일본의 북성회 멤버 사이의 균열을 확대한 것으로 보인다.

   북성회의 멤버로서 1923년 여름 이후에도 일본에서 활동했던 변희용은
1924년 3월 18일에 귀국했다. 관헌의 보고에는 "(박순천과의) 결혼을 하기
위해서 귀향"이라고 적혀있지만, 나중에 변희용이 쓴 회상문에 의하면, 관
동대지진이 귀국한 가장 큰 이유였다. 변희용은 1923년 12월 30일「관동대
지진과 조선인의 학살사건」[22]이라는 상세한 보고서를 남기는 등, 지진피해
를 당한 재일조선인의 조사에 깊게 관여했는데, 지진으로 인한 고통이 커서
"간단하게 말하면 국제적 의식에서 민족적 의식으로"[23] 지진을 계기로 심경
이 변화하였다. 코민테른의 방침도 있어서 북성회는 조선과 일본의 프롤레
타리아 연대를 과도로 강조하고 있었으나, 이러한 방침 하에서 활동할 수
있는 심경이 아니게 된 것이다. 또한, 조선의 건설사도 일본사회주의 운동
과의 연대를 중시하고 있었지만, 조선에 돌아간 변희용이 건설사에 참가하

---

20) 朝鮮總督府警務局 東京出張員,「在京朝鮮人狀況(大正十三年五月)」; 朴慶植 編,『在日朝鮮人
    關係資料集成』第一卷, 三一書房, 139쪽.

21) 앞의「朝鮮人がはじめて參加した第3回メーデー前後」, 31쪽.

22) 卞熙瑢,「關東震災과 朝鮮人 虐殺事件」,『一波卞熙瑢先生遺稿』, 成均館大学校出版部, 1977,
    221~257쪽.

23) 卞熙瑢,「行動을 쏟았던 젊음의 情熱」, 위의 책, 298쪽.

는 일은 없었다(나중에 일월회에 참가하지만, 결국 사회주의 운동으로부터
이탈한다).

한편, 북성회의 멤버가 아니었지만, 나중에 일월회의 멤버가 되는 김천해
(金天海)는 위문이나 조사를 통해서 피해자들이 노동자임을 보고 "이때부터
나는 이런 비참한 처지에 있는 노동자를 먼저 단결시키지 않으면 안 된다
는 생각"[24]을 가지게 되었다고 한다.

관동대지진에 대한 조선인 사회주의자들의 반응은 다양할 것이다. 그러
나 쌀소동이나 시나노강조선인노동자학살사건과 같은 조선인노동자와 관
계되는 사건이 일어났을 때, 조선인 사회주의자는 조선인 노동자를 대상으
로 한 운동을 일으키려고 해 왔던 경위를 생각해보면, 김천해와 같은 노동
자의 조직화를 요구하는 움직임이 일어난 것도 신기한 일이 아니다. 그러면
서도 당시 일본에는 유명무실화한 조선노동동맹회가 있었을 뿐이었다. 서
서히 조선으로 거점을 옮기면서 일본에서의 활동은 기관지만 발행하고 있
으면 된다고 생각하는 김약수 등 건설사의 방침에 대해서, 북성회 일본잔류
멤버들은 불만을 가지지 않을 수가 없었다. 관헌 측 사료는 일월회의 결성
에 대해서 다음과 같이 언급하고 있다.

> 북성회의 안광천, 이여성 일파는 다이쇼13년에 들어가 북성회가 항상 김약수
> 일파의 주의선전에 이용당하는 경향에 불만을 갖게 되어 북성회를 개혁하고자
> 다이쇼14년 1월에 이르러 북성회를 해산시키고 새롭게 동지를 규합하여 일월
> 회를 조직함에 이르렀다.[25]

관헌 측 사료는 조선인 사이의 대립을 강조하는 경향이 있긴 하나 '발진
적 해소'라는 미사여구보다는 일월회 결성의 배경을 정확히 전달하고 있다

---

24) 「金天海 自傳的記錄(草稿)」, 『在日朝鮮人史研究』 43호, 2013년, 190쪽.
25) 警保局保安課, 「大正十五年ニ於ケル在留朝鮮人ノ狀況(大正十五年十二月)」; 朴慶植 編, 앞의
    책, 209쪽.

고 생각된다. 한편 일월회 결성 이후에 정체하고 있던 재일조선인 운동이
'발전'한 것도 사실이다.

일월회 멤버는 대판조선노동동맹회를 비롯한 11개의 조선인노동조합을
결집해서 1925년 2월에 결성된 재일본조선인노동총동맹(在日本朝鮮人勞動總
同盟)의 간부로서 활동했다. 또한, 일월회는 활동방침으로서 기관지 발행
등의 계몽활동과 함께 '조선 내의 사회운동의 분립에 대해서 절대적 중립을
지키고, 그 입장에서 적극적으로 전선통일을 촉진'하는 것과, '재일조선인의
노동운동 및 청년운동을 지도, 원조'하는 것을 내세웠다. 재일조선인 노동
운동의 지도와 원조를 활동방침으로 내세운 것은 일월회가 처음이다. 게다
가, 1925년 11월에 여성단체인 삼월회(三月會)와 공동으로 조선내의 사회주
의 운동의 파벌항쟁을 비판하고, 재일조선인 운동의 활동방침에 대해서 기
재한 성명서도 발표하였다. 이 성명서는 재일조선인 운동의 성격과 임무에
대해서 운동 측이 견해를 표현한 최초의 사례이다.[26]

일월회 결성 이후, 재일조선인운동으로서의 조선 사회주의운동이 본격화하
게 되었다고 할 수 있다. 그 배경으로서는 1920년대에 들어서 일본에 이주한
조선인 노동자가 증가함에 따라, 일본에서의 운동이 무조건 조선의 독립운동
과 직결한다고 인식해 온 상황이 변화해서 재일조선인운동에 대해서도 그 성
격이나 의의, 임무를 검토해야 할 필요가 생긴 점을 들 수 있다.[27] 또 재일조
선인의 인구증가뿐만 아니라, 관동대지진의 참상을 목격하여 사회주의자들이
노동자의 단결이 필요하다는 것을 실감한 것도 있을 것이다.

이것들이 재일조선인운동이 본격화한 주요한 요소임은 틀림없다. 그러나
앞에서 언급한 성명서가 "재일본조선무산계급운동은 물론 조선무산계급운
동의 일부이다"라는 전제에서 쓰인 것, 일월회의 초기 지도자들이 제3차 조
선공산당의 지도자로서 1926년 말에 조선으로 돌아간 것을 감안하면, 일월

---

26) 水野直樹, 「新幹會東京支會の活動について」, 『朝鮮史叢』 1호, 1979, 12~13쪽.
27) 위의 글.

회 멤버의 근본적인 관심 역시 조선을 중심으로 하는 조선사회주의운동 전체에 있었다고 생각된다.

일월회가 내세운 '조선 내의 사회운동 분립에 대해서 절대적 중립을 지키고, 그 입장에서 적극적으로 전선통일을 촉진', '재일조선인의 노동운동 및 청년운동을 지도, 원조'한다는 활동방침은, 일월회를 결성하는 북성회 일본 잔류멤버를 비'주력'으로서 배제하고, 재일조선인 노동운동을 발판으로 해서 조선에서 일대 파벌을 구축한 김약수 등의 북풍회와는 대극에 위치한다. 실제로 위에서 언급한 1925년 11월의 성명서는 같은 해 10월에 북풍회가 일월회에 대항해서 신성회(新星會)를 동경에 조직한 것으로 인해 파벌항쟁이 일본에도 영향을 미치게 된 직후, 즉 북풍회와의 파벌항쟁에서 효과적으로 대항하기 위한 전략으로서 발표된 것이다.

따라서 일월회가 치열한 파벌항쟁에서 중립을 지키고, 재일조선인 노동운동을 축으로 한 운동을 전개하게 된 배경에는, 재일조선인 인구의 증가는 물론이고, (제1차)조선공산당이라는 조선 사회주의운동의 주류에 참가하지 못한 일월회가 조선 사회주의 운동 전체에서의 정통성을 보이기 위한 전략이라는 측면도 있었던 것으로 생각된다.

7. 결론을 대신하여

박경식의 선구적 업적을 비롯해, 일본에서의 초기 조선인 사회운동에 대해서는 어느 정도 연구가 축적되어 왔다. 대략적으로 말하면, 지금까지의 연구는 일본에서의 초기 조선인 사회주의운동을 첫째로 '흑도회·북성회로부터 일월회로, 조선노동동맹회로부터 재일본조선인노동총동맹으로'라는 식으로 '발전'의 과정으로서 기술함과 동시에 둘째로, 조선 내로의 사회주의 사상의 보급 등을 비롯해, 조선 내의 운동에 대한 영향력이나 독립운동에 대한 공헌을 평가해 왔다고 할 수 있다.[28] 이런 점들을 부정할 생각은 없지만, 마지막으로 다시 한 번 일본에서의 초기 조선인 사회주의 운동을 기술하는 것의 어려움을 지적함으로써 결론을 대신하고자 한다.

이 글에서 살펴본 바와 같이, 재일조선인 운동은 재일조선인 인구의 증가와 함께 발전한 것은 결코 아니었으며, 정체와 발전을 반복했다. 특히 조선노동동맹회가 설립된 다음 해인 1923년은 운동이 현저히 정체되었다. 그 원인은 관동대지진도 있지만, 조선 사회주의 운동의 중심이 조선내로 옮겨진 것으로 인해 김약수 등의 북성회 지도자들이 조선 내에서의 활동을 중요시하고 단계적으로 일본에서 철수했기 때문이었다. 물론 북성회나 김약수 그룹은 조선 내에서의 사회주의 사상의 보급에(민중에게 전달되었는지는 의문스럽지만) 주력하는 등, 독립운동에 공헌했다고 평가할 수도 있고, 1923년 여름의 조선순회공연도 그러한 사례의 하나라고 할 수 있다. 그러나 그와 동시에, 조선 내에서의 운동에 공헌한 결과로서 재일조선인운동의 정체를 초래했다는 것도 부정할 수 없다.

일본에서의 초기 조선인 사회주의 운동은 일월회의 안광천을 포함해, 조선에서 태어나고 자랐으며 자신의 활동 무대로서 일본을 선택하고 나아가서는 코민테른이 승인한 조선인 조직의 중추에서 활동하는 것에 가치를 찾았던(그 때문에 파벌투쟁을 벌였던) 사람들이 이끌었던 운동이었다. 그러므로 모든 사례에 적용되는 것은 물론 아니지만, 조선 독립운동에 대한 공헌과 재일조선인 운동에 대한 공헌이라는 평가 기준은 양립할 수 있는 것은 아니다. 이 점에 일본에서의 초기 조선인 사회주의 운동을 기술하는 것, 특히 재일조선인사의 일환으로서 그 운동을 다루는 것의 어려움이 있다. 이 글에서는 전혀 언급하지 못했던 아나키스트의 동향도 포함해서 앞으로 다각적인 시각으로 이 문제를 재검토할 필요가 있을 것이다.

■ 오노 야스테루

---

28) 일본 사회주의운동과의 연대라는 점도 들 수 있는데, 이 글에서는 다루지 않는다.

일본 유학 시기 이여성의 민족운동

1. 머리말

이여성(李如星)은 본명이 명건(命鍵)으로 약산 김원봉, 약수 김두전과 더불어 '유·관·장 3인'(홍양명)에 비유되는 인물이다. 이들의 별호는 밀양의 황상규가 지어준 것이라는데, '산과 같이, 물과 같이, 별과 같이'라는 의미를 갖고 있다. 그는 1901년 경북 칠곡의 '만석꾼' 집안에서 태어나 서울의 보성소학교, 보성학교를 거쳐 중앙학교를 졸업했다. 그의 생애와 활동은 동 시대 인물들이 그러하듯이 '파란만장'하다고 할 수 있는데, 시종일관 민족운동으로 점철되어 있다. 일제식민지기 민족해방투쟁과 해방공간에서의 민족국가 건설운동이 그것이다.[1] 그 가운데 일제 식민지기 민족해방투쟁을 개관하면 다음과 같다.

그가 민족운동에 첫발을 디딘 것은 1918년 중앙학교 졸업 후에 김원봉,

---

1) 이여성의 생애와 활동에 대해서는, 최재성의 「일제 식민지기 이여성의 민족운동」(『사림』 39, 수선사학회, 2011)과 「해방 후 이여성의 민족국가 건설운동」(『역사연구』 22, 역사학연구소, 2012), 그리고 신용균의 「이여성의 정치사상과 예술사론」(고려대학교 사학과 박사학위논문, 2013) 등 참조.

김약수와 함께 일행이 되어 중국에 간 일이다. 그것은 '그룹'의 결정에 따라 군사교육을 받기 위한 것이었다. 그러나 그것이 여의치 않자 간도에서 둔전병 계획을 세웠다. 비밀결사와 군사훈련 계획을 통한 항일 민족운동의 시작이었던 셈이다. 그러나 실패하여 실의에 빠져 있던 중 국내에서 3·1운동이 일어났다는 소식을 듣고 중국에서 귀국했다. 그는 곧바로 비밀결사 혜성단을 결성하고, 격문을 제작, 배포하다가 일제에 체포되어 3년의 옥고를 치렀다. 본격적으로 민족해방투쟁에 투신한 것이었다.

출옥하여 일본 유학길에 오른 그는 사회주의 단체 북성회와 일월회 창립에 참여하고, 그 기관지의 편집, 발행의 책임을 맡으면서 필자로도 활동했다. 그밖에 동아일보 배척운동이나 연설회에도 참여했다. 또 그는 일본 유학 생활을 하면서 국내에서의 활동도 병행했는데, 그 중 두드러진 것은 강연 활동이었다. 1923년 여름에 있었던 일본 유학생 학우회 주최 동아일보 후원 순회 강연회가 그것이다. 이때 그는 대구에서 연설 도중 일제 경찰에게 연설을 중단 당하고 3주동안 구금되어 조사를 받은 일이 있었으나 이후 이어진 함흥 연설에서도 일제 경찰로부터 주의를 받을만한 내용의 연설을 재개했다. 이 모든 것은 그가 20대 전반의 혈기왕성한 청년의 모습을 여실히 보여준 것으로 역시 민족해방투쟁에 직접 참여한 것이었다고 평가할 수 있다.

1926년 말부터 2년여 간 상해에서 생활하며 언론에서 사라졌던 그는 1929년 1월 1일자 조선일보에 「比律賓의 과거와 현재」라는 글을 연재하면서 다시 등장한다. 이후 발표한 여러 편의 글을 통해 약소민족 문제와 약소민족운동에 지대한 관심을 보였다. 그는 당시 세계 정세를 면밀히 관망하고, 강대국의 식민지인 약소민족이 벌이고 있는 운동을 주시하면서 우리의 민족해방투쟁 과정에 시사점을 얻고자 하였던 것이다.

또 1931년부터 1935년 사이에 5권으로 출판된 『숫자조선연구』는 당시 식민지 조선 현실을 정확하고 과학적으로 인식하고자 노력한 산물이었다. 약소민족운동에 관한 관심이 민족해방투쟁 과정에서 '타산지석'을 삼기 위한 방편이었다면, 식민지 조선 현실에 대한 탐구는 내부에서 동력을 구하기 위

한 탐색 과정이었다고 할 수 있다. 따라서 이들 활동도 넓은 범주의 민족해
방운동의 일환이라 평가할 수 있다.

1936년 말 '일장기 말소사건'의 여파로 조선총독부 압력을 받아 동아일보
사를 그만 둔 그는, 민족문화 계승 활동에 몰두했다. 역사화 그리기와 복식
사 연구가 그것이다. 역사화 그리기는 민족문화를 계승하고 보존하기 위한
노력이 겉으로 드러난 결과물이었던 것이다. 또 역사화 속 인물을 보다 정
확히 묘사하기 위한 고증 과정에서 차곡차곡 축적시킨 역사 지식을 모두
쏟아 부어 『조선복식고』를 집필했다. 복식사에 대한 연구 역시 민족문화를
계승하고 보존하기 위한 노력에서 이루어졌던 것이다.

역사화 그리기와 복식사 연구를 통한 민족문화 계승과 보존 활동은, 1944
년 여운형 주도로 조직된 건국동맹 간부 활동과 함께 이여성의 민족국가
건설 준비운동으로 볼 수 있다. 해방 이후 민족국가 건설 과정은 민족 정체
성 회복을 동반해야 하고, 그의 민족문화 계승·보존 활동은 민족 정체성
회복에 기여할 것이기 때문이다. 그의 저서 조선복식고가 복식 연구자들의
필독서였고, 현재도 한국 복식사 연구의 고전으로 취급되고 있는 상황을 볼
때 그것을 알 수 있다.

이 글에서는 위에서 살펴본 그의 생애와 활동 가운데 일본 유학시기 민
족운동에 대해 살펴보겠다.

2. 일본 유학과 사회주의 운동 참여[2]

1) 북성회와 일월회 회원으로서 기관지 편집·발행과 기고

① 일본 유학과 사회주의사상 수용

1919년부터 1922년까지 3년간 옥고를 치르고 출옥한 이여성은 바로 일본

---

2) 이하의 서술은, 필자의 「일제 식민지기 이여성의 민족운동」 내용을 토대로 재구성한 것이다.

유학길에 올랐다. 그가 선택한 길은 도쿄 릿쿄(立敎) 대학에 입학하여, 경제학을 공부하는 것이었다. 유학 초기 그의 사상의 일면을 엿볼 수 있는 것은 「戰線의 運命論」이란 제목으로 1923년 1월 25일과 26일 이틀에 걸쳐 조선일보에 게재된 글이다.

즉 "(전략) 필자는 이러한 險地에 있어 운명의 고식적 보수적 貞操로서 스스로 아귀를 불러들이는 그 '후유…운명'논자의 迷盲과 '安分守命'이라는 神人 관계의 추상적 윤리설에 대해 그 무지를 痛摘코자 하나이다. (중략) 神의 존부를 懷譴하는 현대인은 이제로부터 신을 蹴하고 자아를 起하며 <u>신의 影子인 운명을 擲하고 자아의 노력에 訴</u>(밑줄-인용자, 이하 같음)코자 하는 것이외다."[3]라고 하여 신 대신 자아, 운명 대신 노력을 강조하고 있다.

둘째 날에 게재된 글 말미에는 "4256, 新元을 당하여 특히 이글을 써 … 우리 지방 농촌에 계신 여러 형제께 올림!"[4]이라는 문구가 기재되어 있다. "우리 지방 농촌에 계신 여러 형제"는 조선 농민 전체를 가리키는 것으로 보이지만, 어린 시절 이여성의 집안에 교회당까지 있었음을 감안하면, 유신론자였던 자신이 이제 신을 버리고 사회주의사상을 수용하여 유물론자가 되었음을 고향의 가족·친지들에게 선언한 것으로 해석할 수도 있다.

② 북성회 창립 참여

조선일보에 이 글을 기고할 무렵 이여성은 북성회 창립에 참여했다. 북성회는 흑도회로부터 분리되어 1922년 12월 말에서 1923년 1월 초 사이 창립되었다. 흑도회로부터 분리된 것은 아나키즘과 맑스주의의 분화를 의미하는 것이었고, 이여성과 더불어 김약수·김종범·송봉우·변희용·김상

---

3) 『조선일보』 1923.1.25 석간 1면, 「戰線의 運命論」(상).
4) 『조선일보』 1923.1.26 석간 1면, 「戰線의 運命論」(하). 또 이 글 맨 마지막에는 "4256.1.13 縮稿"로 기재되어 있는데, 초고를 작성했다가 1923년 1월 13일에 축약했다는 것으로 해석된다. 4256년은 단군기원으로서 이여성이 이처럼 일제의 연호 대신 단군기원을 사용하고 있는 것이 주목되는데, 이는 이여성이 3년간의 옥고를 치렀지만 민족운동에 대한 자신의 의지를 견지하겠다는 것으로 해석된다.

현·안광천 등이 중심 인물이었다.[5] 이여성은 이때 3·1운동시기 헤어졌던
김약수와 재회하여 같이 활동했다.

북성회는 재일조선인운동세력을 장악하고 동경을 비롯한 일본 주요 지역
에 노동단체를 조직했으며 일본 사회주의단체인 무산자동맹회에 참가하여
국제연대를 도모했다.[6] 북성회는 또 기관지『척후대』를 발행하고, 1923년
봄부터 조선 내 대중운동에 깊숙이 개입하기 시작하여 8월에 서울에서 '제1
회 사회문제 대강연회'를 개최했다.[7]

이여성은 북성회에서『척후대』편집 겸 발행인으로 활약했다.『척후대』
는 1923년 3월 창간되어 월 1회 발행되었고, 발행부수는 약 1천 부였으며
1924년 5월 발행인은 송봉우였으나[8], 1924년 7월 5일 납본 발행된 척후대
임시호 제호 옆에는 편집 겸 발행인 이여성으로 표기되어 있어[9] 그 사이에
변경된 것으로 보인다. 이여성은 또 1924년 5월 동경 조선유학생 학우회 위
원[10]으로 경시청 편입 요시찰인(갑종)으로 분류되어 일본 경찰의 감시를
받고 있었음을 알 수 있다.[11]

③ 일월회 결성과『사상운동』발행 참여

이후 1925년 1월 3일 일월회가 결성되었다. 일월회는 운동의 확대강화,
새로운 대중 본위의 신사회 실현을 목표로 레닌 1주기를 기해서 조직되었

---

5) 이현주,『한국사회주의세력의 형성』, 일조각, 2003, 215~216쪽.

6) 김인덕,『재일조선인 민족해방운동 연구』, 성균관대학교 대학원 사학과 박사학위논문, 1995,
   32~33쪽.

7) 임경석,『한국사회주의의 기원』, 역사비평사, 2003, 339~340쪽.

8) 朝鮮總督府警務局東京出張員,「大正十三年五月在京朝鮮人狀況」,『朝鮮人二對スル施政關係雜件一般ノ
   部(2)』, 63쪽(출처 : 국사편찬위원회 한국사데이터베이스 http://db.history.go.kr).

9) 박경식 편,『조선문제자료총서 제5권 재일조선인운동관계기관지(해방전)』, アジア問題研究所,
   20쪽.

10)「大正十三年五月在京朝鮮人狀況」, 37쪽. 당시 대표위원은 김성현이었고, 위원은 이여성 등 35명
   이었다.

11)「大正十三年五月在京朝鮮人狀況」, 53쪽.

다.12) 1925년 1월 19일밤 동경부 下戸塚町 스코트 홀에서 일월회 발회 기념
강연이 있었는데, 이여성은 유영준, 안광천, 김영식과 함께 연사로 나섰고,
그의 연제는 '민족문제에 대하여'였다.13) 이후 1925년 10월 25일 일월회 임
시총회에서 조직 갱신이 있었는데, 이여성은 안광천과 함께 상무위원에 선
출되었고, 또 서무부를 맡게 되었다.14)

이여성은 일월회에서도 기관지 『사상운동』의 편집인 겸 발행인을 맡았
다. 그에 대해 홍양명은 이렇게 묘사했다. "그(이여성을 지칭함 - 인용자)의
東京유학시대에 있어서는 사회과학의 傳導적 역할 또는 朝鮮의 左翼운동의
磊流를 이뤘다고 할 일월회의 창설자의 1人으로 또 그 기관잡지『思想운동』
의 경영자 - 여기에도 그는 만여 원의 거액을 부담하였다 - 로 또 名편집자
로 가장 유력하게 활약하였다."15)

『사상운동』은 1925년 3월 3일 제1권 제1호 발행으로 시작되었다. 『사상운
동』 발행에는 이여성을 비롯해 김세연 · 안광천 · 김영식 · 송언필 · 김탁 · 하
필원 등이 관여했는데, 창간사에서 '사상분열을 근심'하여 발행한다고 했으
며 강령으로 '대중 본위의 신사회의 실현을 도모할 것, 모든 압박과 착취에
대하여 계급적, 성적, 민족적임을 불문하고 민중과 같이 조직적으로 싸울
것, 엄정한 이론을 천명하며 민중운동에 자공할 것' 등을 표방했다.16)

또 창간호 창간사에서는, "(전략) 우리의 운동은 용감한 싸움을 요구하는
동시에 엄숙한 이론을 요구한다. 과학적 이론을 좇는 싸움만이 정당한 운동
일 것이다. 이에 창간되는 『사상운동』은 현재를 비판하고 장래를 창조할 이
론적 일진의 一臂之力이 되려고 한다." 하여 현재를 비판하고 장래를 창조

---

12) 김인덕, 앞의 논문, 35쪽.
13) 『동아일보』 1925.1.24 2면 '一月會講演經過'.
14) 『사상운동』 제3권 제1호(신년호)의 「통신란, 일월회 최근 중요총회」 47쪽, 박경식, 앞의 자료,
    150쪽.
15) 홍양명, 앞의 글, 11쪽.
16) 『조선일보』 1925.3.10 조간 3면 '思想運動 創刊. 일요회(일월회의 오기 - 인용자) 기관지로 창간
    호 발행'.

할 이론 진영의 힘이 되고자 한다는 목적이 명시되어 있다.

『사상운동』 발행과 경영에는 앞의 홍양명의 언급과 같이 이여성이 많은 경비를 부담했던 것으로 보인다. 또 창간호 발간 무렵에 일월회사무소와 사상운동사 사무소를 동경부 高田町 雜司ケ谷 452로 이전했다. 『사상운동』 창간호부터 1925년 10월 15일 제2권 제3호(10월호)까지 편집 및 발행인은 이여성이었다. 이후 '두 달 동안 수면의 상태 계속'[17] 후 1926년 1월 발행된 제3권 제1호부터는 박낙종으로 바뀌었다. 이 변경은 편집 및 발행인에만 머문 것이 아니었다. 기존에 '과학적 이론의 소개' 위주에서 이때부터는 '비판, 소식, 연구, 교양 등 중요 항목을 설정하고 각 항목의 균형을 잘 취하는 동시에 독자의 취미를 끌기에도 노력을 아끼지 않는 내용으로 편집 방침도 바뀌었던 것이다.

편집 방침의 변경은 그동안 『사상운동』에 가해졌던 탄압에 따른 것이었는데, 3월 창간 이후 12월까지 10개월간 '휴간이 2회, 벌금 문 것이 두번, 발매금지 당한 것이 4회'였다.[18] 그러나 편집 겸 발행인 교체, 편집 방침 변경에도 불구하고 일제의 탄압에서 벗어날 수 없었는데, 3개월 후의 상황을 보면, '1년 3개월 동안 통책 11호에 8회의 압수-양차의 벌금-, 내지(조선을 말한-인용자)로 들어가서는 11호가 모조리 압수'되었던 것이다.[19] 특히 제2권 제1호(7, 8월 합대특별호)는 발매금지, 압수를 당하였는데, 그 이유는 사고(社告)를 통해 알 수 있다. 이유는 '안녕질서문란죄'라는 것이었다.

『사상운동』이 이처럼 혹독한 탄압을 겪은 것은 조선총독부 측 문서를 통해서도 확인된다. 일제는 『사상운동』과 『조선노동』이 일본에서 조선인에 의해 발행되는 잡지로서 '한 번 조선에 이입되면 청소년 간에 幻影을 갖게 하여 애독하는 경향이 있다고 하여 불온시했다. 특히 『사상운동』은 '재일본 조선인 유동단체 발행지 가운데 가장 많은 발행 부수와 큰 영향력'을 갖고

17) 박경식, 앞의 자료, 151쪽.
18) 『사상운동』 제3권 제1호 신년호(1926.1.1 발행), 7~8쪽(박경식, 앞의 자료, 130~131쪽).
19) 박경식, 앞의 자료, 197쪽.

있는 것으로 '(조선으로의－인용자) 이입부수는 1천 부인데, 주로 선내 각지
사상단체 관계자가 구독하는 경향이 있고, '식민지의 자치, 조선의 해방 등
을 표방(배일 또는 공산주의 고취)'하고 있다고 하여 '거의 매호 차압 처분'
하고 있다고 했다.[20]

　일제가 이처럼 불온시하였던 『사상운동』에 이여성은 편집, 발행인으로서
뿐만 아니라 필자로서도 활발히 참여했다. 이에 대해서는 장을 달리하여 자
세히 살펴보고자 한다.

　『사상운동』이 계속 일제의 탄압을 받게 되자 이여성은 새로운 신문 발행
계획에 참여한다. 김광수·박낙종·김정규·안광천·김세연·정순제·남대
관·정순종·한림·송언필·하필원 등과 함께 발기하여[21] 1926년 6월 1일
창간을 목표로 『大衆新聞』 발간 작업에 뛰어들었다. 그 계획에 따르면, 재
정관계로 우선 매월 2회 발행하다가 일간으로 할 계획이며, 사우를 모집하
되, 보통사우는 입사금 1원과 연 유지비 2원, 특별사우는 입사금 5원과 연
유지비 4원 납입토록 하는 것이었다.[22] 이후 『大衆新聞』은 6월 5일 창간되
었고, 일월회는 같은 해 11월 28일 스스로 해체되었다.[23] 이여성은 일월회
가 해체된 시점을 전후하여 중국 상해로 건너갔다.

---

20) 「新聞紙雜誌輸移入 및 그 種類數量」 『新聞紙要覽』(출처 : 국사편찬위원회 한국사데이터베이
스 http://db.history.go.kr). 또 『조선노동』은 '재동경 조선노동총동맹 기관지로서 이헌, 남대관
등이 창설했고, 당시 5,6백 부가 이입되고 있으며 조선무산계급 해방을 표방'하는 것으로 파악
하고 있다.

21) 『조선일보』 1926.4.20 조간 2면 '大衆新聞 發起'.

22) 『동아일보』 1926.5.15 2면 '大衆新聞 六月一日 創刊, 동경에서 발간'. 『大衆新聞』의 그 취지와
목적은, '－조선무산계급의 의식적 신문되기를 기함, －부르조아적 사회상을 전조선 내지 전
세계적으로 여실히 폭로함을 기함, －조선무산대중을 의식적으로 교양하기를 기함, －전조선
무산계급의 보편적 신문되기를 기함, －조선무산계급 전위운동의 통일촉진에 공헌되기를 기
함' 등이었다(『조선일보』 1926.5.15 조간 2면 '大衆新聞 創刊').

23) 김인덕, 앞의 논문, 39~42쪽.

2) 동아일보 배척운동과 일본지역 연설 활동

　이여성은 북성회와 일월회 기관지 편집, 발행, 기고 뿐만 아니라 수시로 발생하는 현안에 대처하는 모임이나 연설회에도 열성적으로 참여했다. 먼저 동아일보 배척운동에 참여했다. 그 경위를 보면 다음과 같다.[24] 1924년 1월 동아일보 사설로 이광수가 쓴 「민족적 경륜」이 발표되자 일본에서도 백무, 변희용, 이헌, 이여성, 한위건, 한재겸 등이 사죄 및 논설 취소를 요구하고, 2월 5일 일본의 高田町 雜司ケ谷에 있는 일화일선 청년회관(日華日鮮靑年會館)에서 학우회 회합을 하여, 동아일보사 배척운동을 결의했다. 그에 따라 11단체 명의의 성토문 4천 매를 작성하여 일본과 조선 각지 조선인 단체에 발송했다.[25]

　이여성은 일본에서 강연회 연사로도 활동했다. 1925년 5월 10일에 동경부 下戶塚町 스코트 홀에서 일월회 강연회가 있었는데, 청중은 1천여 명으로 성황을 이루었다고 한다. 연사는 이여성을 포함해 변호사 布施辰治, 송언필, 김정규, 안광천 등 5명이었다. 이여성은 '종교의 비판'이란 연제로 강연을 했다.[26]

　그밖에도 이여성은 여러 행사에서 강연이나 연설을 한 듯한데, 그 가운데 어느 노동조합 대회에서 이여성의 축사를 들은 홍양명은 다음과 같이 그 광경과 소감을 피력했다. "그때 나는 어떤 노동조합의 대회에서 그가 「立敎대학」의 교복을 입고 일월회의 대표로써 祝辭를 한 것을 들었다. 내가 그를 처음 대하기는 이때였다. 그의 첫 인상은 그가 일에 대하야 진실하고 진정에 대하야 열정을 가지고 또 어느 편이냐 하면 사무적인 침착한 태도를 가진 얌전한 청년이었다."[27]

24) 「大正十三年五月在京朝鮮人狀況」, 94쪽.
25) 11개 단체는 학우회, 여자학흥회, 조선교육연구회, 북성회, 조선노동동맹회, 형설회, 학우회, 平文社, 조선무산청년회, 전진사, 大阪노동동맹회 등이었다.
26) 『동아일보』 1925.5.18 2면 '在東京思想團體 一月會講演, 성황 중에 폐회'.
27) 홍양명, 앞의 글, 11쪽.

이처럼 이여성은 일본 유학 이후 사회주의 단체인 북성회와 일월회 창립에 참여하고, 그 기관지의 편집, 발행의 책임을 맡으면서 필자로도 활동했다. 그밖에 동아일보 배척운동이나 연설회에도 참여했다. 20대 전반의 혈기 왕성한 청년의 모습을 유감없이 발휘한 것이다.

3) 국내 강연회 활동

이여성은 일본 유학 생활을 하면서 국내에서의 활동도 병행했는데, 그 중 두드러진 것은 강연 활동이었다. 이여성의 강연 활동은 1923년 여름에 있었던 일본 유학생 학우회 주최 동아일보 후원 순회 강연회 참여이다.

이 순회 강연회는 1920년부터 시작되었는데, 1920년 7월 제1회 동경유학생 하기순회강연이 실시되어 단장 김준연 등 18명이 참여한 가운데 세 개의 대로 나누어 강연이 이루어졌다. 이듬해인 1921년 7월에도 제2회 순회강연이 있었다.[28] 1923년 이여성이 참여한 강연회는 제3회였고 그가 속한 강연대는 제2대에 속했다.

제2대 순회강연은 동래를 시작으로[29] 경주·대구 등 경남·북, 전주·광주·목포 등 전남·북, 원산·함흥 등 함남에서 실시되었다. 그 내용을 보면, 먼저 강연 도중 연사들이 체포되어 3주 정도 조사를 받은 일이 있었다. 그것은 7월 10일 대구 조양회관에서 있었던 강연이었다. 한재겸[30]과 이정근이 강연을 마치고 이여성이 '경제생활의 폐멸과 금후의 방향'이란 연제로 강연하다가 중간에 임석 경관이 치안에 방해되는 강연이라 하여 해산을 명하고, 세 사람을 체포하여 조사했던 것이다.[31] 이여성의 강연이 반일의식을

---

28) 『동아일보사사』 권1, 동아일보사, 1975, 197~200쪽.

29) 『동아일보』 1923.7.16 4면 '學友東萊講演'.

30) 이여성과 일행이었던 한재겸은 1920년 제1회 순회 강연회 참여 18명 중 한 명이었고(『동아일보사사』 권1, 197쪽),「대정13년4월말 현재 경시청 편입 요시찰인」이란 자료에 따르면, 이여성과 함께 '갑종'요시찰인으로 분류되어 있으며, 함경남도 출신으로서 1924년 4월에 31세의 고령 학생이었고 1924년 3월에 조선에 돌아온 것으로 되어 있다.

고취하는 내용이었기 때문으로 보인다.

　이들 세 사람은 대구검사국에서 취조를 받다가 3주 후인 7월 31일 취조를 마치고 불기소 조치되어 석방되었다.[32] 석방 후 전주로 이동하여 강연활동을 계속했는데, 전주에 도착하자마자 경찰서에 호출되어 주의를 받고 강연을 시작할 수 있었다.[33] 세 사람 중 이정근은 '병으로 귀향'했다는 것으로 봐서 3주간의 신문 과정이 혹독했던 것으로 생각된다.

　이여성은 이후 8월 14일 함흥 강연에서도 '평화의 욕구와 현실'이란 연제로 '평화의 내용과 조선인 최근 情形'을 발언하다가 임석 경관의 주의를 받아 강연을 완결치 못하고 하단해야 했다.[34] 대구에서 연설 도중 중단 당하고 일제 경찰에 3주동안 구금되어 조사를 받은 일이 있었음에도 이와 같이 주의를 받을 내용의 연설을 재개한 것은, 이여성의 소신과 성격을 엿볼 수 있는 한 단면이라 생각한다.

　이 강연회는 동아일보사 외에 각지 청년회 등의 후원으로 이루어졌다. 경주에서는 경주청년회 · 경주기독청년회 등이[35], 원산에서는 원산청년회가 후원하였다.[36] 또 광주청년회 간부 장영규[37], 원산청년회 학예부 위원 서영규 등이 사회를 본 것과 전주청년회장 김준희의 초대로 삼양헌에서 위로연이 있었던 것을 통해서도 현지 청년회와의 관련을 알 수 있다. 목포의 사회자 차남진[38]도 1920년 5월 목포청년회 발기인 · 총무, 1922년 부회장이 되었던 인물이다.

31) 『동아일보』 1923.7.12 3면 「學友會講演團第二隊 大邱에서 檢擧됨, 연사 세사람이 다검거되여」.
　　조선일보에 따르면, 연설 제목은 '경제의 착취'이고, 그 체포 이유는 "식민정책의 압박으로 조선경제현상의 비참을 말하"였기 때문이었다(『조선일보』 1923.7.13 석간 3면 「演士三人拘禁」).
32) 『동아일보』 1923.8.2 3면 學友會講演團 第二隊 不起訴.
33) 『동아일보』 1923.8.12 4면 '學友會巡講 全州에서 盛況'.
34) '동아일보』 1923.8.18 4면 '學友會巡講 十四日咸興서'.
35) 『동아일보』 1923.7.13 4면 '學友講演盛況, 경주에서'.
36) 『동아일보』 1923.8.22 4면 '學友會巡講, 원산에서 盛況'.
37) 『동아일보』 1923.8.15 4면 '學友巡講着光'.
38) 『동아일보』 1923.8.13 4면 '學友會巡講團, 木浦에서 講演.

　　이여성은 3·1운동 시기 대구에서 혜성단을 결성하고, 격문을 제작, 배포
하는 활동을 하다가 일경에 체포되어 3년의 옥고를 치렀다. 출옥 후 이여성
은 일본에 유학하여 사회주의 단체인 북성회와 일월회 창립에 참여하고, 그
기관지의 편집, 발행의 책임을 맡으면서 필자로도 활동했다. 그밖에 동아일
보 배척운동이나 국내외 연설회에도 참여했다.

　　일제 식민지기 조선인 사회주의자들은 '일본 제국주의 타도, 조선의 완전
한 독립'을 내걸고 투쟁했다. 그런 까닭에 사회주의(공산주의) 활동도 민족
해방운동에 속하는 것이다. '조선 인민의 적은 일본의 지배계급'(북성회 강
령), '계급적·성적·민족적 억압과 착취에 조직적으로 투쟁'(일월회 강령)
등을 강령으로 표방한 재일본 조선인 사회주의자들도 마찬가지였다. 따라
서 이여성이 사회주의 단체에 참여하고, 기관지 편집, 발행을 한 것은 민족
해방운동을 수행한 것이다.

3. 『사상운동』 기고문을 통해 본 이여성의 사상

　　이여성은 1925년 1월부터 1926년 4월까지 『사상운동』에 여러 글을 기고
했다. 그 글을 모아 정리하면 다음과 같다.

〈표〉『사상운동』에 실린 이여성의 글

권호	이여성의 글
제1권제1호(1,2월호)	〈時評〉 일본의 군사교육문제 〈시〉 弱者의 頌歌(지은 날짜 1925.1.27)
제2권제1호(7,8월호)	朝鮮無産運動의 新傾向과 비판
제2권제3호(10월호)	〈卷頭言〉 野蠻人의 恐怖와 文明人의 恐怖 朝鮮政治運動者들에게 朝鮮無産運動의 新傾向과 비판(속)
제3권제2호(2월호)	〈時評〉 起飜無常한 支那軍閥 郭松齡의 沒落과 張作霖의 再興 〈대화란〉 졸업생과 생활비
제3권제4호(4월호)	〈강화란〉 사회주의 강좌, 소부르조아 진화론과 사회주의 진화론

*출전: 박경식 편, 『조선문제자료총서』에서 작성.

이 가운데 「朝鮮無産運動의 新傾向과 비판」과 「朝鮮無産運動의 新傾向과 비판(속)」은 자료집에서 찾을 수 없고 제목만 보이는 글이다. 또 〈강화란〉의 「사회주의 강좌, 소부르조아 진화론과 사회주의 진화론」은 '빤네콕'의 글을 번역한 것이다. 이들 세 가지를 제외한 글들을 자세히 살펴보면 다음과 같다.

1) 일본의 군사교육문제

1925년 3월 3일에 발행된 제1권 제1호(1,2월호)에는, 시평으로 「일본의 군사교육문제」와 시 「弱者의 頌歌」가 실려 있다. 먼저, 「일본의 군사교육문제」를 보면 다음과 같다.

> (전략) 彼等은 국민정신의 墮落을 防遏할 제, 군벌 정신의 고취를 말하였다. 국민정신의 타락은 무엇이랴, 저희들을 위하여 잡은 총대를 놓을까함이요, 종놈이 꾀가 들어 달아날까함이다. 피등은 國邦세력의 감퇴를 보충할 제, 학생의 군대교육을 말하였다. 국방이 급하거니 減師(4사단 감축—인용자)는 왜 하였으며, 감사의 英斷이 옳았다고 하면 직업이 다른 학생에게까지 왜 사람잡는 兵裝器를 잡히려 하는고. 참된 교육은 개발이 그 뜻이오, 현대의 군대는 복종이 그 뜻이니 그 정신이 엄숙히 다르고 참된 교육은 사람 살리는 법을 찾고 현대의 군대는 사람 죽이는 법을 찾으니 그 목적이 또한 다르다. 純正한 교육의 이르는 곳마다는 평화가 열리고 현대군대의 가는 곳마다는 화염이요 살벌이라, 군대가 교육에 뛰어들어야 되겠다는 말은 교육이 여지없이 살육을 당하여야 되겠다는 말인즉 교육의 운명 席上에 침묵한 臨從者들은 교육의 양심이 없는 자들이다. 피등은 또다시 해직 장교의 실업을 구제할 제, 그 소위 장교들이 감옥같은 병영 내에 사람 보이지 않고서 숙석이는 것도 심히 죄일진대 세인의 이목의 빈번한 담낮은 학교 前庭에 몰아내어 감히 그 잔인한 ○인술(살인술—인용자)을 교련시키고자 하는 것은 참말로 위험하다. 肉食하는 야수는 檻內에 가두어 두리라. 그놈을 꺼리고 끌어내면 人畜의 애기 님힐 것이다. (중략)
> 제도의 변혁을 뜻하는 자, 군벌의 군사교육은 변혁에, 너무 큰 희생 낼 것을 두려워한다. ○○의 義烈이만이 죽는 것도 아깝거니와 저편의 맹목적 無辜가 수없이 죽는 것도 애닯은 일이라 아니할 수 없다. 그러나 피등은 그 군사 교육

의 功果 최대부분을 피등이 점령하고 사용하기 될 것을 본다. 그리하여 그 실
시를 초조하는 것이다.

아 凶險한 피등의 ○○!

무산자 동지여, 「사람○○○○」의 발호를 보고만 있을터인가.

학생제군. 교육의 학살되는 운명 석상에서 어찌 저능한 침묵만을 지키고 잇
는가.

일어나자!

위 인용문은 크게 세 부분으로 나눌 수 있다. 먼저, 병력 감축으로 4개 사
단을 해체하고, '국방세력'의 감축을 보충하기 위해 학생의 군대교육을 실시
한다는 것에 대해 국방이 시급하다면서 병력을 감축한 것의 논리적 모순성,
또 교육의 목적과 군대의 목적이 정반대임에도 학생에게 군대 교육을 실시
하여 목적의 상충을 불러일으키는 점을 지적한 부분이다. 두 번째는 해직
장교의 실업을 구제할 목적으로 학교에서 잔인한 살인술을 교련하는 군대
교육 실시에 대한 위험성을 지적한 부분이다. 마지막으로 이에 침묵하는 학
생제군이 일어나라고 촉구하는 부분이다.

2) 〈시〉 弱者의 頌歌

다음은 1925년 1월 27일 쓴 시이다. 이 시는 8연으로 되어 있는데, '힘세
인 놈'과 '약한 놈'으로 대조 · 대비 · 대구법을 사용하여 작성되어 있다. 그
가운데 6~8연을 보면 다음과 같다.

힘세인 놈 움밭이 자두치요
주덩이 억세고 날랩거든
물고 참이 사나웁고
힘세인 놈 심술이 원대인(袁大人)이요.
여우넋이 꾀있으니
꾀와 심술 또 무섭다.

약한 놈 꼴 보아선
보잘 것이 없사와도
모으는 꾀 신토하고
단합한 힘 아니적다.

그 꾀 그 힘
볼양이면
들읍소서 돌 위에 접북이는 발군호소리를
들읍소서 들 위에 두덩이는 승전고 소리를
어허 약한 놈 승리 — ㄹ러라
어허 약한 놈 천지 — ㄹ러라.

힘센 놈은 무서운 놈, 꾀와 심술[39]을 가진 놈이고, 약한 놈은 꼴 보아선 보잘 것이 없어도 꾀를 모으고 힘을 단합하면 적지 않아 약한 놈이 승리하여 약한 놈 세상(천지)이 될 것이란 내용이다. 계급의식으로 단결된 프롤레타리아가 부르주아지와의 계급투쟁에서 승리할 것이란 전망을 갖고 쓴 작품으로 생각한다.

3) 〈卷頭言〉野蠻人의 恐怖와 文明人의 恐怖

다음으로는 1925년 10월 15일에 발행된 10월호에 실린 권두언이다. 이 부분도 세 문단으로 되어 있는데, 첫 문단은 야만인이 급행 열차를 처음 보고 공포심에서 혼비백산하였으나, 그 중 총명한 야만인은 그 열차의 실체를 알게 되고, 이후에는 그 열차를 이용하게 되었으며 과거의 공포를 스스로 비웃게 되었다는 내용이다.

이어 두 번째 부분은 문명인의 공포이다. 그 내용은 다음과 같다.

---

39) '심술이 원대인이요'에서 가리키는 원대인은 원세개를 가리키는 것으로 보인다. 여기서 '심술'은 임오군란 이후 3천명의 청군과 함께 조선에 주둔하며, '속국' 조선에서 군림했던 일, 그리고 1911년 신해혁명 후 '혁명의 과실'을 가로챘던 일 등을 가리키는 것으로 보인다.

공포가 어찌 야만인에게만 있으리오. '문명인'에게도 응당 끼어 있을 것을 우리는 의심치 않는다. 뜰뜰 구르는 역사의 수레바퀴가 무산계급의 화염을 토하면서 조수같이 닥쳐오려 할 때에 문명인은 크게 두려워하여 자본주의 성곽으로 雙足 분주하였다. 그리하여 약한 놈은 식겁하여 죽고 강하다는 놈은 신경병에 걸리게 되었다. 이 신경병자들의 癲狂的 발작은 마침내 시작되어 온갖 醜를 연출하게 되었다. 그것이 만인혈 천인골을 빨고 깎는 흡혈귀 짓도 하고 악법안도 지어내고 언론압박 집회금지도 기탄없이 하는 것이라. 南洋의 黑潮와 같이 怒到하는 인류 역사의 거대한 수레바퀴는 각일각 전광자들을 위협한다. 피등의 전광적 발작이 底止할 바를 모른다면 그 거대한 수레바퀴는 假藉없이 잔인한 운명을 그들에게 줄 것이다. 치사스럽다 '문명인'의 공포-가련타 '문명인'의 전광!.

여기서 문명인은 부르주아지를 지칭하는 것으로 보이는데, 역사의 수레바퀴에 공포를 느낀 문명인이 만인의 피를 빨고, 천인의 뼈를 깎으며 악법을 만들고 언론 탄압, 집회 금지를 자행하지만 인류 역사의 거대한 수레바퀴는 그들을 위협하고, 잔인한 운명을 줄 것이라는 것이다.

그리하여 마지막 세 번째 문단에서는 "呵呵 기차에 놀라는 야만인을 비웃는 '문명인'아. 역사 수레바퀴의 구르는 소리만을 듣고 식겁 발광하는 너희가 아니더냐. 너희들은 모름지기 총명한 야만인을 배울 것이다."라고 하여 부르주아지로 하여금 역사 수레바퀴의 실체와 본질을 파악하라는 경고이다.

4) 朝鮮政治運動者들에게

다음은 제2권 제3호에 실린 「朝鮮政治運動者들에게」이다. 여기서의 정치운동론은 "소부르주아적 급진 자유주의적 사상 가진 자들의 제창하는바 그것은 물론 아닐 것이요. <u>적어도 사회주의자로서의 논의하는바 그것이 아니면 안 될 것이다.</u>(중략) 소부르주아적 사상소유자들의 조선정치운동은 吾等에게 일축된 지 이미 세월이 오래지 않은가."라고 하여 사회주의자들의 정치운동론을 대상으로 했다.

그리고 그가 비판한 정치운동론은 구체적으로 "조선 무산계급은 경제운동만으로써 만족치 않는 시기가 왔다. 즉 정치운동을 동경하는 시기가 닥쳐왔다. 이러한 대중의 요구에 응치 않는 소수 선구분자운동은 대중과 멀리 격리되어버리고 만다."는 내용을 갖고 있으며 또 그 운동론의 '세 가지 조목'은 "(1) 무산운동(적어도 조합운동)의 대중화는 정치운동의 효과에서 신속히 얻을 수 있음. (2) 현재 생활조건의 이익을 기도하여 무산운동의 편의를 제공함. (3) 권력에 대한 선전포고"이다.

이러한 정치운동론에 대해 이 글을 집필한 이유를 이렇게 설명했다. "(전략) 다만 그같은 謬論(정치운동론 – 인용자)이 조선무산운동의 한 魔障이 되어 운동이 스피드를 완만케 하고 수확을 감손케 할 우려없지 못함을 따라 오인은 미연에 그것을 경계할 필요가 있는 것이며 期先하여 그것을 논파할 필요가 있는 것이다."

그리고 그가 비판한 논점은 이렇다. "무산운동의 대중화는 오인이 열망하여 마지않는 바이나 정치운동의 효과로서 대중화의 糧食을 만들겠다는 것은 아직까지 무산계급운동 제1기에 있는 조선에 있어서 절대한 위험이라 아니할 수 없다. 현하 조선에 무산대중은 자각한 무산계급사상에 전연 무지한 상태에 있는 자이니 비록 경제적으로 무산계급이라 할 수 있으나 정신적으로 자본주의적 내지 봉건주의적 상태에 있다고 할 수 있다. 자본주의적 무산계급에게 무산계급적 정치운동의 효과를 제공한다는 것은 그들을 노동운동 방면으로 유도하는 것보다 그들을 자본주의적 소강에 마취케 하는 것이 아닐까?"

또 "무산계급사상에 전연 자각이 없는 그들의 의사는 현실문제에 너무 공리적일 것이다. 따라서 너무 반이상적일 것이다. 이익을 위하여 이익을 찾고 이상을 위하여 이익을 찾는 것이 아니다. 이익을 위하여 이익만을 찾는 것이 위험하고 이익만을 찾기 위하여는 필경 이상을 포기하리라는 위험을 상상할 수 있다."

이상에 본 바와 같이 사회주의자들이, 조선무산계급이 정치운동을 동경
하고 있어 그에 응하지 않으면 대중으로부터 격리될 것이라며 정치운동을
주장한 데 대해 조선 무산계급운동은 이제 제1기에 지나지 않은 유치한 단
계이므로 시기상조론을 주장한 것이다.

5) 起蹶無常한 支那軍閥 郭松齡의 沒落과 張作霖의 再興

1926년 2월 발행된 제3권 제2호에 실린 글은 2개이다. 먼저 시평「起蹶無
常한 支那軍閥 郭松齡의 沒落과 張作霖의 再興」이다. 이여성은 곽송령이 장
작림을 퇴치할 것을 기대했다. 곽송령에 대한 인식은 원래 이러했다. "오인
은 원래 곽이 薊州에서 叛하던 당초로부터 과다한 기대를 가질 수 없었다.",
"장작림을 제환공 진시황 같은 놈이라 하면 곽송령은 필경 진목공 한무제
같은 놈일 것이니 오십 보로써 백 보를 웃는 것과 대차가 없을 것을 짐작하
였던 것이다."

그럼에도 불구하고 곽송령이 풍옥상과 힘을 합친다면 장작림을 제거할
수 있을 것으로 생각했다. "만약 세인의 여사한 상상과 같이 풍곽(풍옥상과
곽송령 – 인용자)이 赤露(소련 – 인용자)를 배경하고 一塊 세력으로 타협이
되었다면 작림(장작림 – 인용자)의 퇴치만은 여반장한 사실일 것이다.", "의
왕 앓고야 말 병이면 차라리 痛處變更이라도 시켜보았으면 하는 생각으로
곽에 대한 오인의 기대도 또한 적지 않았던 것도 사실이었다."가 그것이다.

그러나 실제는 기대대로 되지 않았다. 일본이 장작림을 보호하기 위해 2
만 병력을 파견한 것이었다. "일군 2만의 출동은 郭軍 사기를 沮喪하고 軍需
乏絶하여 곽의 불리는 日日 증가"하였고, 이에 풍옥상은 "拱手 無爲 피안의
火事와 같이" 보다가 망명을 하게 되어 "피의 망명을 전하는 금일 피의 운명
은 피의 군벌된 필연적 운명을 설시하는 것이 아닌가, 그러나 풍은 오히려
가련한 소군벌이었다."라고 하여 일본군 2만 파병이 곽송령의 '효수'와 풍옥
상의 망명을 가져왔다.

이여성은 여기서 한 걸음 더 나아가 일본군을 극동 대군벌로 지칭하고, 그 몰락이 머지않아 있을 것임을 기대했다. "오인은 극동 대군벌의 거조를 보자. 중국 4억만의 민중은 잃을지언정 가히 장작림이란 간판만은 살리겠다는 피등의 了見은 2만의 출병, 12基 전술로써 또한 窺知키 충분하다. (중략) 풍의 몰락을 전하는 금일 극동 대군벌의 몰락을 전하는 他日이 반드시 가까운 장래에 있을 것을 오인은 또한 깊이 믿는 바이다."

장작림, 풍옥상, 곽송령 등 중국 군벌의 爭覇를 소재로 하여 일본 군국주의를 극동 대군벌로 지칭하며 머지 않은 장래에 반드시 몰락할 것이라는 전망을 피력한 글이라 할 수 있다.

6) 졸업생과 생활비

이 글은 앞의 「起蹶無常한 支那軍閥 郭松齡의 沒落과 張作霖의 再興」의 글과 같은 호에 실린 글이다. 대학을 졸업하며 학사 학위를 받게 될 '이'와 그의 친구인 '김' 사이의 대화체 형식으로 된 이 글에서는 '김'의 입을 빌어 이여성의 사상이 잘 드러나 있다.

'이'는 졸업하게 되면 "빵문제부터 해결해 놓고 사회 일을 좀 하여 볼 생각"임을 '김'에게 말한다. 이에 '김'은 "빵문제란 것은 현금 자본주의 세상에 무산대중이 한결같이 부르짖고 그것을 해결하기 위하여 모든 것은 희생하면서 싸우는 가장 큰 사회문제"라고 하면서 "그들과 다 같은 무산자로서 '이' 혼자 힘으로 능히 그런 사회적 문제를 해결할 수 있냐며 엄청난 만용을 가졌다"고 힐난한다.

이에 '이'는 "자본가만 하나 끼면 나 사는 고을에 소규모 직조회사를 하나 설립하고 거기 제품으로 한 고을 포목소비조합 같은 것을 조직한 뒤에 일반 무산 郡民의 경제 생활을 좀 도와 볼까."한다고 답한다. '김'은 "조선의 물산장려운동이 어째서 실패에 돌아간 것을 아는가. 한 마디로 말하면 소자본이 대자본과 싸워서 여지없이 패배된 것"이라고 하면서 "자네의 敵은 자네

사는 고을의 日人이나 淸人 포목 소매상이 아니라 저희들이 물건 떼어 들여
오는 수천만원 자본금 가진 큰 방적회사니까 수공업경제가 기계공업경제에
필연적으로 흡수되고 만다는 산업혁명사를 읽었다면 소자본이 대자본으로
필연성으로 흡수되고야 만다는 자본주의경제의 필연성을 이해하기는 아주
쉬울줄 아네." "사회주의자에게 농촌경제의 무슨 기업적 계획이 있어 달라
고 하는 것은 자본가에게 사회주의운동을 좀 일으켜 달라는 것과 꼭 마찬
가질세."라고 일갈한다.

이어 '김'은 "잘못하면 밥줄 핑계하고 부르주아 走狗가 되어서 무산 계급
을 속여 먹기 좋을 만한 교활한 사회정책가가 되기도 쉬우니 자네가 생활
비고 무엇이고 하는 수작이 이상스레 들린다."며 "무산대중의 생활비 해결
되는 그 날이 사회개조가 되는 그날", "무산계급운동에 나서려거든 먼저 굶
주릴 것을 각오하여야 하는 것"이라 경고하였다.

이 글은 1920년대 중반 일본 유학생의 졸업 후 진로 고민에 대한 이여성
의 답이라 생각된다. 대학 졸업 후 '副領事, 사또님(군수), 하다못해 나으리
(警部 격)'가 되는 길, '은행 같은 데 들어가서 코시벤토 생활'하는 길 등도
있지만, 그나마 양심적 유학생들은 이와 같은 길을 거부하고, 소신을 지키
려 했다. 그러나 어려운 학업 끝에 학위를 받았어도 앞날에 대한 전망이 밝
은 것도 아니었다. 이런 고민을 안고 많은 졸업생들은 '사회문제'와 '생활비'
를 동시에 해결하는 길을 모색하기도 했다. 이여성은 이런 현실에서 이와
같은 고민을 하고 있는 졸업생들에게 이 글로써 정문일침으로 삼게 했다.

이상에서 살펴본 6개의 글을 통해 이여성이 1920년대 중반 사회주의자로
서 상당한 이론을 갖추고, 또 이를 바탕으로 주위의 지식인과 노동자들에
대한 계몽운동을 벌였음을 알게 되었다. 또 계급모순 해결을 통한 민족모순
해결 전망을 가졌다고 생각할 수 있다.

4. 맺음말

이여성은 3·1운동 시기 대구에서 혜성단을 결성하고, 격문을 제작, 배포하는 활동을 하다가 일경에 체포되어 3년의 옥고를 치렀다. 출옥 후 이여성은 일본에 유학하여 사회주의 단체인 북성회와 일월회 창립에 참여하고, 그 기관지의 편집, 발행의 책임을 맡으면서 필자로도 활동했다. 그밖에 동아일보 배척운동이나 국내외 연설회에도 참여했다.

일제 식민지기 조선인 사회주의자들은 '일본 제국주의 타도, 조선의 완전한 독립'을 내걸고 투쟁했다. 그런 까닭에 사회주의(공산주의) 활동도 민족해방운동에 속하는 것이다. '조선 인민의 적은 일본의 지배계급'(북성회 강령), '계급적·성적·민족적 억압과 착취에 조직적으로 투쟁'(일월회 강령) 등을 강령으로 표방한 재일본 조선인 사회주의자들도 마찬가지였다. 따라서 이여성이 사회주의 단체에 참여하고, 기관지 편집, 발행을 한 것은 민족해방운동을 수행한 것이다.

또 「일본의 군사교육문제」, 「〈시〉 弱者의 頌歌」, 「野蠻人의 恐怖와 文明人의 恐怖」, 「朝鮮政治運動者들에게」, 「起蹶無常한 支那軍閥 郭松齡의 沒落과 張作霖의 再興」, 「졸업생과 생활비」 이렇게 6개의 글을 통해 이여성이 1920년대 중반 사회주의자로서 상당한 이론을 갖추었고, 또 이를 바탕으로 주위의 지식인과 노동자들에 대한 계몽운동을 벌였음을 알게 되었다. 그리고 일본 유학시기 이와 같은 이여성의 활동은 역시 민족해방운동을 위한 것이었다.

■ 최재성

천도교청년당 도쿄당부의 조직과 활동

1. 머리말

한말 일제의 침략을 계기로 당시 조선의 사회변동은 적지 않았다. 우선 일본인의 조선 이주로 국내에 있던 한인들은 국외로 이주하는 경우가 적지 않았다. 이러한 이주는 1910년 8월 일제의 강점 이후 더욱 두드러졌다. 초기에는 생계 이주가 대부분이었지만 점차 노동과 유학 등 다양한 경로를 통해 이주하였다. 이주의 대상도 초기에는 대부분 만주나 연해주 일대였지만 1910년대 중반을 넘어서면서 점차 일본으로 이주하는 경향이 많아졌다.

천도교의 경우[1] 동학농민혁명 이후 이주라기보다는 피신 또는 은신을 위해 압록강과 두만강을 넘기도 하였다.[2] 그렇지만 현해탄을 건너는 도일은 3·1운동 이후였다. 천도교가 일본과의 관계를 맺은 것은 동학농민혁명에 참여하였다가 관의 끊임없는 추적이 잇따르자 일본으로 망명한 손병희가 처음이었다. 손병희는 처음에는 미국으로 망명하고자 하였지만 쫓기는

---

1) 이 시기는 동학시대였다. 동학의 최고책임자였던 손병희는 1905년 12월 1일을 기해 그동안 동학이라고 불리던 교단의 이름을 천도교로 개칭하였다. 이를 천도교에서는 '현도'라고 한다.
2) 동학농민혁명 당시 많은 동학군이 평안도와 함경도 지역으로 은신 또는 피신하였다. 이들 중 일부는 압록강과 두만강을 만주와 연해주로 이주하기도 하였다.

상황에서 미국으로 간다는 것은 사실상 불가능하였다. 그 대안으로 선택한 곳이 일본이었다. 1899년 일본으로 건너간 손병희는 1906년 1월 귀국하였다. 일본에 머무는 동안 두 차례에 걸쳐 교인 자제를 선발하여 교토(京都)로 유학을 시키기도 하였다.[3]

그러나 손병희의 귀국 후 천도교 나아가 천도교인과 일본과의 관계는 절연되었다. 그러다가 1919년 3·1운동 이후 천도교 청년 등 유학생이 늘어남에 따라 일본 내에 처음으로 1921년 2월 13일 천도교청년회 도쿄지회가 설립되었다. 이후 교세를 확장함에 따라 천도교도쿄종리원이 설립되었고, 보다 적극적인 포교활동으로 도쿄 외에도 교토(京都), 오사카(大阪), 고베(神戶) 등지로 교회 조직이 늘어났다. 뿐만 아니라 청년회 도쿄지회는 국내 교단의 분규와 합동에 따라 천도교청년당 도쿄당부, 천도교청우당 도쿄당부 등으로 명칭[4]을 변경하면서 국내에서 1939년 4월 천도교청년당[5]이 해체될 때까지 함께 유지되었다. 뿐만 아니라 도쿄지회 및 도쿄당부는 산하 조직을 조직하여 다양한 활동을 전개하였다.

이와 같은 일본에서의 천도교와 청년단체의 활동에 대한 연구는 일찍이 관심을 가진 바 있다.[6] 그럼에도 불구하고 천도교의 조직 현황과 청년단체의 활동에 대해서 제대로 밝혀지지 않았다. 이는 자료의 한계이기도 하다.

---

3) 이돈화, 『천도교창건사』 제3편, 천도교중앙종리원, 1934, 43쪽.
4) 천도교 청년단체는 다양하다. 1919년 9월 2일 처음으로 창립된 천도교청년교리강연부를 비롯하여 천도교청년회, 천도교청우당, 천도교청년동맹 등이 있었다. 이들 청년단체들은 각종 산하 조직을 두었는데, 조선노동사, 천도교소년회, 천도교청년회(천도교사월회), 천도교내성단 등이 있다. 도쿄의 천도교 청년단체는 천도교청년단체의 조직 변경에 따라 그때그때 국내와 같이 변경되었다. 그럼에도 불구하고 천도교청년당 도쿄당부가 가장 오랫동안 사용되었다. 이에 본고에서는 특별한 사항이 없는 한 청년회 시기는 '도쿄지회', 청년당 시기는 '도쿄당부'로 쓰고자 한다.
5) 일제강점기 천도교 청년단체 특히 천도교청년당의 조직과 활동에 대해서는 성주현, 「천도교청년당(1923-1939) 연구」, 한양대학교 박사학위논문, 2009를 참조할 것.
6) 표영삼, 「동경·경도·신호교구」, 『신인간』 381, 1980.9 ; 韓晳曦, 「中國と日本の東學·天道敎」, 『日本の朝鮮支配と宗敎政策』, 未來社, 1988 ; 김인덕, 「일본지역 천도교 청년조직과 활동」, 『천도교청년회80년사』, 천도교청년회중앙본부, 2000.

이에 본고에서는 천도교의 기관지인 『천도교회월보』와 『신인간』, 청년단체의 기관지인 『동학지광』, 그리고 일본 측 자료를 통해 천도교청년회 도쿄지회(이하 도쿄지회)와 천도교청년당 도쿄당부(이하 도쿄당부)의 조직과 변화, 그리고 활동을 구체적으로 살펴보고자 한다.

2. 도쿄당부의 조직과 변화

천도교의 연원은 동학이다. 동학은 1905년 12월 1일 천도교로 전환되었지만, 일본과 관련을 맺은 동학시대인 1901년 3월경이다. 당시 동학교단을 이끌던 손병희는 미국으로 외유를 계획하였으나 상황이 여의치 않자 일본 나가사키(長崎)를 거쳐 오사카(大阪)에 머물렀다. 이에 정부는 칙령으로 손병희를 소환하였지만 손병희는 이에 응하지 않고 중국 상하이(上海)에서 잠시 지내다가 다시 일본으로 돌아와 '이상헌'이라고 변성명하고 망명생활을 하였다.

손병희는 망명생활 5년만인 1906년 2월 일본에서 귀국하였지만 일본에서 천도교를 포교하였는지에 대해서는 구체적으로 알려진 바는 없다. 다만 일본 망명생활에서 교류하였던 오세창, 권동진 등 망명객이 동학에 입도하였지만 이들 역시 손병희와 함께 귀국하였다.[7] 때문에 동학, 천도교는 1900년대 초반 일본에 교세를 형성할 기회가 있었지만 지속되지 못하였다.

해외포교에 관심을 갖지 않았던 천도교는 1921년 신유포덕 이후 인식이 전환되었다.[8] 즉 해외포교에 대해서 보다 적극적으로 관심을 가지기 시작

---

7) 이돈화, 『천도교창건사』 제3편, 천도교중앙종리원, 1933, 27~54쪽.
8) 천도교의 해외포교는 1905년부터 시작되었지만 당시는 자연발생적이라고 평가할 수 있다. 압록강과 두만강을 건너 이주한 천도교인들이 교회 조직(敎區)을 설립하고 중앙에 인준을 신청하였다. 이에 중앙에서는 이를 인준함으로써 해외에 교세를 형성하였다. 그러나 교단적 차원에서 적극적으로 해외포교에 관심을 가지게 된 것은 3·1운동 이후였다.

한 것이다. 이원행은 해외포교를 직접 언급하지는 않았지만 "西伯里 鐵道를 타고 西洋留學도 活動이오, 京釜車를 타고 朝鮮海를 經하여 東京留學도 活動이니 唯我同德이여, 辛酉好運을 當하여 各方面으로 活動을 不休하여 天道敎 旗幟가 五洋六洲에 飄揚케 할지어다"[9]라고 하였는데, 여기서 '활동'은 포덕 즉 포교를 의미한다고 할 수 있다. 당시 천도교단에서 전개하였던 신유포덕을 국내에만 한정하지 말고 해외에까지 영역을 넓혀보자는 것으로 해석된다.

이와 같은 분위기에서 교단에서는 청년들을 일본에 유학생으로 파견하였는데, 대표적인 인물이 방정환과 박달성, 정중섭, 이기정 등이다. 1920년 하반기를 일본 도쿄(東京)에서 보낸 又空은 도일하여 5월 11일 도쿄에 도착하여 정중섭, 김상근, 박춘섭 등을 만난 바 있고, 8월 25일에는 이기정, 9월 14일에는 방정환을 만났다. 이로 볼 때 1920년 후반 정중섭, 김상근, 박춘섭, 이기정, 방정환 등 천도교청년들이 유학생활을 하고 있었다. 이들은 9월 16일 우에노공원(上野公園)을 거닐면서 도쿄의 상황과 국내의 천도교단과 청년회 활동을 서로 이야기하는 한편 일본 유학생 중 천도교인을 조사하기로 했다. 1921년 1월 초 강후종과 박달성이 도일하여 도쿄에 도착하자[10] 도쿄지회 발기를 위한 광고를 하는 한편 천도교 교리 선전 방침, 교단의 발전책 등을 논의하였다.[11] 일본에서 최초로 조직되는 도쿄지회 설립 광고는 다음과 같다.

　　천도교청년회 東京支會 설립에 대하여 상의할 事 有하오니, 천도교청년으로서 東京에 在留하는 諸氏는 某日某時 其 場所로 來臨하시되, 若一事故에 의하여 未參이 되시겠거든 住所 氏名을 該 場所로 통지하심을 仰要함.
　　포덕 61년[12] 1월 10일.
　　천도교청년회 東京支會 발기인 대표 방정환, 김상근, 이기정, 정중섭, 박달성[13]

---

9) 이원행, 「신유년의 余의 黙禱」, 『천도교회월보』 126, 1921.2, 53쪽.
10) 소파, 「敎友 또 한사람을 맞고」, 『천도교회월보』 127, 1921.3, 73~74쪽.
11) 又空, 「東京街路에서 苦學의 길을 묻다가 侍天主의 聲을 聞하고」, 『천도교회월보』 127, 1921.3, 80~83쪽.
12) 포덕 61년은 1920년이다.

당시 도쿄에 유학 중이던 방정환과 이기정, 김상근, 정중섭 등은 1921년 1월 4일 국내에서 박달성이 도일하자[14] 도쿄지회 설립을 구체적으로 논의하는 한편 간다(神田)청년회관에 천도교 청년을 모으는 광고를 한 것이다. 그 결과 20여 명의 천도교 청년들을 확보할 수 있었고, 1월 16일 와세다(早稻田) 학권정(鶴券町) 302호 대선관(大扇舘)에서 발기인회를 개최했다.[15] 이날 발기인회에서 도쿄지회 설립에 대해 토의하는 한편 천도교 포교를 위한 하기강연을 갖기로 했다. 이어 1월 23일 계림사(鷄林舍)에서 첫 시일식[16]을 가진 바 있다.[17]

이어 4월 5일 오전 11시 고이시가와(小石川)구 오쓰카사카시타마치(大塚坂下町)에서 천일기념식[18]을 거행한 후 고이시가와(小石川)정 차고 앞 보정(寶亭)으로 이동하여 오후 3시 도쿄지회 발회식을 가졌다.[19] 발회식은 박달성의 사회로 회장 방정환의 개회사, 도쿄조선인유학생학우회장 김종필·동우회장 김봉익·동아일보 도쿄특파원 민태원·매일신보 도쿄특파원 홍승구·도쿄조선인유학생여자흥학회장 유영준, 각 대학 동창회 총대 등 10여 명의 축사가 있었다.[20]

---

13) 박춘파, 「東京에 있는 천도교청년의 현황을 보고하고, 아울러 나의 진정을 고백함」, 『천도교회월보』 127, 55쪽.

14) 박달성은 도일의 배경을 다음과 같이 밝힌 바 있다.
"우리 조선 청년으로서 아니 조선을 위하야 일軍이 되겟다는 우리로서 누가 실력주의를 가지 아니하며 실력주의를 가지겟다는 우리로서 누가 남만큼 알아야 되겟다함을 말지 아니하며 남만큼 알고야 되겟다는 우리로서 누가 배우지 아니하려 하며 나아가지 아니하려 할가. 이것은 現下의 우리 조선 청년된 者의 공통한 주의이며 또 각성일 것이다. 나도 또한 조선 청년으로서 조선을 위하야 休戚을 한께 할 일軍의 하나이라 不知하고는 그 책임을 감당치 못하겟스며 남만 못하고는 조선은 그만두고 일신을 장찻 안보키 難한지라. 茲에 意를 決하야 學에 志하얏스며 裝을 束하야 海를 渡하게 되도다. 이써 余의 東渡의 동기이다."(朴春坡, 「玄海의 西로 玄海의 東에(日記中)」, 『개벽』 8, 1921.2, 65쪽)

15) 「천도교청년회 동경에도 지회」, 『매일신보』 1921년 1월 27일자.

16) 천도교의 종교의식으로 매수 일요일 오전 11시에 거행한다.

17) 박춘파, 「東京에 있는 천도교청년의 현황을 보고하고, 아울러 나의 진정을 고백함」, 54~58쪽.

18) 천도교가 창도된 1860년 4월 5일을 기념하는 종교의식.

19) 「동경에도 기념식 동시에 청년회의 지회도 발기해」, 『동아일보』 1921년 4월 6일자.

20) 농암, 「東京에서 舉行한 兩大式의 狀況 天日紀念式으로 靑年支會 發會式까지」, 『천도교회월보』

이는 도쿄지회의 발회식 장면이다. 발회식은 '새로 만들어진 회(會)의 첫 모임을 가지는 의식'이라는 사전적 의미를 가지고 있다. 때문에 도쿄지회의 설립 날짜에 대해서는 몇 가지 혼선을 보이고 있다. 『천도교청년회회보』에 의하면, 도쿄지회 설립은 1921년 2월 13일이라고 밝히고 있다.[21] 이는 발회식보다 50여 일이나 앞서고 있다. 이와 관련하여 『천도교청년회회보』를 좀 더 구체적으로 살펴보면, 1920년 12월부터 1921년 3월까지 의무금 실적에서 도쿄지회는 10원 30전을 납부한 바 있고, 중앙으로부터 650원을 대여받았다. 그리고 지회장 임면에서는 1921년 3월 중에 방정환이 지회장으로 선임되었다.[22] 이는 도쿄지회가 적어도 3월 이전에 설립되었음을 알 수 있다. 설립 당시 회원은 28명이었다. 또한 박상희의 「동경조선인단체역방기」에서도 1921년 2월에 도쿄지회가 조직되었다고 밝힌 바 있다.[23]

이로 볼 때 도쿄지회의 설립 과정은 1월 16일 발기인회, 2월 13일 설립, 4월 5일 발회식으로 이어진 것으로 볼 수 있다. 도쿄지회 설립 당시 주요 인물의 내역은 〈표 1〉과 같다.

〈표 1〉 천도교청년회 도쿄지회 설립 당시 주요 인물

이름	출생년	출신지역	주요활동	비고
방정환	1899	서울	미동공립학교졸업, 동경연수영어학교졸업, 동양대학 재학, 도쿄지회 발기인 대표 및 회장, 색동회 조직, 천도교소년회장, 천도교청년당 중앙위원 및 유소년부 위원, 『어린이』 잡지 주간 등	손병희 사위, 배일사상 농후하며 불온한 행동을 할 우려가 있음

128, 1921.5, 103~107쪽.
21) 「신설지회」, 『천도교청년회회보』 3, 1921.12, 15쪽.
22) 『천도교청년회회보』 3, 8-9 · 14쪽. 지회 회장 선임은 설립 당시에 되는 것이 대부분이지만 일부에는 이보다 늦은 경우가 종종 있었다. 1920년 11월에 설립된 자산지회는 1921년 1월에 회장 한창진이 선임되었고, 중화지회는 2월에 회장 김지렴이 사면하였지만 3월에 송헌이 회장으로 선임되었다. 이로 볼 때 지회장의 선임과 사임은 바로 이어지지 않고 약간 차이를 보이고 있다.
23) 박상희, 「동경조선인단체역방기」, 『조선사상통신』, 1927 ; 『재일조선인사연구』 5, 1979.11, 124쪽.

이기정		충남 당진	당진교구 공선원(1914), 서산교구 공선원(1916), 인천종리원 종리사(1923), 천도교통일당 준비(1926)	해방 후 천도교보국당 당수
김상근	1896	서울	청년회 중앙간무, 조도전대학 경제학과 졸업, 청수조 조선지점장 대리	해방 후 제일토건사 사장, 조전제염공사 사장, 서울상공회의소 의원, 조선토건협회 상임이사 등
박달성	1895	평북 태천	태천천도교강습소 졸업(1911), 보성중학교 졸업(1918), 동양대학 입학(1921. 3) 및 퇴학(1921.8), 청년회 상무위원, 청년당 중앙집행위원 및 농민부 위원, 개벽사 기자, 조선농민사 중앙이사 등	온순한 척 하지만 음험하여 항상 배일사상 고취를 위해 노력. 1934년 5월 9일 졸
정중섭	1895	함남 이원	경성공전 졸업(1920), 일본 동양대학 철학과 졸업, 만주 동흥중학교 설립교사 및 교장, 천도교청년회 간도지회장, 평우동맹 집행위원, 간도폭동으로 귀국, 북청공업학교 교장 등	경성공전 시절 독립운동에 관여하여 수차례 구금됨 해방 후 전남대 상과대학장, 3대·4대 국회의원
이태운	1900	서울	동경 중앙대 졸업, 시대일보·조선일보·매일신보 기자	3·1운동 민족대표 이종훈의 아들, 해방 후 태평일보 편집고문, 대동신문 편집국 부국장, 시사신문 편집부장, 서울신문 지방부장 역임

이처럼 일본의 수도 도쿄에서 청년회 지회가 설립되자 국내에서도 적극적인 관심을 표명하였다. 언양의 김기오는 "위대한 사명 인내천을 두 어깨에 메고 만리초정이 아닙니까. 우랄산도 넘을 것이며 태평양도 건널 것이지요. 세계를 두고 동서양 각처에 궁을기가 표양하고 인류를 두고 16억 인종이 시천주를 독송할 그때라야 우리의 목적이 달하였다고 할 수 있고 우리의 포부를 이루었다 할지어다. 동시에 우리의 기쁨이 진정한 기쁨이 될 것이요 우리의 웃음이 평화의 웃음이 될 것이외다. 어찌 일개 동경만으로 일본 민족만으로 기쁨을 與하며 만족을 思하겠습니까만은"이라고 하여, 도쿄지회 설립을 천도교의 목적의 하나인 포덕천하의 새로운 출발로 인식하였다.24) 설립 이후 도쿄지회는 강연 등 포교활동으로 1924년에 이르러 회원이 50여 명으로 증가했다 25)

---

24) 김기오, 「동경에 있는 천도교청년회원 제씨에게」, 『천도교회월보』 130, 1921.6, 73~74쪽.

25) 조선총독부 경무국 동경출장원, 『재경조선인상황』, 1924.5 ; 박경식 편, 『재일조선인관계자료집성』 1, 삼일서방, 1975, 139쪽.

천도교청년회는 1923년 9월 2일 발전적 해체를 통해 천도교청년당으로 전환하였다. 이에 따라 지방조직은 새롭게 천도교청년당 지방당부로 재조직되었다. 청년회 도쿄지회는 1926년 10월 3일 청년당 도쿄당부로 재조직되었다.26) 도쿄지회가 도쿄당부로 재조직이 늦은 것은 일본의 관동대지진 수습27)과 국내의 신구 분화28)로 보인다. 이와 관련하여 박상희는 1923년 9월 동경대지진 이후 도쿄지회는 유명무실하였다고 한 바 있다.29) 그러나 동경대지진 이후 도쿄지회는 기독교청년회와 함께 구호활동을 적극적으로 추진하였다는 점에서 약간 차이점을 보이고 있다.

청년당의 지방조직으로 재조직된 이후 도쿄당부는 각종 회의를 통해 임원들이 개선하였는데, 그 내용은 〈표 2〉와 같다.

〈표 2〉 천도교청년당 도쿄당부 주요 임원 변동

회의명	날짜	임원	전거
총회	1927.4	위원: 민석현 김병순 길윤기 강진동 조봉호 이윤삼 최영식	신인간 12호
접대표회의	1927.4	접대표: 1접 전준성, 2접 길윤기, 3접 강호원, 4접 이윤삼, 5접 민석현, 6접 박사직	신인간 13호
집행위원회	1927.6.12	노동부위원: 최공룡, 농민부위원: 최영식, 청년부위원: 길윤기, 여성부위원: 김병순, 학생부위원: 강호원, 유소년부위원: 이윤삼, 정치부위원 민석현	신인간 13호
집행위원회	1928.1.29	상무: 최광룡, 여성부위원: 강호원	신인간 22호
당원대회	1928.5.6	대표: 길윤기, 상무: 유동섭 고철우/김정주 한정호	신인간 25호

---

26) 「청년당휘보」, 『신인간』 8, 1926.12, 26쪽 ; 박상희, 「동경조선인단체역방기」, 『재일조선인사연구』 5, 126쪽.

27) 관동대지진은 1923년 9월 1일 정오 도쿄를 중심으로 한 일본의 관동지역에 발생한 지진이다. 발생 직후 조선인이 우물에 독약을 풀었다는 유언비어에 의해 조선인 6천여 명이 학살당했다. 동경대지진 당시 유일하게 남아있던 천도교도쿄종리원은 수습대책사무소로 활용되었고, 도쿄종리원와 도쿄지회는 이를 수습하는데 적극적으로 참여했다.

28) 천도교의 신구 분화는 1925년 8월 14일부터 진행되어 1926년 1월까지 계속되었다. 그 결과 천도교는 오영창계열의 천도교중앙종리원, 신파의 천도교중앙종리원, 구파의 천도교중앙종리원으로 각각 분화되었다. 이때 천도교청년당도 신구의 영향으로 1926년 4월 3일 청년단체인 천도교청년당도 천도교청년당(신파)와 천도교청년동맹(구파)로 각각 분화되었다.

29) 박상희, 「동경조선인단체역방기」, 『재일조선인사연구』 5, 126쪽.

집행 위원회	1928.5.29	집행위원: 승관하 최광룡 이창린, 부문위원: 여성부 김정주, 유소년부 유동섭, 학생부 길윤기, 청년부 최광룡, 노동부 고 철우, 농민부 한정호, 상민부 승관하, 감사위원: 박사직 민석 현 김병순	
당원 대회	1929.4.29	대표: 김정주, 기무: 강호원, 재무: 장한섭, 부무: 홍순길, 집행 위원: 김정주 강호원 장한기 최천곤 임창기 한정호 최경삼 임현재, 감사위원: 김병순 민석현 박사직	신인간 38호
접대표 회의	1929.10.27. ~29	위원: 박사직 김형준, 감사위원: 민석현 강호원	동학지광 8호
접대표 회의	1929.12.25	집행위원: 김형준(청년), 승관하(여성), 이응진(노동)	신인간 45호
접대표 회의	1930.1.26	감사위원: 조기간	
당원 대회	1930.3.16	대표: 김형준, 기무: 한정호, 재무: 홍인섭, 부무: 강호원, 집행 위원: 김형준 한정호 홍인섭 강호원 김병순 최천곤 홍순길 이응진 조기간, 감사위원: 민석현 유동섭 고철우	신인간 48호 동학지광 10호 동아일보 (1930.3.22)
접대표 회의	1930.4.17	부대표: 한정호	신인간 51호

〈표 2〉는 청년당 도쿄당부의 임원 변동사항이다. 초기 회의는 총회에서 임원을 개선하였지만 점차 당원대회, 접대표회의를 통해 임원을 개선하는 경우도 없지 않았다. 그렇지만 기본적으로는 당원대회를 통해 임원 개선을 하는 것이 원칙이었다. 접대표회의는 당원대회를 개최하기 어려운 경우에 한해서 임시적으로 임원을 추가한 것으로 보인다.

한편 천도교 청년단체는 그동안 신파의 청년당과 구파의 청년동맹으로 각각 조직체를 유지하였지만 1931년 2월 16일 합동되어 천도교청우당으로 재조직되었다. 이는 1930년 12월 23일 신구로 분화되었던 교단이 합동되었기 때문이다. 청년단체도 자연스럽게 합동되었다. 그러나 도쿄의 청년단체는 그동안 신파의 청년당만 조직되어 유지되었기 때문에 영향을 받지 않았다. 그렇지만 그동안 청년당 도쿄당부가 1931년 2월 16일 이후에는 청우당 도쿄당부로 변경되었다. 그런데 1932년 4월 2일 합동되었던 교단이 다시 신구로 분화됨에 따라 청우당도 각각 분화되어 신구 각각 천도교청우당을 사용하다가 12월 23일 신파는 청년당, 구파는 청년동맹으로 각각 복귀하였다. 이에 따라 신파에 속하였던 청우당 도쿄당부는 원래의 명칭인 청년당 도쿄

당부로 복귀하였다. 합동과 분화를 거듭하는 동안 도쿄당부는 크게 임원의
변화는 없었던 것으로 보인다. 다만 국내가 아니라 국외인 일본에 있었기
때문에 임원 변동에 대한 변화를 추적하는데 적지 않은 한계를 보이고 있
다. 다만 1933년 5월 이후 당원대회를 통해 선임된 임원은 〈표 3〉과 같다.

〈표 3〉 1933년 5월경 도쿄당부 임원

회의명	날짜	임원	전거
당원 대회	1933.4	대표 홍순길(훈련부, 선전부 겸), 부대표 김성육(조직부 겸), 기무부 김상린 서정권, 집행위원: 홍순길 김성육 김상린 서정권 허원형 김태정 박동일 장이근 김원대, 후보 한동걸 송중곤 김현국, 검찰위원장 이학인, 검찰위원 홍인섭 이창린, 부문위원: 유소년부 서정권, 청년부 김태정, 여성부 김성육, 학생부 김상린, 농민부 허원형, 노동부 김원대, 상민부 장이근	당성 23호
당원 대회	1935.4	대표 백낙경	신인간 104호
당원 대회	1936.4	대표 홍순길	신인간 114호

도쿄지회 또는 도쿄당부는 자체 조직뿐만 아니라 산하단체를 조직으로
두었다. 이는 중앙의 천도교청년회 시절 천도교소년회, 천도교청년당 시절
천도교사월회와 조선농민사, 천도교내수단 등을 설치하였는데, 도쿄당부에
서도 중앙과 마찬가지로 산하단체를 조직하였다. 먼저 도쿄사월회30)가 조
직되었다. 도쿄당부는 1927년 7월 3일 집행위원회를 개최하고 사월회를 조
직하기로 하고 회원 모집 및 규칙제정위원 2인을 선정하는 한편 제반 준비
를 하였다. 이어 8월 21일 도쿄당부 상무 이윤삼의 사회로 취지 설명, 축사,
강령 및 규약제정을 마친 후 임원진에 서무부 김세훈, 포덕부 채이룡, 학습
부 이준일, 음악부 이근홍, 체육부 최진극 등을 선임했다.31)

도쿄학생회의 조직은 언제인지 분명하지는 않지만 1929년 5월 5일 제2회

---

30) 사월회는 학생회보다는 나이가 많고 청년회에 가입할 수 없는 중간에 해당하는 연령, 기타의
　　관계로 청년당에 입당하지 못한 교인을 위해 조직되었다.
31) 『신인간』 18호, 1927.10, 39쪽.

정기총회를 개최한 것으로 보아 이보다 1년 앞선 1928년 5월에 조직된 것으
로 추정된다. 제2회 정기총회의 임원으로는 대표에 현을균, 서무위원에 김
상모와 김진규, 교양위원에 최정익과 백낙경, 포덕위원에 김병순과 채이룡,
재무위원에 이길희와 이기봉 등이 각각 선임되었다.[32] 도쿄소년회는 1930
년 9월 28일 조직되었는데, 도쿄종리원에서 개최된 창립대회에서는 대표위
원에 조순화, 위원에 신명구·선필제·고표현, 지도위원에 강호원·서정
권·유동섭·홍순길·김정태 등이 선임되었다.[33] 또한 소년회는 창립기념
으로 10월 7일 중앙본부 소년부위원 방정환을 초빙하여 동화대회를 개최한
바 있다.[34]

도쿄농민사는 1932년 8월 17일 설립되었다. 이날 도쿄종리원에서 설립대
회는 한정호의 사회와 강호원의 취지 낭독에 이어 조선농민사 출판부 설치
와 농민문제연구부를 신설하였다. 설립 당시 임원은 이사장에 한정호, 부이
사장 겸 조직부에 홍순길, 비서 및 서무부에 서정권, 경리부에 최천곤, 교양
부에 김남수, 농민문제연구부에 강호원, 이사에 조기간, 이사후보에 이달녀
홍인섭, 간사장에 함영식, 간사에 김상린·김승환·현을균 등이 각각 선임
되었다.[35] 그리고 도쿄내수단은 1929년 2월 23일 조직되었다.[36]

이밖에 국내외의 정형을 연구하기 위해 특종위원회[37]와 웅변부[38] 등을
설치한 바 있다.[39] 특종위원회는 년 2회 이상 연구 발표를 하고 중앙에 보
고하기로 하였다. 이러한 도쿄당부의 활동은 국내의 중앙본부에도 영향을

32)『신인간』 37호, 1929.7, 60쪽.
33)「각 부문 소식」,『신인간』 53호, 1930.11, 55쪽.
34)「천도교 동경소년회 창립기념 동화회」,『매일신보』 1930년 10월 13일자.
35)「시보」,『동학지광』 13호, 1932.10, 35쪽.
36)『신인간』 34호, 1929.4, 19쪽. 조직 당시 임원은 포덕부위원 주옥경, 서무부위원 이학득, 재무부
   위원 이송숙 등이었다.
37) 특종위원회 위원과 담당은 김형준 조선, 이응진 일본, 김병순 중국, 김정주 러시아, 최광룡 구
   미 등이다.
38) 웅변부 위원은 승관하, 이석복, 유동섭 등이다.
39)「동경당부의 소식」,『신인간』 39호, 1929.9, 59쪽.

주었는데, 1932년 6월 전당대회에서 특종위원회를 설치하고 각 지방당부에
도 특종위원회를 두도록 하였다.[40]

3. 도쿄당부의 활동

앞서 살펴보았듯이 도쿄의 천도교 청년단체는 천도교청년회 도쿄지회,
천도교청년당 도쿄당부, 천도교청우당 도쿄당부 등으로 조직을 변경하면서
유지되었다. 이들 단체의 명칭이나 조직의 변경은 도쿄지회나 도쿄당부의
독자적인 것이 아니라 국내의 중앙본부의 조직 변경 상황에 따라 변경되었
다. 그럼에도 불구하고 이들 도쿄의 천도교 청년단체는 일관성 있게 활동하
였다. 이들 청년단체의 활동은 크게 세 가지로 나누어 살펴볼 수 있다. 첫
째는 종교성을 가지고 있기 때문에 포교와 관련된 활동, 둘째는 순회강연활
동, 셋째는 대외활동이다. 이들 활동에 대해 좀 더 구체적으로 살펴보면 다
음과 같다.

첫째, 종교활동이다. 도쿄의 천도교 청년단체의 가장 중요한 활동은 포교
활동이기도 하였다. 도쿄당부는 설립 초기 회원이 20여 명에 불과하였다.
그러나 포교활동을 통한 세력의 확장은 청년단체뿐만 아니라 교회 조직을
설립하는데 중요한 역할을 담당하였다. 1921년 2월 13일 설립된 천도교청년회
도쿄지회의 활동으로 1922년 1월 당시 도쿄에 유학 중이던 청년회원이 중
심이 되어 도쿄전교실을 설립되었다. 도쿄전교실 설립 상황은 다음과 같다.

> 포덕 63년 1월에 당시부터 동경에 와서 유학하는 교우제씨 즉 민석현, 방정
> 환, 박달성, 이기정, 김상근, 이태운, 구중회, 고경인, 박영환, 강영호, 김의진,
> 배기달, 정일섭, 정중섭 외 십수 인의 제원에 의하여 천도교 동경전교실의 설립
> 을 중앙총부로부터 인정하게 되었습니다. 전 교헌에 의하여 직접전교실이 되었

---

40) 성주현, 「천도교청년당(1923-1939) 연구」, 한양대학교 박사학위논문, 2009, 99~104쪽.

습니다. 제씨의 공천에 의하여 본부로부터 박사직 씨가 전교사의 임을 띠고 당
년 7월 1일부터 동경에 와서 교무에 노력하게 되었습니다.[41]

일단 유학생 중심으로 도쿄전교실이 설립되자 중앙에서는 청년당본부의
핵심간부였던 박사직을 전교사로 파견하였다. 박사직은 평북 태천군 출신
으로 보성중학교와 천도교 종학강습소를 졸업한 후 태천군에 쌍수학원을
설립하여 원장으로 활동하였다. 1920년 4월 천도교청년회 간무, 1922년 1월
중앙총부 편집과 과원으로 활동하던 중 1922년 7월 도일하였다. 이후 전교
사로 활동하면서 일본대학 종교학과에 입학 1927년에 졸업하였다.[42]

도쿄전교실은 1924년 도쿄종리원으로 명칭이 변경되었다. 1927년 11월
중앙 교단에서 교세를 확장하기 위해 포덕회를 조직한 바 있는데, 도쿄청년
당도 도쿄포덕회를 조직하는데 적극 참여하였다. 도쿄포덕회는 11월 1일
조직되었는데, 포덕회는 회장에 박사직, 간사는 4명, 포덕대원 21명으로 구
성되었다.[43] 이를 계기로 도쿄청년당은 11월 1일 포덕날을 맞아 다음과 같
이 활동하였다.

一. 당일 오후 7시에 당원 및 교우 90여 인이 동 종리원에서 성대한 기념식을
   봉행
二. 동 9시에는 교인대회를 열고 포덕회 조직
三. 11월 3일에 당원들이 출근하여 선전포스터를 각 중요지에 부착하고 선전문
   을 산포하다.[44]

뿐만 아니라 3대의 포덕대를 조직하여 1928년 3월까지 5개월 동안 포교
활동을 전개하였다. 당시 포교활동은 먼저 선전비라를 배포하고 이어 포교

41) 근파, 「인연 깊은 동경종리원」, 『천도교회월보』 163호, 1924.4, 38~40쪽.
42) 성주현, 「영원한 청년 수암 박사직」, 『신인간』 643호.
43) 『신인간』 19호, 1927.12, 48쪽.
44) 「각지의 포덕날 선전 상황」, 『신인간』 19호, 1927.12, 57쪽.

대상을 개별로 방문하는 방법 등을 사용하였다.[45] 이와 같은 포덕대의 활동으로 교세가 크게 늘었다. 도쿄당부를 포함한 도쿄종리원의 교인은 설립 당시에는 40여 명에 불과하였지만 1926년 말경에는 103명으로 늘어났다. 이 중 대학에 재학 중인 학생이 23명, 중등학교와 전공학원에 재학 중인 학생이 32명으로 유학생만 55명이었다.[46] 1927년 6월에는 150여 명,[47] 1929년 11월에는 220여 명이었다.[48]

둘째는 강연활동이다. 강연활동은 당시 국내뿐만 아니라 일본의 청년단체의 가장 활발하고 중요한 활동이었다. 도쿄지회와 도쿄당부 시절 각각 국내에서 전국 순회강연을 개최하였다. 도쿄지회의 고국 순회강연은 "조선민족에게 교리 선전과 문화발전을 증진"시키기 위해 하기방학을 이용하여 도쿄지회가 설립된 지 4개월 후인 6월 17일부터 7월 말까지 두 차례 진행되었다. 1차는 6월 중순에서 7월 초까지 남선지역을, 2차는 7월 중순부터 7월 말까지 북선지역을 중심으로 각각 강연활동을 하였다. 이에 대해 좀 더 구체적으로 살펴보자.

도쿄지회는 방학을 맞아 귀국하는 첫날인 1921년 6월 18일 부산 국제관과 기독교회에서 첫 강연회를 개최하고[49] 19일에는 강연단을 경상도, 전라도, 충청도 등 지역별로 나누어 3대로 조직하였다. 즉 경상대는 박달성 정일섭과 본부 특파원 김의진, 전라대는 방정환 민병옥과 본부 특파원 박사

---

45) 박상희, 「동경조선인단체역방기」, 125~126쪽. 포덕대는 다음과 같다.

포덕대	대장	대 원
제1대	김병순	민석현 고철우 이홍위 전학일 유동섭 최광룡
제2대	길윤기	최경삼 이학인 홍순길 한정호 김정주 김명호
제3대	이달여	주옥경 이윤삼 이치영 구남회 이창린 승관하

46) 일기자, 「최근의 일본 동경 우리 천도교의 상황이 어떠한가」, 『신인간』 9호, 1927.1, 39~40쪽.
47) 김병순, 「동경의 천도교의 지위」, 『신인간』 14호, 1927.7, 34~35쪽.
48) 박사직, 「동경을 떠나면서」, 『신인간』 42호, 1929.12, 28~31쪽.
49) 『동아일보』 1920년 6월 22일, 「동경유학생 순강」. 이날 강연은 부산청년회와 동아일보 지국에서 후원하였으며, 박달성은 '당면의 문제와 요구의 인간', 전민철은 '현대사조와 인내천주의', 방정환은 '잘살기를 위하여'라는 제목으로 각각 강연하였다. 참석인원은 7백여 명으로 성황리에 마쳤다.

직, 충청대는 전민철·정중섭과 본부 특파원 김홍식으로 각각 지역을 분담하였다.[50] 도쿄유학생 강연단의 박달성은 동양대학 정치경제과,[51] 정중섭은 동양대학 철학과,[52] 전민철은 일본대학 사회과,[53] 정일섭은 동양대학 문학과,[54] 방정환은 동양대학[55]에 각각 재학 중이었다.

이에 따라 경상대는 김해→통영→진주→단성→산청→창녕→경주→울산→영천→대구→수원으로, 전라대는 논산→익산→옥구→군산→전주→임실→고창→김제→정읍→광주→목포→해남→고창→강경으로, 충청대는 청주→공주→예산→홍성→태안→서산→당진→인천→횡성→홍천→춘천으로 각각 순회강연을 마치고 7월 7일 경성으로 귀환하였다.[56] 그리고 순강단은 경성에서 7월 8일 천도교당에서 정중섭의 '우리의 요구는 무엇?', 박달성의 '종교 안목으로 본 조선의 고금'이라는 제목으로 각각 강연을 가졌다. 이날 강연은 정복과 사복을 입은 경관 4,5명이 "서슬이 푸르게 앉아 있는 것도 근일에 보지 못한 현상"이었지만 결국 정중섭의 강연은 내용을 문제 삼아 중지케 하였다.[57] 그리고 7월 10일 순회강연단의 일원인 방정환은 천도교소년회 담론부의 주최로 소년강연회를 갖기도 하였다.[58]

1차 순회강연을 마친 도쿄지회는 7월 10일경 북선지방 순회를 위해 2차 순회강연을 하기로 하고 지역별로 3대의 강연대를 구성하였다. 즉 황해대는 방정환·민병옥과 본부 특파원 차용복, 평안대는 정중섭·전민철과 본부 특파원 김홍식, 함경대는 박달성·정일섭과 본부 특파원 조기간으로 각각

50) 『조선일보』 1921년 6월 16일, 「천도교지회 선전대」 ; 「천도교청년회동경지회 순회강연 상항」, 『천도교회월보』 131호, 1921.7, 102쪽.

51) 『조선일보』 1921년 7월 19일, 「순회강연의 상황」.

52) 『동아일보』 1921년 7월 4일, 「유학생 순회강연단」.

53) 『동아일보』 1921년 6월 24일, 「동경유학생 순강단」.

54) 『조선일보』 1921년 7월 19일, 「순회강연의 상황」.

55) 『동아일보』 1921년 7월 10일, 「소년에게 강연」.

56) 「천도교청년회동경지회 순회강연 상항」, 『천도교회월보』 131호, 1921.7, 102쪽.

57) 『동아일보』 1920년 7월 10일, 「중지명령도 있은 천도교청년회 강연」.

58) 『동아일보』 1920년 7월 10일, 「소년에게 강연 천도교소년회에서」.

조직되었다. 강연단은 7월 11일 경성을 출발하여 7월 말일까지 순강하였
다.[59] 당시 신문을 통해 확인이 가능한 도쿄지회의 순회강연활동을 강연대
별로 정리하면 〈표 4〉, 〈표 5〉와 같다.

〈표 4〉 도쿄지회 1차 순회강연활동 현황

강연대	일시 (1920)	장소	강연자	강연제목	후원	청중 (명)	비고
충청대	6.19	청주, 櫻座	전민철	교육과 노력	청주지회		동아1921.6.24
			김홍식	인류의 자연성과 종교			
			정중섭	인생의 진생활			
	6.22	공주, 기독교당	전민철	인생과 교육	매일신보, 동아일보 지국	700	동아1921.6.26
			정중섭	신시대가 요구하는 이상사회			
			김홍식	인류의 자연성과 종교			
	6.24	예산, 천도교당	전민철	인생과 교육		400	동아1921.6.27
			정중섭	영구의 평화와 사인여천			
			김홍식	인류의 자연성과 종교			
	6.27	태안, 舊校舍	전민철	사람다운 생활을 하기 위하여	태안동창회, 천도교회	400	동아1921.7.4
			김홍식	인류의 자연성과 종교			
			정중섭	신시대의 요구와 이상적인 사회			
	6.28	서산, 천도교당	전민철	인생과 교육	서산지회, 서산청년회	500	동아1921.7.6
			정중섭	물질의 세력과 내두의 세계			
			김홍식	신풍조의 흡수와 오인의 소화			
	6.29	당진, 천도교당	전민철	인생과 교육		600	조선1921.7.7
			정중섭	신시대의 요구와 이상적 세계			
			김홍식	인류의 자연성과 종교			
	7.1	인천, 築港社	전민철	인생과 교육			동아1921.7.4
			김홍식	인류의 자연성과 종교			
			정중섭	우리의 희망하는 이상적 세계			
	7.2	횡성, 천도교당	전민철	인생과 종교		500	동아1921.7.15
			정중섭	우리의 각오와 來頭의 세계			
			김홍식	인류의 자연성과 종교			
	7.5	홍천, 천도교당	전민철	인생과 종교			동아1921.7.11
			정중섭	신시대의 신세계			
			김홍식	인류의 자연성과 종교			
	7.7	춘천, 예배당	전민철	인생과 종교		300	동아1921.7.13
			김홍식	인류의 자연성과 종교			
			정중섭	인생의 진생활			

59) 「천도교청년회동경지회 순회강연상황 속보」, 『천도교회월보』 132호, 1921.8, 101쪽.

전라대	6.20	논산, 기독교당		교육발전		수백명	동아1921.6.24
	6.21	익산, 이리좌	민병옥	신사회의 婦人	익산지회	600	동아1921.6.25
			방정환	잘살기 위하여			
	6.22	군산, 기독교당	방정환	잘살기 위하여	기독교청년 회	수백명	동아1921.6.27 조선1921.7.2
		군산, 천도교당	방정환	잘살기 위하여	지경리천도 교청년회	600	
	6.23	전주, 천도교당	방정환		전주지회	600~ 1,000	동아1921.6.28 조선1921.7.2
			민병옥				
			박사직				
	6.26	김제, 천도교 청년회관	민병옥	신사회와 부인		300	동아1921.7.4
			방정환	잘살기 위하여			
	6.27	광주, 흥학관	박사직	세계평화와 도덕	광주청년회, 보통학교 동창회		동아1921.7.1
			방정환	잘 살기 위하여			
			박사직	(여자야학강습생을 위하여)			
	7.4	강경, 기독교당	박사직	신문화 건설과 여자해방	동아일보 지국	100	동아1921.7.9
			방정환	잘 살기 위하여			
경상대	6.21	통영, 협성학교	박달성	신시대와 신종교		300	동아1921.6.26
			정일섭	개인으로 사회에			
	6.22	진주, 제1공립 보통학교	정일섭	동정의 感	진주지회	수천명	동아1921.6.28
			박달성	당면의 문제화 요구의 인물			
	6.28	경주, 천도교당	정일섭	생활난 원인에 대하여		400	동아1921.7.3 조선1921.7.4
			박달성	인본주의와 종교의 금석			
	6.29	울산, 울산구락부	정일섭	자아를 각하라	울산지회, 울산청년회		동아1921.7.5
			김의진	누구의 罪			
			박달성	현대사조와 종교의 今昔			
	7.2	대구, 청년회관	정일섭	생활난에 대하여			동아1921.7.5
			박달성	각 계급에 대한 余의 衷情			
	7.3	수원, 천도교당	정일섭	우리의 생활에 대하여			동아1921.7.6
			김의진	누구의 죄			
			박달성	아본주의와 종교의 석금			

〈표 5〉 도쿄지회 2차 순회강연활동 현황

강연대	일시(1920)	장소	강연자	강연제목	후원	청중(명)	비고
함경대	7.11	철원 천도교당	정일섭	생활난의 원인		400	조선1921.7.14
			박달성	각 계급의 충정			
			조기간	사람과 종교			
	7.12	평강 천도교당	정일섭	생활난의 근본적 해결			조선1921.7.19
			조기간	사람과 종교			
			박달성	이상향과 그 인물			
	7.13	원산 천도교당	박달성	각 계급에 대한 余의 衷情		1,000	동아1921.7.7 동아1921.7.14
			정일섭	생활난의 근본적 해결			
			조기간	사람과 종교			
평안대	7.11	평양 공회당	전민철	교육과 노력	평양지회		동아1921.7.15
			김홍식	인류의 자연성과 종교			
			정중섭	시대가 요구하는 이상적 세계			
	7.12	진남포 천도교당	전민철	교육과 노력			동아1921.7.17
			김홍식	인류의 자연성과 종교			
	7.13	강서 천도교당	전민철	교육과 노력		400	동아1921.7.18
			김홍식	인류의 자연성과 종교			
			정중섭	신시대의 신세계			
	7.14	강동 공립보통학교	전민철	인생과 교육	강동청년회	500	동아1921.7.20
			김홍식	신문화의 흡수와 조선청년의 소화			
			정중섭	청년의 각오			
		강동 천도교당	전민철	시대적 종교와 우리의 사명	강동지회	1,000	동아1921.7.20
			김홍식	인류의 자연성과 종교			
			정중섭	과학상으로 觀한 인내천			
	7.15	성천 천도교당	전민철	인생과 종교	성천지회	800	조선1921.7.20 동아1921.7.21
			김홍식	인류의 자연성과 종교			
			정중섭	신시대의 신세계			
	7.17	순안 천도교당	전민철	신문화 건설과 우리의 사명			동아1921.7.21
			김홍식	정신문명의 來頭에 대하여			
			정중섭	종교의 新覺醒			
	7.18	안주 천도교당	유한일	우리의 신앙이란 무엇이냐		800	조선1921.7.18
			김홍식	정신문명의 내두에 대하여			
			전민철	신문화 건설과 우리의 사명			
			정중섭	신시대 신생활			
	7.19	박천 천도교당	유한일	우리의 신앙이란 무엇	박천지회	300	동아1921.7.26
			전민철	신문화 건설과 오인의 사명			
	7.21	곽산 천도교당	유한일	우리의 신앙은 무엇	곽산지회		동아1921.7.31
			김홍식	정신문명의 내두에 대하여			
			정중섭	현시대의 요구하는 이상적 세계			
	7.27	의주 천도교당	정중섭	현시대의 요구하는 이상적 세계		1,000	동아1921.7.1 조선1921.8.1
			김홍식	정신문명의 내두에 대하여			

	7.12	서흥 천도교당	방정환	잘살기 위하여			동아1921.7.19
황해대	7.13	황주 천도교당	차용복	지상천당과 영생			조선1921.7.13 동아1921.7.17
			방정환	인생의 행로			
			민병옥	오인의 3대 의식의 활동			
	7.15	사리원 천도교당	차용복	지상천국과 오인의 영생			동아1921.7.20
			방정환	잘 살기 위하여			
	7.17	안악 천도교당	차용복	지상천국과 오인의 영생			동아1921.7.22
			민병옥	人의 慾			
			방정환	잘 살기 위하여			
	7.20	은율 천도교당	차용복	종교란 무엇이냐			동아1921.7.27
			방정환	잘 살기 위하여			
	7.21	송화 송화청년회관	민병옥	인생의 행로	송화지회	200	동아1921.7.26
			방정환	잘 살기 위하여			
	7.22	장연 천도교당	차용복	지상천국은 오인의 영생			동아1921.8.6
			방정환	잘 살기 위하여			
	7.25	해주 천도교당	차용복	조선문화와 천도교		500	동아1921.7.29
			방정환	잘 살기 위하여			

〈표 4〉와 〈표 5〉에 의하면, 도쿄지회 순회강연의 내용은 강연대와 강연자에 따라 다르지만, 전체적으로 동일한 강연자가 한 개 또는 두 개의 연제로 각 지역을 순회하면서 강연을 하고 있다. 방정환은 '잘 살기 위하여'라는 연제로 전 순회기간동안 강연하고 있다. 다만 1921년 7월 13일 황주 강연에서는 경관이 문제를 삼아 '인생의 행로'로 바꾸고 있다. 전민철은 '교육과 노력', '인생과 교육' 등을, 민병옥은 '신사회의 婦人', '오인의 3대의식의 활동', '인생의 행로' 등을, 박달성은 '당면문제와 요구의 인물', '각 계급에 대한 朩의 충정', '현대사조와 종교의 석금' 등을, 정일섭은 '생활난의 근본적 해결'을, 정중섭은 '현대의 요구하는 이상적 세계', '과학상으로 觀한 인내천', '청년의 각오', '종교의 신각성' 등을 각각 강연하였다. 강연제목으로 본다면 종교적인 것은 박달성과 정중섭, 사회경제적인 것은 방정환과 정일섭, 교육적인 것은 전민철이 주로 담당하였다. 강연내용을 좀 더 구체적으로 살펴보면 〈표 6〉과 같다.

〈표 6〉 도쿄지회 순회강연 내용

강연자	강연제목	강연내용
민병옥	오인의 3대의식의 활동	의식은 욕망이요, 3대의식은 生欲 智欲 信欲이다. 이를 위하여 활동하자
차용복	지상천당과 영생	천당은 地上에 있고 하늘에 있지 않다
방정환	인생의 행로	우리의 조선사회가 낙오됨은 과거에 우리의 기술과 문예를 助長치 않았기 때문이다.
정중섭	시대가 요구하는 이상적 세계	조선인은 천도교를 신앙해야 한다
전민철	교육과 노력	우리는 교육에 힘써야 한다
방정환	잘 살기 위하여	이미 각성한 우리의 목적과 정신은 여하한 감언이설일지라도 불견감지하여 우리의 민족이 잘살기를 切望한다
김의진	누구의 죄	암흑한 구사상을 타파하고 신신앙을 환기케 하자
박달성	신시대와 신종교	천도교가 무엇인지 이해를 못하고 오직 동학당으로만 알고 있는 인사들에게 많은 감격을 줌
박달성	당면의 문제와 요구의 인물	우리는 세계에 낙후하지 않을 실력이 있어야 한다. 이는 교육의 급선무로 우리에게는 돈이 없으므로 피와 땀을 흘려가면서 활동을 하자. 우리는 우리 민족의 체면 유지상 신시대인과 같이 단발을 하자. 현대에 요구하는 인물이 되자면 첫째 나라는 사람이 무엇인가를 알아야 한다. 둘째 우주의 대자연까지 자시의 심신에 삼킬 대승한 인간이 되어야 한다. 오직 열정가가 되자. 종교의 필요와 현대의 종교는 영육일치의 종교인 인내천주의 진리를 가지고 있는 천도교를 논하자
박달성	인본주의와 종교의 석금	인내천의 深切한 진리설명과 신인합일 즉 영육일치의 현대종교를 해부하고 우리는 무엇보다도 신앙심이 견고하여야 남과 같이 잘 살 수 있다

〈표 6〉에 의하면, 도쿄지회의 강연 내용은 교육 등의 실력양성, 자아의 각성, 시대가 요구하는 인물, 민족의 자긍심, 구사상 타파, 여성해방, 새로운 신앙인 천도교 신앙 등이 주된 내용이다. 특히 방정환은 '여하한 감언이설일지라도 견불감지하여 우리 민족이 잘살기를 절망한다'고 하여 민족주의적 성향을 드러내고 있다. 그리고 조선인은 조선의 종교이며 민족주의적 성향을 가지고 있는 천도교를 믿어야 함을 강조하고 있다. 또한 신시대에 맞는 이상적 사회 또는 세계를 구현하는 할 수 있는 것은 천도교라고 강조하고 있다.

이와 같은 강연내용으로 순회강연 기간 동안 당국으로부터 적지 않은 탄압을 받았다. 우선 강연을 하기 전에 지역 경찰로부터 사전의 허락을 받아야만 했으며, 강연을 할 때는 정복 또는 사복 경찰들이 항상 임석하였다.

강연이 식민지 지배체제에 거슬릴 경우에는 바로 강연을 중지시켰으며, 심지어는 강연 자체를 해산토록 강요하였다. 특히 방정환의 '잘살기 위하여'는 서흥, 안악, 장연, 광주(光州), 김제에서, 전민철의 '신문화 건설과 오인의 사명'은 박천과 안주에서, 전민철의 '교육과 노력'은 성천 강동 진남포에서, 정중섭의 '청년의 각오'는 강동에서, 박달성의 '각 계급에 대한 余의 충정'은 원산에서, 차용복의 '조선민족과 천도교'는 개성에서 각각 강연중지를 당하였다. 그리고 장연과 서흥, 박천 등지에서는 강연회가 해산되기도 하였다. 특히 전민철은 박천 강연에서 강연 중 '불온한 언구'가 있다고 하여 박천경찰서에 구금 기소되었다가 정주지청에서 무죄선고를 받고 풀려나기도 하였다. 그러나 경찰당국은 다시 평양복심법원으로 호송하였다.[60] 또한 박달성도 원산 강연이 끝난 후 '치안에 방해되는 언론'이 있다고 하여 7월 13일에 원산경찰서에 구인되었다가[61] 7월 30일 풀려났다.[62]

두 번째 고국 순회강연은 도쿄당부에서 추진하였는데, 1930년 7월 15일부터 8월 14일까지 2대로 나누어 진행되었다. 제1대는 김정주와 승관하, 제2대는 김형준과 이응진으로 각각 연사를 구성한 후 관서지역과 관북지역에서 순회강연을 하였다. 제1대는 7월 15일 황주를 시작으로 중화, 진남포, 강서, 평양, 순안, 안주(7/22~23), 박천(7/24), 가산(7/25), 정주(7/26~27), 곽산(7/28), 선천(7/29~30), 철산(7/31~8/1), 신의주(8/2), 의주(8/3~5), 삭주(8/6~7), 구성(8/8~10), 태천(8/11~12), 영변(8/13~14)로 이어졌다. 제2대는 같은 날 철원을 시작으로 평강, 원산, 문천(7/18), 고원(7/19~20), 영흥(7/21), 정평(7/22~23), 함흥(7/24~25), 홍원(7/26~27), 북청(7/28~29), 이원(7/30~31), 단천(8/1~2), 성진(8/3), 길주(8/4), 아간(8/5), 경성(8/6)으로 이어졌다. 이들 강연대는 대부분 한 지역에서 당일 한 번 강연을 하였지만 비교적 규모가 큰 도시에서는 2일 내지 3일에 거쳐 3,4회하는 경우도 없지 않았다. 강연 두중 경

60) 『동아일보』 1921년 8월 7일, 「검사가 又 控訴」.
61) 『동아일보』 1921년 7월 17일, 「천도교강단원산착」.
62) 『조선일보』 1921년 8월 1일, 「30일 원산서를 出한 박달성군 동정」 ; 『왜정시대인물사료』 1권.

관의 중지를 받아 대외강연을 금지당할 정도로 감시와 통제를 받았다.[63]

이처럼 두 차례의 고국순회강연 외에도 자체적으로 강습회 활동을 전개하기도 하였다. 1929년 7월 22일부터 8월 4일까지 김정주의 당의식, 박사직의 교리, 민석현의 중국 국민당의 현상, 한정호·장한섭의 한글, 박사직의 조선시대사, 김형준의 조선의 정형, 최광룡의 구미의 정형, 김정주의 러시아의 정형 등의 강연이 있었다.[64]

셋째는 대외활동으로, 대표적인 것이 관동대지진과 관련된 구호활동이다. 1923년 9월 1일 관동지역에서 일어난 대지진으로 대부분의 건축물이 파괴되거나 훼손되었지만 다행스럽게도 도쿄종리원은 거의 유일하게 건재하였다. 이에 도쿄종리원에서 활동하던 청년회원은 무사할 정도였다.[65] 이처럼 무사한 도쿄지회는 기독교청년회와 공동으로 발기하여 지진으로 피해를 입은 이재동포를 구호하기 위해 조선동포구제회를 조직하였다. 우선 국내 경성에서 보내준 성금으로 구호활동을 전개하기로 하고 도쿄지회 청년회관에 사무소를 두었다. 주로 조선인의 안부 조사, 재난을 입은 조선인 구호, 경제적으로 어려운 동포의 구제 및 주선 등의 활동을 전개했다.[66] 이어 재동경이재조선동포위문반을 조직하여 본격적으로 관동대지진으로 발생한 이재동포에 대한 구호활동을 하였다.[67] 이외에도 이해 12월 25일 재동경조선인대회를 개최하고 그동안 조사한 학살된 조선인을 보고하는 한편 유언비어는 조선인과 전혀 관련이 없다는 등의 성명서를 발표하였다.[68] 1926년 9월 5일에는 관동대지진 3주년을 맞아 추모회를 개최하고 강연을 통해 배일사상을 고취시키기도 하였다.[69]

63) 「당동경부 하기순강」, 『신인간』 50호, 1930.8, 뒷표지.
64) 「동경당부의 소식」, 『신인간』 39호, 1929.9, 60쪽.
65) 「변쵝 양씨 무사, 천도교청년회도」, 『동아일보』 1923년 9월 21일.
66) 「재동경기독교천도교 양청년회 이재동포 구호 개시」, 『동아일보』 1923년 10월 1일.
67) 「동경에서 위문반 조직」, 『조선일보』 1923년 10월 8일.
68) 「재경조선인상황」, 『재일조선인관계자료집성』 1, 147쪽.
69) 「재경조선인상황」, 『재일조선인관계자료집성』 1, 222쪽.

또한 도쿄당부는 매년 3월 1일이면 3·1운동을 기념하는 기념행사를 자체적으로 갖는 한편 사회단체와 연대하는 기념행사에도 적극 참여한 바 있다. 1923년 3월 1일 북성회, 조선노동동맹회 등과 함께 기념강연회를 개최한 바 있다.[70]

넷째는 부문단체의 조직과 활동이다. 천도교청년당은 문화운동을 전개하면서 산하에 계층별로 유소년부, 학생부, 청년부, 여성부, 농민부, 노동부, 상민부 등 7개 부문을 두는 한편 이를 천도교소년회, 천도교학생회, 천도교내수회, 천도교청년회, 조선농민사, 조선노동사를 조직하여 부문운동을 전개한 바 있다.[71] 이러한 부문단체의 조직은 중앙뿐만 아니라 지방당부에서도 조직되어 활동하였다. 도쿄당부는 학생회, 소년회, 사월회, 내수단, 농민사 등 4개의 부문단체가 조직되었다. 이들 부문단체는 집행위원회, 월례회 등 각종 회의를 개최하여 중요한 상황을 논의하는 한편 국내에서 개최되는 정기회의에 대표를 파견하였다.

이외에도 소년회는 방정환 초청 동화대회를 개최한 바 있으며,[72] 학생회는 도쿄유학생 축구대회 참가, 교리강습회, 납량대회, 웅변대회 등을 개최하였다.[73] 학생회는 『학생시보임시호』를 발행, 각 방면에 발송한 바 있으며, 기관지 『개벽전선』 1,500부를 발간하였다. 특히 1933년 11월 1일 발행된 『개벽전선』은 내용이 불온하다고 하여 발매 및 배포 금지되어 압수당하기도 하였다.[74] 압수 이유는 "민족의식의 고양, 일본의 한국 통치에 대한 반

---

70) 「재경조선인상황」, 『재일조선인관계자료집성』 1, 149쪽.
71) 천도교청년당의 부문운동에 대해서는 조기간, 『천도교청년당소사』, 천도교청년당, 1933을 참조할 것.
72) 방정환 초청 동화대회는 1930년 9월 7일 도쿄종리원에서 개최되었으며, 3백여 명이 참석할 정도로 성황이었다(『동학지광』 천도교청년당 창당7주년기념호, 1930. 10, 34쪽).
73) 『동학지광』 천도교청년당 창당7주년기념호, 1930. 10, 84~85쪽 ; 성주현·김인덕 편, 『문헌으로 보는 일제강점기 재일코리안 역사와 문화』Ⅱ, 도서출판 선인, 2013, 471~472쪽.
74) 「在日韓國人民族系團體一覽表(1933年12月末現在)」, 『일제침략하 한국36년사』 10, 국사편찬위원회 ; 『조선독립운동』Ⅲ, 615~618쪽. 압수당한 『개벽전선』의 주요 내용은 '식민지문제특집호'로 식민지문제 개론, 식민지 민족운동의 현세, 조선문제, 조선민족은 왜 살 수 없는가,

감을 격발하여 한국독립사상을 고취시키는데 힘쓰는 바" 즉 독립의식의 고
취 때문이었다.

　이외에도 도쿄당부는 기관지 『동학지광』75)과 사회평론지 『대중지광』을
각각 발행하기도 하였다. 『동학지광』은 1927년 10월 창간호를 발행하여 18
호까지 확인되고 있으며, 1931년 4월에 발행된 것은 국내에서 압수를 당하
기도 하였다.76) 『대중지광』은 1929년 8월 창간되어 1931년 2월 폐간되었
다.77) 이중 1930년 2월에는 국내에서 역시 『대중지광』이 압수당하였다.78)
이외에도 『조선출판경찰월보』에 의하면 『동학지광』은 11회, 『대중지광』은
3회씩 각각 불허가 압수되거나 내용이 삭제되었다.79) 이러한 『동학지광』과
『대중지광』은 일본뿐만 아니라 국내에 유입되어 조선민족의 의식 고취 즉
민족의식을 고양시키는데 적지 않은 영향을 주었을 뿐만 아니라 천도교 청
년운동에도 많은 영향을 주었다.

　한편 도쿄당부는 1930년 11월 1일 「조선 민중에게」라는 격문을 배포한
바 있다. 이 격문은 '포덕날'에 일본 내의 조선인에게 배포한 것으로 '민족적
힘을 결성'하자는 내용을 담고 있다. 당시 일제의 감사와 탄압이 심한 상황
에서 식민지 수탈정책을 우회적으로 비판하면서 민족적인 강대한 힘을 결
성해야만 민족의 목적을 달성할 수 있다고 강조하고 있다. 나아가 이를 충
족시킬 수 있는 단체가 천도교임을 밝히고 있다.80)

　도쿄지회나 도쿄당부의 활동 외에도 회원이나 당원들의 활동도 적지 않
았다. 도쿄지회의 고국순회강연에 참여하였던 전민철은 1921년 11월 5일 워

　불경기 어재서 심해지나 등이었다.

75) 『동학지광』의 자료 해제에 대해서는 조규태, 「천도교청년당 동경부 기관지 『동학지광』」, 『한
　국민족운동사연구』 25, 2000을 참조할 것.
76) 『동아일보』 1934년 4월 13일.
77) 『중외일보』 1929년 8월 9일 및 『동아일보』 1931년 2월 18일.
78) 『중외일보』 1930년 2월 7일.
79) 국사편찬위원회 한국사 데이터베이스(http://db.history.go.kr)
80) 신용하, 「천도교청년당 동경부의 문서 『조선민중의게』」, 『한국학보』 70호, 1993, 239~244쪽 참
　조.

싱턴 태평양회의를 즈음하여 독립선언 운동에 참여한 바 있으며,[81] 이와 관련하여 도쿄지회장 방정환과 박달성 등도 체포되어 취조를 받기도 하였다.[82] 방정환은 색동회를 조직하여 어린이운동을 주도하였으며, 『어린이』 잡지의 주간으로서 활동하기도 하였다.[83] 또한 양근환은 1921년 2월 16일 신일본주의를 제창한 국민협회장 민원식을 암살하기도 했다.[84]

뿐만 아니라 청년당원이며 도쿄종리원장 박사직과 민석현, 전민철은 '요주의 인물'로 감시의 대상이 되기도 하였다.[85] 또한 박사직, 민석현, 김상근, 전민철은 경시청의 '요시찰인'이었다.[86] 이에 따라 일제는 도쿄당부를 '민족주의계 단체'로 분류하였고, 감시의 대상으로 지목하였다. 이로 볼 때 도쿄당부는 민족주의 성격과 배일사상을 가진 단체였다고 할 수 있다.

4. 맺음말

이상으로 천도교청년당 도쿄당부의 조직과 변화, 그리고 활동에 대하여 살펴보았다. 이를 정리하면서 맺음말에 대신하고자 한다.

천도교청년회 도쿄지회와 천도교청년당 도쿄당부는 3·1운동 이후 해외

---

81) 「동경유학생 선언서건 공판」, 『동아일보』 1922년 1월 18일 ; 「선언사건의 유학생」, 『동아일보』 1922년 1월 29일 ; 「제2차 독립을 선언한」, 『동아일보』 1922년 11월 2일 ; 「동경 선언 사건 판결」, 『신한민보』 1922년 3월 9일. 전민철은 이 독립운동 사건으로 9개월의 금고형을 받고 동경감옥에서 복역을 마치고 1922년 11월 1일 만기 출옥하였다. 당시의 선언서와 결의문은 『신한민보』 1921년 12월 22일자 참조할 것.

82) 「천도교청년회 동경지회장 방정환씨 검거」, 『동아일보』 1921년 11월 11일.

83) 소파 방정환에 대해서는 조성운, 『소년운동을 민족운동으로 승화시킨 방정환』, 역사공간, 2012 ; 이상금, 『사랑의 선물』, 한림출판사, 2005을 참조할 것.

84) 「민원식 암살자 체포」, 『동아일보』 1921년 3월 2일. 양근환의 거사에 대해서는 「친일거두를 응징한 대한청년 양근환」, 『북한』 449, 북한연구소, 2009 ; 장신, 「양근환의 생애-성장과정과 거사를 중심으로」, 『한국민족운동사연구』 67, 한국민족운동사학회, 2011을 참조할 것.

85) 「재경조선인상황」, 『재일조선인관계자료집성』 1, 141쪽.

86) 「재경조선인상황」, 『재일조선인관계자료집성』 1, 142~143쪽.

포교의 적극적 일환으로 조직되었다. 3·1운동을 전후하여 천도교 청년 중에서 도일, 도쿄에 유학하는 경향이 점차 늘어났다. 1920년 1월 초 박달성이 도일하면서 본격적으로 천도교청년회 도쿄지회 설립이 진행되었다. 이에 따라 1월 16일 발기인회, 2월 13일 설립, 4월 5일 발회식으로 이어지면서 도쿄지회가 설립되었다. 이후 도쿄지회는 천도교청년당 도쿄당부, 천도교청우당 도쿄당부, 다시 천도교청년당 도쿄당부로 명칭을 변경하면서 1939년 국내의 천도교청년당이 해체될 때까지 유지되었다. 도쿄당부는 당부 산하에 부문단체로 소년회, 사월회, 내수단, 조선농민사 등을 조직하기도 하였다.

이와 같은 시기에 도쿄당부는 천도교청년당으로 가장 오랫동안 유지되었고 다양한 활동을 전개하였다. 도쿄당부의 주요 활동은 포교활동, 고국순회 강연활동, 관동대지진의 구호활동을 통한 대외활동, 부문단체의 조직과 활동 등 꾸준히 전개하였다. 고국순회강연에서는 민족의 미래를 강조하는 등 민족의식을 고취하는 강연을 하였다. 특히 학생회는 민족의식의 고양하는 기관지를 발행하기도 하였다. 뿐만 아니라 도쿄당부의 주요 인물은 요시찰 인물로 늘 감시의 대상이었다. 이러한 점에서 천도교청년당 도쿄당부는 민족주의를 지향하였다고 할 수 있다.

■ 성주현

식민지기의 재일조선인 문화활동

-민족적 저항의 요소에 착목하여-

1. 문제 설정

식민지기 재일조선인이 받은 다양한 억압에 대해 어떻게 저항해 왔는가에 대한 것은 재일조선인을 둘러싼 역사연구에 있어 가장 주목받은 테마였다.

그 중에서도 가장 많이 연구되어왔던 것은 사회주의운동계열, 특히 노동운동이라 할 수 있다. 이것은 사회주의계열 운동이 식민지기 재일조선인 사회 안에서 강한 영향력을 가지고 있었고 애초에 재일조선인의 다수가 노동자였다는 사실을 고려한다면 노동운동이 중요시 되는 것은 당연했다고 할 수 있다. 이와 함께 재일조선인에 대한 역사연구가 본격적으로 전개된 1960년대부터 1980년대에 걸쳐서는 일본 역사연구자 사이에서 사회주의의 사상적 영향력이 강하게 남아있었던 것과도 관련이 있다

그 후, 사회주의계열 운동이라 해도 소비조합활동과 차가인(借家人)운동, 민족교육 활동, 무산자 의료운동 등 노동운동 외의 활동이 발굴되었다. 또한 재일조선인 친목단체, 혹은 융화계로 분류되는 조직에 의한 생활 보호를

위한 활동도 주목을 받게 되어 연구가 진행되었다.[1]

이에 대해, 재일조선인의 문화활동에 대한 연구는 많지 않다. 물론 연극운동과 프롤레타리아문화운동과 관련한 연구가 다소 존재하고, 재일조선인문학에 대한 연구 또한 적지 않다. 하지만 재일조선인문학에 대한 연구는 거의 작가와 작품에 대해 논하고 있고, 동시대 사회와의 관계에 대한 역사연구와는 다르다. 게다가 연극운동과 프롤레타리아 문화운동에 관한 연구도 운동의 조직과 변천을 다룬 개설적 연구에 그쳐져 있다.[2] 그리고 동시대에 발전한 상업적 조선인 예술 활동 등은 그다지 주목 받지 못했으며 프롤레타리아 문화운동계열과의 관계도 고려되지 않았다.

그러므로 본고에서는 프롤레타리아 문화활동계열 이외의 움직임도 포함해 식민지기 재일조선인의 문화활동이 어떠했는지를 밝혀내고자 한다. 이에 먼저 재일조선인의 문화활동이 재일조선인 억압에 대한 저항으로 어떠한 의미를 가지고 있는지 논하고자 한다.

2. 재일조선인사회 형성기 문화활동

사회집단으로써 재일조선인이 형성된 것은 1920년대부터 1930년대 초였다. 이 시기에는 재일조선인이 고도의 기술과 지식, 대대적인 장치와 고급용구 등이 필요한 활동, 광범위한 선전을 수반한 상업적 행위로써의 문화활동을 맡아 하는 것은 거의 없었다고 볼 수 있다. 유학생을 제외하고 저임금하층노동자가 대부분이었기 때문이다. 그러나 당시 재일조선인이 문화활동과 인연이 없었다고는 할 수 없다. 특히 문화활동은 전술한 것과 같은 것만을 가리키는 것이 아니다. 그런 것과는 달리 자연발생적으로 누구라도 간단

---

[1] 이러한 연구 동향에 관해서는 졸저, 『在日朝鮮人社会の歴史学的研究』, 緑蔭書房, 2004년을 참조하기 바란다.
[2] 仁木ふみ子, 「1920~1930年代の演劇運動」, 『在日朝鮮人史研究』, 1983.9.

하게 영위할 수 있는 활동은, 당시 재일조선인 사이에서 누구라도 할 수 있었다고 보는 것이 자연스러울 것이다.

구체적으로는 노래와 춤, 아마추어(素人) 연극 등이 향유되었다고 추측된다. 출신 지역과 노동현장 거주지마다 만들어져 있었던 조선인 친목단체가 주최한 위안회가 열렸다는 것은 당시 신문기사에서도 확인할 수 있다.3)

이러한 행위는 일상에서 축적된 정신적 피로를 풀어주는 오락거리임과 동시에, 타향생활 속에서 가까운 사람과의 친목을 다지는 의미를 가지고 있다. 이것은 일상적이며, 일반적으로는 정치적 의미를 가지지 않는다고 볼 수 있다. 하지만 타향에서 언어가 통하지 않는 사람들에 둘러싸여 노동 현장에서도, 거주지에서도 권리 보장을 기대할 수 없는 상황에 놓여있는 재일조선인에게는 문화활동을 통해 민족적 모임을 가지고, 그곳에 모인 사람들과 친해지는 것 자체가 큰 의미를 지녔을 것이다. 경우에 따라서는 이것이 권리를 지키기 위한 정치적 행동을 준비하는 것과 이어진다는 것도 또한 추측 가능하다.

이와 함께 재일조선인에 의한 생활을 지키기 위한 운동 중, 아마 자연발생적인 -적어도 정치당파의 지도에 의한 것이 아닌- 문화활동이 행해졌다는 것도 확인된다. 예를 들어 1931년 11월 오사카부 후세초(大阪府布施町) 소재의 오카베(岡部) 고무공장의 노동쟁의에서는 쟁의단원 한 명이 공장의 굴뚝에 올라 조업을 멈추게 하는 한편, 다른 노동자와 그 가족들이 '고향의 노래와 민요, 속가'를 부르며 기세를 올린 일화가 전해진다.4)

이와 같이 자신들에게 친숙한 고향의 민요 등을 부르는 것은 사람들의 결속을 다지고 생활을 지키는 운동을 진행시키는 데 큰 효과가 있었을 것이다.

---

3) 예를 들어 『朝鮮日報』 1934.2.22, 「神戸にいる同胞たち新春慰安会盛況」 등.
4) 『朝鮮日報』 1931.11.19, 「大阪岡部ゴム同胞職工罷業断行」.

3. 상업적 연극활동 등의 전개

이러한 자연발생적 문화활동과 함께 재일조선인 사회에 있어 간과할 수
없는 부분은 이미 1930년대 초 조선에 본부를 두고 있는 연예관계자에 의한
흥행이 일본 내지에도 전개되고 있었다는 점이다. 당시 신문에 의하면 1931
년 3월에 이미 오사카의 조선인 인구가 증가하고 있던 이마자토(今里)의 극
장에서 조선인극단의 공연이 열렸고, 관객도 400여 명이 모였다고 전해진
다.[5] 1933년 6월에는 같은 극장에서 조선에서 활동하던 태양극장이 공연
했다. 이 때 공연 제목은 「조선의 추신구라라고 할 수 있는 춘향전과 전설
아리랑고개(朝鮮の忠臣蔵ともいふべき春香伝と伝説アリラン峠)」였다.[6]

1932년에는 배구자(裵龜子)가 오사카와 교토에서 공연을 했다. 제목은 「조
선민요무용(朝鮮民謠舞踊)」, 「조선동요무용(朝鮮童謠舞踊)」, 「조선표현의신
무용(朝鮮表現の新舞踊)」, 「서양무용(西洋舞踊)」 등이었다.[7] 또한 이 공연에
서 일본인 관객을 획득한 배구자는 요시모토흥업(吉本興業)과도 계약을 맺
고 일본 내지에서 여러 차례 공연활동을 하며 일본인 사이에서도 인기를
얻게 된다.[8] 그 외에도 일본에서 레코드 취입을 한 조선인 가수에 의한 공
연,[9] 조선 상업영화 상연 등이 일본 내지에서 행해졌다.[10]

이러한 상업적 연극활동 등은 공연 제목에서 알 수 있듯, 민족문화 요소
를 넣은 활동이었다. 재일조선인을 주관객으로 상정할 경우, 그들에게 친근

---

5) 『大阪毎日新聞』 1931.3.17, 「『入場料が高い』と劇場へ雪崩れ込む」.
6) 『大阪朝日新聞』 1933.6.6, 「朝鮮人劇団」.
7) 裵亀子, 「大阪公演記」, 『三千里』 1932.10.
8) 吉本興業株式会社, 『吉本八十年の歩み』, 1992.
9) 무라야마 도모요시(村山知義)의 「あるコロニーの記録」에는 「레코드는 동경의 K회사가 반년
　에 한 번씩 조선에서 가수와 배우, 기생을 데려와 동경에 취입하도록 한다. 이를 기회로 K회사
　의 선전을 겸해 혼조(本所) 공회당 근처에서 조선음악의 밤을 개최했다」라는 기술이 보인다.
　(村山知義, 『明姫』, 郷土書房, 1948. 「あるコロニーの記録」은 초출(初出) 불명이나 전전에 발
　표되었다.)
10) 『社会運動通信』, 1933.2.25, 「猛烈な弾圧の下にある鮮語劇団の現勢」.

한 멜로디와 리듬, 스토리를 전면에 내세우는 편이 흥행 성공에 도움이 되므로 이것은 당연한 것이라 할 수 있다. 재일조선인은 이러한 문화와 접하기 어려운 환경에 있었기 때문에 더욱더 민족적 요소를 기대했던 사정도 있을 것이다.

그러나 상업적 연극활동 등의 행위자가 타산적으로 자신들의 이해관계에만 관심이 있었던 것은 아니다. 배구자는 1932년 일본 공연에서의 일본인 관객 반응에 대해 다음과 같이 기술하고 있다.

> 한 번 무대를 본 사람은 조선인도 바보는 아니군, 이라 말합니다.
> 이러한 소리를 들으면 기분이 나빠져 바로 짐을 싸서 돌아가고 싶은 마음이 듭니다. 하지만 다시 생각해 보면 이번 길은 우리 것을 우리의 힘으로 해외에 소개하는 첫 시도이므로 이 길에서 얻는 경험은 그것은 그것대로 만족 하는 수밖에 없다고 생각합니다.[11]

이와 같이 배구자는 자신들의 민족문화를 자랑거리로 인식하고 그것을 전파하는 것에 대한 사명감을 가지고 있다는 것을 알 수 있다.

4. 프롤레타리아 문화운동의 대중적 기반

재일조선인이 사회집단으로 형성되고 있고 있던 1920년대부터 1930년대 초는 프롤레타리아 문화운동이 일어나 흥성한 시기기도 하다. 그리고 일본에 있는 조선인들 사이에도 영향을 미쳤다.

재일조선인 프롤레타리아 문화운동은 조선에서 가지고 들어온 상업적 작품이 아니라 자신들의 활동에 대중의 눈을 돌리려 했다. 재일조선인 프롤레타리아 문화활동의 활동가는 "빈틈없는 부르주아는 경성 어디에서 오래된

---

11) 裴亀子, 「大阪公演記」, 『三千里』 1932.10.

인정극인 『장한가』(금색야차의 개작) 반동적인 『아리랑』, 『쌍옥루(双玉涙)』 (오노가쓰미, 己が罪) 등의 영화를 가지고 와 도쿄, 오사카, 교토, 고베, 나고 야 외 조선노동자가 많이 살고 있는 곳을 돌며 비싼 요금을 빼고 돌아가"라 비판하며, "하지만 대중은 이것에 만족하지 않는다. 어느 때건 속아서는 안 된다. 플롯[프롤레타리아연극연맹]은 그들의 요구를 충족시키기 위해 투쟁 을 계속해왔다"라고 기술하고 있다.[12]

그러나 사회주의 이데올로기를 띤 문화활동이 당시 재일조선인에게 널리 받아들여졌는가에 대해서는 의문점이 남아있다. 재일조선인은 확실히 프롤 레타리아로서 억압받았고, 제국주의 지배의 압박을 받는 존재였다. 그러나 대부분은 근대적인 교육을 받을 기회를 가지지 못했고 사회주의 사상을 접 하지도, 사회주의 개념을 이용한 다양한 언설을 음미한 것도 아니다.

그러나 실제 재일조선인의 프롤레타리아 문화활동이 사회주의 이념을 섭 취한 일부의 유학생, 인텔리 사이에서만 이루어진 것은 아니다. 연극 등 성 황을 이룬 공연에 대한 기사가 종종 기관지 등에 보도되었고 결코 대중으 로부터 유리된 것은 아니었다.[13]

이와 같은 대중성을 획득한 것은 연극 등의 내용에 민족적 요소가 포함 되어, 재일조선인이 직면하고 있는 일상의 문제도 거론되었기 때문이라고 생각된다. 예를 들어 『연극신문』(프롤레타리아 연극동맹 기관지)이 전하는 바에 따르면 조선어 극단 (나중의 삼일극장, 삼일극단이라고도 함)이 1931 년 4일 쓰키지(築地) 소극장에서 가진 공연 중 하나인 조선어극단 문예부의 작품 『삼림(森林)』의 내용과 관중의 반응은 다음과 같다.

---

12) 『演劇新聞』, 1933.2.15, 高飛 「日本に於ける民族演劇の現勢」.
13) 예를 들어, 『演劇新聞』 1932년 1월 1일자 「東京で初めての朝鮮語の芝居」에서는, 플롯(프롤레타 리아연극동맹) 산하의 조선어극단(후에 삼일극단)의 쓰키지 소극장에서의 공연에 약 400명이 모였고, 그 중 8할은 조선인이었다고 전해진다. 그리고 쓰키지 소극장의 객석은 468개였다. (『日本大百科全書』, 小学館, 1994의 「築地小劇場」의 항에 의함).

『삼림』은 조선의 백두산에서 실제로 일어난 사건을 각색한 것으로 영림서와
어용상인의 책략에 이용되어 역경의 구렁텅이에 빠져가는 삼림노동자의 모습
을 그려 낸 것으로 배경 등도 그곳의 지방색을 잘 드러내어, 온돌을 데우는 것
조차 할 수 없는 가난한 가정을 연출해 깊은 감명을 주고 있다.14)

『삼림』은 조선의 백두산에서 실제로 일어난 사건-일본 제국 정부 영림서와
어용상인이 함께 돈벌이를 하기 위해 조선의 삼림 노동자를 곤경에 빠트리는-
으로 관객의 누구나 고향 조선에 있던 시절 일본의 자본가, 정부에 학대당하며
고생했던 생활(그것은 일본에 와서도 마찬가지이다)을 기억하며 뭉클해진 마음
으로 진지하게 바라보았고, 마침내 격분한 나머지 박수와 함성이 들끓어 계곡
구석까지 메아리쳤다.15)

조선어극단인 삼일극단의 다른 공연으로는 「『박춘금(朴春琴)』 박대의사
(代議士)의 협잡행위 폭로」; 「『무코우지마(向島)행』 국외 추방의 문제를 다
룬 것」이 있다.16)

전자는 '내선융화'를 표방해 일본 관헌의 비호를 받으며 민족운동, 노동운
동을 적대시 하던 상애회의 지도자로 국회의원(代議士)이 된 박춘금의 소행
을 비판하는 내용이었음은 틀림없다. 후자는 경찰당국에 의해 '불령선인(不
逞鮮人)'으로 간주되었기 때문에 고향에 송환되는 재일조선인을 다룬 것이
라고 추측된다.

또한 프롤레타리아 문화운동의 담당자는 근로자가 활동하는 장소나 그
가족들의 거주지에 가서 연극이나 음악을 선보였다. 거기서도 재일조선인
의 흥미·관심을 불러일으키는 공연이 나왔다. 이 점에 대해서는 일본인과
조선인에 의해 조직된 이동극단인 메자마시대(メザマシ隊)와 삼일극단, 이
동음악대의 활동에 대해 관계자가 다음과 같이 보고하는 것에서도 알 수
있다.

14) 『演劇新聞』, 1932.1.1, 「東京で初めての朝鮮語の芝居」.
15) 『演劇新聞』, 1932.2.1, 「朝鮮語劇団の目覚しい躍進ぶり」.
16) 『演劇新聞』, 1933.2.15, 高飛 「日本に於ける民族演劇の現勢」.

4월 25일 「후타고타마가와에서 이나다즈쓰미(二子玉川より稲田堤)」.

메자마시대, 삼일극단, 이동 음악대 각 두 명 출동.

우리는 이를 위해 [이동할 직업소개소의 실업구제사업 등에 종사하는 미조직 노동자를 조직해 계급의식을 강화하는 동시에, 이미 그곳에서 결성되어있는 스포츠 그룹인 XX단에 대한 관심을 높이면서, 그들 자신이 프롤레타리아 문화운동을 자주적으로 실행하도록 유발하는 임무를 20일부터 24일까지 5일간 어떻게 준비했는가?

제1로 XX단가가 만들어졌다. 가사는 단원 자신이 쓴 곡. 곡은 P·M(프롤레타리아음악가 동맹)에서 작곡되었다

제2로 한 명의 메자마시대 대원이 20일부터 XX단의 世話役의 집에 묵으며, 상애회의 철저한 반동, 기만행위를 가깝게 접해 상애회 폭로와 XX단의 아지·프로(아지테이션·프로파간다)를 결합한 소극 「XX단 만세!」를 썼다.

제3으로 일본제국주의의 조선민족 압박의 역사를 다룬 슈프레히·콜(シュプレヒ·コール) 「기미운동(己未運動)」이 P·M에 의해 만들어졌다. 첫 기획으로는 슈프레히·콜을 서곡으로 P·M이 제작, 메자마시대는 이에 이어질 것으로 소개소에서 조선의 형제들 사이에서 불평불만이 일고 있는 등록 문제를 다룬 아지·프로극을 만들어, 마지막으로 일선(日鮮) 노동자의 단결을 강조한 종곡(終曲)을 슈프레히·콜로 P·M과 메자마시대가 공동 제작해, 이상 세 가지를 일관해서 한편으로 만들 예정이었지만 시간 부족으로 서곡 슈프레히·콜 「기미운동」만이 만들어졌다.

당일 단가는 XX단원을 비롯해 음악대, 메자마시대, 삼일극단 등의 멤버에 의해 반복 합창되었다. 준비한 「XX단 만세!」와 「기미운동」은 물론 삼일에 의해 「도둑」이, 메자마시 대원과 한 명의 이동 음악대원에 의해 「할아버지와 아이(爺さんと子供)」가, 전체의 관심이 고조된 결과, 일본어, 선어(鮮語)의 투쟁가, 조선민요, 그 외 번안곡 등이 사람들에 의해 불려졌다.[17]

위의 인용에서 알 수 있듯이 삼일극단, 메자마시대, 이동음악대는 움직여야만 하는 노동자(공연 제목 등으로 미루어 볼 때 아마 대부분은 조선인이지 않았을까)가 있는 지역에 가서, 게다가 5일 전부터 그곳에 거주하는 사람의 집에 머물며 활동하였다. 그리고 여기에서도 상애회 비판과 기미운동,

---

17) 原太郎, 「メザマシ隊と移動音楽隊とはどんなに協働したか?」, 『プロレタリア演劇』, 1933년 6월호.

즉 3·1독립운동을 다룬 공연이 있어 재일조선인에게 가까운 민족적 압박
에 관한 문제가 거론되고 있다는 것을 확인할 수 있다.

이와 함께 인용에서 알 수 있는 것은 프롤레타리아 문화운동의 활동가들
이 조직되어야 할 대중에게 일방적으로 연극과 노래를 선보이고 있다는 것
은 아니라는 점이다. 즉 조직화의 대상이 되어있는, 관중이어야 할 대중 측
에서도 노래하는 자가 나온 것을 알 수 있다. 그리고 그 경우의 노래는 사
회주의 이념을 띠고 있는「투쟁가」만이 아니라「조선민요, 그것의 번안곡」
도 혼재되어 있었다는 것 또한 주목된다. 프롤레타리아 문화운동의 활동의
장에 있어서도 사회주의 이데올로기와 무관한 재일조선인이 가깝게 즐겨오
던 고향의 문화가 들어와 있는, 이른바 미조직의 재일조선인 측이 흥겹게
피로(披露)할 수 있던 문화였던 것이다.

이처럼 조선인 거주지 등에 프롤레타리아 문화운동 활동가가 가서 연극
을 한 것, 그 자리에서 관중인 동시에 사회주의 이념 교화의 대상인 재일조
선인이, 오히려 민족적인 노래를 피로(披露)한 사례가 있었다는 사실은 다
른 사료에서도 확인할 수 있다. 메자마시대에 참가했던 한 일본인은 훗날
다음처럼 회상하고 있다.

> 나는 메자마시隊의 일로 후카가와구 오시마町(深川区大島町)에 있는 조선인
> 부락의 가족위안회에 출동했다. …「메자마시隊의 노래」를 부르고 인사 … 성
> 대한 박수가 터져 나오고 … 노래가 끝나자 답례로 조선 사람들이「아리랑」을
> 합창했다.[18]

5. 전통적 민족문화의 적극적 평가

이와 같이 재일조선인과 관계를 가지고 있는 프롤레타리아 문화운동에

---

18) 江津萩江,『メザマシ隊の青春』, 未来社, 1983년.

민족적인 요소는 확실히 존재하고 있었다. 다만 1930년대 전반까지 프롤레타리아 문화운동의 중심적인 인물들이 중요하게 여겼던 것은 반제국주의·계급모순을 중시한 사회주의 이념과 운동에 대한 참가였다. 일본 제국주의에 의해 억압받는 조선 민중의 실태, 혹은 내선융화 단체의 문제를 다룬 연극이 열렸지만 단순하게 조선의 민족문화를 소개하거나, 그것을 소재로 한 연극과 노래 등의 활동은 확인할 수 없었다. 전술했던 「후타고타마가와에서 이나다즈쓰미(二子玉川より稻田堤)」에 출동한 삼일극단 등의 활동 보고에서 성과로 보고되고 있는 것은 '당일 참가한 미조직 대중 중에서 꽤 많은 인원(상세불명)이 노동절 시위에 동원되었던 일' 등이다.

이러한 경향은 활성화 되려고 하던 프롤레타리아 문화운동이 탄압에 의해 조직적으로 파괴되고, 그에 따라 운동의 재건이 시도되고 있던 1930년대 중반에 변화를 보이게 된다.

1933년 중반에는 일본 공산당에 대한 집중적인 탄압으로 인해 당 지도부가 무너지고, 이어서 프롤레타리아 문화운동 관계자도 다수 검거돼 전향되었다. 이 결과 삼일극장이 가맹한 프롤레타리아 연극연맹(플롯)도 해체를 선언할 수밖에 없는 상황이 되었고 삼일극장 또한 고려극단으로 재출발하게 되었다.

그리고 1934년 10월 1일로 삼일극장이 발표한 문서 「플롯의 해산 이후 우리 삼일극장의 새로운 출발을 맞이하며」에 따르면 고려극단은 「조선민족연극 (문화)유산의 새로운 탐구와 진보적 민족 연극예술의 창립, 수립을 기대하는 것이 목적」이었다.[19] 그 뒤 고려극단은 조선예술좌와 도쿄신연극연구회로 분열하지만, 양쪽 모두 「민족의 고전 예술」을 중시하는 자세를 나타내고 있었다. 즉 전자는 "민족의 고전 예술(연극)」을 올바르게 계승하고 널리 일본 조야(朝野) 인사에게 소개하고, 나아가서는 조선 민족연극 예술의 발전을 위해 힘을 다해 독자성 있는 새로운 스타일을 목표로 나아가고 싶다",

---

19) 內務省警保局, 『昭和9年中に於ける社会運動の状況』, 1550~1553쪽.

"후자는 민족 고전예술의 국제 소개와 새 연극운동의 올바른 이론 연구를 임무로"해야 할 것을 강조했다.[20] 그리고 두 단체는 1936년 1월에 조선예술좌로 재통일해 1936년 4월, 유명한 조선의 고전소설인 「춘향전」을 상연하기도 했다.[21]

또한 고려극단을 재편하기 전에 삼일극장은 "재경선인학생층(在京鮮人學生層)을 목표로 표면조선의 향토예술 소개를 표방해 '재일본조선향토예술가협회'의 조직을 계획"했다.[22] 이 계획은 실행에 옮겨지지는 않았지만 이러한 움직임 속에서 도쿄에 있던 조선인 학생들에 의해 학생예술좌가 조직되게 된다. 학생예술좌는 삼일극장, 고려극단과 '이면적 연락'을 갖고 '조선에 진정한 예술의 수립', '종합적 예술 연구', '고국 방문 공연'과 함께 '일본 국내에 조선 향토 예술을 소개'시키는 것을 내세웠다.[23] 학생예술좌 역시 유치진이 각색한 춘향전을 1937년 6월 쓰키지 소극장에서 공연했다.[24]

이상과 같이 프롤레타리아 문화운동의 흐름을 이어받은 재일조선인 연극 관계자는 1930년대 중반, 조선의 민족적 문화와 전통을 중시하고 그 승계를 토대로 삼아 활동을 추진한 것을 확인할 수 있다. 이는 좌파 운동이 지금까지의 고립을 반성하고 조선인 대중이 원하는 예술을 제공해 대중성을 넓혀 나가겠다는 생각에 의한 것이 아닐까 추측된다.

한편 프롤레타리아 문화운동 계열과 달리 상업적 연예활동을 하던 조선인들 역시 이 시기 조선의 전통문화를 중시하게 되었다. 이시이 바쿠(石井漠) 밑에서 모던 댄스를 배우고 있던 최승희는 이때부터 조선의 전통적 무용을 도입한 작품을 발표하면서 스타로서의 지위를 획득했다. 또한 원래부터 조선의 민요를 도입한 무대 활동을 추진하던 배구자도 "조선의 고전 및

20) 仁木ふみ子, 앞의 글.
21) 内務省警保局, 『昭和11年中に於ける社会運動の状況』, 1554~1555쪽.
22) 内務省警保局, 『昭和9年中に於ける社会運動の状況』, 1467~1470쪽.
23) 内務省警保局, 『昭和9年中に於ける社会運動の状況』, 1554~1555쪽.
24) 京畿道知事より警務局長ほか宛, 「京ロ特秘第2848号 東京学生芸術座員の検挙取調に関する件」, 1939년 11월 13일.

향토무용을 일본 내지 및 해외에 소개하고 싶다"는 것이 1936년의 포부 중 하나라고 밝혔다.[25]

6. 동화정책과 그에 대항하는 완만한 통일전선

1930년대 중반은 재일조선인에 대한 동화정책이 강해지고 있던 시기이기도 하다. 부현(府県)별로 보았을 때 가장 많은 재일조선인 인구를 가지고 있던 오사카부에서는 1934년부터 교풍회(矯風会)의 활동이 시작되었다. 교풍회는 나중에 중앙협화회의 사업 모델이 된 것으로 경찰관의 지도 아래 옷과 식습관, 예의범절과 같은 레벨까지 조선인의 독자 문화를 부정하고 그것을 일본화 시키려하는 활동이었다. 또 같은 시기에는 재일조선인 사이에서 만들어지고 있던 아동을 위한 민족교육 기관 폐쇄 조치도 이루어졌다.[26] 1936년에는 조선에서 들여온 상업 영화의 상영이 금지되었다. 이것은 경찰당국의 '동화운동에 방해'가 된다는 견해가 영향을 미쳤다고 할 수 있다.[27]

이러한 가운데 조선의 민족문화를 담은 연극, 무용, 음악 등의 활동을 계속하는 것은 필연적으로 동화정책에 대한 저항이라는 정치적 의미를 내포하게 된다. 그리고 이러한 움직임은 통일적인 조직이나 합의되어 결정된 활동 방침 아래 이루어진 것은 아니지만 이데올로기적 편협함 보다 완만한 제휴 아래에서 진행되고 있었다고 볼 수 있다.

전술한 것과 같이 1930년대 초두에 있어 프롤레타리아 문화운동의 담당자는 상업적 문화활동에 대해 비판적이었다. 또한 공산주의자들은 동아일보사와 조선일보사 등을 민족개량주의로 규정하고 배격의 대상으로 보았으

25) 『東亜日報』, 1936년 1월 1일자, 「芸苑에서 活躍하는 女性들」.
26) 이상 1930년대 중반의 동화정책 동향에 대해서는 졸저, 『在日朝鮮人社会の歴史学的研究』, 緑蔭書房, 2004년을 참조하고 싶다.
27) 「朝鮮映画大阪で上映禁止」, 『キネマ旬報』, 1936년 7월 21일호.

며 유물론의 신봉자로서 기독교 세력에게도 적대적이었다. 그러나 이 시기의 프롤레타리아 문화운동은 상업적인 연예 관계자와 동아일보, 조선일보, 기독교 세력과 함께 활동을 펼쳤다. 예를 들어 1935년에 열린 도쿄 기독교 청년회 주최의 「조선 유행가의 밤」에는 폴리도르 레코드의 조선인 가수와 함께 조선예술좌가 찬조 출연했고[28] 조선예술좌의 창립 공연 티켓은 조선일보사 및 동아일보사의 도쿄 지국이 맡았다.[29]

이와 같은 시기에 재일조선인에 의한 본격적인 민족지(エスニックペーパー)도 간행되어 이를 통한 민족문화의 존중, 중요성을 호소하는 활동 또한 시작되었다. 오사카에 본사를 둔『민중시보』는 당국의 교풍회사업을 비판하며 조선어를 아동에게 가르쳐야 할 것을 주장하였고, 도쿄에서 간행된『도쿄조선민보』에서도 조선어가 당국에 의해 집회 등에서 사용 금지된 것을 문제 삼는 기사를 실었다.

문학에서도 재일조선인의 민족문화 및 민족적 정체성을 다룬 작품이 나타났다. 도쿄에 활동 기반을 옮기고, 일본어로 작품을 쓰던 장혁주는 1937년부터 1938년에 걸쳐 재일조선인 마을(集落)에 대한 르포르타주(「조선인 취락에 가다」,『개조』1937년 6월호), 일조 혼혈아의 고민과 가야 할 곳의 상황을 그린 소설 (「우수인생(憂愁人生)」,『일본평론』1937년 10월호), 재일조선인 집주지를 무대로 해 그곳에서 활동하는 인물을 주인공으로 한 소설 (「골목길(路地)」,『개조』1938년 10월호)을 발표했다. 이 중「골목길」에서는 주인공이 당국의 동화정책에 협력할 수밖에 없는가를 고민하다 최종적으로는 이와 다른 길을 고른 것이 시사되고 있다. 또한 김사량은 같은 시기, 재일조선인의 생활을 접한 작품을 쓰고자 했다. 그리하여 1939년 조선인임을 숨기고 생활하고 있는 세틀먼트의 선생과 학생의 아이덴티티에 대한 고민을 그린「빛 속에서(光の中に)」를 발표하게 되다(『문예수도』1939년 10월호)

---

28) 『朝鮮日報』, 1935년 5월 25일자, 「流行歌의 晩盛況」.

29) 「朝鮮芸術座創立大公演」(早稲田大學圖書館 소장, GHQ没収 資料「陸海軍文書」).

또한 재일조선인이 중심이 된 활동이라고는 할 수 없지만, 프롤레타리아 문화 운동의 흐름을 이어받은 일본인 주체의 극단, 신협극단에 의해1938년 춘향전이 상연되었을 때는 다양한 재일조선인 문화인이 참여했다. 가능한 한 충실하게 조선의 문화를 전파하는 작품이 되기를 바라는 마음에서 나온 행위였다고 추측된다.

작품을 연출한 무라야마 도모요시(村山知義)는 "이번 공연이 만약 조선적이라는 의도에서 볼 만했다고 한다면(경성에서 조력해 준 사람들과 함께) 도쿄에서 연습 중에 도와 준 연출 조수 안영일과 그의 아내, (희곡을 쓴)작가 장혁주, 무용가 배구자, 소설가 김시창(김사량의 본명) 및 학생예술좌 제군(諸君)의 노력 덕분이다"라고 기술하고 있다.[30] 그리고 『도쿄조선민보』 간행의 중심 인물인 김호영은 신쿄 극단(新協劇団)의 팸플릿에서 「찬신협지춘향전(讚新協之春香伝)」이라는 글을 썼다.[31]

그러나 1930년대 중반은 이러한 민족적 정체성 유지와 민족 문화의 존중을 호소하는 것 자체가 허용되지 않았다. 앞서 기술한 활동 자체가 다양한 감시와 탄압을 받았고, 객관적으로는 후퇴를 강요당하면서 행해졌다고 볼 수 있다.

민족지의 간행은 『민중시보』가 1936년 관계자의 탄압에 의해 폐간되고 『도쿄 조선민보』는 1936년 『도쿄조선신보』로 이름을 바꿔 계속 간행했지만, 중일전쟁을 다룬 기사에 의해 김호영이 검거되면서 폐간되었다. 조선예술좌도 핵심 멤버에 대한 검거가 1936년에 이루어져 활동하지 못하게 되었다. 따라서 전술한 1938년 신쿄극단의 춘향전 공연은 아마도 좌파계열의 재일조선인에 있어, 민족적인 연극공연을 하지 못하는 상황에서 좌익운동에 관여하고 있지 않는 조선인(장혁주, 배구자), 좌파계열과 관계는 있지만 이 시기에는 옥중에 있지 않았던 조선인(안영일, 김사량, 김영호), 프롤레타리아

---

30) 新協劇団, 『テアトロパンフレット第七輯 春香伝』, 1938년.
31) 新協劇団, 『テアトロパンフレット第七輯 春香伝』, 1938년.

문화운동의 사상을 이어받은 재일조선인 연극단체로서 유일하게 남아 있던 도쿄학생예술좌의 협력을 통해 합법적인 영역에서 조선문화를 전달하고자 했던 시도였다고 볼 수 있다.

하지만 민족문화를 지키려는 문화활동의 합법영역은 더욱더 좁아져 갔다. 1939년에는 도쿄학생예술좌의 관계자까지 검거되면서 그 활동은 정지하게 된다. 또한 장혁주는 내선일체를 통해 조선의 고유문화를 유지하는 것을 부정하고, 반대로 일본 제국에 대한 저항의 자세를 유지했던 김사량은 1941년 미일전쟁과 함께 시작한 예방 검속을 받은 후 조선에 돌아갔다. 배구자는 1940년경 예능활동을 은퇴했다.[32]

물론 재일조선인 사회 속에서 조선인의 문화활동이 전혀 사라진 것은 아니다. 가까운 사람들과의 한정적 모임에서 민족적인 노래와 춤이 나온다는 것은 당연히 존재했고, 조선에서 온 연예관계자의 상업적인 흥행도 계속되었다. 그러나 '국어'＝일본어의 사용이 강요되는 등[33] 연출 부분에 있어 민족색을 넣는 것 자체가 용이하지 못하게 되었다. 본격적인 재일조선인의 문화활동은 일본제국의 붕괴 이후 재개된다.

7. 정리와 과제

이상에서 확인할 수 있는 것은 다음과 같다.

재일조선인 사회는 그 형성기에 있어 이미 여러 가지 문화활동이 행해지

---

32) 草兵丁, 「百八念珠 만지는 裴亀子女史」, 『三千里』 1940년 5월호.
33) 나가이 가후(永井荷風)의 일기 『斷腸亭日乘』 1941년 2월 4일에는 다음과 같은 기술이 있다. "황혼에 아사쿠사에 가 오페라관 무희와 료리나가에서 저녁을 먹었다. 대기실(楽屋)에 가니 조선무희가 앉아서 일본 유행가를 부르고 있었다. 목소리에 일종의 애수가 서려 있다. 조선어로 조선민요를 노래하면 틀림없이 좋아할 것이라 생각해 말해보니, 공개적인 장소에서 조선어를 쓰거나 민요를 부르는 것은 엄금되어 있다고 답한다. 별로 분개하는 모습도 보이지 않는다". 여기서 무희들이 '별로 분개하지도 않는' 태도를 보이는 것은 어쩌면 체관(諦観)이었을 지도 모른다.

고 있었다. 문화활동은 자연 발생적인 것뿐만 아니라 상업적인 흥행과 프롤레타리아 문화운동의 일환으로서의 활동도 전개되고 있었다. 그리고 재일조선인 대중이 받아들인 것은 자신들과 가까운 문제를 다룬 항목과 정든 조선의 민족 문화 요소를 가진 것이었다.

당초 사회주의 이데올로기를 중시한 프롤레타리아 문화운동 계열의 활동도 1930년대 중반에는 변화해, 조선의 민족문화와 전통 고전적 작품을 평가하고 그것을 계승한 활동을 하며 대중성을 획득해 나가려 했다. 그리고 이는 민족 문화를 자랑스럽게 여기며 상업적인 흥행 활동을 벌이던 좌파 계열 외의 사람들과의 활동과 함께 동시대에 강해지고 있던 동화정책에 대항하는 것으로서 전개되었다

그러나 이미 관헌에 의한 탄압이 심해져 1930년대 말까지 관계자 검거, 단속이 강화되는 가운데 민족적 요소를 유지한 재일조선인의 문화활동을 공공장소에서 전개하기는 어려웠다고 할 수 있다.

이상 본고의 내용에 대해 정리 했지만, 재일조선인의 문화활동에 대해 밝혀야 할 부분은 아직 많이 남아있다. 무대예술의 경우 문자자료만으로는 그 내용이 어떠했는지 파악하기 어렵다는 한계도 있지만 담당자들이 어떠한 인물들이었는지, 관중의 반응은 어떠했는지 등도 포함해 소상히 밝혀나가야 할 것이다.

■ 도노무라 마사루

재일조선인과 일본반제동맹

– 중앙과 지방조직에서의 재일조선인의 활동을 중심으로 –

1. 서론

재일조선인은 민족주의운동의 조직적 한계를 1929년 이후 자각한다. 그리고 그 한 방편으로 등장한 것이 일본반제동맹을 통한 반일 투쟁의 길이었다.[1] 이 일본반제동맹은 반제국주의민족독립지지동맹 일본지부의 약칭이다. 1929년 11월 7일에 창립되었던 전국조직이다.

실제로 국제연대의 실현은 일제강점기 재일조선인에게는 다른 어떤 문제보다 중요한 문제였다. 지역성의 극복은 이를 규정하는 결정적인 요소의 하나라고 할 수 있다. 그런데 이 문제에 대해서는 많은 연구가 진행되지 않았다. 단지 1930년대 진보적 일본 사회운동의 일환으로 논의되거나[2] 국제반제운동의 일부 정도로 연구되었다.[3] 그리고 재일조선인사의 빈 부분을 그려내는 차원 등의 연구가 있을 뿐이었다.[4]

---

1) 김도형·김인덕 공저, 『1920년대 이후 일본·동남아지역 민족운동』, 독립기념관 한국독립운동사연구소. 2008.
2) 井上學, 『日本反帝同盟史硏究』, 不二出版社, 2008.
3) 박한용, 「일제강점기 조선 반제동맹 연구」, 고려대학교 박사학위논문, 2012.

이런 기존 연구에서는 전준과 박경식, 그리고 김준엽, 김창순 등의 연구, 특히 이노우에 마나부(井上學)의 저서가 주목된다.[5] 이노우에 마나부의 경우 오랫동안의 연구에 기초해 일본반제동맹을 그리면서 재일조선인의 활동을 부분적으로 언급하고 있다. 실제로 이런 일련의 연구는 경찰자료에 근거하는데 경찰자료로는 김정명이 정리한 자료집이 중요하다고 판단된다.[6] 문제는 이상의 연구와 자료집을 통해 확인되는 내용이 재일조선인의 일본반제동맹 내부의 조직 활동을 그리는데 한계가 노정되어 있는 점이다. 그것은 최근의 연구에서도 부분적으로 밖에는 확인되지 않는다.[7]

"일본반제동맹에서의 조선인운동"이라는 항목에서 박경식은 재일조선인 반제운동에 대해 2쪽 반의 분량으로 서술하고 있다.[8] 그가 그리는 재일조선인 반제운동은 다음과 같다.

1929년 11월 일본전쟁반제동맹이 반제국주의민족독립지지동맹(국제반제동맹) 일본지부가 되었고, 그것은 일반적으로 일본반제동맹이라고 불렸다. 일본반제동맹은 1933년 4월 제2회 전국대회에서 식민지, 반식민지의 완전 독립, 해방의 임부를 명확히 했다. 그것은 '제국주의에 반대하는 전쟁을 수행하고, 식민지, 반식민 및 약소민족의 정치적, 경제적 완전한 독립 지지'를 목적으로 하고, 행동강령에는 조선, 대만, 중국, 인도, 필리핀 등 전 세계의 민족독립운동 지지를 위한 투쟁, 조선, 대만, 만주, 중국으로부터의 제국주의군대의 즉시 철퇴, 민족혁명조직 가운데 혁명적 노동자, 농민 활동의 완전한 자유를 위한 투쟁, 거기에 민족고유의 학교제도 폐지와 모국어 박멸의 기도에 대한 투쟁 등 19개 항목이 열거되어 있다. 또한 객관정세에서 '일본제국주의에 있어 현재 조선, 대만의 완전한 독립은 치명적인 문제로, 그 때문에 투쟁하는 일본반제동맹이 임무는

4) 전준, 『조총련연구』, 고대 아세아문제연구소, 1972 ; 朴慶植, 『在日朝鮮人運動史-8·15解放前-』, 三一書房, 1979 ; 김준엽·김창순, 『한국공산주의운동사』(5), 청계연구소, 1986 ; 김도형·김인덕 공저, 앞의 책.
5) 井上學, 앞의 책.
6) 金正明 編, 『朝鮮獨立運動』(Ⅳ), 原書房, 1967.
7) 박한용, 「일제강점기 조선 반제동맹 연구」, 고려대학교 박사학위논문, 2012.
8) 朴慶植, 『在日朝鮮人運動史-8·15解放前-』, 三一書房, 1979, 268~270쪽.

제구주의반대투쟁에서 특별한 중요성을 갖고 있다'고 하고, 당명한 정치적 임무에 대해서도 명시하고 있다. 또한 '내지재주식민지인 사이의 활동', 특히 재일조선인과 조선 내 대중에 대한 선전, 선동의 기본 원칙을 제시하고, 선전문에서 '조직의 전국화, 조선, 대만과의 조직적 연계 회복의 강화'를 강조하고, 일본제국주의 타도를 목표로 하는 조선인, 일본인의 공동투쟁의 전개를 강조했다. 그러나 이것은 실현되지 않았다.[9]

이렇게 일본반제동맹은 반제국주의민족독립지지동맹(국제반제동맹) 일본지부의 약칭이다. 그리고 일본반제동맹은 대지비간섭동맹(對支非干涉同盟), 전쟁반대동맹을 계승하면서 출범한 조직으로 1930년대 한일 국제연대가 실현된 조직이라고 할 수 있다.

아울러 알려져 있듯이 이 조직은 기관지 『반제신문』를 간행했고, 우선적으로 '범태평양 반제국주의 민족대표자회의'의 제창, '상하이반전대회' 지지투쟁 등 '만주사변'을 전후한 시기에 일본의 침략전쟁에 반대하는 운동을 피억압 민족의 투쟁과 연대해서 추진해 나가겠다는 과제 해결을 위해 투쟁했다고 할 수 있다. 그리고 "식민지 독립 지지"를 독자적인 과제로 내세우면서 조선 국내와의 제휴를 추구한다는 방침이었던 일본반제동맹에 재일조선인들은 주체적으로 가입했다고 일단 판단해 본다.

재일조선인과 관련해 1932년 후반 일본반제동맹 제2회 전국대회에서는 "전국 동맹원의 60~70%가 재일식민지인 형제"라고 보고되었다. 따라서 조직원 약 850~1,000명 중 약 600명이 '재일식민지인'이었던 것으로 추측하기도 한다.[10]

본고는 국제연대 조직인 일본반제동맹 속의 재일조선인의 역할에 주목한다. 특히 중앙과 지역 조직 속에서 활동한 재일조선인과 그 활동을 통해 국제 연대의 사실을 확인해 보고자 한다. 동시에 일본반제동맹의 조직 속의 각종 활동을 전개한 재일조선인 구성원의 특성을 확인해 국제연대 속 재일

9) 朴慶植, 『在日朝鮮人運動史 -8·15解放前-』, 三一書房, 1979, 268쪽.
10) 井上學, 앞의 책 참조.

조선인의 역할을 명확히 밝히고자 한다. 그리고 그 의미를 평가할 것이다.

2. 일본반제동맹과 재일조선인

1) 일본반제동맹의 조직

역사적으로 볼 때 일본에서 제국주의 반대 또는 전쟁 반대의 무산운동은 1903년에 사카이 도시히코((堺利彦), 고토쿠 슈스이(幸德秋水) 등이 논진을 구성했다. 이것이 현실운동으로 나타난 것은 1927년 5월 31일 조직된 전술한 대지비간섭동맹이고, 같은 해 말에 전쟁반대동맹으로 개조되었다. 1929년 11월 27일에 반제국주의민족독립지지동맹 일본지부로 되고 개조하여 일본반제동맹이 되었다.[11) 이 조직은 다음 목표로 활동했다.

    1) 공산주의운동의 일부를 담당한다.
    2) 제국주의를 반대한다.
    3) 소비에트 러시아를 방위한다.
    4) 중국 및 인도혁명을 지지한다.
    5) 일본제국주의의 식민지를 해방시키는데 기여한다.

일본반제동맹의 규약 중 식민지에 관한 부분에서 다음과 같이 규정하고 있으며 여기에서는 식민지 독립을 우선적으로 강조했다.

    일본제국주의에 반대하고 조선지부 기타 피압박민족의 정치적, 사회적 해방 투쟁을 지지하는 전개인 및 조직을 각자의 특유한 목적에는 관계없이 단결시킴을 목적으로 하고 이 목적은 특수하게 일본제국주의 국내의 노동자 농민과 조

---

11) 이하 자세한 내용은 다음의 자료를 참조. 金正明 編, 「社會運動の狀況」, 『朝鮮獨立運動』(IV), 原書房, 1967 ; 「思想硏究資料(特輯71號)」(朝鮮人の共産主義運動), 『朝鮮人の共産主義運動』, 東洋文庫, 1973.

선·대만·몽고 등 일본제국주의에 고생하는 식민지의 피압박 민중과 또 소비에트 연방의 노동자, 농민과를 단결시킬 것, 조선, 대만, 몽고 등 식민지의 피압박 민중에의 민족적 억압, 차별대우 철폐를 위해 조선·대만·몽고 등의 민족 혁명적 사회 혁명적 투쟁을 재정적, 정치적 원조를 위해 대중적으로 동원할 것.[12]

특히 일본반제동맹은 1932년 7월 12일부 반제서기국이 「범태평양민족대표자회의 개최에 관한 선언」을 발표하여 그 속에서 식민지 해방과 반제전선 통일을 강조했다. 또한 일본반제동맹 중앙위원회의 범태평양민족대표회의 도쿄 개최 결의문서를 노동계급사로 하여금 번역문을 만들어 국내에 밀송하게 만들었다. 같은 해 6월에 서기국 「식민지 유류학생의 귀국 중의 활동에 관한 지령」을 발표하고, 『반제팜플렛』 제14,[13] 16집,[14] 그리고 같은 해 8월 15일자 『반제신문』 등을 발간했다.

1933년 4월 일본반제동맹 제2회 전국대회에서 종래의 규약, 행동강령을 개정하고, 「객관적 정세와 반제동맹의 역할」을 결정했다.[15] 규약 제2조에는 "본 동맹은 제국주의에 반대하는 투쟁을 수행하고 식민지, 반식민지 및 약소민족의 완전한 독립운동을 지지함을 목적으로 함"이라 했고, 그 행동강령은 다음과 같다.

(1) 식민지 급 반식민지의 완전한 민족적 독립
(2) 민족고유의 학교제도폐지 및 모국어 절감의 전도에 대한 투쟁
(3) 관헌 기타 행정기구에서의 모국어 사용금지에 대한 투쟁

그리고 「객관적 정세와 반제동맹의 역할」에서는 다음과 같은 내용을 내걸었다.

---

12) 金正明 編, 『朝鮮獨立運動』(Ⅳ), 原書房, 1967, 1006쪽.
13) 6·10만세를 기념하여 발행했다.
14) 8·29국치일을 맞이하여 발행했다.
15) 金正明 編, 앞의 책, 1006쪽.

(1) 일본제국주의로서 현재의 조선·대만·만주를 포함한 중국 등의 완전한 독립은 치명적 사활문제이므로 그 때문에 투쟁하는 일본반제동맹의 임무는 제국주의 투쟁 반대투쟁에서 특별한 중요성을 갖는다.
(2) 조선·대만·만주를 포함한 중국에서의 일본 및 일체의 제국주의 군대의 철퇴를 위한 투쟁, 자본가 지주 천황제의 백색테러 반대를 위해 투쟁한다.

아울러 행동강령은 다음과 같은 투쟁목표를 내걸었다.

(1) 조선, 대만, 만몽인에 대한 임금, 거주, 결혼, 선거, 피선거권 등과 그밖의 것에 관한 일체의 정치적, 사회적, 경제적 차별 절대 반대, (2) 차별법령의 개폐, (3) 조선, 대만, 만주에서의 노동쟁의, 소작쟁의의 탄압 절대 반대, (4) 조선, 대만, 만주에서의 노동자, 농민에 대한 억압법령 폐지, (5) 조선, 대만, 만주에서의 관헌, 세리 등의 인권유린 반대, (6) 조선, 대만, 만주인의 일본으로부터의 강제 송환 반대, (7) 조선, 대만, 만주로부터의 군대의 철퇴를 요구하고 그 증병을 반대한다. (8) 소련, 조선, 대만, 만주, 그 밖의 모든 국가의 계급투사의 입국, 국내통고 및 상륙 금지를 반대하며, 그 절대적 자유를 요구한다. (9) 일체의 식민지 및 반식민지의 독립운동을 지지한다. (10) 일본제국주의와 투쟁하다가 투옥된 일체의 계급적 정치범인의 석방 및 구원, (11) 일조(日朝), 일대(日臺), 일로(日路), 일몽(日蒙)의 노동자, 농민 및 무산시민의 단결을 위한 투쟁, (12) 일반민중의 도항자유.[16]

그런가 하면 일본반제동맹은 각종 신문을 통해 대중적인 선전과 선동을 했다. 전술했던 중앙기관지로 『반제신문』, 『반제뉴스』, 『반제자료』, 『반제 팜플렛』 등을 발행했다. 그리고 1934년부터는 『반제신문』 조선어판을 냈다. 특히 일본반제동맹은 재일조선인의 획득을 위해 이윤우[17]를 『반제신문』 조선어판 책임자로 선정했고, 재일조신인은 직극직으로 일본반제동맹에 가입해 활동하게 되었다.

---

16) 金正明 編, 『朝鮮獨立運動』(Ⅳ), 原書房, 1967, 221쪽.
17) 자세한 활동은 후술한다.

2) 일본반제동맹 중앙의 재일조선인

1929년 방향전환 이후 재일조선인 활동가들은 새로운 진로를 모색한다. 특히 재일조선인 공산주의자들은 조선인만의 운동에 무력함을 느끼고 일본 반제동맹에 가입한다. 재일조선인은 일본반제동맹이 개인이나 조직의 이해 관계와 무관하게 민족·사회적 혁명을 재정·정치적으로 원조할 것이라는 내용에 매력을 느꼈던 것 같다.

재일조선인은 시간이 지나면서 일본반제동맹 조직의 선두에 섰다. 그 이유는 전술했던 것 같이 식민지를 해방시키는 데 기여한다는 등의 목표가 주요하게 작용했기 때문이다. 그리고 규약에서도 식민지 독립을 강조했기 때문이다. 즉, 일본반제동맹은 제국주의 반대 투쟁에 당면한 정치적 임무가 있다고 전제하고, 일본제국주의 타도를 목표로 하는 조선인과 일본인의 공동투쟁을 강조했던 것이다.

이러한 내용은 다음의 문건을 통해 확인할 수 있다. 1929년 8월 29일 '병합기념일'이라고 왜곡했던 국치일을 맞이해 살포된 문건으로 다음과 같다.

일한합방일에 대해 일선 노동자, 농민에게 호소한다.
친애하는 노동자 농민 여러분! 우리가 자나 깨나 잊을 수 없는 날이 또 왔다. 19년 전의 1910년 8월 29일 일본제국주의자는-한국과 합병하고 우리들의 토지와 생활을-끝낸 것이다.-우리들의 지배자는 그 지배의 채찍과 함께 우리들의 생활과 국토를 새롭게 지배자 일본제국주의에 넘겨주었다. 지배자는 바뀌었다.
일선합병 때 공공의 안녕을 유지하고 민중의 복리를 증진하기 위해 영구히 한국을 제국에 합병한다고 선언하였다. 이 선언이 정말인지 거짓인지는 병합 후 19년간 조선에서 일어난 사실을 보면 명확하다.-그들은 그곳의 주민이 어떻게 생각하는지는 신경 쓰지 않고 후진국을 식민지화 한다.-조선을 취한 일을 정당화하고 있다.
그 원인을 열등하게 취급된 것은 일본제국주의국가였다. 그곳에는 모든 문화적 설비가 결여되어 있고 단지 많은 것은 2만 인 이상의 경관과 2개 사단의 병사 뿐이다. 역대 총독은 모두 군인이다.-
조선민족해방운동 만세!-조선프롤레타리아의 단결 만세-국치기념일을 파업과 데모로 싸우자![18]

실제로 일본반제동맹은 재일조선인, 본국 내 조선인들을 대상으로 선전과 선동을 전개했다. 그리고 재일조선인의 획득에 노력했다. 또한 그 주장 내용에 감동해 모여든 재일조선인 인텔리도 많았다.

기존 연구를 통해 보면, 일본반제동맹 중앙조직에서는 1932년까지는 재일조선인으로서 중앙 간부에 오른 사람은 없었던 것 같다. 1933년에는 중앙부 책임자 지동완을 비롯하여, 기관지부 책임자 유영우, 기관지부 조선어반 책임자 이윤우,[19] 기관지부 배포책 이경환 등의 이름이 보인다.[20] 1934년 일본반제동맹 중앙에서 활약한 재일조선인 간부는 원용준과 이윤우이다. 원용준은 일본반제동맹 도쿄지방위원회 강동지구 책임자로 있다가 1934년 1월에 중앙부 임시위원이 되었다. 이윤우는 1933년에 검거되었다가 기소유예로 석방되어 중앙부 기관지부원으로서 『반제신문』 조선어판을 창간하는 등의 활동을 전개한다.

이렇게 재일조선인으로 일본반제동맹 중앙에서 주목되는 인물은 이윤우이다. 일본반제동맹은 재일조선인의 획득을 구체적으로 진행하기 위해 이윤우를 기관지 『반제신문』 조선어판 책임자로 선정했다. 1934년 1월 1일부로 조선어판을 창간하였으며, 오사카지방위원회에서도 4월부터 조선어판을 간행했다.

주목되는 이윤우의 행적을 정리해 보면 다음과 같다. 도쿄(東京)에서 노동운동에 관여했던 인물로, 그는 동경조선노동조합에 가입했고, 1929년 9월 동경조선노동연맹 북부지부 상임위원, 동경조선노동연맹본부 상임위원·중앙위원, 1929년 12월 14일 재일본조선노동총동맹 전국대표자회의 및 확대

---

18) 『社會運動通信』 1929年 9月 2日.

19) 1906년생, 충북 진천 출신이다. 해방 이후에는 1947년 재일본조선인연맹 재정감사위원, 1952년 재일본조선통일민주전선 검사위원, 1955년 재일본조선인총연합회 감사위원장을 역임했다.(강만길, 성대경 엮음, 『한국사회주의운동인명사전』, 창작과 비평사, 1996, 359쪽)

20) 金正明 編, 『朝鮮獨立運動』(Ⅳ), 原書房, 361쪽.

중앙집행위원회 신중앙집행위원으로 활동했다. 그리고 그는 1931년 일본적 색구원회 북부지구 가입하고, 1931년 12월 말 일본노동조합전국협의회 화학 노조 도쿄 강동지구에 가입했다. 특히 일본반제동맹에 이윤우는 1932년 6월 가입했다. 조직의 중앙부원으로, 그리고 도쿄지방위원회 위원, 강동지구 책임으로 역할을 담당했다. 그리고 그는 1933년 1월 일본공산청년동맹 가두 세포로 활동했고, 9월 2일 검거되어 기소유예로 석방되었다.[21]

이런 이윤우의 경우처럼 재일조선인 활동가는 노동조합운동과 공청 조직에 가입했고, 그리고 일본반제동맹에서 활동했다. 이렇게 도쿄에서 역할을 했던 사람들은 노동운동, 학생운동에서 시작하여 프롤레타리아 조직으로 진출한 활동가가 대부분이었다.[22]

3. 일본반제동맹 지역조직과 재일조선인 활동

1) 도쿄(東京)지방위원회와 재일조선인

일본반제동맹 조직은 중앙부, 도쿄(東京)지방위원회, 오사카(大阪)지방위원회, 가나가와(神奈川)지방구성대책위원회 등으로 구성되었다. 이 연결선 상에서 재일조선인의 활동가도 조직 활동을 전개한다.

일본반제동맹 도쿄지방위원회의 재일조선인 조직 상황은 확인되는 사람만 175명이다. 1932년 12월에 정운섭 등 1명이 도쿄지방위원회 본부, 정운섭 등 29명이 죠세이(城西)지구, 황○○ 등 39명이 죠난(城南)지구, 유영우 등 49명이 츄부(中部)지구, 이윤우, 지동완 등 30명이 고토(江東)지구, 그밖에 20명이 죠후쿠(城北)지구에 망라되어 총 175명이었다.[23] 1933년에는 일본공

21) 『독립운동사자료집』(별집3), 明石博隆·松浦總三, 『昭和特高彈壓史』, 1975.
22) 박한용, 「일제강점기 조선 반제동맹 연구」, 고려대학교 박사학위논문, 2012, 113쪽.
23) 金正明 編, 『朝鮮獨立運動』(Ⅳ), 原書房, 224쪽.

산당, 일본공산청년동맹, 전협 등의 조직에 복수로 가입하여,[24] 이들 각 조직과 긴밀한 연락 아래에 반제투쟁을 전개했다.

이 가운데 주목되는 지구 활동은 고토지구의 경우이다. 8개소, 73명의 활동가가 확인된다.[25] 특히 1931년 12월의 경우는 15개반 208명의 조직원이 활동했다.[26]

1934년에는 중앙부원 원용준과 이윤우, 2명이 도쿄지방위원회 위원을 겸했다. 동시에 죠난, 고토, 츄부의 각 지구위원회 활동가들과 재건에 힘썼다. 그러나 성과를 거두어 조직을 재건하지 못했다. 결국 도쿄지방위원회는 사실상 궤멸상태에 빠지고 말았다.

1932년 8월 12일부 도쿄지방위원회는 「자본가 지주와 천황정부의 참학한 통치와 억압의 강화 속에 8·29와 9·1을 준비하라! 단호 식민지 근로대중과의 굳은 혁명적 연대투쟁을 기념하라! 조선·대만을 완전 독립시켜라」, 8월 14일자의 「8·29 조선국치기념일에 제하여」 등을 배포한 것이 확인된다.[27]

2) 오사카(大阪)지방위원회와 재일조선인

기록상으로 보면, 일본반제동맹의 지방조직은 1930년 가을까지도 확립되지 못했던 것으로 보인다.[28] 오사카지방위원회는 1930년 11월에 육군 특별대연습에 대한 반대 활동에서 결성되었다. 구성원의 대다수는 재일조선인이었다. 이를 바탕으로 1931년 여름에 오사카지방위원회가 확립되었으나, 8월 26일에 대탄압을 받아 붕괴되었다.[29]

1932년 7월 오사카지방위원회가 확립되었다. 이것은 도쿄 중앙 조직의

24) 후술한다.
25) 井上學, 『日本反帝同盟史硏究』, 不二出版社, 2008, 311~312쪽.
26) 이 가운데 조영우의 사회장은 유명하다.
27) 후술한다.
28) 『동아일보』 1930년 9월 10일자 ; 『조선일보』 1930년 9월 11일자.
29) 『大阪社會勞働運動史』 2, 1538~1539쪽.

조직 활동의 성과로 판단된다. 일제 경찰문서30)에 따르면, 1932년 2월에 일본반제동맹 중앙부는 오사카지방위원회 재건책으로 조직원을 파견했으나, 지방세력에 압도되어 지도력을 발휘하지 못했고, 현지에서 조직적 성과를 내고 있던 손표기에 의해 오사카지방위원회가 결성되었다.

오사카지방위원회는 각종 지역의 대중 단체에서 조직원을 포섭하여 조직을 결성했다. 1932년 8월 동아통항조합에는 제주도 출신 반일세력의 기업체와 동아통항조합의 조합원 가운데 55명이 가입했다. 9월 하순에는 센난(泉南)지방에서, 조직원을 견인하기도 했다. 또한 12월에는 동·서·남 및 농촌의 4지구에 약 400명의 재일조선인을 조직하는 성과를 거두기도 했다. 특히 오사카지방위원회 서기국에는 신성만(申聖万)이 국원으로 들어가서 재일조선인 회원을 확보했는데, 당시 공장반, 가두반의 오르그는 주로 재일조선인이 담당하게 되었다. 이후 일본반제동맹 오사카지방위원회은 계속되는 검거로 궤멸상태에 놓였으나, 1933년 1월경 중앙으로부터 오르그가 파견되어 조직 재건에 나섰고, 강성태가 중심이 되어 재건되었다.31)

일본반제동맹 오사카지방위원회는 1933년 4월초에 도쿄에서 개최된 제2회 반제전국대회에 강성태를 파견하기도 했다. 그러나 3월 이후부터 계속된 검거로 박기만, 강주호를 비롯한 중간 간부 등이 검거되고 강성태도 검거되자 조직의 존립은 위험한 상태에 놓였다. 이러한 어려움은 정우생, 구재봉 등 공청 조직의 도움을 받아 극복하고 다시 조직화에 성공하기도 했다.32)

대체로 1933년도의 오사카지방위원회의 조직원은 대부분이 재일조선인이었다. 오사카지방위원회 책임자 겸 조직부장 강성태는 정우생, 구재봉, 박기만, 가주호, 신성만 등으로 진용을 정비했다. 강주호를 동지구, 강성태를 서북지구, 박기만을 남지구 책임자로 겸임하게 했다. 1933년 6월에는 지방위원회의 책임자가 다무라 료다로(田村龍太郎)로 바뀌었다. 처일선, 강성

30) 金正明 編, 『朝鮮獨立運動』(Ⅳ), 原書房, 223~224쪽,
31) 內務省 警保局, 「社會運動の狀況」, 『在日朝鮮人關係資料集成』 2, 710~711쪽.
32) 內務省 警保局, 「社會運動の狀況」, 『在日朝鮮人關係資料集成』 2, 710~711쪽.

태 등은 검거를 모면하고, 중앙부와 연락하여 재건활동에 들어갔는데, 이들
은『반제신문』오사카지방판을 발행하는 성과를 거두었다.

　1934년 1월 16일 오사카지방위원회는 재건 활동을 하던 심삼봉과 반원 5
명이 검거되는 것으로 보아 이들의 활동이 주목된다. 1934년에도 오사카지
방위원회는「간무(神武)천황제 및 반동 시위운동을 분쇄하자」는 제목의 전
단을 뿌리고 기관지 『반제신문』 오사카지방판과 조선어판을 재발간했다.
그리고 같은 해 5월 1일 비합법 메이데이를 준비하는 등의 활동을 전개했
다. 9월 하순에는 일본인을 책임자로 시위원회 준비회를 결성하고, 준비하
던 가운데 11월 하순에 조직원이 검거되어 계획은 무산되기도 했다. 1934년
오사카지방위원회는 조직을 보면, 위원회 아래에 후세(布施)반, A반, B반, C
반을 두었다.[33)

　한편 반제동맹의 경우 독자적인 조직이 아니었다. 그것은 전협 일본화학
노동조합 간사이(關西)지부의 경우를 통해 확인할 수 있다. 재일본조선노동
총동맹이 해산된 이후 김호영 등은 1930년 4월 12일에 전협 조선인위원회
간사이사무국을 설립하고 5월 20일에 일본화학노동조합 오사카지부 준비회
를 조직했다. 여기에는 오사카화학노동조합, 피혁노동조합, 고무노동조합
등 3개 조합이 합류하기로 했다. 그러나 5월에 김문준을 비롯한 오사카의
토착 조선인 운동가들이 독자적으로 일본화학노동조합 오사카지부를 조직
하고 간사이사무국의 해체를 선언했다. 이에 김호영 등은 7월 12일 일본화
학노동조합을 탈퇴하고 다시 오사카화학노동조합을 조직하고 조직원으로
일본반제동맹 오사카지방위원회 조직을 기획했다.[34)

　오사카지방위원회의 조직 상황은 다음과 같다.[35)

---

33) 內務省 警保局,「在留朝鮮人運動」,『在日朝鮮人關係資料集成』3, 143~144쪽.

34) 內務省 警保局,「社會運動의 狀況」,『在日朝鮮人關係資料集成』2, 281쪽.

35)『반제신문』오사카지방판, 참조.

〈표 1〉 일본반제동맹 오사카지방위원회 구성 변화

조사연도	중심인물	조합원 수
1932	신성방	417
1933	허일선, 강필방	21
1934	김진호	29
1935	한○○	21
1936	이재상	10

오사카지방위원회가 발간한 인쇄물로는 「8·1반전투쟁의 국제적 캠페인에 대한 재대판 혁명적 조선노동자는 선두에서 궐기하라」,「조선이 낳은 반제국주의자 윤봉길의 총살에 대한 반대운동을 일으키라」,「간무천황제 및 반동의 시위운동을 분쇄하라」 등의 문건이 있었다.

일본반제동맹은 여러 문건을 통해 재일조선인을 대상으로 하는 대중 선동에 적극적이었다. 오사카지방위원회는 3·1운동기념을 맞이해서는 1931년의 경우 격문을 산포하고 파업을 계획했고, 다음 해인 1932년에는 일본페인트 회사에 투석하여 8명이 검속되기도 했다. 그리고 1933년에는 덴노지(天王寺)공회당에서 데모를 계획하여 조선인이 100명 참가했고, 조선인과 일본인 합쳐서 30명이 검속되기도 했다. 특히 강제병합과 관련해서는 1933년 8월 29일 국치일에는 노동쟁의와 반전시위를 일으키면서 조선촌을 대상으로 격문 살포를 계획했던 사실이 확인된다.36)

3) 가나가와(神奈川)지방구성대책위원회

가나가와(神奈川) 지방의 일본반제동맹 조직은 그 중심이 어강주였다고 보인다. 1933년 6월 중앙에서 파견된 어강주는 현지의 함기철 등과 함께 가나가와(神奈川)지방구성대책위원회를 조직했다. 그리고 이들에 의해 아사노造선(淺野造船), 아사히유리공장(旭硝了工場) 등의 개인조선인 노동자를 획득함으로 궤도에 올랐다.

36) 內務省 警保局,「社會運動ノ狀況」,『在日朝鮮人關係資料集成』 2, 참조.

이 조직의 주목되는 활동은 1933년 자갈채취 금지와 관련된 사건에서 발단되었다. 가나가와지방구성대책위원회는 1933년 11월 초순 다마가와(多摩川)이 자갈채취 금지문제가 신문지상에 보도되는 것을 보고, 이에 종사하고 있던 다수의 재일조선인 노동자가 동요하는 것을 계기로 전협 산하의 토목건설노동조합 가나가와지부와 연계을 갖고, 청원운동을 벌이고자 맹렬히 투쟁을 전개했던 것이다.

한편 게이힌(京濱)지구 아사히초자공장의 김상식은 강곤구, 왕창기와 함께 재건준비위원회를 구성하고 반제동맹의 조직 재건을 주도했다. 특히 조선인단체 동화회와 우리청년회를 통해 게인힌지방의 재일조선인 단체 통일에 의한 반제동맹의 재건을 시도했다. 그러나 성공하지 못하고 검거되었다.[37]

4. 일본반제동맹 재일조선인 주요 활동가와 그 특성

1) 재일조선인 반제 활동가들

재일조선인은 1930년대 전면적인 일본 사회 운동에 진출하여 갔다. 전위운동 뿐 아니라 부분운동에서, 특히 지역운동에서의 적극적인 모습은 잘 알려져 있다.

재일조선인 역사연구자였던 박경식은 대표적인 반제운동에 참가한 활동가로 지동완, 유영우, 강성태, 어강주, 그리고 이윤우[38] 등을 들고 있다.[39] 이들의 활동 내용을 보면, 지동완[40]은 1932년 일본반제동맹 고토(江東)지구

37) 金正明 編,『朝鮮獨立運動』(Ⅳ), 原書房, 367쪽, 497쪽.
38) 이윤우의 활동은 전술했다.
39) 朴慶植,『在日朝鮮人運動史-8·15解放前-』, 三一書房, 1979, 270쪽.
40) 히로시마고등학교 3년 다니다가 중퇴했다. 1929년 7월 히로시마에서 공산주의연구회를 조직하여 조선인 유학생을 지도했다. 1931년 3월 일본노동조합전국협의회 목재조합 히로시마지부

책임자 및 조직부장으로 활동했다. 이후 전국 서기국 재정부장으로 활동했
다. 일본공산당에서도 활동한 것으로 보인다.

유영우[41]는 1932년 일본공산당에 입당했고 도쿄시위원회 북부지구 조직
부원이 되었다. 같은 해 12월 일본반제동맹에 가입하여 도쿄지방 서기국 청
년부에 소속되었다. 1933년 일본반제동맹 중앙 기관지부 책임자의 역할을
했다.

강성태는 1933년 1월 오사카지방위원회를 재건하고, 책임자와 조직부장
을 겸했다. 특히 동아통항조합을 지도했다. 같은 해 4월 도쿄에서 열린 반
제전국대회에 참가했다. 아울러 오사카 공청 조직의 재건에도 관여하여, 공
청 오사카시위원회의 기타(北)지구 책임자로 활동했다.[42]

이상과 같이 일본반제동맹의 조선인 활동가들은, 인테리이고 일본공산당
과 전협 산하 조선인위원회, 일본공산청년동맹 등에서 활동했다. 그리고 다
른 조직에도 가담했다.[43]

지방 조직을 본면, 도쿄지방위원회의 경우 재일조선인 조직 상황은 확인
되는 사람만 175명이다. 정운섭, 이윤우, 지동완, 원용준 등이 주목된다.

그리고 오사카지방위원회는 전술했듯이 도쿄 중앙 조직의 조직 활동의
성과로 결성되었는데, 손표기 등에 의해 오사카지방위원회가 운영되었다.
특히 신성만이 서기국원으로 그리고 강성태가 중심이 되어 활동했다. 박기
만, 강주호, 정우생, 구재봉, 심삼봉, 고진호 등도 적극 공청 조직의 도움을
받아 활동했다.[44]

에 가입했고, 8월 히로시마 무산자소비조합을 조직했다. (강만길 · 성대경 엮음,『한국사회주
의운동인명사전』, 창작과 비평사, 1996, 474쪽)

41) 1915년 생으로 전수대학 전문부를 다녔다.(강만길 · 성대경 엮음,『한국사회주의운동인명사전』,
창작과 비평사, 1996, 297쪽)

42) 사회운동의 상황 1933년 참조(近代日本社會運動史人物大事典編輯委員會 編,『近代日本社會運
動史人物大事典』2, 日外アソシエーツ, 1996, 316쪽 참조).

43) 이런 내용은 〈표 2〉에 나오는 주요 가입자 대부분의 경우 확인된다.

44) 內務省 警保局, 「社會運動の狀況」, 『在日朝鮮人關係資料集成』2, 710~711쪽.

특히 가나가와지방구성대책위원회는 전술했듯이 중심이 어강주였다. 그
는 함기철 등과 함께 가나가와천지방구성대책위원회를 조직했다.

시기별로 주요 활동가들의 가입 연도를 통해 성원을 정리해 보면 다음과
같다.[45]

<표 2> 연도별 일본반제동맹 주요 가입자

연도	주요 가입자
1929	한재덕, 이북만, 김효식 등
1930	강항인, 강몽우, 이재한, 김삼규, 김서옥, 현길홍, 홍병학, 김현제, 손표기, 류인영 등
1931	홍남석, 주장순, 박지영, 최무성, 김윤출, 김병소, 조용복, 김봉희, 최봉기, 황학노, 김형구, 배영복, 박태식, 지동원 등
1932	김운구, 김운용, 김영준, 김광준, 김호영, 김선필, 오홍석, 최선희, 박노옥, 어강주, 김은조, 김영식, 김순용, 이재엔, 유영호, 한경동, 함기철, 김일출, 김병직, 정운상, 신교휘, 박척규, 황규동, 황인철, 손길상, 정태모, 임동욱, 김일규, 류상윤, 김형빈, 엄정섭, 전경수, 류인춘, 이윤우, 김동학, 박노동, 안주용, 한천수, 김지혁, 심상룡, 김덕연, 구재봉, 정우생, 박희달,김상식, 원용준, 박찬봉, 김홍규, 김종오, 정재영, 임상순, 박동근, 박치민, 주원생, 정대영 등
1933	홍태모, 성자선, 장두환, 박용칠, 강성태, 최헌식, 박연수, 정종주, 심상봉, 임종년, 강주호, 김창하, 박용하, 이경환, 김효배, 강곤구, 옥창기 등
1934	오삼경, 오중경, 고진호, 이방조, 이인순, 김인택, 정동문, 이지택, 이재상, 이재영, 염태인 등

이렇게 일본반제동맹 재일조선인 지역 조직은 1932년 가장 많은 수가 가
담하여 활동을 전개했다. 이것은 확인된 수치의 활동가이고 대부분의 조직
원은 아직도 그 규모나 조직 활동의 실상이 파악되지 않고 있다.

2) 재일조선인 반제 활동가들의 성향

재일조선인 반제 활동가들은 반제운동의 중심에 그 어떤 구성원 보다 적
극적이었다. 그들은 민족주의운동의 무력함을 느끼고 일본반제동맹에 가입
했고,[46] 이들의 성향을 보면 다음과 같이 정리할 수 있다.

---

45) 井上學, 『日本反帝同盟史硏究』, 不二出版社, 2008, 227~229쪽 ; 박한용, 「일제강점기 조선 반제
동맹 연구」, 고려대학교 박사학위논문, 2012, 118~123쪽.

첫째, 일본반제동맹에는 재일조선인 좌익학생과 인테리가 속했다.[47] 이들의 경우 본질적으로 노동자에 가까운 생활을 일본에서 하는 경우가 절대다수였다.

둘째, 민족주의운동의 무기력함에 식상한 독립운동가는 일본반제동맹에 가입했고, 조직의 선두에서 활동했다. 1930년대 이후 경향적으로 민족운동은 쇠퇴의 길을 가고 있었던 것이다.

셋째, 일본반제동맹 성원의 60~70%는 재일조선인이 독점했다. 특히 전위적인 활동 경험이 있던 사람의 경우는 자연스럽게 중앙 뿐만 아니라 지역조직에도 선두에 섰던 것이다.

넷째, 지역별 반제동맹의 활동가의 지역은 도쿄, 오사카가 가장 많았다. 그리고 고베, 나고야, 요코하마가 그 다음이었다.

다섯째, 자연스럽게 시간이 지나면서 재일조선인 활동가가 반제운동의 구심에 특히 지역조직의 경우는 분명하게 영향력을 갖게 되었다. 조직 가운데 지위, 중요한 포스트, 중앙부, 지방위원회 등의 간부도 재일조선인이 다수 점하고 지구 이하의 조직에서도 지도적인 입장에 있었다.

여섯째, 반제동맹의 경우 다른 조직에 적극 가담해 있었다. 전협 일본화학노동조합 간사이(關西)지부의 경우 김호영 일본반제동맹 오사카지방위원회 조직을 기획했던 것은 유명하다.[48]

실제로 1932~34년에는 조직의 확대와 함께 과감한 반제투쟁도 전개되었는데, 많은 간부가 검거되었다. 1932년에 12명, 1933년 127명, 1934년 68명, 1935년 3명이 검거되었다.[49]

46) 박안홍, 「일제강점기 조선 반제동맹 연구」, 고려대학교 박사학위논문, 2012, 118쪽.
47) 金正明 編, 『朝鮮獨立運動』(IV), 原書房, 1006쪽.
48) 內務省 警保局, 「社會運動の狀況」, 『在日朝鮮人關係資料集成』 2, 281쪽.
49) 金正明 編, 『朝鮮獨立運動』(IV), 原書房, 1007쪽; 朴慶植, 『在日朝鮮人運動史-8·15解放前-』, 三一書房, 1979, 270쪽.

〈표 3〉 일본반제동맹 관계 검거자 수(괄호 안은 기소자)

연 도	도 쿄	교 토	오사카	가나가와	합 계
1932	1	8	3		12
1933	107	1	7	7	122(12)
1934	44		17	7	68[50](8)
1935					3

5. 결론

일제강점기 재일조선인은 국제연대를 일본반제동맹을 통해 실현했다. 일찍이 재일조선인 역사가 박경식은 반제운동의 성과를 정리하여, 첫째 그 성격을 규정하여 "재일본 식민지인을 동맹으로 획득하는 것은 그들과 직접 악수하고, 일본인이 갖은 배외주의와 민족주의를 분쇄하고, 국제적 연대성을 실천적으로 보여주며, 그들을 통해 식민지의 형제와 악수하기 위한 것이다"[51]라고 했다. 실제로 일본사회운동 세력을 국제연대의 전면화를 재일조선인을 통해 실현하고자 했던 것이다.

실제로 당시 일제강점기 재일조선인 반제운동가들은 정력적인 활동을 전개했고, 재일한 조선인 사회 내부에 광범위한 영향력과 강고한 조직적 기초를 확보하고 있었다. 그러나 약점을 동시에 갖고 있었던 것도 사실이다. 예를 들면, 가나가와 지역에서의 사리쟁의 때의 경우는 일본과 재일조선인 노동자가 합동하여 일어나 일시적으로는 투쟁 요구를 관철시켰으나, 이후 고용주는 협의내용을 실행하지 않았다. 거기에서 재차 요구의 즉시 실행을 압박했을 때는 백 명의 재일조선인 노동자가 일어났으나 일본인은 일어나지 않았다. 이렇게 진정한 의미의 구제 연대가 실천되었는지에 대해서는 재고의 여지가 없지 않았던 것 같다.

---

50) 『반제신문』에는 84명으로 되어 있다(井上學, 『日本反帝同盟史研究』, 不二出版社, 2008, 230쪽).
51) 사법성형사국, 「일본반제동맹제2회대회에의 활동보고 및 행동강령규약개정초안」, 『일본반제동맹자료』, 1934 ; 朴慶植, 『在日朝鮮人運動史 −8·15解放前−』, 三一書房, 1979, 269쪽.

실제로 재일조선인의 반제운동은 선두에서의 투쟁과 달랐다. 일상차원에
서는 일본과 조선인 노동자 대중이 단결하지 않고, 분열되었기 때문에 참패
했던 예가 적지 않았다.

일본반제동맹 내 재일조선인은 일본제국의 민족주의와 배외주의를 선동
하는 권력과 전면 투쟁했다. 이들의 일본과 조선인 노동자를 대상으로 하는
분열책동으로 항상 또 다른 결과가 초래된 것도 사실이다. 일본제국주의의
분열정책과 싸워, 일본의 노동 대중 가운데 제국주의의의 영향이 미치는 민
족주의와 배외주의를 몰아내는 것이야 말로 재일조선인의 조직원으로서의
임무였다.

일본반제동맹은 중앙 기관지로 『반제신문』, 『반제뉴스』, 『반제팜플렛』
등을 간행했다. 1934년부터는 『반제신문』 조선어판을 내놓고 조직의 확대
강화를 도모했다.[52]

일본반제동맹에는 기본조직인 반 조직에서 중앙 조직에 이르기까지 많은
재일조선인들이 활동했다. 중앙 서기국에서는 지동원, 유영호, 이윤우 등이
활동했다.

지역에는 도쿄지방위원회, 오사카지방위원회, 가나가와지방구성대책위원
회 등이 구심적인 역할을 했다.[53] 흥미로운 사실은 이들 구성의 경우 인테
리적 경향과 함께 다른 혁명적인 대중 조직에 가입하여 활동하면서 반제운
동을 전개한 사실이다. 특히 지역의 경우는 적극적인 투쟁의 선봉적 역할을
자임하고 있었던 것은 재일조선인 조직 활동가들이었다.

재일조선인의 경우 주목되는 사실은 1931년, 1932년의 경우 해당 지방의
중심 역량이었고, 1932년의 경우 절대 다수가 조직원으로 확인되는 점이다.
아울러 가나가와지방의 경우 본문에서 보이듯이 다수 조직원의 활동이 있
었다. 그런데 1934년 이후에는 실제 조직의 모습이 확인되지는 않는다.

---

52) 朴慶植, 『在日朝鮮人運動史 −8・15解放前−』, 三一書房, 1979, 269쪽.
53) 다른 지역의 경우는 자료상으로 확인하지 못했다.

재일조선인의 적극적인 활동으로 일본반제동맹은 생명력을 유지할 수 있었다. 단순 전위 중심적 조직이 아니었기 때문에 이들 구성원은 국제연대라는 측면보다는 조직 활동 자체가 중요했다. 결국은 이를 수용한 지방 조직에서 적극 활동했던 것으로도 판단할 수 있다. 물론 중앙의 일본반제동맹의 국제주의적 관점도 무시할 수 없을 것이다. 재일조선인은 활동의 장으로 이곳, 일본반제동맹을 선택했던 것이다.

■ 정희선

1930년대 재일한인이 일본 좌파 노동운동에 참가한 배경

1. 머리말

아시아태평양전쟁이 일본의 패전으로 종결된 후, 일본은 주권재민의 헌법 체제 및 미국의 안보 동맹으로서 새롭게 출발하였다. 하지만 그 출발은 전후에 시작된 미·소 강대국 위주의 냉전 대립구도에 강하게 종속된 것이므로, 태생적으로 반대편을 적대시하는 정치적인 입장을 취하고 있었는데, 그로 인해 패전 이전 일본의 좌파 운동에 대한 정당한 평가가 이루어지기 힘든 환경에 놓여 있었다. 하지만 일본 제국주의의 지배체제에 저항했던 사람들은 주로 좌파 운동가들이었다. 당시 일본의 식민지 지배를 받던 조선에서 일본으로 이주한 한인들도 일본의 좌파 운동에 참가한 사람들이 적지 않았다. 이 논문은 그들의 참가가 특히 많았던 1930년대를 중심으로 그 동기가 무엇인지 밝히고자 하는 것이다.

당시 한반도에서 도일한 수많은 한인들의 일반적인 목적은 이국 땅 일본에서 한반도(고향)보다는 한층 나은 생활을 꿈꾸며 비교적 좋은 직업을 확보하거나 학업 성취를 이루는 것이었다. 반드시 민족 또는 계급의 해방을

추구한 것이 아니었다는 것이다. 도일 한인들은 일본에서 식민지 출신의 소
수자로서 구직난, 주거난, 민족차별이라는 현실에 직면하였으며, 그날의 양
식을 확보하기에 급급하였다. 그러한 지난한 현실 아래에서 매우 드물게 독
립운동이라든지 계급운동에 헌신한 소수 선각자들의 저항적 노력이 존재하
였다는 역사 서술이 필요하다.

필자는 근년에 해방 이전 재일한인이 일본 노동운동에서 행한 역할을 구
명하고자 일련의 글을 발표했다.[1] 종래의 재일한인 운동사 연구[2]에서 1930
년대에 한인 노동단체가 일본 좌파 노동단체에 합류한 것은 독자적인 운동
을 하지 못한 "오류"였다고 노선적 평가를 한다든지, "대다수 민중이 참가한
것이 아니다 … 사회주의 운동 고양의 선동"이라고 폄하하는 평가가 당시
재일한인 운동이 처한 현실을 직시하지 못하고 그에 관한 고정 관념을 조
성할 우려가 있다고 생각했기 때문이다.

해방 전의 일본거주 한인들에게는 당면한 생활고를 해결하는 것이 절실
한 현실이었음에도 불구하고, 어떻게 끊임없이 좌파운동에 참가하는 사람
들이 나타났을까 라는 의문은 해소되지 않았다. 특히 특별고등경찰로 대표
되는 일본 치안당국의 탄압이 끊임없이 지속되던 당시의 상황은 일본사회

---

1) 관련 연구로서는 김광열, 「1930년대 일본 혁신노동조합의 한인 조합원 운동－일본노동조합전
   국협의회를 중심으로－」(『日本歷史硏究』 제23집(2006)), 「20세기 전반 한인의 일본이주와 정
   착－이주 현지의 사회적 영향을 중심으로－」(『歷史學報』 제212집(2011)), 「1930년대 전반 일본
   노동조합전국협의회와 한인 노동자－나고야 지역의 운동을 중심으로－」(『한일민족문제연구』
   22호(2012))를 들 수 있다.
2) 당해 분야의 기존 선행연구는 다음 두 가지 경향이 있다. (a)전후 일본에 한인 집단이 존재하
   는 책임 소재를 일본제국주의의 식민지 지배에 둔다든지, 식민지 조선에서 도일 과정 및 일본
   에서의 생활상을 밝힌 연구들이 있는데, 그 대표적인 연구로서는 姜在彦『在日朝鮮人渡航史』
   (朝鮮研究所, 1957), 朴在一『在日朝鮮人に関する総合調査研究』(新紀元社, 1957), 西成田豊『在
   日朝鮮人の「世界」と「帝国」国家』(東京大学出版会, 1997), 外村大『在日朝鮮人社会の歴史学的
   研究 —形成・構造・変容—』(緑蔭書房, 2004), 김광열『한인의 일본 이주사 연구－1910~1940년
   대－』(논형출판사, 2010). (b)그들의 사회 운동을 민족독립운동사의 일환으로 규정하여 제국주
   의 지배 체제에 저항하는 한인들의 모습을 묘사한 연구로서 그 대표적인 것으로서는 朴慶植
   『在日朝鮮人運動史 －8・15解放前－』(三一書房, 1979), 김인덕『식민지시대 재일조선인운동』
   (국학자료원, 1996), 정혜경『일제시대 재일조선인민족운동연구』(국학자료원, 2001).

의 머조리티인 일본인들도 좌파 정치운동과 노동운동에 뛰어들기 힘들었다. 그럼에도 불구하고 식민지 출신의 소수자인 한인들이 왜 노동운동에 참가하였는지에 대해 밝힐 필요가 있다. 이는 일본사회의 마이너리티인 재일한인사를 서술할 때에 반드시 포함되어야 할 사안이라고 판단된다.

이하에서는 1930년대를 중심으로 일본에 이주한 한인의 거주 양태, 그들이 현지에서 전개한 노동운동을 일본인 좌파 노조에 합류해서 전개한 부분까지 포함하여 검토한 후, 그 의미와 더불어 구태여 그들이 치안 당국에게 부단히 탄압받던 좌파 노조에서 활동한 이유가 무엇인지를 고찰하고자 한다.

이러한 시도는 전후 일본사회에서 전개된 재일한인 생활권옹호 운동의 역사적 배경을 확인하는 것이며, 현재 횡행하는 일본 신우익들의 민족 배외주의적인 움직임에 대한 비판적 고찰과도 중첩되는 것이다.

2. 일본이주 한인의 거주 양태

한반도에서 일본으로 이주한 한인들이 일본에서 거주한 양태를 파악하기 위해, 1910년대와 1930년대로 나누어 시기별로 직업 구성의 변화, 지역별 거주 분포에서 어떠한 변화가 있었는지 검토하기로 한다.[3]

1) 1910년대 일본이주 한인의 거주 상황

먼저 1920년 시점까지 일본에 거주한 한인들의 지역별, 직업별 인구 분포

---

3) 이 장의 기술은 김광열, 『한인의 일본 이주사 연구-1910~1940년대-』(2010)의 제6장에 의거하였음. 여기에서는 제1차 세계대전 이후부터 각지에서 한인들의 사상 동향과 생활 상황을 면밀히 감시하고 기록을 남긴 일본 경찰당국의 자료를 활용하였는데, 예를 들면 내무성 경보국(內務省 警保局)이 매년 전국의 사상경찰 보고서를 총괄하여 발행한 『朝鮮人槪況』(1920년판)과, 『社会運動の状況』(1940년판)의 「在留朝鮮人の状況」이다.

를 검토해 보도록 한다. 이를 통해 1910년대 일본의 어떠한 지역 및 산업분
야에서 한인이 집중되어 있었는지 알 수 있다.

1920년 6월 말 현재 일본에 거주한 한인의 총수는 3만 1천 4백 명이었다.
거주인구 상위 10개 지역과 비율은 후쿠오카(福岡)현 21.3%, 오사카(大阪)부
15.2%, 효고(兵庫)현 9.3%, 홋카이도(北海道) 8.4%, 나가사키(長崎)현 6.4%,
도쿄(東京)부 5.2%, 야마구치(山口)현 5.1%, 교토(京都)부 3.5%, 오카야마(岡
山)현 2.6%, 히로시마(廣島)현 2.4%의 순이었다. 이 상위 10개 지역에 전체
한인인구의 약 80%가 집중되어 있었다. 전체적으로 보면 도쿄와 홋카이도
이외는 전부 관서지방에서 서쪽에 위치한 곳이다. 탄광이 많이 모여 있는
후쿠오카현, 홋카이도, 나가사키현 등과 공업 지대인 오사카부, 효고현 등
이 상위 5개 지역으로 거주 인구가 많았다. 즉 한반도에서 지리상 가까운
지역에 한인들이 집중적으로 분포하고 있었던 것이다.

직업별 인구의 구성은 크게 유업자와 무업자로 나눌 수 있는데, 유업자가
2만 9474명(93%)이었고 무업자가 2246명(7%)이었다. 전체 유업자 중 20%가
넘는 주요 직업은 토건 인부(37%), 각종 직공(27%), 광부(22%) 등이었다. 이
세 직종에 전체 유업자의 86%가 집중해 있었다. 따라서 이 시기 일본거주
한인은 전체 9할이 넘는 사람들이 직업을 가지고 있었지만, 대부분의 유업
자는 육체노동을 포함한 비숙련 단순 노동의 매우 제한된 직종에서 종사하
고 있었다고 할 수 있다.

무업자로 분류할 수 있는 것은 학생, 수감자, 무직 등이었는데 전체의 7%
에 지나지 않았다. 그 중 제일 많았던 무직은 대부분이 세대주에 종속되어
있는 피부양 가족이라든지 실제 직업이 없는 사람을 의미하였다. 이 무직자
의 수가 전체의 약 4% 정도인 것으로 봐서 이 시기까지 일본에 거주하던
한인 노동자는 대부분이 단신으로 도일하였으며, 결코 안정되지는 않았지
만 그래도 일거리는 갖고 있었다고 볼 수 있다.

2) 1930년대 일본이주 한인의 거주 상황

이번에는 1940년 시점까지 일본에 거주한 한인의 지역별 및 직업별 인구 분포를 검토함으로서 1930년대까지의 상황을 파악하도록 한다.

1940년 12월 말을 기준으로 일본거주 한인 인구는 119만 446명이었다. 한인 인구가 약 20년 동안 40배 정도 증가해 있었던 것이다. 한인인구 상위 10개 지역과 비율을 나열하면 오사카부 26.2%, 후쿠오카현 9.8%, 효고현 9.7%, 도쿄부 7.4%, 아이치(愛知)현 6.6%, 야마구치현 6.1%, 교토 5.7%, 홋카이도 3.2%, 히로시마현 3.2%, 가나가와(神奈川)현 2.1%의 순이었다. 이 시기 역시 한인 인구가 관서 지방에 집중되어 있었지만, 1910년대와는 달리 도쿄, 아이치, 가나가와, 홋카이도 등 동일본 지역에도 거주 인구가 확산되어 있었다. 후쿠오카, 야마구치, 홋카이도의 한인 인구가 증가한 원인은 광업 종사자의 급증에 기인하는데, 중일전쟁 발발 이후의 총동원 체제하에서 에너지원으로서 석탄의 수요가 고조되었기 때문이다. 실제로 1939년 7월에 후생성 및 내무성 차관통첩 「조선인 노동자 내지 이주에 관한 건」이 하달되어 일본 내의 탄광 노동력 부족을 보충하기 위해 조선에서 '모집'이란 형식의 노동력 동원이 시작되었다.

직업별 인구의 분포를 크게 나누면 유업자 그룹이 61만 2,900명(51.5%)이었고 무업자 그룹은 57만 7,600명(48.5%)이었다. 전체적인 특징은 이전 조사에 비해서 유업자의 직업을 특히 공업 부문에서 세분화되었으며, 전체 중의 무업자 비율이 대폭 증가해 있었다는 것이다. 먼저 유업자 층의 주요 직업을 들면, 토목 건축업(24%), 광업(13%), 상업(11%), 금속 기계 공업(9%), 화학 공업(8%), 섬유 공업(7%), 기타 노동자(9%) 등으로 다양화되었음을 알 수 있다. 특히 광업 종사자 수는 1935년에 비해 7배나 증가하였다. 이는 앞에서 지적한대로 1939년 이후 일본 내 각 탄광에 한인 노동자가 집단적으로 강제 동원된 결과이다.

주목해야 할 것은 상업이 주요 직업 부분으로 등장하여 전체 유업자의

11%가 넘고 있었다는 것이다. 이는 점차 일본 내 각지에 한인 인구가 증가함에 따라, 그들의 생활에 필요한 식료품 및 각종 용품을 조선에서 수입하여 판매하는 사람들이 증가하였기 때문이다. 다만 이들 상업으로 분류된 사람들은 막연히 도일한 사람들과는 상당히 다른 부류였다고 판단된다. 그것은 사업의 규모를 막론하고, 재료의 확보에서부터 점포 임대가 가능한 금전적인 준비 및 영업 공간을 확보하는 수완이 있어야 하니, 나름대로의 준비와 경제적 여건을 갖춘 사람들이라고 추측되기 때문이다. 즉 일본에 정착하고자 하는 의지가 강한 이주자의 사례라고 할 수 있다.[4]

또한 무업자가 전체 거주 인구의 48.5%를 점유할 정도로 증가하였다는 것도 주목해야 한다. 무업의 내역을 보면, 실업자, 학생 생도, 소학교 아동, 수감자, 무직 등으로 조사된다. 종래에는 무직 항목 안에 실업자도 포함되겠지만, 이 시기에는 실업자를 별도 항목으로 산출하고 있었다. 각 항목의 인원수를 비교해 보면, 이 무업자층 증가의 원인은 소학교 아동과 무직의 증가에 있었다. 소학교 아동은 13만 명이었고, 무직은 무려 43만 명으로 전체 거주자 36%에 육박하고 있었던 것이다. 그 무직의 대부분은 세대주 종속자(41만 5,600명)였다. 자연 증가에 의한 것도 있겠지만, 먼저 도일하여 자리를 잡은 사람이 고향의 가족들을 불러들이거나, 고향의 친지들을 초청한 경우가 증가하였기 때문이라고 추측된다. 한인의 도일을 정책적으로 제한하던 당시에는 "친지 초청"이 무난한 도일 형태였다.

이상을 통해서 1930년대에는 일본 한인의 정주화가 상당 정도 진행되고 있었다는 것을 알 수 있다.

---

4) 현재 일본의 오사카나 도쿄의 한인 집중거주 지역에 '코리언 타운(조선 시장)' 존재하며, 그 곳에서 그들의 2, 3세를 만날 수 있는 것은 1940년대 이전에 관련 직업군이 형성되었기 때문이다.

3. 일본거주 한인의 노동운동과 일본 노동운동과의 협동

1) 재일한인 노동단체의 설립

앞장의 직업분포 상황에서도 확인되었듯이, 일본에 이주한 한인들은 극
소수의 유학생들을 제외하곤 대부분이 노동자 계층에 속했다. 그러한 현실
을 반영하듯이 1920년대 초부터 재일 한인들 중에서 사회사상이나 노동운
동에 관심을 가지고 일본인 활동가들과 교류를 가지는 사람들이 나타났고,
결국 1921년 11월 도쿄에서 당시 유행하던 아나키즘 운동에 영향을 받은 흑
도회(黑濤會)라는 한인 사회사상 단체가 결성되었다.

한인에 의한 노동운동 단체가 결성된 결정적인 계기는 1922년 여름에 일
본 신문이 폭로한 니가타(新潟)현 나카쓰(中津)강 수력발전소 공사장의 한
인 노동자 학살사건이었다. 당시 도쿄에서 개최된 한인 노동자 학살사건 항
의 집회에서 흑도회의 한인 활동가들은 조선의 독립 투쟁과 일본의 진보적
인 노동운동이 연합하여 통일 전선을 추구한다는 방침을 표명하였다. 그 직
후 1922년 9월에 흑도회는 내부에서 사상적 대립이 일어나, 마르크스주의
계열의 북성회(北星會)와 아나키즘 계열의 흑우회(黑友會)로 분열되었다. 그
중에서 일본의 노동단체와 밀접한 관계를 유지하던 흑우회의 멤버들은 사
회주의 단체인 일본무산자동맹에 가입하는 등 적극적으로 실천 운동에 나
섰다.[5] 북성회 멤버들은 일본노동조합총동맹의 협력 하에 한인 노동단체의
설립을 주도하여 1922년 11월에 도쿄조선노동동맹회가, 같은 해 12월에 오
사카(大阪)조선노동동맹회를 결성하였다. 이 두 단체가 일본에서 한인 노동
운동 단체의 효시라 할 수 있다.

한인 노동단체 설립은 이후 한층 본격화되었다. 도쿄, 오사카, 교토 등 한
인 노동자가 많았던 지역의 한인 활동가들이 전국 규모의 한인 노동단체를

5) 片山潛, 「日本における朝鮮人勞働者」, 『赤色勞働組合インターナショナル』 제6호, 1924년 6월
(『片山潛著作集』 제3권, 片山潛生誕百年記念会, 1960).

만들고자 일본노동조합총동맹 및 도쿄 전차노동자자치회의 협력을 구하였
다. 그 결과 1925년 2월 22일에 재일본조선노동총동맹(在日本朝鮮勞動總同
盟, 이하 재일 노총)이라는 통합 조직이 창립되었다. 재일 노총의 성격은 아
래에 제시한 창립 강령에 나타나 있다.

   하나, 우리는 단결의 위력과 상호부조의 조직으로 경제적 평등과 지식의 계
발을 기한다.
   하나, 우리는 단호한 용기와 유효한 전술로서 자본가 계급의 억압과 박해에
대해 철저히 항쟁할 것을 기한다.
   하나, 우리는 노동자계급과 자본가계급이 양립할 수 없다는 것을 확신하고
노동조합의 실력으로 노동자계급의 완전한 해방과 자유 평등한 새 사회 건설을
기한다.6)

   이를 보면 재일 노총은 철저하게 계급투쟁을 표방한 단체였던 것을 알
수 있다. 이는 당시 일본거주 한인 수가 12만 명으로 급증한 현실 아래에서,
각지 거주 활동가들이 한인의 권익옹호를 위해 역량을 결집할 필요성을 실
감했기 때문이다. 재일 노총은 창립 이후 매년 전체대회를 개최하면서 한인
노동자의 권익을 지키고 민족적 단결과 계급의식을 고양하고자 진력했다.
그러나 일본 관헌의 노동운동 및 사회주의 운동에 대한 지속적인 탄압으로
노동조합 본연의 형태를 갖추기가 매우 힘들었다. 그와 관련된 1928년의 사
례를 보도록 하자.
   1928년 5월 도쿄의 혼죠(本所)에서 재일노총은 제4회 전체대회를 개최하
여 "조선 내외를 막론한 전민족적 공동 투쟁, 일본무산계급과의 공동 투쟁,
산하 노조의 산업별 조직화"라는 운동 방침을 채택하였다. 산하 조직을 산
업별로 재편성한다는 것은 재일노총을 노동조합 본연의 활동인 모습으로
지향하겠다는 의미이다. 그러나 산업별 노조화의 방침은 실제는 "일본 좌익

6) 앞의 朴慶植,『在日朝鮮人運動史 -8·15解放前-』, 125쪽.

노동조합의 적극적인 협력과 지도를 기대"[7]하는 정도로 그치고 말았는데, 그 이유는 같은 해 3월 15일에 있었던 일본 경찰의 대탄압으로 일본인 좌파 노조의 조직이 전국적으로 약화되었기 때문이다. 더욱이 일본거주 한인 노동자들 대부분이 일용직 육체노동 또는 임시 직공 등의 형태로 존재하던 당시의 현실에서는, 한인 노조를 산업별로 조직화를 한다는 것은 현실적으로 무리였다. 설상가상으로 1928년 11월에는 '소화(昭和)천황'의 즉위식 전에 재일노총의 활동가를 포함한 재도쿄 한인 사회운동가들이 일제히 검거되어 큰 타격을 입었다.

한편 1920년대 후반에는 생계 목적으로 도일하는 한인들이 증가하여 28년에 일본의 대도시 이외의 한인 인구가 집중된 중소 도시에서도 새로운 한인 노조가 설립되었다. 1928년에는 니가타(新潟)조선노동조합이, 또 1929년에는 효고(兵庫)조선노동조합, 도요하시(豊橋)조선노동조합, 치바(千葉)조선노동조합, 아이치(愛知)조선노동조합 등이 그에 해당하며, 재일노총의 산하 단체가 되었다. 1929년 10월경에는 재일노총 산하의 단체원이 약 23,500명으로 증가하였다.[8] 따라서 1929년 4월에 개최된 재일노총 제5회 대회에서는 산하 단체를 산업별 노조로 조직화한다는 방침을 재확인하였다. 그리고 산업별 노조화를 실천하기 위해, 전년의 12월에 설립된 일본노동조합전국협의회(이후, 전협)의 협조를 기대하였으나, 4월 16일에 전국 규모로 거행된 특별고등경찰(이하, 특고)의 대탄압으로 전협의 주요 활동가들은 물론, 재일노총의 주요 활동가들 수십명이 일제히 체포당하였다.[9]

2) 재일 노총과 일본인 좌파 노조의 합류

1929년부터 재일노총의 잔존 멤버들은 종래의 운동 방법에 근본적인 변

7) 崔雲擧, 「在日本朝鮮勞働運動の最近の發展」, 『勞働者』 1927년 9월호.
8) 內務省 警保局, 『社會運動の狀況』 1930년판, 1151쪽.
9) 吉浦大藏, 『朝鮮人の共產主義運動』(司法省刑事局, 『思想研究資料』 特輯第71호), 84쪽.

화를 추구하기 시작했는데, 그것은 일본거주 한인노동자들의 독자적인 단체인 재일노총을 해산하고 산하 세력을 일본인 좌파노조인 일본노동조합전국협의회(이하, 전협)의 산하 조직에 합류해서 일본노동자들과 공동투쟁을 전개한다는 방향을 모색했다. 이에 대해 종래의 운동사 연구에서는 1928년 4월에 개최된 프로핀테른 제4회 대회에서 자본주의 각국에 존재하는 이민 노동자들의 역량을 당해국의 좌파노조가 정당한 권리를 부여하고 흡수해야 한다는 결정을 추종한 "일본문제소위원회"에서 일본의 좌파노조 "평의회와 재일노총의 합동"하라는 방침에 크게 영향받았다고 한다.[10] 물론 그런 외적인 요인도 있을 수 있지만, 필자는 재일노총이 전협 산하 조직에 합류하고자 결정한 1차적인 이유는 1925년 이래 일본 노동운동과의 협동전선 및 산업별 노조를 계속 추구했던 결과라고 생각한다. 더욱이 1928년 당시 일본에서 '조선·대만 노동조합 운동의 자유 및 일본 노동자와 동일한 대우 획득', '제국주의 전쟁 반대' 등과 같은 혁신적인 행동강령을 내건 노동단체는 전협이 유일했다는 점도 고려되었을 것이다.[11]

1929년 12월 14일, 오사카시 니시나리(西成)구의 비밀 장소에서 재일 노총의 새로운 이념적 지도자로 등장한 김두용(金斗鎔)의 주도로 도쿄, 오사카, 교토, 아이치, 가나가와, 니가타 등 각 산하 노조의 대표가 참석한 재일노총 확대중앙위원회가 개최되었다. 그날 결정된 사항들은 다음과 같다.[12]

-노총은 전협에 가맹할 것.
-일산업일조합(一産業一組合)주의에 따라 산업별 조합을 조직하고 이를 규합하여 전협의 지도에 따라 노총을 재조직하고, 현재의 조직을 투쟁과정에서 점차 산업별 조직으로 변경할 것.

---

10) 그 과정에 대해 상세히 다룬 대표적인 연구로서 岩村登志夫, 『在日朝鮮人労働者と日本労働者階級』(校倉書房, 1972)를 들 수 있다.
11) 앞의 김광열, 「1930년대 일본 혁신노동조합의 한인 조합원 운동-일본노동조합전국협의회를 중심으로-」, 124쪽.
12) 『社会運動の状況』 1929년판, 1125쪽.

－선언강령, 규약, 투쟁방침을 회의에서의 수정의견을 참조하여 상임위원이 작
성할 것.

이를 보아도 전협으로 합류하는 가장 큰 이유는 산업별 노조화 하는 것
에 있었다고 판단된다. 이후 1930년 들면서 재일노총 산하 각 단체들이 각
지의 전협 산하 조직에 합류하였다. 교토(京都)지역에서는 1930년 2월 1일,
미에(三重)현에서는 3월 30일, 오사카에서는 4월 5일, 아이치(愛知)현에서는
5월 1일, 효고(兵庫)현에서는 5월 10일, 도쿄에서는 7월 6일 등의 순으로 재
일노총 산하 단체들이 해당지역의 전협 조직으로 합류하였다.[13]

이하에서는 재일노총의 산하 단체원이 일본 각지에서 전협 산하의 조직
으로 합류한 이후의 전협에 어떠한 변화가 있었는지 보되, 지면의 관계상
전협 조직이 가장 발전했던 1932년의 사례를 검토하도록 한다.

아래의 〈표 1〉는 일본 내무성의 자료에서 1932년 12월 말 전협 산하 단체
의 조직 상황 및 한인을 포함한 조합원 분포를 일람할 수 있도록 작성한 것
이다.

〈표 1〉 1932년 전협의 산하 단체 상황과 조합원 분포

구분	지역별 단위	하부 단위조합	일본인	한인	계/ 한인비율
산업별 산하 단체	東京支部 協議會	土建/ 金屬/ 化學/ 出版/ 木材/ 一般使用人 등 勞組 東京支部	1270/ 500/ 430/ 850/ 120/ 420	930/ 70/ 70/ 200/ 50/ 70	
		電氣/ 纖維/ 交通運輸/ 食料/ 通信/ 鑛山(準) 등의 勞組 東京支部	60/ 160/ 200/ 190/ 130/ 15	0	
		소 계	4345	1390	5735/ 24.28%
	京都地區 協議會	出版(準)/ 纖維(準) 등 勞組 京都地區	7/ 5	3/ 2	
		一般使用人/ 交通運輸(準)/ 食料(準)/ 化學(準)/ 金屬(準) 등 勞組 京都地區	20/ 6/ 3/ 7/ 5	0	

13) 앞의 김광열, 「1930년대 일본 혁신노동조합의 한인 조합원 운동－일본노동조합전국협의회를
중심으로－」, 126쪽.

大阪支部協議會	化學/ 土建/ 出版/ 金屬/ 纖維 등 勞組 大阪支部	60/ 80/ 50/ 30/ 80	588/ 525/382/ 536/ 363	
	交通運輸/ 電氣/ 通信/ 一般使用人/ 木材 등 勞組 大阪支部	30/ 60/ 5/ 20/ 5	0	
	소 계	420	2394	2814/ 85.07%
神奈川支部協議會	土建/ 金屬/ 出版/ 纖維/ 通信/ 交通運輸/ 一般使用人 등의 勞組 神奈川支部	300/ 50/ 30/ 30/ 5/ 20/ 15	290/ 0/ 0/ 0/ 0/ 0/ 0	740/ 39%
兵庫支部協議會	化學/ 金屬(準)/ 纖維(準)/ 交通運輸/ 一般使用人/ 土建(準) 등의 勞組 兵庫支部	40/ 16/ 6/ 10/ 7/ 6	92/ 0/ 0/ 0/ 0/ 0	177/ 51%
名古屋地區協議會	化學/ 土建/ 出版, 通信, 交通運輸, 纖維, 一般使用人(準) 등의 勞組 名古屋地區	43/ 24/ 8/ 8/ 13/ 6/ 12/ 12	54/ 33/ 0	
	纖維勞組豊橋地區	50	185	
	化學勞組東濃瀬戸地區(準)	3	7	
	土建勞組田原地區(準)	30	140	
三河地區協議會	土建(準)/ 交通運輸(準) 등 勞組 豊橋地區	30/ 2	40/ 0	
	纖維勞組岡崎地區(準)	3	0	
	纖維勞組田原地區	16	0	
	소 계	260	372	632/ 58.86%
金澤地方協議會	9단체	61	0	
富山地區協議會	5단체	24	0	
	土建勞組富山地區	0	41	
長野支部協議會	土建, 纖維, 交通, 運輸, 出版, 一般使用人, 通信 등의 組合 長野支部	376	0	
岡山/ 廣島支部協議會	6단체/ 14단체	25/ 47	0	
山口地方協議會/ 기타	5단체 / 5단체	73 / 37	0 / 45(山梨佐久鐵道공사장)	
	조합원 합계	6238	4629	10867(42.6%)
비산업별영향단체	도쿄지역일용노동자단체	芝浦失業者委員會, 小石川紹介所共助會, 新宿紹介所相愛會, 深川紹介所向上會, 三河島失業者登錄者會, 江東橋紹介所共助會, 砂町紹介所共助會, 大井町勞働者組合, 玉姬紹介所親睦會, 廚橋紹介所共生會, 金町南葛友和會, 王子純勞親睦會, 高田紹介所共援會, 世田谷新興勞働會, 日暮里紹介所親睦	120/ 90/ 56/ 240/ 5/ 15/ 0/ 40/ 115/ 3/ 40/ 0/ 0/ 0/ 180/ 0/ 55/ 0/	350/ 50/ 150/ 250/ 100/ 600/ 50/ 70/ 30/ 250/ 80 / 150/ 50/ 40/ 170/ 120/

		會, 尾久一般勞働者共助會, 千駄ケ谷 紹介所共助會, 千住失業登錄者共助會, 澁谷紹介所共助會, 豊多摩自由勞働者 組合, 吾嬬町新交會, 南千住自由勞働 者組合, 淀橋登錄者相互組合, 高田町 勤勞友愛會 / 기타 5단체	10/ 0/ 190/ 60/ 0/ 0/ 기타 235	70/ 100/ 80/ 40/ 40/ 30/ 20/ 10	
	중부	豊橋合同勞組	0	345	
		名古屋失業者共助會/ 기타 10단체	240/ 528	0	
	北陸	石川縣自由勞組 / 기타 3단체	0/ 108	150/ 0	
	기타 지방	北海道 4단체/ 奧羽 3단체/ 關西 3단체/ 中國 5단체/ 九州 2단체	178/ 39/ 445/ 861/ 155	0	
		준 조합원 합계	3191	3734	6925(53.92%)
		총 계	9429	8363	17797(46.99%)

*출전: 內務省 警保局, 『社會運動の狀況』, 昭和7年版에서 발췌하여 작성.

이 〈표 1〉을 통해 한인 조합원이 합류가 완료된 이후 시기에 일본 각지의 전협 산하 단체에서 한인의 존재 상태가 어떠했는지 알 수 있다. 1932년 말 시점에 확인된 전협의 전체 세력규모는 조합원과 준조합원을 모두 합쳐 1만 7,797명이었는데, 그 중 한인은 8,363명으로서 전체의 47%를 점하고 있었다. 조합원의 경우, 총수는 1만 867명 중에서 일본인이 6,238명이었고, 한인은 전체의 42.6%인 4,629명이었다. 조합원에서 한인의 비율이 4할이 넘을 정도로 많았던 것이다. 이를 산업별로 보면 1932년 전협 조직에서 한인 조합원 수가 가장 많았던 분야는 토목건축이었고, 그 외에도 금속, 출판, 화학, 섬유 등에도 집중되었다. 한편, 준 조합원에 해당하는 영향하의 단체에는 6,925명이 있었는데, 그 중에서 한인은 약 54%에 달하는 3,734명이었고 대부분이 도쿄 지역의 일용 노동단체에 속해 있었다.

1930년에 재일 노총의 산하 조합원이 전협 산하 단체에 합류하기 시작했을 때에 전협의 총 회원수가 8,724명(그 중 한인 3,163명)이었다.[14] 그것과 비교하면 1932년 말 시점의 전협은 조직 규모가 세배로 확장된 것을 알 수 있다. 대체적으로 어느 지역이든 일본인 조합원의 산업별 조직화가 진행되

14) 『社會運動の狀況』 1930년판. 전체 중의 한인 노동자 비율은 조합원의 38%(1903명), 준조합원의 34%(1260명) 이었다.

었고, 한인의 경우도 이전보다 상당히 산업별 조직화가 진전되었다는 것을 알 수 있다.

1932년 전협의 운동 상황은 다음과 같다. 1932년의 전협은 경찰의 탄압을 피해 전국대회를 개최하지 않고 확대 중앙위원회를 개최하였다. 제1회 전협 중앙위원회에서는 행동강령으로 '군주제(천황제)의 폐지'라는 초강경 슬로건이 채택되었는데, 이후 출판노조, 광산노조, 섬유노조 등 하부조직에서 그를 행동강령에 반영하였고, 각종 인쇄물에서도 그를 실천하고자 하는 움직임이 나타났다. 이 해는 실업자(일용노동자)의 자주적 단체, 지방의 단독 조합 등의 결성이나, 각종 기념일 및 제국의회 · 부현의회 선거운동, 각종 파업을 지도하였다.[15]

이 해의 전협에서는 중앙위원회의 차원에서 주목할 만한 변화가 발생했다. 1월에 중앙위원회가 김두용을 위원장, 이의석(李義錫)을 위원으로 하는 '조선 위원회'를 설치한다고 결정했지만, 불행히도 두 사람 다 '치안유지법 위반'으로 기소되어 무산되었다. 또 같은 해 9월에 개최된 중앙위원회는 행동강령에 '조선, 대만, 중국 등의 노동 강화에 대한 모든 민족적 차별 반대 및 식민지 · 반식민지 노동조합을 지지 제휴하기 위한 투쟁'이란 항목을 신설하였고 그에 준거하여 중앙위원회의 밑에 '조선인부' 또는 '식민지부'라는 전문부서를 설치한다고 결정하였다.[16] 이러한 중앙위원회의 방침은 그만큼 전협 산하에 한인 조합원이 많았던 현실을 반영한 것이었다.

이 해의 한인 노조원의 활약을 살펴보자. 무엇보다도 토목건축 노조 중에서 한인 조합원이 930명으로 가장 많았던 토건노조 도쿄지부를 손꼽을 수 있다. 토건노조 도쿄지부는 허경인(許景仁)의 지도하에서 각 지구 책임자로 한인 활동가들이 포진되어 있었다. 도쿄지부의 소속 분회 중에서 가장

---

15) 『社會運動の狀況』 1932년판, 226~227쪽.

16) 1932년 중의 전협 중앙위원회의 움직임은 『社會運動の狀況』 昭和7年판, 1460, 1461쪽을 참조. 이 때 기소된 김두용, 이의석 등은 1932년 6월 2일 도쿄지방재판소에서 '치안유지법 위반'으로 징역 2년의 판결을 받았다.(『特高月報』, 昭和7年 6月, 114쪽)

활발한 활동을 한 곳은 고토바시(江東橋)분회와 후카가와(深川)분회였다. 그
들은 7월 이후에 조합원 배가 획득운동, 시위행동대 편성, 정부미의 외국투매
방지운동, 아나키즘 단체와 항쟁, 노동자위안회 개최, 도쿄시 전차쟁의 응원,
후세 타쓰지(布施辰治) 변호사 징계재판 반대 등의 운동을 전개하였다.[17]

또한 전협 화학노조 오사카지부도 당해 지역의 한인들이 주도하는 단체
였다. 1931년 12월 초에 열린 상임위원회에서 손표기가 대표가 되었다. 그
는 1932년 오사카지구 화학노조대회를 개최하여 지구위원회를 확립하고 공
장 조직책회의, 공장 대표자회의 등을 구성하였으며, 기관지「화학노동자
오사카판(化學勞働者大阪版)」간행, 산하 단체의 정비를 통해 지역거주 노동
자들을 지휘하고 운동을 전개하였다.[18] 이외에도 교토 지부협의회, 토건노
조 오사카지부, 토건노조 가나가와지부, 화학노조 효고현지부 등에서 한인
활동가들의 주도적인 활약이 확인된다.

'천황제 폐지'를 운동의 지침으로 삼은 전협은 치안유지법 제1조 위반 단
체로 공식 지목되어 특고의 대대적인 탄압 대상이 되었다. 당시 전협이 항
상 경찰 당국으로부터 감시와 탄압을 받고 있었던 현실적인 제약을 감안하
면, 상기와 같이 전협의 산업별 노조에 한인 조합원들이 상당수 존재했던
것은 기이한 현상이라 해도 과언이 아니다. 그러나 그들은 실제 앞에서 본
것과 같은 활동을 전개하고 있었다.

이상과 같이, 1930년에 재일 조선노총의 산하 노조들은 전국 각지에서 낭
시 가장 급진적인 일본인 좌파노조 전협의 조직에 합류한 이후 한인 활동
가들은 각 지역에서 지지 기반을 활용하여 전협 산하에서 조직의 방침을
실행함과 동시에 민족 기념일 투쟁과 같은 기존의 운동을 지속하여 지지
노동자들을 규합하였다. 전협은 한인 조합원의 활약에 힘입어 1934년까지
지속되었으나, 이후 계속된 치안당국의 탄압으로 결국 와해되었다. 각지의
산하 노조에서 지도적인 활동을 했던 한인 활동가들도 검거되었다.

17)『社会運動の状況』1932년판, 1434쪽.
18)『社会運動の状況』1932년판, 1465쪽.

4. 민족차별이 재일한인 활동가들에게 미친 영향

1930년대 전반의 일본에서 가장 진보적인 노동조합이었던 전협이 발전하고 탄압으로 인해 와해되는 과정에서 수많은 한인 활동가들이 그 존속을 위해 활동하였다. 그들 중에는 일본인 활동가들과 함께 치안유지법 위반으로 검거되었다가 기소당한 사람도 적지 않았다. 이하에서 그들은 어떤 사람들이었으며 왜 그들은 계속되는 탄압 하에서도 일본인 좌파노조에서 열심히 활동을 하였는지 그 이유에 대해 살펴보기로 한다.

1) 치안유지법 위반으로 기소된 재일 한인의 존재 양태

먼저 재일 노총이 전협에 합류한 1930년 이후 전협이 건재했던 기간 동안에 "치안유지법 위반"의 명목으로 재판부에 기소된 사람들에 대해 주목하고자 한다. 당시 일본에서는 경찰이나 검찰에게 검거된 사람들은 재판소구성법 및 형사소송법에서 규정한대로 예심 판사에 의해 예비심문을 받은 후, 그 결과 기소되거나 방면되거나가 정해진다. 일반적으로 예심 판사가 검거자들 중에서 확연하게 반체제 운동을 주도했다고 판단한 사람들은 "치안유지법 위반"으로 재판에 기소한다.

〈표 2〉는 1928년부터 1937년까지 일본에서 좌파 활동을 이유로 체포되었다가 결국 치안유지법 위반이라는 명목으로 재판에 회부된 사람들과 그 중의 한인 비율을 연차별로 나타낸 것이다.

한인 피소자 수와 전체 피소자 수는 어느 정도의 상관 관계가 있고, 1930년부터 서서히 증가하였으며, 1933년의 131명을 절정으로 이후 급속하게 감소하였다는 것을 알 수 있다. 이 조사의 인용 자료를 통해 기소된 한인 활동가들의 소속 단체를 보면 노동단체인 전협이 209명으로 가장 많았다는 것이 확인된다. 따라서 전협을 중심으로 〈표 2〉에 대해 설명해 본다.

〈표 2〉는 1930년부터 이루어진 재일 노총의 전협 합류로 인해 기소자 중

〈표 2〉 1930년대 치안유지법 위반 기소자 중의 한인

년도	인원		한인 비율(%)
	전체	한인	
1928	525		
1929	339		
1930	461	11	2.4
1931	307	11	3.5
1932	646	37	5.7
1933	1285	131	10.0
1934	496	55	10.0
1935	113	12	9.7
1936	158	11	6.9
1937	102	11	10.7
계	4432	279	평균 6.2

*司法省刑事局, 『思想月報』 40号, 昭和12年 10月.

에서 한인이 존재하게 되었고, 한인 노조원이 점차 증가함에 따라 간부급의
활동가 수도 비례적으로 증가하였다. 그리고 이 기소자 수는 역시 전협 운
동에 대한 치안 당국의 탄압의 결과로서 나타난 것이다. 그 결과로서 기소자
중의 한인 비율도 높아진 것이다. 탄압의 시기를 보면, 1930년에는 11월과
12월, 1931년에는 5월과 8월, 1932년에는 3월과 4월, 1933년에는 3월부터 6월
및 9월에서 12월, 1934년에는 1, 3, 5, 12월에 실시되었다는 것이 확인된다.[19)]
  특히 1933년에 기소자 수가 격증한 것은, 앞장 2항에서 확인하였듯이 32년
9월에 개최된 전협의 중앙위원회에서 "군주제 폐지"라는 항목이 행동강령으
로 채택된 것을 이유로 치안 당국이 전협 활동가라면 아예 치안유지법 위
반자로 검거하였다는 것에 기인한다. 또한 〈표 2〉의 인용자료를 통해, 해당
기간 중에 기소된 사람들의 활동 지역을 알 수 있는데, 도쿄가 135명으로
가장 많았고, 다음으로 오사카 76명, 고베 17명, 교토 12명의 순으로 많았다.
당시 일본거주 한인의 집주지였다.
  이번에는 이 기소자들의 교육 경력과 직업을 통해서 그들의 특질에 대해

---

19) 앞의 김광열, 「1930년대 일본 혁신노동조합의 한인 조합원 운동 — 일본노동조합전국협의회를
    중심으로—」, 136~157쪽.

살펴보기로 한다. 먼저 그들의 교육 경력에 대해 정리한 〈표 3〉을 보도록 하자.

〈표 3〉 한인 치안유지법 위반 기소자의 교육 정도

교육 정도	인원	비율(%)
전문학교(중퇴 포함) 이상	26	9
중등학교(중퇴 포함) 정도	93	34
소학교(중퇴 포함) 정도	131	47
무 학	23	8
불명	6	2
계	279	100

*司法省刑事局, 『思想月報』 40号, 昭和12年 10月.

이 〈표 3〉에 기록된 치안유지법 위반으로 기소된 한인들은 대부분이 조선의 보통학교에 해당하는 소학교 이상의 교육 정도였고 중등교육 경험자도 30% 이상이라는 것이 확인된다. 더욱이 고등교육 기관인 전문학교 출신자가 9%나 되는 것은 주목할 만한 결과이다. 왜냐하면 당시 조선 내에서 조사된 조선인의 일반적인 교육 정도에 비교하면 매우 차이가 있기 때문이다.

조선총독부가 실시한 통계 조사를 통해 식민지기 조선에 거주한 한인의 취학 상황을 알 수 있다. 1930년 조선의 전체 교육기관에 재학 중인 한인 학생은 총 686,250명이었는데, 그 내역을 보면 초등교육기관에 66.86% (보통학교 66.7%, 소학교 0.16%), 한문 교육을 하는 서당에 21.99%, 중등교육기관에 2.38%(고등보통학교 1.6%, 중학교 0.05%, 여자고등보통학교 0.64%, 고등여학교 0.09%), 전문학교와 사범학교에 0.46%, 대학 예과가 0.01%였다.[20] 서당은 초등교육 기관에 포함시킬 수 있으니 초등교육 기관에 취학 중이었던 사람들이 전체의 약 89%에 달하였던 것을 알 수 있다. 환언하면 당시 조선에서는 취학연령대의 젊은이들 대부분 초등교육 기관에 머물러 있었고, 그들이 중등교육 기관 이상으로 진학하는 확률은 지극히 낮았다고 할 수 있다. 하물며 전문학교 이상의 고등교육 기관에 재학하던 사람은 전체의 0.47%에

---

20) 朝鮮總督府, 『朝鮮總督府統計年報』, 1930年.

지나지 않았다.

따라서 이와 같은 당시 조선에서의 교육 사정과 〈표 3〉에서 보았던 일본에서 치안유지법에 기소된 한인의 학력에는 상당한 차이가 있다는 것이 확인된다. 후자의 교육 레벨은 당시 조선인 일반의 그것에 비해 매우 높았던 것이다. 조선에서는 중등교육 이상의 경험자가 전체의 3%도 되지 않았는데 비해, 일본에서 좌파 운동을 했던 후자의 경우는 중등교육 이상의 교육경험자가 40%를 초과하였던 것이다. 더욱이 고등교육 기관인 전문학교 교육의 경험자가 9%였다는 것은 주목할 만하다.

다음으로 이 한인 치안유지법 위반자 즉 열성적인 활동가들이 어떤 직업을 가지고 있었는지에 대해 살펴보기로 한다.

〈표 4〉 한인 치안유지법 위반자의 직업

직업	인원	비율(%)
어업	1	
광부	1	
토공	16	6
직공	43	16
기술자	12	5
여공	1	
신문배달부	21	8
음식업	1	
점원	2	1
자동차종업원	4	2
관청고용원	1	
저술업	1	
조합서기	1	
회사사무원	1	
인부	39	14
고용원	1	
학생	11	4
신문잡지경영자	1	
기타	18	7
무직	100	37
계	279	100%

*司法省刑事局, 『思想月報』 40호, 昭和12年 10월.

〈표 4〉를 통해 다음 사실이 확인된다. 이 표의 항목 중에서 가장 백분율
이 높은 것이 무직으로서 전체의 37%를 차지했다. 그 다음으로, 각종 공장
의 직공이 16%, 일용직 인부가 13%, 신문배달부가 8%였다는 것을 확인할
수 있다. 공장 직공은 그래도 다른 직업보다는 안정적일 가능성이 있으나,
전체의 16%에 지나지 않았다. 직업이 있는 자 중에서도 3분의 1 정도가 일
용직 노동자였던 것이다. 즉 이들 치안유지법 위반으로 기소된 열성적 활동
가들의 21%는 겨우 그날의 생계를 이어가는 임시직 노동자였으며, 37%는
전혀 생계가 보장되지 않는 무직 상태였던 것이다. 후자의 경우, 정치경찰
의 탄압을 받고 검거당하는 1930년대 당시의 일상 속에서 그들이 일부러 무
직을 택했을 가능성은 매우 낮다.

그런데 그들의 이러한 직업 구성과 앞의 〈표 3〉에서 본 교육 정도를 비
교를 해 보면, 상당히 모순이 있다는 것을 알 수 있다. 즉 식민지 조선에서
는 인텔리 계층에 속하는 그들이 일본에서는 대개가 무직이거나 일용직 노
동자였던 것이다. 이는 그들이 도일한 후에 일본 현지에서 처했던 일상생활
에 문제가 있었다고 추측할 수 있다.

2) 재일 한인들이 전협의 활동에 적극 참가한 이유

다음은 1930년부터 34년까지 일제의 사법성 형사국이 작성한 「조선인 공
산주의자의 특색에 관한 조사」[21](이하 「특색 조사」로 약칭)를 통해 앞에서
검토한 "치안유지법 위반"의 명목으로 검거된 한인 활동가들이 당해 운동에
참가한 이유가 무엇인지에 대해 정리해 본다.

「특색 조사」는 도쿄 지역의 치안을 담당하는 경시청에서 검거한 한인 활
동가들에 대해 다음 5개 항목으로 나눠 조사를 한 것으로서, 그 중에서 가
장 첫 번째로 조사된 항목이 "일본에서의 불평불만"인데 4가지의 주목할 만

---

21) 司法省刑事局, 「朝鮮人共産主義者の特色に関する調査」, 『思想月報』 第7号, 昭和10年 1月(朴慶
植 編, 『在日朝鮮人關係資料集成』 第3卷, 三一書房, 1976,에 수록).

한 사례를 들고 있다. 이는 당시 한인들이 일본에서 생활하는 도중에 식민지 출신의 소수자로서 당하는 차별을 적나라하게 표현한 것으로서, 그들의 사상에 변화가 발생한 계기를 알 수 있는 주목할 만한 내용이다. 아래에 그 4가지를 인용해 둔다.

(a) 특히 도쿄 간다(神田) 부근의 셋방 광고판에서 "셋방 있으나 일본인에 한함"이라고 우리를 배척하는 문구를 공공연하게 내걸고 있다. 이는 확실히 우리 조선인을 기피하고 있는 것이다. 간다에 다수의 조선인이 거주하는 것은 거기에 다수의 학교와 조선의 식사를 제공하는 식당이 있는 관계상 통학이 편하고 타향에 와 있는 자들끼리의 우정 관계 등 때문이다. 이렇게 젊은 조선인 학생들이 많이 모이는 장소에 노골적으로 배척의 문구를 걸어두는 것은 큰 모욕이며 가장 큰 불만이라 참을 수 없다.

(b) 사상적으로 우리를 위험시하는 것이 극단적이라 할 수 있는데, 주거에서 관헌이 감시하고 가택수사하거나, 가두에서 연속적으로 항상 불심 검문을 당하는 것은 실로 불유쾌한 일로서, 민족 차별을 몸으로 느낄 정도이다. 이것은 예상하지 않던 것으로서 그렇게 심한 민족 차별에는 말로 다할 수 없는 환멸을 느낀다. 아무리 우둔하고 온순한 사람이라도 반항심이 일어나지 않을 수 없다.

(c) 은행, 회사, 상점 등의 문호 폐쇄
일본에서 고학을 해서 입신(立身)을 하고자 도항한 경우에는 대다수의 사람들이 고학의 수단으로서 택하는 직업이 직공이나 신문배달인데, 조선인이라는 이유로 고용되지 않는 경우가 많고, 설사 고용된다 하더라도 조선인이라는 이유로 부당하게 임금이 싸므로, 면학의 자금을 얻는 길이 두절되어 결과적으로 면학을 포기할 수밖에 없게 되고, 무위도식하는 중에 생활난에 빠져 사상 악화되어 일본에 대한 반감이 일어나서 공산주의 운동에 발을 들이게 되었다.

(d) 조선에 대한 일반의 관심이 너무 없다
일본의 신문, 잡지 같은 언론기관이나 교육기관에서 조선에 관한 문제를 일체 묵살하고 있는 것이 실로 불만이다. 현재 조선의 사정과 문제를 일본의 언론계나 학계를 통해 듣는 것은 절망에 가깝다. 고향 소식을 알고자 일류의 도서관을 가도 조선의 신문이나 잡지를 비치한 곳이 없다. 조선은 이렇게 돌아보지 않은 채 방치되어 있으나, 조선에는 수천년 동안 육성된 특유의 문화가 있

고, 우수한 예술이 있다. 그것을 무시하는 (일본인의)태도에는 크게 불만을 느
낀다.[22)

　이상에 열거한 것을 보면, 당시 일본에서 생활하던 한인들은 평소에 인종
적, 치안상, 경제적, 문화적인 제반 측면에서 심한 민족 차별에 직면해 있었
다는 것을 알 수 있다. 이에 대해 한인들은 대체적으로 매우 불만스럽게 생
각했으며, 그로 인해 특히 교육 정도가 높은 한인들은 지배구조적인 문제에
대해 눈을 뜨게 된 것이다. 또 그들은 식민지화된 조선에서의 정치적, 경제
적, 교육기회, 문화적인 측면에서 한인들은 일본인에 비해 매우 차별적인
위치에 있다는 것도 파악하였다. 즉 고향이 있는 조선에서도, 장래의 희망
을 갖고 변화를 추구하고자 도항한 일본에서도 자신들에 대한 다양한 민족
차별에 직면하자 그 불만이 가중되어 좌파 운동에 참가하게 된 것이다.
　그 결과로서 일본 내 공산주의 운동에 참가하게 된 이유와 목적은 다음
과 같이 정리하고 있다.

　　… 이상에 거론한 이유로 일본인에 대한 반감을 갖고 조선의 독립을 꿈꾸게
　되었고, 각종 운동에 참가하여 반항적인 언동을 감행하였으며, 공산주의 운동
　이 제국주의의 타도, 식민지 해방 및 독립을 주장하고 있기 때문에 그 혁명적
　인 이론에 공명하여 실제 운동에 참가하게 되었다.
　　(중략)
　　… 공산주의 운동은 농민층, 노동자층, 학생층 등 여러 계급에 통하는 조선
　전체의 통일적인 조직체가 결성되어 있으며, 민족적 운동처럼 관념적이지 않고
　항상 대다수의 노동자와 농민을 위해 그 일상의 불평불만에 귀 기울이는 현실
　성이 있고, 대중의 선두에 서서 과감하게 투쟁하고, 기회 있을 때마다 피압박
　조선민중의 일본제국에 대한 원한을 가지고 일본에 대한 반항심을 왕성하게 함
　과 동시에 조직의 확대 강화를 도모한다. … 조선의 해방을 기하는 일은 일본
　의 노동자, 농민의 해방을 완성하는 것이 아니면 바랄 수 없는 것이다. 따라서

---

22) 앞의 「朝鮮人共産主義者の特色に関する調査」, 朴慶植 編, 『在日朝鮮人關係資料集成』 第3卷,
　　880 · 881쪽.

우리는 그 필요 수단으로서 반제국주의 요소와 공동전선을 즉 일본의 노동자, 농민, 해방운동자들과 연대 투쟁을 해야 한다.[23]

즉 일본에서의 일상생활에서 겪은 민족차별으로 인해, "제국주의 타도" "식민지 해방 및 독립"을 주장하며, 노동자와 농민의 일상적 불평불만에 귀 기울이는 현실성과 피압박 조선민중의 일본제국에 대한 원한을 가지고 일본에 대한 반항심을 왕성하게 한다는 공산주의운동에 참가하게 되었다는 것이다. 여기에서 앞장에서 보았던 재일 노총이 일본인 좌파노조 전협에 합류를 결정한 이유를 상기할 필요가 있다.

다음으로 1940년까지 재일 한인의 좌파운동을 담당한 예심판사가 남긴 「사상연구자료」[24]를 통해, 상기와 같은 정황이 도쿄 지역 이외의 다른 지역에 거주했던 한인들에게도 나타났던 것을 확인할 수 있다. 1930년대 중반에 나고야를 중심으로 한 일본 중부지방에서 대표적인 노동운동 단체로서 이름을 떨쳤던 나고야합동노동조합의 최고 간부 신산축(申山祝)을 대표적인 사례로 들 수 있다. 그는 조선 빈농의 자제였고 1929년에 생계를 해결하고 자 도일하였으나 일본에서 생활하면서 겪었던 갖은 민족차별 때문에 자연히 일본제국에 대한 반감을 가지게 되었고, 나아가 민족해방의 필요성을 자각하게 되어 좌파 노동운동에 참가하게 되었다고 한다.[25] 그는 처음에는 1929년 2월에 당해 지역거주 한인의 노동문제를 해결하고자 설립된 신간회 나고야지부에 가입하여 활동하였고, 1929년 12월에 기존의 나고야 지역 노동단체를 규합하여 재일노총의 산하 단체로서 다시 설립된 아이치(愛知)조선노조[26]를 거쳐, 1930년에 재일노총 산하 단체를 모두 전협 산하로 합류한

23) 위의 「朝鮮人共産主義者の特色に関する調査」, 朴慶植 編, 『在日朝鮮人關係資料集成』 第3卷, 882쪽.
24) 司法省刑事局 判事 吉浦大藏 報告書, 「朝鮮人の共産主義運動」, 『思想究資料』 特輯 第71号, 昭和15年 1月.
25) 위의 『思想研究資料』 特輯 第71号, 243・244쪽.
26) 이 아이치(愛知)조선노조의 설립 및 전협 합류의 과정에 관해서는 김광열, 「1930년대 일본노동

다는 중앙의 결정에 따라 전협 나고야 지부에서 활동하였고, 탄압으로 인한 전협 조직이 소멸된 이후에는 잔존한 한·일 활동가들과 협력하여 1935년 2월에 나고야합동노조를 설립하였고 그 대표적인 간부로서 활약하였다.[27)]

위에서 살펴 본 2가지 사례를 통해 해방 전에 재일 한인이 일본의 좌파 노동운동에 참가한 이유는 대동소이하다는 것을 알 수 있다. 즉 일상생활에서 겪은 '민족 차별'이 이유였다.

평소에 그들이 겪은 각종 차별적 대우가 그들로 하여금 상기한 바와 같은 공산주의 운동에 매료되게 하였고, 그를 통해 민족해방의 방도를 추구하게 하였던 것이다. 당사자들은 그 민족 차별의 원인을 자아내는 일본제국주의의 식민지 지배가 최대의 원흉이라고 판단하고 전협 산하 조직에서 일본인 못지않게 매우 적극적인 활동을 하였다.

■ 김광열

조합전국협의회와 한인노동자-나고야지역의 운동을 중심으로-」(『한인민족문제연구』 제22호, 2012.6)를 참조 요망.

27) 신산축과 나고야합동노조와의 관계에 대해서는 김광열, 「1930年代名古屋地方の朝鮮人勞働運動」(『在日朝鮮人史研究』 第28号, 1991)을 참조 바람.

일제 말기 강제로 동원된 조선인의 저항

1. 머리말

1931년 만주침략 이후 1945년 패전까지 시기에 일본이 저지른 침략전쟁을 15년 전쟁, 아시아·태평양전쟁이라 부른다.[1] 15년간에 걸친 시기 가운데 국가총동원법이 공포된 1938년 이후부터는 제국 일본의 전체 영역을 대상으로 총동원체제가 운영된 시기였다. 전쟁 수행을 위해 일본 본토는 물론이고 식민지와 점령지의 인력과 물자, 자금이 총동원되었다. 중일 전쟁이후 급속히 확대된 전선으로 인해 병사는 물론, 민간인과 물자의 총동원이 요구되었고, 후방에서도 총후보국을 강요당했다.[2]

---

1) 2005년에 출간된 이와나미(岩波)강좌 아시아·태평양전쟁 전8권 시리즈의 편집위원들은 '아시아태평양전쟁'은 당시 사용된 '대동아전쟁'은 이데올로기 과잉의 호칭이고 전후에 사용한 '태평양전쟁'은 미일전쟁 본위의 호칭이라는 점에 주목하고, 1931~1945년간 전쟁을 '아시아·태평양전쟁'이라는 광의의 개념으로 파악할 것을 제창했다. 그러나 대부분의 일본연구자들은 광의의 개념보다는 협의의 개념으로 '아시아·태평양전쟁(1941.12 진주만 공격~1945.9. 항목문서 조인)'이라는 호칭을 사용하고 있다.
2) 조선에 대한 총동원 체제에 대해서는 안자코 유카, 「조선총독부의 총동원 체제(1937~1945)형성 정책」(고려대학교 사학과 박사학위논문, 2006) 참조.

식민지 조선의 민중들도 이러한 엄혹한 시기를 피해갈 수 없었다. 군인과 군무원, 노무자, 위안부(일본군위안부, 노무위안부 등)로 동원되었고, 식량은 물론이고 한반도 내 8천 개가 넘는 작업장에서 생산된 광물과 군수물자가 항구를 통해 유출되었으며, 각종 강제저축제도를 통해 주머니를 털어야 했다.

이 시기에 조선 민중들은 무모한 전쟁으로 인해 각종 수탈에 시달렸고 삶의 터전과 목숨을 잃었으나 얻은 것도 있었다. 일본의 침략전쟁 수행을 위해 한반도를 비롯해, 일본 본토, 남사할린, 중국, 동남아, 태평양 등지로 동원된 인력동원은 대규모 인구이동 현상일 뿐만 아니라 최초의 근대 총동원 전쟁을 경험하고 새로운 문화와 접하는 기회가 되었고, 고향에서 인식하지 못했던 식민지의 구조적 모순에 눈 뜨는 계기가 되기도 했기 때문이다. 작업장 관리자의 폭언을 들으며 저항의 싹을 키우기도 했고, 연합군의 일본 대도시에 대한 소이탄 공격에 무방비 상태의 현실을 보면서 일본 사회 시스템의 실상을 목도하기도 했으며, 생명을 지키기 위한 방법을 고민하기도 했다.

이와 같이 일제 말기 일본의 아시아·태평양전쟁의 경험이 당대인들에게 미친 영향은 다양하지만 현재 연구 성과는 '강제로 동원된 조선인'에 치우쳐있다. 특히 '강제로 동원된 조선인들의 역동적이고 주체적인 삶의 모습'에 대한 연구는 매우 드물다. 당시 식민지민이었던 조선인들이 일본의 국가권력을 상대로 저항과 투쟁을 벌인다는 것은 큰 용기가 필요했으므로 역사적 의미도 컸지만 학계는 크게 주목하지 않았다.

일제 말기 강제로 동원된 조선인들의 저항 양상은 동원기부·작업장 탈출과 같은 소극적 저항, 비밀결사·현지 투쟁과 같은 적극적 저항이 있다. 이와 관련한 선행 연구 성과를 소개하면, 노무자들의 저항에 치중되어 있다. 강만길의 논문은 특고월보 기사를 분석한 논문에서 비록 일본에 동원된 조선인의 저항이 '그다지 성공하지는 못했으나' 저항수단이 시위나 직접행동(24%)보다 파업과 태업(54%) 등 조직적이고 계획적인 저항이라는 점에

주목했다. 이상의는 일제의 강제동원 및 노무관리에 대한 노무자의 대응을
노동현장 이탈과 직접적인 저항 양상을 통해 살펴보았다. 변은진은 일본지
역으로 동원된 노무자들의 탈출 및 비밀결사운동성격에 대해 반제·반전의
성격을 지닌 민족운동의 일환으로 평가했다.[3] 동원 지역별 연구로는 홋카
이도탄광기선주식회사 생산 문서를 분석한 노영종의 연구, 노무동원 관련
명부에서 가장 다수의 노무자를 동원한 지역인 경북지역 출신자 143명을
대상으로 저항과 투쟁 실태를 분석한 정혜경의 연구가 있다.[4] 이에 비해
군인과 군무원들의 저항에 관한 연구는 평양학병(표영수)과 인도네시아의
포로감시원들의 투쟁을 다룬 연구(우쓰미 아이코, 유병선)가 대표적이다.[5]
  이상의 연구 성과가 있으나 강제동원 피해자들의 저항과 투쟁에 대한 전
체 현황을 파악할 수 있는 연구는 여전히 찾을 수 없다. 이 같은 연구의 부
진은 국내학계에서 강제동원의 실상에 대한 연구가 정부 기관(국무총리 소
속 대일항쟁기 강제동원피해 조사 및 국외강제동원 희생자 등 지원위원회.
이하 대일항쟁기위원회)의 설립 이후 본격화되었다는 점을 감안하면 당연
하다 할 수 있다.
  이 글은 동원과정에서 발생한 저항 및 동원된 지역별·동원유형별 저항
의 사례를 토대로 저항의 배경과 성격을 제시하고자 하는 시론이다. 이 연
구는 전체적인 저항과 투쟁 현황을 토대로 하기보다 동원지역별 주요한 저
항 사례를 통해 지역별 특성을 파악하고, 이를 통해 일본지역 저항의 성격

---

3) 강만길, 「침략전쟁기 일본에 강제동원된 조선노동자의 저항」, 『한국사학보』 2, 1997 ; 이상의,
   『일제하 조선의 노동정책 연구』, 혜안, 2006, 322~368쪽 ; 변은진, 「일제침략전쟁기 조선인 '강
   제동원' 노동자의 저항과 성격: 일본 내 '도주' '비밀결사운동'을 중심으로」, 『아세아연구』 18,
   2002.
4) 노영종, 「일제말기 조선인의 北海道지역 강제연행과 거부투쟁」, 『한국근현대사연구』 17, 2001 ;
   정혜경, 「일제말기 경북지역 출신 강제동원 노무자들의 저항」, 『한일민족문제연구』 25, 2013.
5) 內海愛子·村井吉敬, 『赤道下の朝鮮人の叛亂』, 勁草書房, 1980 ; 內海愛子, 『朝鮮人BC級戰犯
   の記錄』, 勁草書房, 1982 ; 표영수, 「일제말기 병력동원 정책의 전개와 평양학병 사건」, 『한일
   민족문제연구』 3, 2003 ; 유병선, 「일본 군정기 자바 조선인 군속의 항일 비밀결사와 암바라와
   사건」, 고려대학교 대학원 사학과 석사학위논문, 2011

을 규명하는데 목적을 두었다. 이를 위해 독립운동 공훈록, 당국의 단속 및 판결자료, 공안자료(특고월보, 사회운동상황), 신문기사, 당사자 생산 문서 (회고록 류), 기업 생산 문서, 강제동원 피해조사기록(대일항쟁기위원회) 등 의 자료를 활용했다.

2. 동원과정에서 나타난 저항

일제 말기 인력동원은 국가총동원법을 비롯한 국민징용령 등 각종 법령 에 의거해 일본 국가 권력이 정책적 차원에서 실시했다. 인력동원 대상은 일본 본토는 물론 식민지(조선, 타이완)와 점령지 등 제국 일본의 전체 영 역 거주민이었다. 인력동원은 물자동원과 궤를 같이 하는 아시아·태평양 전쟁의 원활한 수행을 위한 두 축으로 역할을 담당했다. 연인원 780만 명 (실 인원 200만 명 이상)의 조선인이 노무자, 군인, 군무원 등으로 동원되었 다. 연인원 7,827,355명 가운데 노무자로 동원된 숫자는 7,554,764명으로 압 도적 다수를 차지하고 있다.[6] 그러므로 동원과정에서 탈출이나 투쟁을 벌 인 동원 유형도 노무자가 가장 많다.

일본 제국주의를 상대로 저항할 힘을 갖추지 못한 조선 민중, 특히 식량 을 공출할 수 없으므로 인력을 공출할 수밖에 없었던 노무자들이 일본의 국가권력을 상대로 저항과 투쟁을 벌인다는 것은 매우 큰 용기가 필요했다. 그러나 이들은 체념과 굴종의 모습만 보이지 않았다.

일본 내무성의 조사에 의하면, 1939년부터 1942년까지 일본에 강제로 끌 려간 조선인 가운데 25만 7,907명이 탈주를 시도했다. 연도별 탈출 비율을 보면, 1939년의 2.2%에서 1940년에는 18.7%, 1941년에 34.1%, 1942년에

---

6) 국민징용을 비롯한 인력동원의 전체적인 동원과정, 실태 등에 관해서는 정혜경, 『일본제국과 조선인노무자 공출』, 도서출판 선인, 2011 ; 『강제동원&평화총서-감感·동動1 : 징용 공출 강 제연행 강제동원』, 도서출판 선인, 2013 참조.

38.3%, 1943년에는 39.9%에 달한다.[7]

'몽땅 징용'이라 불리기도 한 국민징용 제3차 개정에 즈음해 1944년 조선
총독부가 제85회 일본제국의회에 보고한 내용에서도 적극적인 저항의 양상
이 잘 나타나 있다.

> "최근 일반징용실시의 취지를 발표하자 일부 지식계층과 유산계급 중에는 서
> 둘러 중국 만주 방면으로 탈출하고 혹은 주거를 전전하여 당국의 주거조사를
> 어렵게 하거나 혹은 급히 징용제외부문으로 취직을 기도하고 일반계층도 의사
> 를 농락하여 병으로 입원하거나 일부러 화류병에 걸려 질환을 이유로 면하려고
> 기도하며, 그 중에는 자기의 손발에 상처를 내고 불구자가 되어 기피하는 자,
> 심지어는 읍면직원 내지 경찰관의 專恣에 기인한 덕으로 곡단하여 이를 원망하
> 여 폭행, 협박하는 등 실로 일일이 헤아릴 수 없고 최근 보고사범만으로도 20여
> 건에 헤아리는 상황이다. 특히 지난 번 충청남도에서 발생한 송출 독려차 부임
> 한 경찰관을 살해한 사범은 그간의 동향을 말해준다. 특히 최근 주목되는 집단
> 기피 내지 폭행행위로서 경상북도 경산 경찰서에서 검거한 불온기도사건과 같
> 은 것은 징용기피를 위해 청장년 27명이 決心隊[8]라는 단체를 결성하여 식도,
> 죽창, 낫 등의 무기를 휴대하고 산 정상에서 농성하며 끝까지 목적관철을 기도
> 하는 것에서 첨예화한 노동계층 동향의 일단을 알 수 있다."[9]

조선총독부 경무국 자료에 의하면, 1944년 1~6월간 노무관계사범 1,643건
(1,897명) 중 국민징용령 위반자는 265건(270명)이고, 이 가운데 134건(137
명)이 검거되었다.[10] 1944년 10월 16일부터 10일간 조선총독부 경무국이 실
시한 일제조사기간 중에만 국민징용령 위반자 6,726명, 징용출두명령서를
받고 출두하지 않은 자 16,440명 등 총 23,166명이 단속될 정도로 인력동원

7) 內務省 警保局, 『特高月報』 및 內務省 警保局, 『社會運動狀況』, 해당연도 참조.
8) 대왕산숙장의거를 지칭.
9) 제85회 제국의회설명자료(노영종, 「일제말기 조선인의 北海道지역 강제연행과 거부투쟁」, 『한
국근현대사연구』 17, 2001, 169쪽 재인용).
10) 조선총독부 경무국, '소화19년 상반기 국민징용 등 노무사범 취체상황표'(노영종, 「일제말기
조선인의 北海道지역 강제연행과 거부투쟁」, 『한국근현대사연구』 17, 2001, 170쪽 재인용)

에 대한 식민지 조선민중의 저항은 심해졌다. 당국도 송출과정의 탈출을 방지하기 위해 다양한 조치를 취함은 물론, 피검자에 대해서는 실형을 부과하고, 수형기간 중에도 작업장에 동원하는 등 강하게 탄압했다. 대일항쟁기위원회가 파악한 수형자의 강제동원 사례는 158건에 달한다.

특히 탄광지역으로 대표되는 홋카이도(北海道)나 규슈(九州), 화태(남사할린의 당시 지명)는 조선인들이 기피하는 대상 지역이었다. 탄광지역에 대한 기피 현상은 전쟁 이전 시기부터 지속되었다. 특히 1890년대에는 죄수노동으로 알려져서 기피하는 작업장이었다. 『ㅁ일신문』 1898년 8월 11일자에는 '같은 해 4월경에 370명이 규슈 석탄광에 고용되어 착취당하다가 탈출한' 기사가 실려 있다.[11] '석탄광(石炭鑛)에 고용되었던 조선인들이 모르고 갔다가 탄광임을 알고 탈출하기 위해 선박을 구해 망망대해로 나선 것'이다. 또 다른 사례를 보면, 1898년 4월에 규슈에 고용된 조선인 370명도 4개월만에 모두 탈주했으나 일부는 잡히고 일부는 굶주리다 사망하여 결국 10명만이 인천항을 통해 귀국할 수 있었다고 한다.

이들은 모두 탄광노동자들이었다. 이러한 기사를 통해 조선사회에서 일본의 탄광지역에 대한 부정적인 인식은 더욱 확산되었다. 조선인들이 도일 초기에 발을 내딛었던 규슈는 1920년대 중반부터 본토로 들어가는 전진기지로 변했다. 도일 초기에는 탄광의 통제체제에서 벗어나지 못하던 조선인들도 노예노동에서 벗어나는 길을 모색하기 시작했기 때문이다. 일단 탄광 취업을 조건으로 도항허가를 얻은 조선인들의 첫 기착지는 후쿠오카(福岡)였으나, 이후 넓은 노동시장과 비교적 나은 노동조건을 갖춘 공장이 많은 관서(關西)지역으로 대거 이동해 점차 오사카로 밀집하게 되었다.

규슈와 같은 탄전지대인 홋카이도도 기피하는 경향은 마찬가지이다. 식민지 전 시기를 거쳐 조선인들에게 홋카이도는 '춥고 배고픈 죽음의 땅'으로 알려졌다. 식민지 시기의 주요 일간지 사회면에는 홋카이도 지역의 사고

---

11) 정혜경, 「1920년대 大阪 한인노동자의 생활상」, 『청계사학』 8, 1991, 221~224쪽.

(낙반, 폭발사고, 화재발생)로 조선인들의 피해 상황이 자주 보도되었다. 전시체제 이전 시기부터 형성되어 있었던 홋카이도 탄광의 이미지로 인해 홋카이도 행 송출대상자들의 탈출과 징용거부 사례는 다른 지역에 비해 높았다. 전시체제기에 들어서 조선에 상주하면서 인력송출을 주관했던 기업의 모집책들은 연일 회사에 "'북해도'라고 들으면 뒤로 물러나기 때문에 예정인원을 채우기 곤란하다"는 애로사항을 보고하기도 했다.[12] 탄광으로 동원하려는 일본당국과 회사 측은 모집과정에서 조선인들에게 동원 작업장을 알려주지 않거나 '미쓰비시인조석유주식회사' 등 공장인 듯 속이는 방법을 사용했다.

충남 논산군 출신 최재홍(1922년생)은 사할린(화태)의 공사장으로 알고 떠났다. "20대나 젊은이들은 남양군도로 남쪽으로 보내고 나이 먹은 이들은 저기 탄광으로 보내고"하는 시절에 "붙들러 다니는 사람(모집 가가리)"에게 "어차피 갈 거 더운 지방으로 가고 싶지 않아"서 1941년 9월에 화태로 떠났다.

> "당시에 우리 형님이 강원도로다가 저 탄광으로 모집을 갔어요. 붙들려가는 보국대나 한 가지. 형님이. 그래서 이제 아버님이 누가 그 탄광에 보내는 거 좋다고 그럽니까?"

노성에서 보통학교를 3학년까지 다녔으나 '다소나마 남의 소작을 부치는' 처지에 여기저기 떠돌면서 '징용'을 피해 시골 가서 몇 년간 고생을 하다가 "그걸(징용) 안 갈라고 뭣 좀 하다가" 모집가가리로부터 "이번에 화태 공사(工事) 뭐시기가 있다고 하는데, 거기 차라리 가는 것이 낫겠다. 네가 그렇게 거길 간다고 하면, 널 붙들지 않겠다(강제로 보내지 않겠다)"는 약속을 받고 '이름을 써 올린' 것이다. "한 2년 이상이면, 오고 싶다고 그러면, 한번 보내준다"는 이야기도 들었고, 형님처럼 탄광이 아니라 '화태 공사하는 일'을 한다고 하니 다행스러운 일이라 생각을 하고 고향을 떠났다. 그러나 그

---

12) 金贊汀, 『證言 朝鮮人强制連行』, 新人物往來社, 1975, 18~19쪽.

가 도착한 곳은 당초 약속한 공사판이 아니고 나요시(名好)의 도요하타(豊畑) 탄광이었다.[13]

이와 같이 전쟁 이전 시기부터 조선 사회에 널리 퍼진 탄광과 탄광지역에 대한 부정적인 인식으로 인해 탄광지역으로 동원되어야 하는 조선인들의 저항은 더욱 강했다. 대표적인 지역이 홋카이도이다. 1945년 5월 홋카이도탄광주식회사의 할당 대비 송출실적을 보면, 겨우 50.7%에 불과했다. 무려 49.3%가 동원과정에서 탈출했다는 의미이다.[14]

그러나 홋카이도탄광주식회사의 탈출율이 강제동원 초기부터 과반에 달했던 것은 아니었다. 1942년도 2~5월 탈출상황표를 보면, 할당인원 1,815명을 동원해 각 군청(경기도 시흥 등 3개군, 강원도 2개군, 경남 10개군, 황해도 2개군)에서 인계한 조선인은 1,529명(84%)이고, 열차에 승차한 인원은 1,510명(83%)인데, 일본으로 출발한 인원은 1,436명(79%)이다. 인수받은 인원 1,529명에서 출발한 인원 1,436명을 제외하면, 93명(6.8%)이 탈출했음을 알 수 있다.[15] 1942년 상반기에 6.8%였던 탈출율은 1944년 3~9월 통계에서는 24%로 증가하고, 1945년 5월에는 49.3%로 급증했다.[16]

시기가 지남에 따라 급증하는 동원 과정에서 탈출율은 집단적 저항 사례가 일어난 시기와도 공통점을 보인다. 다수의 독립운동가를 배출한 항일의 고장이자 강제동원 과정에서도 조직적으로 투쟁한 대표적인 지역인 경북지역의 사례에서 보면, 대표적인 저항의 사례로 평가되는 대한독립회복연구단(조선회복연구단, 조선독립회복연구단) 봉기와 대왕산결사대가 전개한 대왕산죽창의거(결심대)는 각각 1945년 3월과 1944년 7월에 발생했다.[17]

13) 일제강점하강제동원피해진상규명위원회, 『강제동원구술기록집8-지독한 이별』, 2007, 76쪽.
14) 「徵用勞務者5月輸送狀況報告」, 北炭勞務部, 『朝鮮募集關係(1945년 5월)』.
15) 北海道炭鑛汽船株式會社, 『釜山往復』, 682쪽.
16) 北海道炭鑛汽船株式會社, 『釜山往復』, 176, 276, 443, 515쪽.
17) 정혜경, 「일제말기 경북지역 출신 강제동원 노무자들의 저항」, 『한일민족문제연구』 25, 2013. 12 ; 장성욱, 「일제말기 경산 '決心隊'의 강제동원 거부 투쟁」, 『한국독립운동사연구』 47, 2114.4.

대왕산죽창의거(결심대)는 대표적인 징용거부투쟁으로 알려져 있는데, 이를 주도한 세력은 비밀결사인 대왕산결사대라 명명되고 있다. 경북 경산면 남산면에서 조직된 대왕산결사대는 안창률(安昌律), 김명돌(金命乭), 김인봉(金仁鳳) 등 대부분 농업에 종사하거나 면서기, 면기수 등 하급관리들이었다. 이들 29명은 1944년 7월 25일, 죽창, 식량 및 취사도구, 연장 등을 준비해 대왕산으로 들어간 후 의거대장 안창률, 부대장 김명돌, 소대장 성상룡·배상연·최외문, 특공대장 최기정, 정보연락대장 박재달 등 부서를 배치하고 남산면주재소 건물 파괴 및 고메타니(米谷, 주재소 근무자) 살해를 결의했다.

이에 대해 경산경찰서가 7월 27일 경방단과 순사, 일본인들을 동원해 해산을 기도하자 2시간 대접전을 벌여 일본인 몇 명에게 부상을 입혔고, 8월 1일과 4일, 5일 접전에서도 승리했다. 이들은 8월 1일 대접전 승리 이후 사기가 충천하여 "조선독립이 임박한 것 같으니 더욱 더 용기를 내 단결하자. 중국, 미국 등 해외 각처에서 독립운동이 활발히 전개되고 있으니 우리는 국내에서 절대로 징용되어서는 안 되고 끝까지 왜놈들을 괴롭히자"며 항전을 결의했다. 그러나 8월 9일 식량을 구하기 위해 하산하던 특공대와 정보연락대가 피체되면서 13일까지 29명이 모두 검거되었다.[18]

사법당국은 29명 가운데 김인봉과 박재천은 주모자로, 안창률 등 27명은 방동자로 분류했다. 사법당국의 분석에 의하면, 이들 29명 가운데 자작농이 7명, 소작농이 19명이며 이 가운데 징용해당자가 22명에 달했다. 또한 이들 가운데 2명이 징병검사에서 제1을종에 합격했고, 1명이 제2을종에 합격했다고 한다. 검거 당시에는 육해군형법, 보안법, 폭력행위 등 처벌에 관한 법률 위반죄로 수사 중이었으나 구속 사유에는 육해군형법이 적용되지 않았다.[19]

---

18) 노영종, 앞의 글, 171~172쪽.
19) 「대구검사정보고 – 징병기피를 목적으로 한 집단폭행사건」, 고등법원검사국, 『고등검찰요보』 제8호, 1944년 10월, 38~41쪽.

29명 가운데 24명은 재소자인명부와 독립유공자공훈록(24명 전원 애족장)에서 이름을 찾을 수 있다. 이들은 모두 보안법 및 치안유지법(6명은 보안법 및 폭력행위등에 관한 법률 위반)으로 1944년 10월 4일에 수감되었는데, 가혹한 고문으로 안창률이 옥중 순국(1945.4.6)했고 8명이 병보석으로 출옥했으며, 김경룡은 병보석(1945.6.23) 직후인 1946년 3월 사망했다. 광복출옥한 14명 가운데 2명도 1950년과 1951년에 사망한 것으로 볼 때, 검거 후고문 등 가혹행위를 짐작할 수 있게 해준다.

대한독립회복연구단[20]은 1943년 안동농림학교에서 결성된 학생비밀결사이다. 권영동(權寧東), 고재하(高在夏), 서정인(徐正寅), 손성한(孫聖漢) 등 안동농민학교 학생들과 안동 지역 일부 사회인들의 참여로 결성되었다.

학생들이 결집하게 된 배경에는 소년항공병 입대 강요와 국내 동원의 일환인 학생근로동원이 자리하고 있었다. 일본 당국은 1943년 2월에 9회 재학생을 대구 80연대로 끌고 가 신체 및 적성검사를 받게 하고, 통과된 학생들을 단기교육을 거쳐 특공대로 동원하고자 했다. 그 결과 3월에 김형규와 김재규가 소년항공병으로 입대하게 되었다.[21]

학생근로동원은 1938년 6월 11일 정무총감이 '학생생도의 근로봉사작업실시에 관한 건'을 발표한 이후 방학기간을 통해 1주일 정도 노동력을 동원했는데, 시기가 지나면서 동원기간이나 동원지역이 확대되었고, 노동실태도 열악해졌다.[22] 특히 일제는 1943년 7월 제4차 조선교육령을 통해 "학원의 결전 체제"가 '확립'되었다고 단정하고, 학생을 근로동원의 '임시요원'에서 '상시요원'으로 전환했다.[23]

---

20) 대한독립회복연구단의 상세한 결성 과정에 대해서는 김희곤, 『안동의 독립운동사』, 안동시, 1999 ; 신승훈, 「해방 직전(1943-45) 안동농림학교 학생항일운동연구」, 『안동사학』 12, 2007 참조.

21) 김희곤, 『안동의 독립운동사』, 384쪽.

22) 학생근로동원을 포함한 보국대 동원 전체에 대해서는 김윤미, 「총동원체제(總動員體制)와 근로보국대(勤勞報國隊)를 통한 "국민개로(國民皆勞)" - 조선에서 시행된 근로보국대의 초기 운용을 중심으로(1938~1941) -」, 『한일민족문제연구』 14, 2008 참조.

23) 신주백, 「일제의 교육정책과 학생의 근로동원(1943~1945)」, 『역사교육』 78, 2001, 81~82쪽.

학생근로동원은 일반인 대상의 강제동원과 동일하게 노동 실태가 열악했다. 1944년 12월 14일 경북 문경군 마성면 오천리 소재 신사조성작업에 동원된 마성국민학교 학생들이 흙더미 매몰 사고로 집단 사망한 사고는 열악한 노동실태를 짐작할 수 있게 해준다.[24]

안동농민학교 학생들이 동원된 시기도 학생근로동원이 강화된 시기였다. 안동농민학교 학생들도 좌안(左岸)농장 개간 작업(낙동강 백사장 개간), 농사실습, 대구 및 영양의 군사기지 건설, 부여 신궁 건설 등에 동원되었다.

독립유공자 공훈록에 의하면, 군사시설인 동촌비행장 확장공사[25]에 동원된 학생들은 1943년 7월 24일 근로동원을 나가던 길에 의기투합하여 서정인의 자택을 근거로 독립운동 문제를 논의하고 안동교회 김광현(金光顯) 목사, 성소병원 백태성(白泰星) 원장, 경주중학교생 신두수(申杜洙), 정현모(鄭賢模) 등 기독교 계통의 인사들과 함께 조직을 결성했다. 이러한 입대 강요와 근로동원 강화에 대해 학생들은 일제의 패전이 임박했다고 판단하고 적극적 방책을 도모하기 시작해 1944년까지 단원이 오십여 명에 달할 정도로 조직화에 성공했다.[26]

조선회복연구단은 독립을 목표로 대담하고 독특한 활동계획을 추진했는데 구체적으로는 안동지역의 일본인 고관에 대한 테러와 일제 공공기관 습격을 통한 일제의 후방을 교란시키고 연합군에게 유리하게 하여 조국의 조속한 독립을 꾀하였다. 이를 위해 참모부와 연락부, 교화부, 신풍부, 특공부 등을 조직하고 문예 써클인 명성회와 연대를 도모했다. 이들은 1945년 3월 10일 일본육군기념일을 맞아 총궐기하려 했으나 발각되어 실패하고 41명이 검거되었으며 검거열풍은 4월까지 이어졌다.[27]

---

24) 이 중 2명이 대일항쟁기위원회에 피해신고를 해 피해자로 확정되었다.
25) 195/년 2월에 완공했으나 흙녹 공사로 인해 지반 논실 등 문제가 발생해 이후 새특 보강공사를 실시했다. 일제강제동원&평화연구회, P's Letter 14호(2012.8. 일제강제동원&평화연구회 카페 http://cafe.naver.com/gangje.cafe)
26) 김희곤, 『안동의 독립운동사』, 안동시, 1999, 385쪽.
27) 일제는 1945년 2월부터 검거를 계획했는데, 1943년에 사상이 불온하다고 퇴학당했던 갈정호를

피검자 가운데에는 학생은 물론 교유(敎諭) 류시승(柳時昇)까지 포함되었을 정도였다. 대한독립회복연구단은 비록 검거로 인해 거사는 실패하였으나 강제동원 거부에서 계기가 되어 학생결사에서 보기 드문 '요인 및 관공서 테러'라는 대담한 무장항일투쟁을 추진했다는 점에서 특기할 만하다.[28]

이와 같이 동원 과정에서 탈출비율이 일제 말기로 가면서 급증하는 이유는 당국의 인력동원 시스템과 이에 따른 민중의 대응 양상에 있다고 생각된다.

전쟁을 일으키기 이전에 이미 일본은 제국의 행정일원화를 이루어낼 수 있는 역량이 부족한 상태였다. 제국을 총체적인 운영할 능력을 미처 갖추기도 전에 제국의 영역은 급작스럽게 넓어졌다. 더구나 직접 통치를 근간으로 하는 일본의 제국 운영 방식은 식민지 및 점령지에 대해 더 많은 지배 인력 투입과 고도의 행정 시스템을 필요로 했으나 현실은 그렇지 못했다. 여기에 예기치 못한 전쟁 장기화로 제국의 총체적인 운영을 추진할 여건은 날로 멀어져 갔다. 그렇다고 조선의 제반 행정 시스템이 실제적인 인적동원업무 수행이 가능한 상황도 아니었다. 내외지행정일원화는 물론이고, 전시체제에서 인적동원의 필수적이라고 할 수 있는 국민등록제도와 기류제도가 미비했다. 이는 당시 조선의 인적동원업무수행여건이 얼마나 취약하며, 향후 많은 제약과 한계를 감당해야 하는가를 보여준다.[29]

또한 조선은 일본 제국 영역 가운데 많은 인력과 물자를 가진 지역으로써 인력과 물자, 자원을 총동원하도록 강요받았다. 그러나 조선은 구한말의 의병운동을 비롯해 지속적인 항일독립운동 전개로 당국의 통치시스템이 불안한 지역이기도 했다. 그러므로 당국은 인력동원과정에서 전쟁 이전 시기

1945년 2월초에 황해도 겸이포 제철소 근무지에서 체포하는 것을 시작으로 이준택과 김인규를 각각 체포했다. 이후 3월에 안동경찰서와 경북경찰부가 대대적인 체포에 들어갔다. 김희곤, 『안동의 독립운동사』, 386~387쪽.

28) 한국독립운동사연구소, 『한국독립운동사사전』 4, 2004, 94~95쪽.

29) 상세한 내용은 정혜경, 『일본제국과 조선인노무자 공출』, 도서출판 선인, 2011 참조.

부터 작동한 도항증 제도와 속임수에 근거한 할당모집을 적극적으로 적용
했다. 이러한 동원 전략에 의해 1939년 하반기부터 많은 조선인들이 일본과
중국, 남사할린으로 떠났으나 동원지역의 강제노동 실태가 조선에 알려지
면서 동원전략의 전환이 불가피해졌다. 더구나 1939년에 동원된 조선인들
의 계약기간이 도래한 시기(1941년 말)는 일본의 전선이 태평양으로 확장되
는 시기였으므로 더 많은 노동력이 요구되었다. 이를 위해 수송과정에서 강
제성을 강화한 관알선제도로 전환하고, 노무원호제도를 마련하기도 했으나
조선 민중들의 대응력은 강해졌다. 그 가운데에서 결정적인 계기는 1943년
말에 결정된 국민징용제도의 확대를 통한 '몽땅 동원'이다. 1942년 미드웨이
해전의 패전으로 후퇴와 퇴각으로만 치닫게 된 일본은 조선인 노동력의 확
보를 위해 소수의 기술직에게만 적용하던 국민징용을 전면적으로 확대했다.

국민징용제도는 일본 정부가 징용 영장을 발령하여 동원하는 형태다. 자
발적으로 응하지 않았는데도 '응징사(應徵士)'라 부르고, 노무자를 군인과
동일한 의무를 지닌 것으로 규정했다. 국민징용령은 노무자에게만 해당하
는 법령이 아니다. 해군징용공원규칙도 국민징용령에 근거한 하위 법령이
다. 국민징용령에 근거한 징용제도를 살펴보면 다음과 같다.[30]

징용제도는 국민징용령을 통해 조선에 적용, 시행되었다. 국민징용령은
국가총동원법에 따라 노동력을 동원할 목적으로 국가총동원법 제4조 규정
에 따라 1939년 7월 8일 제정한 통제법령(칙령 451호)이다. 제정 당시 총 26
개 조항으로 구성되어 있었는데, 징용을 "특별한 사유가 있는 경우 외에 국
민직업소개소의 직업 소개 기타 모집 방법에 의해 소요 인원을 충당하지
못하는 경우에 한해 시행하는 것"으로(제2조), 적용 대상자를 "국민직업능력
신고령에 의한 요신고자에 한하여 행한다. 단 징용 중 요신고자 상태에 놓
이지 않게 된 자를 계속 징용할 필요가 있는 경우는 이 제한에 있지 않다"

---

30) 국민징용제도의 상세한 내용은 정혜경, 『징용 공출 강제연행 강제동원』, 도서출판 선인, 2013
    참조.

고 규정하였다.(제3조) 또한 제6조에 의해 육해군의 부대와 학교를 포함한 총동원 업무 집행 관아의 소관대신은 징용에 의해 당해 관아官衙의 인원 배치가 필요하다고 인정할 경우에 후생대신에게 청구할 수 있었다. 군노무자 (군무원) 징용의 근거이다.

국민징용령의 제2조 규정에 의해 징용이란 특례적인 수단이고 노동력 수급조절의 기본은 '자유모집'으로 평가되었다. 징용대상자도 국민직업능력신고령의 신고를 요하는 자로서 기능자를 염두에 두고 있었고(3조), 피징용자가 종사하는 직업도 '총동원업무'로 정해져 있어서(4조), '몽땅 동원'하는 단계의 징용제도보다는 제한적이었다. 일본은 중일전쟁 개시 이후 2년의 단계인 1939년에는 이 제도를 본격적으로 발동하는 것을 상정하지 않았다.

일본에서 징용제도가 확대된 것은 1940년 후반 이후의 일이다. 1940년 10월 국민징용령 제1차 개정(칙령 제674호. 10.16 공포, 10.20 시행), 1941년 12월 제2차 개정을 거쳐 징용대상자는 기능자를 넘어 확대되고 1941년 8월에는 민간사업장에도 징용이 적용되었다. 그 결과 1939년 단계에서 850명이었던 신규징용자가 1940년에는 52,692명, 1941년에는 258,192명으로 급속히 증가했다.[31]

국민징용령은 모두 4차례 개정되었는데, 3차 개정(칙령 제600호. 1943년 7월 20일 공포. 8월 1일 시행. 조선과 대만, 화태, 남양군도에서는 9월 1일 시행)을 계기로 대규모로 조선인들이 징용되었다.[32]

---

31) 佐佐木 啓, 「徵用制度下の勞資關係問題」, 『大原社會問題硏究所雜誌』 568號, 2006, 3月號, 25쪽.
32) 그동안 학계에서는 국민징용령이 1944년 이후부터 조선에게 적용되었다고 파악했으나 조선인에게 적용된 것은 1939년 10월 1일부터이다. 1943년 3차 개정 이전에는 일본인이나 조선인 모두 국민징용대상자는 소수였다. 3차 개정 이후를 일본과 조선에서 모두 '몽땅 동원'이라 칭한다.

〈표 1〉 조선에 적용된 국민징용령

법 이름	공포일	근거	주요 내용	시행일
국민징용령	1939.7.8	칙령 제451호	전문 26조, 부칙 1항 : 군무원 동원 근거(6조)	시행(7.15) 조선·대만·화태·남양 군도에 적용(10.1)
국민징용령(개)	1940.10.16	칙령 제674호	총 13개 조항 개정 : 현원징용 근거	시행(10.20)
국민징용령(개)	1941.12.15	칙령 제1129호	총 12개 조항 및 부칙 개정 : 부조 규정(19조 3항) 추가	공포일 동일
국민징용령(개)	1943.7.20	칙령 제600호	총 18개 조항 개정 : 사장 징용, 응징사 근거	시행(8.1), 조선·대만·화태·남양 군도에 적용(9.1)
국민징용령(개)	1944.2.18	칙령 제89호	총 3개 조항 및 부칙 개정	조선·대만·화태·남양 군도에 적용(5.1)

징용에 응하지 않으면 국민징용령 위반으로 검거되어 감옥살이를 하거나 형무소가 지정하는 작업장에 가서 일해야 했다. 현재 국가기록원이나 국가보훈처에는 국민징용령 위반으로 감옥살이를 하거나 감옥에서 사망한 기록이 있는데, 모두 1,072건에 달한다. 국가보훈처나 국가기록원으로 이관되지 않고 면사무소 등에 남아 있는 자료를 추가한다면, 그 수는 더 많아질 것이다.[33]

국민징용령은 국가총동원법에 근거한 법령이므로 위반자에 대한 처벌규정은 국가총동원법에 규정하고 있다. 국가총동원법은 제4조(정부는 전시에 국가총동원상 필요할 때에는 칙령이 정하는 바에 따라 제국신민을 징용하여 총동원 업무에 종사할 수 있다. 단 병역법의 적용을 방해하지 않는다.)와 제6조(정부는 전시에 국가총동원상 필요할 때에는 칙령이 정하는 바에 따라 종업자의 사용, 고용 혹은 해고 또는 임금 기타의 노동조건에 대해 필요한 명령을 할 수 있다.)에 인적 동원을 규정하고, 제35조와 제36조에서 각각 위반자에게는 1년 이하의 징역과 1천 원 이하의 벌금을 가하도록 규정했다. 또한 국가총동원법에서는 물자통제 위반자에 대해 최고 3년 이하의 징역과 5천 원 이하의 벌금을 부과하도록 규정하였다. 그 후 1941년 개정

---

33) 자료에 따라서는 '국민징용령 위반'과 '국가총동원법 국민징용령위반'으로 병기되었다.

(1941.7.1자. 칙령 제205호)을 통해 경제위반자에 대한 벌칙을 10년 이하 징역과 5만 원 이하 벌금으로 대폭 강화했다.[34]

국민징용령위반 외에 이 시기 해당하는 또 다른 법령은 국민근로동원령(칙령 제94호. 1945.3.5 제정. 3.10 시행) 위반이다. 국가총동원법 제4조 및 6조 규정에 의거해 제정된 국민근로동원령은 공습에 대비해 군요원과 연계를 강화하려는 법령으로써 '근로동원의 완수를 위한 총동원근로배치'(제1조)를 목적으로 하고 있다. 이 법령의 제정에 따라 국민징용령은 폐지되었으므로, 1945년 3월 10일 이후 동원 거부자는 국민근로동원령 위반에 해당된다. 이러한 강력한 처벌에도 동원과정에서 탈출로 대표되는 조선인의 저항은 시기가 지남에 따라 더욱 늘어갔다.

노무동원 과정에서 저항한 사례 외에 징집과정에서 저항한 사례도 찾을 수 있다. 학도지원병 입열을 거부하고 '응징학도' 징용학도'라는 이름으로 강제노역을 감내한 청년들이다. 학도지원병은 그간 입영이 연기되었던 전문학교 이상 졸업자를 대상으로 한 병력동원 제도로써 3,893명이 징집되었다. 학도지원병은 명목상 '지원병'이었으나 근거 법령에 의해 시행된 징집이었다. 당국은 적격자 100% 지원을 목표로 각종 방법을 동원했다. 유학지인 일본과 조선은 물론, 부관연락선과 항구 등지에서 대대적인 미지원자에 대한 색출작업을 벌였다. 지원을 피해 고향으로 돌아오던 조선 청년들도 여지없이 연락선 안에 마련된 사무실에서 지원서에 도장을 찍어야 했다. 학교를 떠나 잠적한 청년들에게는 가족에게 위해를 가하는 방법을 사용했다. "지원하지 않으면 남양 등지에 징용해서 출병보다 더 생명의 보장이 없는 곳으로 처리해버린다"는 소문을 퍼뜨려 불안한 상황을 조장했다. 이런 당국의 노력으로 조선의 전문대학 재학생의 96%가 지원서에 서명을 했다. 당국은 대상자를 졸업생으로 확대해 졸업 후 취업자 가운데 335명도 지원을 피할

---

34) 경제위반자의 위반 대상을 세분화하고, 배급위반과 암거래 위반 등에 대한 벌칙을 강화한 것이 특징이다.

수 없었다.[35]

　당국의 꼼꼼한 색출과 가족 압박에도 수백 명의 청년들이 징집을 거부하고 '징용학도' 또는 '응징학도'라는 이름으로 징용령장을 받았다. 1943년 11월 21일 학도지원병 모집이 마감되자 오노(大野) 학무국장은 '학도지원병 총 해당 학생 중 1할의 미지원자와 9월 문과 졸업생으로서 뚜렷한 직업이 없는 자'가 지원하지 않았음을 밝히고, '미참여자는 국가총동원법에 의해 단호히 처벌할 것'이라 발표했다. 그리고 11월 28일 징용령이 도지사 명의로 내려져 30일 이내에 미지원자 본인에게 전달되었다.

　징집을 거부한 청년들은 당국의 검거망을 피하지 못하고 피체되어 12월 5일부터 경기도 양주군 노해면 공덕리에 있던 육군지원병훈련소에 수용되기 시작했다. 12월 5일 제1차로 징용된 200명은 당시 경기도 양주군 노해면 공덕리에 있던 육군지원병훈련소에 수용되어 2주간 '황민화 교육'을 받고 12월 23일에 조선총독부 교통국 원산공장에서 기한 없는 중노동을 시작했다. 2주간의 훈련을 거친 후 '응징학도' '학도징용'이라는 이름으로 국내 각 작업장에서 노역을 해야 했다. 이들은 훈련기간 동안에 '황국신민으로서 자질이 부족하다'며 군사훈련과 사상교육을 집중적으로 받았다. 사상교육에서 강연자인 친일인사에게 "너희는 병역을 기피했으므로 천황폐하의 쌀을 먹을 자격이 없다"는 소리를 듣기도 했다.[36]

　일본 메이지 대학 영문학과에 재학 중 학도지원병 입대를 거부한 권세○(1922년생, 경북 안동 출생)가 바로 그 경험자 가운데 한 사람이다. 그는 하루 종일 산처럼 쌓인 석탄 덩어리를 깨서 웅덩이에 갖다 버리는 일을 했다. 학도지원병에 끌려가지 않으려 고향인 안동과 영주를 전전하며 숨어 지냈

---

35) 학도지원병제도의 간략한 연혁을 살펴보면 '1943.10.20. ; 육군특별지원병 임시채용 규칙(육군성령 제48호) 공포. 이를 근거로 '육군특별지원병 임시채용규칙' 개정(육군성령 제53호)과 '수학 계속을 위한 입영 연기 등에 관한 건'(육군성령 제54호) 제정 공포/ 1943.10.25.~11.20 지원서 접수/ 1943.12.11. : 징병검사 실시/ 1944.1.20. : 입영'이다. 상세한 내용은 정혜경, 『징용 공출 강제연행 강제동원』, 도서출판 선인, 2013, 42~45쪽 참조.

36) 연합뉴스 2012.8.13. 「일제, 학도병 거부 조선인 학생 수백명 강제노역」.

는데, 할아버지까지 감금되는 통에 더 이상 견딜 수가 없었다. 1943년 11월 경북 도청에 끌려가 매를 맞고 강제 훈련을 받은 후 이 공장으로 끌려왔다.

계훈제(桂勳梯, 1921~1999년. 평북 선천 출생)는 당시 경성제국대학에 재학 중이었는데, 1943년 11월 20일에 마감한 학도지원병에 응하지 않았다. 그는 경성의 하숙방에서 지원병에 응하지 않겠다는 "강철같이 굳은 의지"를 되새기고, 돈암동 하숙집에서 도피 생활을 하다가 중국의 대한민국 임시정부에 가기 위해 압록강 철교를 건너던 중 헌병에 검거되어 평안북도 노무과로 인계되었다. 거기서 다시 경성지원병훈련소(육군제1훈련소)로 이송된다. 훈련소에 도착한 계훈제는 훈련을 마치고 같은 부대에 속해 있던 동료 41명과 같이 원산과 해주에 있는 오노다 시멘트 회사로 배치되었다. 계훈제가 배치된 공장은 원산 근교인 승호리에 있었다. 이곳에서 계훈제는 느닷없는 주먹질을 견디며 암반에 착암기로 구멍을 뚫고 다이너마이트로 폭파해 놓은 석회석을 작은 트럭에 실어 분쇄 공장으로 나르는 일을 했다. 그러다가 한 달 후부터는 "인간이 해낼 수 없는 한도 밖의" 고약한 일을 하게 된다.

> 벽돌 운반 작업이 한 달 계속된 다음에 더욱 고약한 일이 맡겨졌다. 설비가 낡고 고장이 잦아서 수요를 충당하지 못한 회사는 몇 년 전에 과잉 생산으로 방치되었던 반半제품 시멘트를 가공 처리하기에 이르렀다. '크랑카'라고 부르는 이 반제품을 상승기上昇機에 퍼 넣는 작업이 주어진 것이다. 허파를 메우고 눈을 헐게 하고 땀과 뒤범벅이 되어 얼굴 피부에 달라붙는 크랑카 밑의 노란 독성 가루는 젊은이들의 육체와 영혼을 콘크리트로 만들기에 알맞았다. 잡부들도 한사코 기피하는 이 일은 인간이 해낼 수 없는 한도 밖의 것이었다. ─『흰 고무신』, 삼인, 2002.

이 고약한 일로 결국 계훈제는 폐결핵을 얻어 한쪽 폐를 떼어내야 했다. 이렇게 지원이라는 미명 아래 당대 최고의 인텔리들을 전선으로 몰아넣고, 거부하는 청년들은 학도징용 또는 응징학도라 해서 시멘트나 석탄덩이를 나르고 부수는 일을 시켰다.[37]

1944년 일본 제국의회 자료에 언급된 징용학도의 규모는 125명이다. 그러나 한국정부(위원회)는 적어도 400명 이상으로 추산했다. 학도병을 거부한 청년들은 황해도 해주의 오노다 시멘트 공장이나 조선총독부 소속 채석장, 조선총독부 교통국 소속 철도공사장 등에 동원되었다. 동원 작업장에서는 이들이 일반 노무자들에게 사상적 악영향을 미칠 것을 우려해 별도 관리했다. 오노다 시멘트 회사가 남긴 자료에는, 하루 교육 일정 및 작업 시간, 근무 상황은 물론 체중 변화까지 일일이 기록되어 있다. 수백 명의 청년들이 징집을 거부한 가장 큰 이유는 "참정권도 없는 식민지 백성이 누구를 위해 총알받이가 되어야 하는가" "탐욕덩어리인 일제가 도발한 전쟁터에 나갈 수 없다" 등이었다.[38]

3. 동원지역별 · 피해유형별 저항 사례

1) 한반도 지역

한반도 지역은 가장 많은 조선인이 동원된 지역이다. 6,508,802명이 관알선과 할당모집, 국민징용 등의 과정을 거쳐 7,479개소 작업장에 동원되었고, 이외 791개소의 군부대와 42개소의 해군군무원 작업장 등 총 8,312개소 작업장에 조선인이 동원되었다.[39] 군인으로 동원된 20~40만 명의 조선인 가운데 다수는 한반도에 배치된 것으로 알려져 있다.

한반도 지역은 작업장 내에서 저항하는 사례는 드문 편이다. 그 이유는 조선총독부의 직접적인 관리 아래에 놓여 있었으므로 탈출이나 봉기가 일

---

37) 정혜경, 『조선청년이여 황국신민이 되어라』, 서해문집, 2010, 84쪽.
38) 계훈제, 『흰 고무신』, 삼인, 2002, 57~58쪽 ; 秋岡あや, 「學兵拒否者の記録－崔基鐘慣怒の朝鮮人」, 『わだつみのこえ』 135, 2011.11, 26쪽.
39) 상세한 내용은 정혜경, 『징용 공출 강제연행 강제동원』, 15~52쪽 참조.

어났을 때 가족들에게 직접적인 피해가 가게 되므로 쉽게 결행하기 어려웠
기 때문이다. 또한 국내 노무동원 작업장 가운데 다수를 차지하는 탄광산은
통제가 심해서 저항이 어려웠고, 군사시설물구축공사장이나 토건작업장은
동원 기간이 주로 6개월 이내의 단기 작업이므로 저항의 동기유발이 크지
않았다.[40]

　한반도지역에서 전개된 저항 사례 중 대표적인 것은 학도지원병들이 일
으킨 '평양(平壤)학병의거사건'이다. 학도지원병은 그간 입영이 연기되었던
전문학교 이상 졸업자를 대상으로 한 병력동원 제도로서 3,893명이 징집되
었다.

　1944년 1월 소위 '특별지원병'이라는 명목 아래 징집되어 조선군(조선에
주둔한 일본군) 부대에 배치된 조선인학도지원병은 부대 내에서 민족적 차
별과 멸시를 받으며 반일사상이 고조되었다. 제42·43·44보병부대 및 제47
포병부대, 제48공병부대, 제50치중병부대로 구성된 평양사단에 소속된 학병
24명은 1944년 7월 김완룡(金完龍)의 주창으로 민족독립운동 추진을 결의하고
'무명(無名)의 집단'을 결성한 후 구체적인 실천방안을 마련하기 시작했다.

　김완룡(長)과 박성화(朴性和), 김상엽(金相燁), 이도수(李道秀), 이상(參謀)
등 중심 단원들은 食糧掛, 被服掛, 宣傳掛, 衛生掛를 설치하고 1944년 10월 10
일에 백두산 방면으로 탈주하여 독립운동에 헌신하기로 하였다. 그 후 탈주
세력의 범위를 넓히기 위해 용산(龍山)에 주둔한 부대 등과 상호 연락하던
중 기밀이 드러나 관련자 24명이 전원 검거되고 징역 2년에서 13년까지 언
도 받았다.[41]

　학도지원병들의 저항은 평양 이외 지역에서도 볼 수 있다. 1944년 6월에
는 함흥 제43부대에 소속되어 있던 학병들이 탈출 사건을 일으켰다. 1944년
1월 20일에 입대한 학병 가운데 함흥 43부대에 입대한 일부 학병들은 입대

40) 2014년 6월 말 현재 위원회가 파악한 국내노무동원작업장은 7,479개소인데, 이 중 탄광산이
　5,558개소이고, 토건과 군사시설물 공사장은 731개소에 달한다.
41) 표영수, 「자료소개–평양학병의거사건 판결문」, 『한일민족문제연구』 1, 2001, 247~255쪽.

직후부터 탈출의 모의를 하였다. 서울 경신학교를 졸업한 임영선(林永善)과 일본 주오(中央)대학생 이윤철(李允喆), 와세다(早稻田) 대학생 태성옥(太成玉) 등은 1944년 6월 2일 탈출에 성공하였다. 임영선은 경신학교 재학 시절부터 교사 도상봉(都相鳳), 김건(金健) 등으로부터 동교 선배 김규식(金奎植)·안창호(安昌浩) 등의 민족운동에 대해 이야기를 듣고 독립운동에 투신하기로 결심하였다. 그는 독립운동을 위해서는 신체를 단련해야 한다고 생각하여 평소부터 축구, 유도, 馬術 등을 익혔으며 몇 차례 일본 경찰에 수감되기도 하였다. 1943년 학병제가 공포된 이후에는 도쿄(東京)에서 경성, 평양, 만주(滿洲)의 봉천(奉天)을 거쳐 열하성(熱河省) 승덕(承德)에 도착하여 임시정부와 연락을 맡고 있던 류학열(柳學烈)과 접촉하려다 일본군 헌병대에 체포되어 실패하기도 하였다. 이후 그는 만주 봉천으로 가서 독립군에 가담하려다 평북 정주(定州)경찰에 검거되어 입대를 조건으로 석방된 후 함흥 43부대에 입대하였다. 입대 이후 임영선, 태성옥 등은 43부대에 입대한 30여 명의 학병을 대상으로 동지를 규합하는 노력을 벌이다가 결국 이윤철(李允喆)과 함께 탈출에 성공하였다. 이들은 3개월에 걸쳐 탈출과 행군에 필요한 장비를 절취하여 부대 내 산 속에 묻어 두었다.

일제 말기에 크고 작은 많은 학병 탈출 사건이 대체로 그러했듯이, 이들 역시 단순한 탈출만이 목적이 아니라 탈출 이후 만주나 중국의 독립군에 들어가 조선 독립을 위해 군사 활동을 전개하겠다는 계획이 있었다. 당시 많은 학병들은 일본군에서 무의미하게 복무하거나 죽음을 감수하기보다 탈출하여 적극적으로 무장독립운동에 가담하는 편이 낫다는 생각을 가지고 있었다. 이러한 생각에서 이들은 "① 생자필멸(生者必滅)이니 나라의 독립을 위하여 죽기로 하자. ② 탈출 목적은 임영선이 접선하려던 독립군 접선을 다시 실행하기 위하여 만주 통화현(通化縣) 반석(盤石)으로 가서 다시 접선을 시도한다. ③ 탈출 자체가 항일운동이다. 일제의 민족말살정책으로 친일 분위기가 판치는 현실에 경종을 울리기 위해서는 일제에 대하여 행동하는 저항을 보여 주어야 한다. 극적이며 선봉적인 행동을 보여 줌으로써 학병,

징병, 징용에 해당된 조선 청년들에게 용기를 불어넣어야 한다. 따라서 우
리는 총살을 각오하자"라는 투쟁방향을 가지고 탈출을 감행하였다. 이 사건
은 학도지원병제 실시 이후 국내에서 감행된 최초의 학병 탈출 사건이었다.
따라서 일제 군경 당국은 비상경계망을 펴고 여러 가지 수법으로 내외에
수사를 전개하였다. 탈출 이후 행군 과정에서 서로 흩어져 이윤철이 자수함
으로써 이들의 북진 행로가 밝혀져 결국 모두 검거되었다. 이들은 함흥헌병
대에 구속되어 가혹한 고문을 당했는데, 가족들은 형량을 줄이기 위해 이들
의 탈출 동기를 독립운동이 아니라 개인적인 사유라고 주장하기도 하였다.
1944년 7월 17일 평양 육군 군법회의에서 임영선과 이윤철은 각 4년 6개월,
태성옥은 5년 6개월의 징역형을 선고받고, 규슈(九州) 고쿠라(小倉) 육군형
무소에 수감되어 복역하였다.[42]

　일제 말기에 한반도 내 노무동원 작업장이 민족운동의 거점이 되기도 했
는데, 육군병기행정본부가 관리했던 인천육군조병창 제1제조소(현지 부평
의 캠프마켓 자리)의 사례가 알려져 있다. 한반도 최대의 군수공장지대였던
인천육군조병창 제1제조소에 노무자와 군무원들이 모이면서 민족운동가들
이 이곳을 거점으로 삼고자 한 일이 있었다. 오순환(吳純煥, 경성 출신)은
1938년 3월에 경성에 있던 창천감리교회 청년회원 정은태(鄭銀泰)와 이광운
(李光雲), 이선영(李善泳) 등 21명을 규합해 친목을 가장한 항일비밀결사 창
천체육회와 조기회(早起會)를 조직하고 회장으로 맡아 활동했다. 이들은 항
일독립운동의 방안으로 조선총독과 일제 고관을 암살해 동포들의 민족의식
을 앙양시킬 계획을 세웠다. 오순환은 1941년 10월 거사에 대비해 무기조작
기술을 습득할 목적으로 인천육군조병창에 들어갔는데, 이를 탐지한 일경에
의해 1942년 피체되었다. 그는 1944년 5월 10일 경성지방법원에서 치안유지
법위반으로 징역 2년형을 선고받아 서대문형무소에서 옥고를 치렀다.[43] 그

42) 독립운동사편찬위원회,『독립운동사』제9집, 1981 ; 이홍환 정리,『구술 한국현대사』(中 태성옥
　　의 구술), 미완, 1986.
43) 국가보훈처 공훈전자사료관(http://e-gonghun.mpva.go.kr/), 오순환 공적조서. 오순환은 1990년에

외에 1945년 8월 15일 해방을 맞이하던 날, 인천과 부천 소사 부평 등지의
군수공장 공원 백여 명이 폭력단을 조직해 적의 기관을 파괴할 폭탄과 화
약을 밀장(密藏)했다가 검거되었다는 보도도 있다.[44]

오노다시멘트회사 소속 작업장에서 강제노역에 시달리던 '응징학도' '학
도징용' 청년들도 작업장 내에서 항일투쟁을 위한 준비에 나서기도 했다.
계훈제는 작업장 내에서 장성규 등 동지들과 함께 조선민족해방협동당을
만들고 "남양제도에 치열한 전투가 벌어지고 미군들이 상륙하고 일본 본토
도 곧 상륙하게 될 것"이라는 정보를 교환하며 "우리 민족의 독립을 위해
봉기하기로" 했다. 구적으로는 압록강수력전기회사의 가마를 폭파하기로
하고 인부감독에게 다이너마이트를 구해 결행시기를 기다리고 있었다. 그
러나 2개월 만에 장성규가 연행되면서 결행에 옮기지 못했다. 이 사건은 비
록 거사에 이르지는 못했으나 일제의 징집을 거부하고 강제노역에 시달리
던 청년들이 1945년 검거 당시 120명의 피검자를 낼 정도로 큰 비밀결사조
직과 연계되어 후속 투쟁을 준비했다는 점에서 의미가 크다.[45]

2) 일본지역

동원 지역 가운데 가장 많은 저항 사례를 찾을 수 있는 지역은 일본이다.
가장 많은 조선인이 동원된 지역이고, 식민지 전 시기를 통해 계속되어온
조선인 운동의 토대와 역량이 마련되어 있었기 때문이다. 연인원으로는 한
반도가 가장 많이 동원된 지역이지만 한 사람이 수차례 동원되는 중복동원이
대부분이다. 이에 비해 일본지역은 당국의 일방적인 '전환근무' 조치 외에는
중복동원의 비율이 매우 낮아서 실제 동원자 수로 보면 가장 많은 지역이

건국훈장 애족장을 받았다.
44) 국민보, 1946.8.15일자(한만송, 『캠프마켓』, 봉구네책방, 2013, 86~87쪽 재인용).
45) 계훈제, 『흰 고무신』, 삼인, 2002, 87~100쪽. 조선민족해방협동당은 1945년 초에 투옥된 인원이
120명에 달할 정도로 큰 조직이었다. 당수 김종백은 투옥 중 고문으로 옥사했고, 다른 피검자
들은 공판이 열리기 전에 해방을 맞았다.

다. 1,020,125명이 노무자(국민징용 포함)로, 62,784명이 군무원으로 동원되
었다. 군인 가운데 농경근무대 등 노동부대에 조선인이 다수 배치된 것으로
알려져 있다.[46) 이러한 강제동원 피해 현황에 따라 일본지역에서 저항에
나선 조선인들도 다수는 노무자들이다.

일본에 강제로 끌려간 조선인 노동자들은 가혹한 노동력 수탈 체제에 굴
종하지 않고 소극적인 방법으로는 탈주나 작업 거부를, 적극적으로는 파업
과 폭동으로 맞섰다. 작업장 내에서 독립 운동 조직을 결성하여 비밀리에
운동을 전개한 경우도 적지 않다. 특히 이 시기는 파업이나 태업 외에 집단
도주가 저항의 형태로 만연되어 있었다.

강제로 끌려간 조선인들은 저항하는 가운데 점차 식민지 구조적인 모순
에 대한 인식이 싹트기 시작했다. 따라서 조선인은 태업이나 탈주로 만족하
지 않았다. 적극적으로 파업을 전개하며, 일본제국주의와 맞섰다. 이들은
일본에 도착하여 강제 노역에 시달리기 시작하자 열악한 노동 상황과 착취
에 대해 저항했다. 그러나 시기가 지나면서 이들은 전쟁의 상황을 인식하고
독립의 시기가 도래했음을 확신하며 투쟁을 강화하였다. 조선인의 파업에
대해 일본 당국은 '언어가 통하지 않아서'라거나 '부화뇌동'하여서라거나 '반
항적인 태도로 인해서' 일어난 일시적인 소요 정도로 인식하고 있다. 그러
나 전쟁 기간 중 강력한 통제와 탄압 속에서도 조선인들이 일치단결하여
파업이나 휴업을 결행했다는 것은 우발적이거나 일시적인 소요만으로는 설
명할 수 없다.

특히 일본으로 동원된 조선인 노무자들은 전전(戰前)기 재일조선인운동
의 성과, 조선부락의 일본에 대한 비협조와 조선인 지원 노력에 힘입어 저
항에 나서기도 했다. 무시무시한 일본 전시체제에서 조선인들은 2,554건의
노동운동을 일으켰고, 그 가운데 강제로 동원된 노무자들이 1,784건의 파업
과 태업을 벌였다.

---

46) 정혜경, 『징용 공출 강제연행 강제동원』, 51~52쪽.

〈표 2〉 1939~1944년 일본지역 조선인의 노동운동

연도	일본지역 파업 상황 (조·일 총수) 건수	참가인원	조선인의 파업 건수 조선인 전체	일반 도일자	강제동원 노무자 (파업/태업)	조선인의 파업 참가인원 조선인 전체	일반 도일자	강제동원 노무자	일본인 파업 건수	참가인원
1939	1,305	142,034	185	153	32 (14 / 3)	13,770	9,630	4,140	1,120	128,264
1940	1,419	96,735	687	349	338 (60 / 48)	41,732	18,349	23,383	732	55,003
1941	933	55,788	588	96	492 (14 / 11)	38,503	4,997	33,526	334	17,285
1942	735	38,878	467	172	295 (48 / 68)	24,505	8,499	16,006	268	14,373
1943	741	31,484	324		324 (36 / 41)	16,693		16,693	417	14,791
1944	599	25,292	303		303 (32 / 35)	15,230		15,230	296	10,062

*자료 : 內務省 警保局, 『社會運動狀況』 ; 『특고월보』, 해당 연도.
*주: 1944년은 11월 말까지의 통계.

〈표 2〉를 보면, 1939년부터 1940년 까지는 건수에서나 참가자 수에서 모두 일본인이 우위를 점한다. 그러나 1941년부터는 다른 상황이 나타난다. 참가인원수에서는 1941년이 가장 극심하여 일본인의 두 배가 넘었다. 이 시기가 1939년에 도일한 조선인들의 계약기간이 만료되는 시기라는 점을 고려할 필요가 있을 것이다.

여기에서 주목해야 하는 점은 1943년과 1944년 등 탄압과 단속이 극심한 시기에도 노동운동이 전개되었다는 사실이다. 특히 강제 동원된 노무자들이 이 시기에 매년 300건이 넘는 파업과 태업을 벌였고, 만여 명이 넘는 인원이 참가했다는 것은 저항의 내용이 단지 탈주에 국한하지 않고, 적극적이었음을 의미한다.[47]

---

47) 특고월보에 실린 384건의 사례에 대한 상세한 분석 결과는 강만길의 논문(「침략전쟁기 일본에 강제동원된 조선노동자의 저항」)에 수록되어 있다.

일본지역에서 전개된 강제 동원된 조선인들의 저항 사례를 몇 가지 살펴 보면 다음과 같다.

> "…… 너도 알고 있겠지만 삼십 년 전에 우리 조선을 식민지로 만들었을 때, 조선의 애국지사들이 일어나서 만세를 불렀지. 그때 많은 사람이 남녀노소를 불문하고 학살당하거나 감옥에 들어갔댔어. 그것을 삼일운동이라고 하지. 그런 뒤로도 …… 식민지를 반대하는 애국자들의 독립운동은 계속되었지. 모르니까 그러지, 아마 지금도 식민지를 반대하는 운동은 계속되고 있을 거야. 우리 모두 그런 운동에 참가하지 못할지라도 자신의 자유쯤은 찾을 수 있어야 하지 않겠어? 우리들이 탈출하더라도 세상 사람들은 단순히 징용에 잡혀온 탄광 노동자가 도주했다고 하겠지만서두, 우리들의 입장에서 보면 뜻이 있을 수도 있는 거야. 말하자면 식민지에 반대하는 저항 운동이란 말이야. 반대로 일본이라는 나라에서 보면 우리들의 탈출은 당연히 비국민이 하는 짓이고 용서할 수 없는 범죄겠지. 하지만 우리가 지금 당하고 있는 이런 학대, 강제 동원이나 수용, 강제 노동 같은 것을 벗어나려면 식민지의 사슬을 끊어야 하는데 그것을 누가 끊어 주겠니. 남이 끊어주는 것이 아니야. 자신들이 끊어야 돼. 우리들이 끊지 않으면 안 된다구. ……"

1928년 황해도 곡산(谷山)에서 태어나 17세 나이로 1944년 5월, 규슈(九州) 사가(佐賀)현 도쿠스에(德須惠) 소재 스미토모(住友)탄광에 동원된 이흥섭 (李興燮)이 딸과 공동 작업으로 남긴 체험기 『아버지가 건넌 바다』에서 밝힌 투쟁의 이유이다.[48]

보통학교 4학년을 마쳤으나 농사일을 하던 이흥섭은 5월에 아버지와 같이 밭에서 콩의 순을 솎고 있다가 면직원에게 노란 봉투를 받고, 그날로 철도역으로 간 길이 고국과 이별 길이었다. 탄광에 도착해 흥아료(興亞寮)에 배정을 받고 2주간 훈련(총검술, 구보 등)을 마친 이후 막장에서 굴진부(掘

---

48) 해방 이후 뱃삯을 구하지 못해 일본에 남게 된 이흥섭은 그의 딸인 이동순이 중학교 3학년 때인 1977년에 담임교사의 가정방문을 계기로 '아버지의 역사'를 기록하여 초고 '딸이 말하는 아버지의 역사'를 작성했고, 3년이 지난 이후 이흥섭이 직접 원고를 집필하여 1985년에 완성했다. 李興燮, 『アボジがこえた海』, 葦書房, 1987(이명한 역, 『아버지가 건넌 바다』, 광주, 1990), 92쪽

進夫) 생활을 시작했다. 당시 아키야마(秋山)였던 우라(浦)의 호의와 굴진부라는 일의 성격으로 인해 채탄부에 비해 나은 일을 했으나 노무관리자의독사 같은 감시와 욕설은 굴욕 그 이상이었다. 그는 입소 당시 소지품 사건(어머니의 유품인 은반지)으로 인해 '비국민'으로 낙인이 찍혀 3개월이 지나도록 단 한 차례도 외출허가를 받지 못했다. 8월 15일 오봉날(盆蘭節) 외출금지 처분을 받고 혼자 식당에 앉아 느낀 울분을 다음과 같이 토해냈다.

  "식민지에 태어났다는 숙명, 자신의 악운, 군국주의의 강권, 강제노동에 의한자유의 박탈, 이런 압박들이 나의 몸뚱이를 짓이기고 있었다. 〈중략〉 나는 개,돼지만도 못한 이런 비인도적 처우에 대해서 목청껏 소리를 지르고 싶었다. '이놈들아! 우리에게 무슨 죄가 있느냐. 어쨌다고 이런 곳으로 끌고 와 고생을 시키느냐. 그리고 내 청춘을 어떻게 보상을 할 작정이냐. 나라를 위한다고 하지만 너희들은 전쟁의 미치광이들이다' 그 소리가 목까지 치밀어 올라왔다가 다시 내려가 버렸다. 나는 두 주먹을 불끈 쥐고 있었다. 눈썹 위에서 흘러내린 땀방울이 눈으로 들어와 쓰렸다. 그러나 아무리 한탄하고 슬퍼해도 이 비참한 처지에서 벗어날 길은 없었다."

  벗어나는 유일한 길은 탈출이라 생각한 그는 이날부터 탈출을 계획하기시작한다. 탄광의 높은 담장을 넘을 길이 보이지 않았으나 탈출 의지는 일본의 패전이 예감되면서 더욱 강해졌다. 일을 마친 후 감시원이 없는 목욕탕에서 들은 정보를 통해 일본의 패전이 임박했음을 느낀 순간 "배고픔이라는 생리적 욕구에만 얽매여 있던 나에게는 뜻하지 않은 의식의 변화였다.〈중략〉 식민지에서 태어났기 때문에 그들은 우리를 짓밟고 있고, 우리들은짓밟힘을 당하고 있는 것이다. 정복자와 피정복자의 차이가 여기에 있는 것이다. 전쟁은 싫다. 탄광도 싫었다. 죽음도 싫고 식민지도 싫었다. … 잠시동안이라도 좋으니 사람답게 살아보자. 자유를 찾자. 탄광의 중노동도 미국의 포로도 싫다."는 생각이 강렬히 움텄다.

  이홍섭은 막장에서 착실히 일을 하면서 요장(寮長)의 신임을 얻고 기회를엿보던 중, 1945년 1월 설날 외출허가기회를 이용해 동료 1명과 탈출하여 화물 상하차 작업, 방공호 파기, 이타쓰케(板付) 비행장(현재 후쿠오카 비행장) 정비 작업원 등을 전전하며 징병과 검거를 피하다가 해방을 맞았다. 이홍섭이 탈출하여 가라쓰(唐津)에서 후쿠오카(福岡)를 전전하며 무사히 해방을 맞이할 수 있었던 배경에는 규슈 곳곳에 있었던 일반도일조선인의 집단 거주지역인 조선부락이 있었다.

노무자였던 이홍섭은 강제동원에 대한 저항을 민족의식의 일환으로 인식하였다. 탈출과 파업을 단행하는 조선인의 모습에는 학대와 식민지의 사슬을 끊고 자유를 향해 나아가고자 하는 투쟁 의지가 반영되어 있다. 이러한 노동자들의 저항의지는 일제에 반대하는 민족운동으로 이어졌다. 전쟁이 장기화되면서 저항을 통한 노동자들의 저력이 민족운동에 투영되어 노동자들이 매우 적극적으로 민족운동을 전개했다는 사실은 치안유지법 위반으로 검거된 사례들을 통해서도 쉽게 알 수 있다.

일제 말기에 일본지역에서 일어난 저항 사건 가운데 대표적인 사건은 1943년경 히로시마 구레(吳)해군시설부에서 징용공 7백여 명이 봉기한 사건이다. 이 사건의 주도자인 김선근 등 29명은 해군군법회의에 회부되어 모두 징역 1년에서 4년의 중형을 언도받았고, 김선근은 형 집행정지로 가석방되었으나 사망했다.[49] 그는 해군형무소에 수감 중 1개월 남짓한 기간이 지났을 때 폐결핵으로 위독하게 되어 1944년 5월 6일 형 집행정지처분을 받고 가석방되었다. 일본에 살던 형(김중근)이 입원시켰으나 위독하다는 것을 알고 고향에서 생을 마치기 위해 귀국한 지 3일 만에(6월 19일) 자택에서 사망했다.[50]

이 사건에 대한 자료는 사건당사자 측이 확보한 수형기록이다. 특히 김선근의 유족들은 1985년부터 수차례 일본법무성을 상대로 자료 제공을 요청해 히로시마(廣島) 형무소의 수형기록(廣刑甲收 제332호. 소화19년 3월 26일 판결선고. 소화 19년 3월 27일 判決確定錄事. 작성자 히로시마형무소장

---

49) 관련 자료 원본과 내용 설명은 곤도 노부오, 「히로시마 해군시설부 조선인징용공 폭동사건 판결문」(『한일민족문제연구』 25, 2013) 참조.
50) 수형기록(廣島형무소) 및 위원회 피해조사서.

津田哲郎)을 확보했으나 김선근 관련 항목이 먹줄로 지워져 있어서 내용을
확인하기 어려웠다.51) 그러나 다행히 이 사건으로 함께 구속되어 다중폭행
혐의로 징역 4년형을 언도받고 옥고를 치른 전병렬(경남 의령 출신)의 판결
문을 통해 확인할 수 있었다.52)

김선근과 전병렬의 수형기록을 통해 사건을 살펴보면 다음과 같다.

1921년 선산에서 출생하여 오사카 소재 전문학교 법과에서 중퇴하고
1943년경 2등 토공으로 7백여 명의 공원과 함께 히로시마 구레(吳)해군시설
부에 징용된 김선근은 "2료 료장으로서 고등교육을 받아 반도인(조선인-
인용자) 공원 사이에 신망이 있었는데, 1943년 8월 9일 오후 7시 30분경에
숙소에서 제1료 24반 반도인(조선인-인용자) 공원 文山寅泰가 지도원에게
폭행을 당하자 700명 공원을 선동"했다. 이 과정에서 김선근은 '몽둥이를 가
진 공원들을 거느리고 지도원이 있는 기숙사로 몰려가 십 수 명에게 신체
생명의 위험을 느낄 정도로 협박'을 하고 '○○(해독 불가)'한 혐의로 해군형
법 제68조 제2호 징역형에 해당함으로 징역 4년형(1944.3.27)을 언도받았다.
이 때 적용된 법은 다중폭행혐의였다.

특히 "秀雄(김선근)은 일본대학 오사카전문학교 법과에 입학하였으나 생
계의 핍박을 받아 중도 퇴학하고 그 무렵부터 좌익문헌을 탐독하여 특히
조선독립운동에는 흥미를 가지고 있어 1942년 12월 3일 미야코지마(都島)경
찰서(오사카 소재)에 운동혐의자로 유치된 경력이 있"었다.53) 또한 김선근
은 '공원 등의 선두에 서서 봉을 잡고 추격하고 공원 등을 지휘하여 지도원
의 숙소를 쳐들어가 수십 명에 대해 신체생명에 위험을 느끼도록 협박하고,
전병렬은 직접 지도원을 구타하여 전치 3주 내지 1개월에 요하는 타박상을
입혔다'고 한다. 김선근은 직접 폭행에 가담하지는 않았으나 이 사건 자체

---

51) 2013.10.14. 화서학회 감사 이종립 선생 제공 자료.
52) 전병렬이 발급받은 자료에는 전병렬의 내용이 먹줄로 지워져 있고, 김선근의 내용이 남아 있
었다.
53) 전병렬 수형기록. 이 문장이 김선근의 판결문에는 검은 색으로 칠해 있어서 내용을 알 수 없다.

를 주도했는데 공원들이 김선근의 지시에 따라 일사불란하게 움직였다는 기록을 볼 때 공원들에게 미친 영향력이 적지 않았다고 판단된다.

전병렬은 오사카 일본고무공업사 공원으로 근무하며 일신상업학교 야간부를 졸업한 후 구레해군시설부로 징용되었다. 자료에는 '영환'과 '성일' '재구' 등의 동료 이름이 나온다.

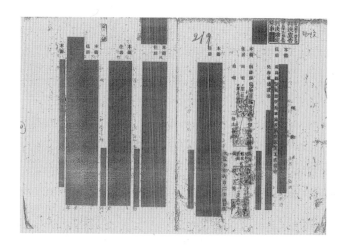

〈그림 1〉 김선근의
수형기록(1)

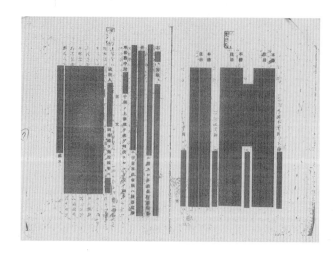

〈그림 2〉 김선근의
수형기록(2)

이 수형기록만으로 보면, 투쟁구호를 내걸었다거나 구체적인 요구 조건
도 나타나지 않아 김선근 등의 행동은 '우발적'이고 무계획적으로 보인다.
그러나 주목해야할 점은 해군 관할 하의 군 작업장인 구레 해군시설부에서,
조선인이 7백여 명의 징용공을 이끌고 공무를 중단시켰다는 점이다. 이는
당시 일본의 상황이나 군당국의 입장에서 보면, 엄청난 일이었고, 미친 여
파가 상당했을 것으로 보인다.

수형기록의 일부가 삭제되어 구체적인 '폭동' 내용은 알 수 없으나 이 사
건으로 송치된 조선인들이 김선근을 포함한 29명인 점을 볼 때, 단순한 '항
의'나 '취역 거부'의 범위를 넘어선 사안임을 알 수 있다. 이들 29명은 모두
징역 1년에서 4년의 중형을 언도받았다.

더구나 이들이 '폭동'을 일으킨 곳은 일본의 대표적인 군항인 구레이고
민간 기업이 아닌 해군소속이었으며, '군인과 동일한 의무를 부여받은 징용
공'이었다.[54]

이들은 징용공이었으므로 작업장 내에서 저항은 일반적인 경우라면 국가
총동원법에 의해 벌칙을 받아야 하는 상황이었다. 그러나 이 사건은 해군시
설부 내에서 발생하는 '폭동'으로서 법령(해군형법)에 의해 엄히 다스려지게
되어 있었으므로 징역 4년이라는 중형을 선고받았고, 수감 직후에 사망할
정도로 가혹한 고문에 시달렸음을 알 수 있다. 유족들의 증언에 의하면, 김
선근은 육상선수와 축구선수를 할 정도로 건강했고, 피체 당시에도 신장
173센티미터에 체중 75kg의 건장한 체구였다고 한다. 그러나 수감된 지 2개
월 남짓한 기간에 사망했다.

김선근에게 언도된 4년이라는 형기는 나가마쓰(永松) 광산 사례와 비교
해보아도 과중한 것임을 알 수 있다. 이와 같이 중형을 언도한 이유는 바로
이 사건이 미친 영향력으로 판단된다.

---

54) 전병렬이 구레해군시설부 소속으로 해군병학교 비행기지확장 공사장에 동원된 점을 볼 때 김
선근도 전병렬과 동일한 군 기지 토건작업에 동원되어 노역에 투입한 것으로 보인다.

야마가타(山形)현에 있는 나가마쓰광산에서 일어난 현지 투쟁 사례는 당시 특고월보와 법원 판결문이 남아 있고, 해방 후 대구의 매일신보(1994.4.2)를 통해 알려졌다. 자료에는 1940년 12월에 광산에 동원된 50여 명의 조선인들이 1941년 11월 20일에 일으킨 '폭동'으로 기록되어 있다. 자료에 의하면, 풍원순종(창씨명)과 평전성술(창씨명), 신성달은 야마가타현 소재 나가마쓰(永松) 광산에 동원된 후 '임금 차별 문제로 폭동을 일으킨 혐의'로 실형을 언도받고 투옥되었다. 이들에게 부과된 죄명은 '공무집행 방해'였다. 이 사건으로 17명이 구속되었고, 이 가운데 5명이 송치되었다. 5명 중 3명이 영주군 출신(신성달은 봉현면, 기타 2명은 풍기면 전구동 출신)이라는 점이 특징이다.

송치된 5명은 순사와 노무주임을 구타해 3일간 치료를 요하는 상처를 입혔다는 혐의였다. 이들은 당초 풍원이 벌금 80엔, 그 외 4명은 벌금 60엔이었으나 검사의 공소로 제기된 1942년 3월 5일 판결에서 징역 4개월과 3개월로 변경되었다. 이들은 구속 상태에서 함께 송치된 동료 남홍경(창씨명 : 남홍경식)이 자살을 기도할 정도로 심한 고문에 시달렸다.[55]

위에서 소개한 사례들은 노무자와 징용공들이 작업현장에서 전개한 현지 저항 및 투쟁 사례이다. 그 외에 일본지역 저항의 특징은 비밀결사투쟁이다. 비밀결사투쟁은 1920년대 전 시기~1930년대 중반에 이르는 합법투쟁이 불가능한 시기에 접어들면서 견지한 운동 방략이었다. 일제 말기에 들어서 합법적인 투쟁이 불가능하게 되자 모든 사회운동은 다 지하화하거나 운동의 깃발을 거두어야 했다. 그러나 그렇다고 하여 이 시기에 민족운동이 소멸된 것은 아니었다. 각종 비밀결사를 통해 명맥은 유지되었다.[56]

---

55) 특고월보에는 10여 명이 참가한 것으로 기록되어 있으나 신문기사(1994.4.2)과 신성달이 남긴 수기에는 50여 명이라 기록되어 있다. 당시 동원된 조선인 노무자가 50명이고 구속자가 17명이라는 점을 볼 때, 조선인 노무자 대다수가 참가한 것으로 보인다.

56) 이 시기 비밀결사활동에 대해서는 변은진의 연구가 주목된다. 변은진, 「일제말 비밀결사운동의 전개와 성격, 1937~1945」, 『한국민족운동사연구』 28, 2001 ; 「일제침략전쟁기 조선인 '강제동원' 노동자의 저항과 성격 : 일본 내 '도주' '비밀결사운동'을 중심으로」, 『아세아연구』 18,

일제 말기 비밀결사는 청년학생층에 의해 주도되었으나 강제로 연행된 조선인들에게도 낯선 이름이 아니었다. 강제로 연행된 조선인들은 독서회를 운영하면서 민족의식을 고취시키고 집단봉기를 계획하였는가 하면, 작업장 내에서 독립운동조직을 결성하여 비밀리에 운동을 전개한 경우도 적지 않았다. 일본의 패전이 임박한 시기에 일제의 패망과 민족독립에 대한 확신을 가지고 비밀결사와 연계되어 활동을 전개했던 것이다.

1938년 국가총동원법이 발효되어 일본이 전시체제에 들어선 후 노동현장에서도 비밀결사가 조직되기 시작했다. 오사카(大阪)에서 김권일(金權一)은 1938년 이후 몇몇 법랑(琺瑯)공장에서 일하던 조선인 노동자들을 중심으로 『조선문제』라는 교재를 읽는 공산주의운동연구회를 만들고 동지를 모아 조선독립청년단을 조직했다. 이들의 활동은 1940년에 발각이 되어 1940년과 이듬해인 1941년에 걸쳐 13명이 검거되었다. 또 다른 사례로는 도쿄(東京)시립중학교 식당 잡역부로 일하는 안명수(安明洙) 등이 민족주의그룹을 만들어 安重根 정신을 계승하고 민족의식을 고양하려는 운동을 들 수 있다. 그런가하면 1942년에 고베(神戸)의 노동자인 신동하(辛東夏) 등 4명은 조선인민족주의그룹을 만들어 일본의 패전을 확신하고 조선독립을 위한 봉기를 목표로 계몽운동을 전개하였으며, 1943년에는 大阪의 노동자인 金尙來를 비롯한 6명이 민족주의 그룹을 만들어 독립운동을 협의하다가 4명이 검거되었다. 이들은 강제로 동원된 조선인은 아니었으나 노동현장에서 전개된 비밀결사활동으로 의미가 있다.

1944년에 들어서면 이러한 움직임은 더욱 활발해졌다. 교토(京都)나 홋카이도(北海道)의 삿포로(札晃)에서는 함바(노무자합숙소)에서 민족주의 그룹이 만들어졌고, 아마가사키(尼崎)에서는 강제동원된 노동자 廣田炳奎(朝鮮人)가 중심이 된 '협화연성대특별청년회(協和錬成隊特別靑年會)'가 김일성의

2002 ; 「일제말(1937~45)청년학생층의 국내외 항일운동세력에 대한 인식」, 『한국학논총』 33, 2010.

조선 진격에 호소해 봉기하자고 협의하다가 검거되기도 했다. 나고야(名古屋)에서도 土工인 임원갑(林元甲) 등이 비밀결사 '조국위안회'를 만들어 각 노동자 합숙소를 순회하며 조국재건을 협의하기도 했다.[57]

3) 동남아시아 · 태평양지역

동남아시아와 태평양지역은 당시 '남방' 또는 '남양'으로 분류된 지역이지만 일본의 점령시기에서 큰 차이가 있다. 남양 가운데 '내남양'에 속하며 '남양군도[58]'라 불리는 중부태평양지역이 일본의 제1차 세계대전 과정에서 점령지역이 된 지역인데 비해, 동남아시아는 태평양지역으로 전선이 확대된 후에 일본의 격전지가 된 지역이다.

이 지역에 동원된 조선인 현황을 보면, 42,466명이 노무자와 군무원으로 동원되었다.[59] 특히 동남아시아는 전선이 급속히 확대되는 과정에서 군인은 물론, 포로감시원이 투입된 지역이기도 하다. 이 지역에서 저항의 사례는 군무원에서 찾을 수 있다.

대표적 사례는 조선인 포로감시원이 결성한 고려독립청년당(또는 고려독립동맹)의 투쟁이다. 포로감시원은 연합군포로를 감시, 관리할 목적으로 동원한 군무원이다. 일본 당국이 조선인을 포로감시원으로 동원한 배경은

---

57) 朴慶植, 『在日朝鮮人運動史-解放以前』, 三一書房, 1979, 333~336쪽.
58) 남양군도란 마셜, 캐롤라인, 마리아나, 길버트 제도 등 중부태평양에 있는 여러 섬을 말하며, 당시 일본이 '남방', '남양'이라 부르던 지역 가운데 하나로, 동남아시아 및 태평양 전체 지역과 구별해 '내남양'이라 부르기도 하였다. 제1차 세계대전 당시 획득하여 실질적으로 지배하였으나 국제연맹의 위임통치지역이었으므로 항만이나 대규모 군사시설 등은 건설할 수 없었다. 일본이 만주 침략으로 국제연맹에서 탈퇴한 후 본격적인 군사시설을 조성하면서 부족한 일손을 채우기 위해 시급히 조선에서 노동력을 동원하였다. 1939년부터 상하(常夏)의 땅에 동원된 조선인은 도로와 항만, 비행장, 군시설을 건설하거나 집단농장에서 사탕수수와 카사바를 생산하였다. 1941년 태평양전쟁 발발 이후 대부분 현지에서 군무원으로 전환되었다. 뜨거운 태양과 풍토병의 위험 속에서 고된 노동을 견뎌내야 했던 조선인은 전쟁 막바지에 폭격과 식량부족으로 많은 수가 사망하였고, 전쟁이 끝난 후에도 하와이 등 여러 지역의 연합군수용소에 머물다가 뒤늦게 귀국하였다.
59) 정혜경, 『징용 공출 강제연행 강제동원』, 51~52쪽.

1941년 12월 8일 진주만 공격과 말레이 상륙을 필두로 마닐라(1942년 1월)
와 싱가포르(1942년 2월), 자바(3월), 필리핀(5월)의 점령에서 찾을 수 있다.
점령지역의 확대는 영국과 네덜란드·오스트리아·미국 등 연합군 병사의
포로화로 이어졌다. 이 시기 일본군의 포로가 된 연합국 병사는 261,000여
명으로 추정된다. 따라서 일본 군부는 포로에 대한 관리의 필요성에서 1941
년 12월 육군성에 포로정보국을 설치하고 이듬해 5월부터 포로감시원을 모
집하게 되었다.

포로감시원 모집을 위해 포로정보국의 '포로단속과 경계를 위한 특수부
대 편성 등에 관한 방안'(1942.5.15)에 근거한 '포로수용소 용인의 급여에 관
한 사항'(육군 2급 비밀 495. 1942.5.20)이라는 근거를 마련했다. 포로감시원
은 대만인과 조선인을 대상으로 충당하였는데, 한반도에서는 1942년 6월에
모집했다. 이 때 제시한 모집요강은 식량은 관급, 피복은 무료대여, 관사제
공에 월급은 전투지역 노무자에게는 50원(지금의 4급 공무원 급료 수준),
비전투지역은 30원을 제공한다는 조건이었다. 총독부는 각 읍면에 인원수
를 할당하여 면서기와 순사들을 앞세워 동원했다. 이 때 동원된 3,223명의
청년들은 군속 신분임에도 노구치(野口)부대(부산 서면 소재)에 수용되어 2
개월간 사격과 총검술 등 군사훈련을 받았다.

훈련을 마친 이들은 인도네시아와 필리핀, 뉴기니아, 미얀마, 태국, 조선
등 각처 포로수용소에 배치되어 말단 실무자로 사역당했다. 기간은 2년 계
약이었으나 기간이 만료된 이후에도 귀국은 불가능했고, 30원이나 50원의
급료도 처음에는 지급했으나 나중에는 지급하지 않았다. 이들은 패전 이후
전범으로 처리되었다.[60]

이러한 과정을 통해 동남아시아로 동원된 포로감시원 가운데 인도네시아
자바로 동원된 조선인들은 1942년 1,408명, 1943년 1,376명 정도였는데, 3만
명이 넘는 연합군 전쟁포로와 10만 명에 달하는 네덜란드계 민간인 억류자

---

60) 정혜경, 『조선인 강제연행·강제노동1 : 일본편』, 선인출판사, 2006, 223쪽.

에 대한 감시와 경비업무를 맡았다. 당시 일본군은 포로감시원과 억류자들을 강제노역에 동원했고, 직접적인 관리를 포로감시원이 전담하면서 포로감시원들의 불만도 쌓여갔다. 소수의 포로감시원들이 다수의 전쟁포로와 민간인 억류자를 감시, 관리하는 일 자체도 무리했지만 가혹행위를 강요하는 역할을 해야 했기 때문이다. 또한 1944년 초부터 동남아시아와 태평양방면의 일본군 전황이 심각해졌으므로 포로감시원들이 느끼는 위기의식은 높아졌다.

또한 조선인 포로감시원들은 열악한 처우에다 민족 차별과 모멸감이 심해서 일본 당국에 대한 반감이 매우 컸다. 이들은 모집 당시의 조건과 달리 훈련소에서부터 구타와 기합에 시달렸던 데다가 현지의 근무 조건은 더욱 열악했다. 포로 감시를 하든, 공사 현장에서 노역을 하든 부족한 식량과 일본군의 매질에 시달리기는 마찬가지였다. 이러한 상황은 포로감시원들의 저항을 격화했다. 이러한 가운데 1944년 9월 포로감시원들의 계약기간이 만료하였으나 고향으로 돌아갈 가능성이 희박해지면서 포로감시원들이 불만을 단발적으로 표출하기도 했으나 결정적인 계기는 김주석(金周奭) 사건이다.

1944년 4월 태국의 포로수용소에서 근무하던 포로감시원 김주석은 영국 및 호주인 포로 일곱 명과 함께 중국 윈난 성(雲南省)으로 탈주하기 위해 한 달분 식량을 준비하고 밀림 지대로 들어갔다. 김주석 일행의 탈출 목적 가운데 하나는 연합군에게 일본군의 상황을 알려주기 위한 것이었다. 그러나 헌병대의 추적으로 10여 일 만에 체포되어 군법재판에서 사형선고를 받고 방콕에서 처형되었다. 김주석은 선린상업학교를 거쳐 만주 건국대학을 중퇴한 인텔리였는데, 중국에서 독립운동에 관여한 혐의로 피체되어 유치장에 수감 중 포로감시원 모집에 응했다. 부산의 훈련소 시절부터 고려독립청년당의 창당 주역들과 잘 아는 사이였고, 특히 중국에서 독립운동의 경험을 공유한 이억관과는 각별한 사이였다. 김주석은 이억관이 가장 총애하는 인물로 알려졌는데, 연합군 포로와 모의해 연합군 측인 중국으로 가려고 시도했다는 점이나 과거 행적으로 미루어볼 때 항일봉기의 시점이 가까웠다고 판단하고 탈출을 시도한 것으로 보인다. 김주석은 탈주하기 전에 항일투쟁에 관해 이억관과 깊은 교감이 있었으므로 김주석의 처형은 고려독립청년당의 결성을 촉진하는 계기가 된다.[61]

그와 함께 1944년 9월에 일본의 고이소 구니아키(小磯國昭) 총리가 발표한 '고이소 성명'은 조선 청년들에게 조국의 독립에 대한 새로운 각성과 각오의 계기가 되었다. 6월에 사이판 함락의 여파로 도조(東條)내각이 붕괴하고 새로이 총리가 된 고이소는 9월 7일 일본 국회 연설에서 인도네시아독립 허용에 대한 의지를 밝혔다. 이를 계기로 인도네시아 독립은 공론의 장으로 옮겨지게 되었으나 조선의 독립은 언급되지 않았다. 이는 조선 청년들을 분노하게 만들었고, 인도네시아 독립의 전망을 통해 조선의 독립에 대한 전망도 세우는 계기가 되었다.

이와 같이 김주석 사건과 고이소 성명, 일본 전황의 악화라는 상황 속에서 1944년 12월 29일, 인도네시아 웅아란(Ungaran)에 위치한 연병장 취사장에서 이억관은 10명의 동료들과 함께 고려독립청년당을 창당하고 혈서로 강령을 작성했다. 그 자리에서 선언문을 만장일치로 통과하고, 총령으로 이억관(이명 李活)을 선출했다. 이억관은 김현재, 임헌근, 이상문, 손양섭, 조규홍, 문학선, 백문기, 박창원, 오은석을 조직 책임자로 임명했다. 고려독립청년당은 26명으로 조직을 확대한 후 일본의 패전에 대비했다. 이들은 군사기밀을 탐지하고 인도네시아 민족운동 세력과 규합하여 공동 전선을 결성하여 궐기한다는 목표를 수립하고 준비했다.

당 강령 :
1. 아시아의 강도 제국주의 일본에 항거하는 폭탄아가 되라. 2. 만방에 우리의 진의를 소통함과 동시에 유대를 공고히 할 수 있는 최단의 길을 가라. 3. 민족을 위함이요 그 국에 이고오 행동이면 걸고 주저하기 마라.[62]

---

61) 우쓰미 아이코는 사전에 두 사람이 고려독립청년당의 문건까지 작성한 것으로 파악했다.
62) 고려독립청년당 운동사(초안)(內海愛子·村井吉敬, 『赤道下の朝鮮人叛亂』, 142~148쪽 재인용).

고려독립청년당은 결성 직후 자카르타와 암바라와, 반둥 등지로 조직을 확대해 26명이 되었다. 이억관 총령의 '10가지 지시사항'에 의하면, 본부는 자카르타에 두고, 총 분견소 및 반둥, 서마랑, 암바라와에 지구당을 두었다. 당원들에게 무기와 탄약, 식량 조달, 항일자금 마련, 통신 책임의 임무를 각각 맡겼으며 네덜란드인 및 인도네시아 현지 조직과 연대를 준비하는 등 거사를 위해 노력했다.

그러던 중 암바라와 사건이 발생해 조직이 노출되었다. 1945년 1월 4일 고려독립청년단의 혈맹당원이었던 노병한(盧秉漢), 민영학(閔泳學) 등이 전출 명령을 받고 말레이시아로 출발하게 되었는데, 전속 명령을 조직을 와해하려는 당국의 움직임이라 판단하고 적극 대응하기로 했다. 전출대상자가 아니었던 손양섭(孫亮燮, 암바라와 지부장)과 여섯 명의 조선인 포로감시원을 태운 트럭이 수용소를 출발하자마자 운전병에게 총구를 겨누어 차를 돌리게 한 후 암바라 수용소로 돌아가 무기고를 장악하고 분견소장과 포로수용소장, 역장, 물건납품업자 등을 습격했다. 이 과정에서 일본 군납업자와 형무소장을 사살하고 일본군과 대치하던 중 민영학이 사살되었으며 손양섭과 노병한은 자살했다.

암바라와 사건이 발생하자 중앙당도 존폐위기에 직면하게 되었다. 자카르타의 당 중앙 당원들에게도 전출명령이 내려지면서 압박의 강도는 강해지기 시작했다. 이억관은 암바라와 사건을 고려독립청년당 제1거사로 규정하고, 포로운반선 스미레호(すみれ丸) 탈취계획을 확정했다. 거사의 성공을 위해 수송대상 포로 1200여명의 협조도 구해놓았다. 그러나 1월 8일 1200명의 포로들과 30명의 감시원들을 태운 수송선이 출발하자 독립당의 존재를 파악해 둔 일본군이 초계기까지 띄우며 강력히 대응한다. 일단 거사를 보류해 수송선은 싱가포르 항구에 도착했지만, 곧이어 일본군의 대대적인 검거 선풍이 불기 시작했다. 모두 열 명이 체포되어 자카르타로 압송되었다. 이들은 1945년 7월 21일 전원 유죄 판결을 받았는데, 징역 2년에서 10년형을 언도받고 복역 중 광복을 맞았다. 그러나 광복 이후에도 곧바로 석방되지

못하고 네덜란드 정부 관할 감옥으로 이송되어 복역하다가 1947년 2월에야 풀려났다.

이 사건은 일본의 점령지이자 군정지역이었던 인도네시아에서 포로감시원으로 동원된 조선 청년들이 항일비밀결사를 조직하고 무장투쟁으로까지 발전시킨 거사로써 당시 견고했던 자바의 일본군정체제에 직접적인 충격을 가했을 뿐 아니라 대일협력주의가 우세했던 자바 사회에 정치적 항일운동을 자극한 사건으로 의미가 크다.[63]

고려독립청년당 사건이 동남아시아의 대표적인 투쟁 사례라면, 밀리환초 조선인 학살 사건은 태평양지역의 대표적인 저항 사례이다. 조선인 저항에서 시작하여 학살로 이어진 사건이다.[64]

밀리환초는 남양군도의 동쪽 끝에 위치한 마셜제도에 속한다. 마셜제도는 콰잘린·워체·마주로 등으로 구성되어 있으며, 밀리환초는 제도의 동남쪽 끝에 자리하고 있다.[65] 태평양전쟁 당시 제국 일본의 최전방으로 미군의 폭격이 끊이지 않던 지역이었다. 밀리환초에는 백여 개의 크고 작은 섬들이 가늘고 긴 둥근 띠 모양으로 형성되어 있다. 중심인 밀리섬은 환초의 남서쪽에 있으며 야자와 잡목이 무성한 전형적인 산호섬이다. 1942년 당시 밀리환초 전체 주민은 514명이었으며 주로 밀리섬에 거주하고 있었다. 원주민들은 돼지와 닭 등 가축을 사육하거나 팜 열매, 토란 등을 재배했으나 토질이 좋지 않아 생산량은 적었다.[66]

---

63) 김주석 사건과 고려독립청년당에 대해서는 유병선, 「일본 군정기 자바 조선인 군속의 항일비밀결사와 암바라와 사건」(고려대학교 대학원 사학과 석사학위논문, 2011)과 内海愛子·村井吉敬, 『赤道下の朝鮮人叛亂』(徑草書房, 1980) 내용을 요약 정리했다.

64) 상세한 밀리환초 학살사건 내용은 국무총리 소속 대일항쟁기 강제동원피해조사 및 국외강제동원희생자 등 지원위원회, 『남양군도 밀리환초(Mili Atoll)에서 학살된 강제동원 조선인에 대한 진상조사(연구자 조건)』, 2010 참조.

65) 현재 마셜제도공화국의 수도는 마주로이다. 또한 콰잘린은 세계 최대의 환상산호초로 알려져 있다.

66) 防衛廳 防衛硏修所 戰史室, 『戰史叢書-中部太平洋陸軍作戰(2) ペリリユー·アンガウル·硫黃島』, 朝雲新聞社, 1968, 432~433쪽.

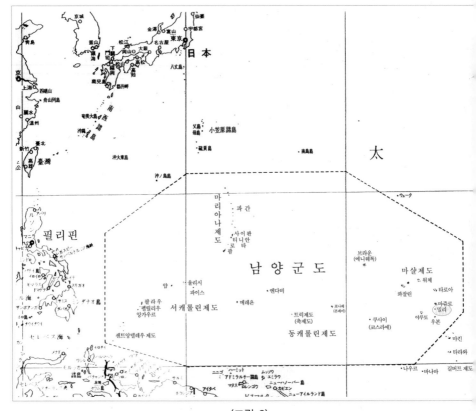

〈그림 3〉

* 우측 하단의 동그라미 안이 밀리환초.
* 지도출처: 防衛廳防衛研修所戰史室, 『戰史叢書－中部太平洋方面海軍作戰〈1〉 昭和17年5月ま
　で』, 朝雲新聞社, 1970年, 中部太平洋方面槪圖 その二 南洋群島槪圖(『남양군도 밀리환초(Mili
　Atoll)에서 학살된 강제동원 조선인에 대한 진상조사(연구자 조건)』 6쪽 재인용).

　　　태평양전쟁 당시 밀리환초가 속해있던 마셜제도는 남양군도의 동쪽 끝에
위치하여 하와이와 미드웨이 기습작전 및 웨이크·길버트를 잇는 중계 보급
기지로 군사적 요충지였다. 마셜제도 일대는 콰잘린에 본부를 둔 제6근거
지대67)의 위수 지역이었다. 제6근거지대는 1941년 1월 신설된 이래 1942년

---

67) 남양군도는 제4함대 소속의 근거지대가 각 지역을 방위하고 있었다. 1940년 11월 15일 제3근거
　　지대가 팔라우에, 제5근거지대가 사이판에 신설된 이래, 1941년 1월 15일 제6근거지대가 콰잘

〈그림 4〉

* 지도출처: 防衛廳防衛研修所戰史室, 『戰史叢書－中部太平洋方面海軍作戰〈1〉 昭和17年5月ま で』, 朝雲新聞社, 1970年, 中部太平洋方面主要島槪圖 その九 ミレ環礁(『남양군도 밀리환초 (Mili Atoll)에서 학살된 강제동원 조선인에 대한 진상조사(연구자 조건)』 8쪽 재인용).

중반까지 큰 변화가 없었으나, 같은 해 8월 미 해병대가 잠수함으로 마킨섬에 기습 상륙하면서 방어를 위한 지속적인 확충이 이뤄졌다. 1942년 8월 일본 연합함대사령부는 미군의 과달카날과 마킨섬 기습에 맞서 밀리섬에 항공부 대 주둔을 위한 군사시설 확충을 결정했다. 같은 해 11월 제62경비대 밀리 분견대로 상해특별육전대의 일부가 밀리섬에 상륙했고, 이어 이듬해 3월

린에, 8월 11일에는 제4근거지대가 축에 각각 설치되었다. 근거지대의 부대 정원은 3,500명 내 외였다.(防衛廳 防衛研修所 戰史室, 『戰史叢書－中部太平洋方面海軍作戰(1) 昭和17年5月まで 』, 朝雲新聞社, 1970, 106쪽)
일본 제국 해군의 근거지대는 특별근거지대와 특설근거지대가 있다. 남양군도에 설치되었던 것은 특설근거지대로 1919년 4월 16일 특설함선부대령을 근거로 하여 편성되었으며, 전진근거 지의 방위와 그에 따른 근해 경비・측량・항무・통신 등의 업무를 담당했다. 사령부는 특설함 선 또는 육상에 두고, 번호나 소재지 또는 소재지 방면의 이름으로 호명했다.(防衛廳 防衛研 修所 戰史部, 『戰史叢書－陸海軍年表』, 朝雲新聞社, 1980, 348쪽)

제6근거지대사령부 소속 육전대 제1중대가 추가로 밀리섬에 파견되었으며, 1943년 7월에는 제66경비대의 총병력이 1,200명으로 늘었다. 8월 13일에는 제552해군항공대 소속의 함상폭격기 23기와 수송기 2기가 도착하는 등 밀리환초의 방어태세는 점차 강화되었다.[68]

1942년 초부터 1944년까지 천여 명의 조선인이 밀리환초에 동원되었다. 이들은 비행장은 물론이고, 미군의 공습 및 상륙을 염두에 둔 주요 방향의 포대(14미리 포 8문, 12.7미리 포 8문), 섬 전체에 걸친 산병호와 교통호, 그리고 전차호, 기관총 엄체 등을 구축했다.

밀리환초에 일본군이 본격적으로 주둔하게 된 것은 1943년 중반 이후부터였으나 조선인 군무원들이 밀리섬에 상륙한 것은 1942년 초였으므로 1942년부터 밀리환초에는 원래 거주인원보다 훨씬 많은 인구가 생활해야 했다. 1942년 대규모 군인·군무원 증파가 실현되기 전 밀리환초의 원주민은 514명으로 알려져 있다. 밀리환초의 증원이 끝난 1944년 초 환초 내 총원은 5,300여 명이었다. 따라서 전쟁 말기 밀리환초에는 평시보다 10배가 넘는 인원이 거주하고 있었다. 이는 외부 보급 없이 자체적으로 생존이 불가능했음을 의미한다.

미군의 고립작전에 의해 밀리환초도 외부로부터 식량 보급이 1944년 3월과 6월 잠수함을 통한 소량을 제외하고 전면 차단되어 있었다. 이러한 상황에서 일본군은 '현지자활(보급 식량에 의존하지 않고 각자 식량을 채집하거나 농경·어로를 통해 스스로 생존을 유지한다는 방침)'이라는 이름의 생존 방법을 모색했으나, 토질과 기후는 물론, 초과 인구로 인해 원활한 식량 수급은 가능하지 않았다.

이런 상황 속에서 1945년 초에 밀리환초에서 일본군에 의한 조선인 '학살 사건'이 발생했다. 그 계기는 밀리환초 내에서 발견된 조선인 '변사체'였다. 당시 현장에서 가까스로 살아남은 이인신(李仁申)의 회고록에 의하면, 일본

---

68) 防衛廳 防衛研修所 戰史室, 『戰史叢書-中部太平洋方面海軍作戰(2) 昭和17年6月以降』, 朝雲新聞社, 1973, 580~581, 300, 354, 362쪽.

군이 체르본[69] 근처의 무인도에서 조선인을 "살해해서 먹었으며, 고래고기
라고 감쪽같이" 속여 조선인들에게도 "동료의 인육을 먹이"는 만행을 저지
르고 있다고 판단한 체르본섬의 조선인들은 더 이상의 희생을 막기 위해
저항할 것을 도모했다고 한다. 저항 방법은 체르본섬에 있는 일본인들을 모
두 살해한 뒤 미군에 투항하는 것이었다.[70]

1945년 2월의 마지막 날 밤, 박종원, 김철남 등 조선인 군무원 수십 명은
총을 든 셋을 비롯하여 각자 무기가 될 만한 것들을 소지하고, 야자수 덤불
속에서 은신하다가 유인을 담당한 동료가 도착하면 모두들 뛰쳐나와 준비
한 무기로 한 명씩 일본인을 살해했다. 7명을 살해하던 중 4명의 일본군이
눈치를 채고 일본군이 주둔하고 있는 주변의 루크노르섬으로 탈출해 일본
군에게 발각되었다. 일본군은 1945년 3월 1일, 기관총을 앞세운 15명 남짓
의 '토벌대'를 조직, 체르본섬으로 공격해 들어와 조선인들을 무자비하게 학
살했다. 증언에 따르면, 체르본섬에 있던 120명의 조선인 중 생존자는 15명
정도였다고 한다.

한편 『구해군군속신상조사표』에는 150명이 저항사건에 참여했으며 이 중
55명이 사망하고 95명은 도망한 것으로 기록되어 있다. 55명은 모두 반란죄
로 학살당했는데, 「구해군군속신상조사표旧海軍軍屬身上調査表」에는 사망
원인이 '총살' 32명, '자살(결)' 23명'으로 기재되어 있다.[71]

밀리환초 조선인 학살사건은 비행장 등 군사시설물 구축을 위해 동원된
조선인들이 목숨을 지키기 위해 일본군을 살해하고 미군에 투항하고자 했
으나 일본군의 토벌로 55명이 목숨을 잃음으로써 그동안 '저항의 사례'가 아
닌 '학살당한 피해의 사례'로 평가받았다.

---

69) 체르본은 밀리환초 동남쪽 맨 끝에 위치한 작은 섬이다. 길이 1km 남짓, 너비 500m 정도로
　　중앙에 야자수가 숲을 이루고 있다. 젤퐁섬이라고도 한다.
70) 李仁申은 「日帝强制連行 太平洋戰爭 마셜群島 미레島 受難記」(프린트본)를 남겼는데, 1995년
　　12월에 작성한 것으로 기록되어 있다. 그는 밀리섬에 강제동원되었던 피해자로 직접 경험한
　　일과 동료로부터 들은 사실을 토대로 회고록을 작성했다.
71) 1993년 10월 9일 외무부가 일본정부로부터 인수받은 명부.

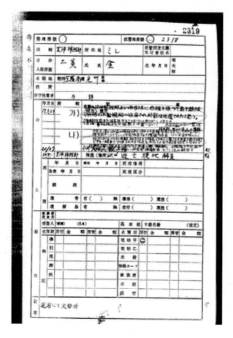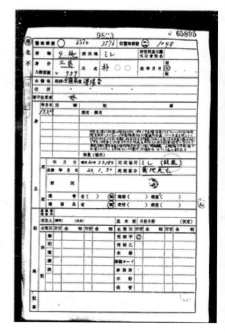

〈그림 5〉 군속신상조사사표 기재 내용
왼쪽은 미군에 투항한 내용과 저항사건의 시말이 기록된 명부이고, 오른편은 저항사건으로 인해 '총살'당한 피해자의 명부

4. 일제 말기 재일조선인사회와 일본에 동원된 조선인의 저항

동원과정의 저항과 동원 지역별 투쟁의 사례에서 나타난 특징은 첫째, 시기별로 강화된다는 점이다. 일제 말기에 다다를수록 발생 건수도 많아졌을 뿐만 아니라 강도도 강해졌다. 1945년 5월, 홋카이도탄광기선주식회사의 경우에는 동원과정에서 발생한 탈출비율이 50%에 육박했고, 대왕산결심대 사건 등 적극적인 투쟁 사례는 1943년말 이후부터 일어났다.

둘째 동원지역(일본)이 집중된다는 점이다. 동원과정은 물론 작업 현장에서 나타난 투쟁의 사례도 일본은 다른 지역과 비교가 어려울 정도로 많다. 그 이유는 동원자의 실제 숫자에서 일본지역이 가장 많다는 점과 조선인들이 기피하는 탄광이 많다는 점, 전쟁이전 시기부터 형성된 재일조선인사회를 들 수 있다. 이 가운데 앞의 두 가지가 동원과정의 저항에 영향을 미친 원인이라면, 작업 현장의 투쟁에 영향을 미친 요인은 세 번째(전쟁 이전 시기부터 형성된 재일조선인사회)라고 생각한다.

1910년 강제병합 직후부터 본격화된 조선인 노동자의 도일은 1920년대에 들어서 '조선부락'이라는 집단거주지역을 형성하면서 각종 사회운동과 민족운동의 토대를 이루었다.[72]

〈표 3〉 재일 한인의 정주화 현상

연도	거주 한인수			(4)정주인원 비율(%)	(4)비정주 인원(명)	(4)비정주 비율(%)			
	(1)	(2)	(3)			전국	大阪府	東京府	福岡縣
1920	30,189	40,755	40,755	16.44	26,505	83.56	93.49	66.25	98.76
1925	129,870	187,102	214,657	22.53	105,909	77.47	84.29	78.02	66.95
1930	298,091	419,009	419,009	44.86	158,628	55.14	59.37	56.72	49.92
1934	537,695	689,651	559,080	65.25	186,848	34.75	43.80	41.97	27.65
1935	625,678	720,818	615,869	75.26	154,785	24.74	23.23	33.30	29.68
1936	690,501	780,528	657,497	75.83	166,898	24.17	23.06	33.23	27.71
1937	735,689	822,214	693,138	77.02	169,031	22.98	24.91	32.46	25.25
1938	799,878	881,347	796,927	73.88	208,945	26.12	28.07	32.44	26.44

(1) 『日本帝國統計年鑑』해당연도.
(2) 朴在一, 『在日朝鮮人に關する綜合調査研究』, 新紀元, 1957, 23~29쪽.
(3) 田村紀之, 「內務省警保局調査による朝鮮人人口(1)」, 『經濟と經濟學』 46, 1981, 58쪽.
(4) 內務省警保局, 『朝鮮人槪況』 1920 ; 『社會運動の狀況』해당연도(外村大, 『在日朝鮮人社會の歷史學的研究』, 綠陰書房, 2004, 93쪽 표 2-26, 2-27 재인용 및 수정).

---

72) 일본에서 본래 '부락'이란 용어는 법제적으로 성립된 행정단위명이 아니다. 집락, 부락, 촌락 등 용어가 사용되었는데, 이러한 용어는 동리(洞里) 및 정촌(町村) 이하의 '자연마을'을 가리키는 개념이다. '집락(集落)'은 농산어촌에서 사용하는 용어로 지리학적 의미가 강했다. 그에 비해 '부락(部落)'은 동아시아에서 정주민에 동화되지 않는 유목민의 공동체를 부르는 호칭으로 불렸다. 이 때 '부락'은 차별적인 용어가 아닌 일반적인 호칭이었다. 이러한 부락과 달리 피차별부락·특수부락을 약칭한 개념의 '부락'이 있다. 'buraku'라는 발음으로 영어와 불어에도 있을 정도로 널리 알려진 용어이다. 피차별부락은 1920년대에 4,800지구에 85만 명 정도의 부락민이 거주하고 있었는데, 이들은 1871년에 '해방령'에 의해 법제적 신분은 폐지되었으나 사회관습적인 차별은 잔존했다. 식민지 시기에 조선인이 밀집한 지역을 '조선부락'이라 명명한 배경을 '부락=조선의 촌락을 비하하는 용어'라고 단정 지을 수는 없다. 그러나 당시 재일조선인이 놓인 사회적 위치와 인식의 정도를 볼 때, 일본사회가 지칭했던 '조선부락'의 의미를 미루어 짐작할 수 있다.

1907년 오사카 히가시나리구(東成區) 히가시오바시쵸(東小橋町) 157번지에
소재한 조선부락(일명 朝鮮町) 설치 이후 일본 전역으로 확산된 조선부락은
오사카 외에 교토나 도쿄·가나가와(神奈川)·요코하마(橫浜)·규슈(九州)
지역에도 형성되었다. 규슈도 초기에 한인 인구가 밀집했던 지역이었으므
로 조선부락의 형성시기가 다른 지역보다 빨랐다. 1919년 3월 24일자 『오사
카아사히신문(大阪朝日新聞)』에 의하면, 모지(門司)시의 시라키자키(白木崎)
에서 고모리(小森) 부근에 이르는 지역과 시모노세키(下關)의 마루요시쵸(丸
由町) 부근이나 사쿠라유(櫻由) 부근에도 조선부락이 형성되었다고 한다.[73]

일본의 빈민가를 형성한 조선부락에 대해 일본사회는 결코 달가워하지
않았다. 자신들이 사용하지 않는 버린 땅이지만 한인들이 모여서 공동생활
을 하는 것은 두려운 일이기도 했다. 배격해야 할 일이었고, 쫓아내야 할
곳이었으므로 주택분쟁으로 대변되는 추방운동을 벌이거나 당국의 힘을 빌
어 탄압하고자 했다. 그러나 조선인들은 조선부락을 중심으로 거주권을 확
보해나가는 한편, 협동조합과 언론(민중시보 등), 교육시설을 토대로 1920~
30년대 중반까지 민족운동과 사회운동의 터전으로 중요한 역할을 담당했
다.[74]

전쟁발발 이전 시기의 이러한 전통은 전시체제에 들어서 변화의 모습을
보였다. 전시체제기에 재일한인은 '기주조선인(일반도일조선인)'과 '이입노
무자(강제로 동원된 조선인)'로 구분된다. 총동원체제 이전시기에 도일한
재일조선인도 총동원체제에 속해 있었지만, 양자 간 연계성은 찾기 어렵다.
특히 강제로 동원된 조선인들은 조선부락이 밀집한 대도시 보다는 홋카이
도나 규슈 등 탄광지역, 토목건설공사장에 동원되었으므로 조우할 기회는
많지 않았다. 또한 같은 지역에 있더라도 일반도일조선인과 달리 통제가 심
한 집단합숙소에 거주하고 있었으므로 연계가 어려웠다. 노동현장에서는

---

73) 樋口雄一,「在日朝鮮人部落の成立と展開」,『在日朝鮮人』, 新人物往來社, 1978, 550쪽.
74) 재일조선인 민족운동의 상세한 내용은 정혜경,「일제시기 재일조선인 민족운동연구」, 국학자
료원, 2000 ;「1920년대 재일조선인과 민족운동」(『한국근현대사연구』 20, 2002) 참조.

일반도일조선인들이 이입노무자를 감독하는 역할을 담당하는 경우가 많았으므로 상호 간에 공감대를 형성하기는 어려웠다.[75]

또한 양자가 교류할 수 있는 환경이 조성되어 있지 않았다. 강제로 동원된 이입노무자들은 조선부락이 밀집한 대도시보다는 홋카이도나 규슈 등 탄광지역, 토목건설공사장에 동원되었으므로 조우할 기회는 많지 않았다. 또한 같은 지역에 있더라도 일반도일조선인과 달리 통제가 심한 집단합숙소에 거주하고 있었으므로 연계가 어려웠다. 양자가 1944년 이후 현원징용 및 군수회사지정에 의해 동일한 작업장에서 강제 동원된 상태로 있었던 작업장도 다수 있었지만, 노동 숙련도나 적응도에서는 차이가 있었다. 노동현장에서 일반도일조선인들이 이입노무자를 감독하는 역할을 담당하는 경우가 많았으므로 상호 간에 공감대를 형성하기도 어려웠다.

그러나 전쟁 이전시기의 전통이 완전히 사라진 것은 아니었다. 인적동원이 시작되기 이전에 도일한 일반도일조선인들이 생활터전을 다진 곳이 강제 동원된 노무자들의 노동운동이 강한 지역이기도 하다. 홋카이도의 경우처럼 재일조선인운동이 조직적으로 활성화되지는 않았으나 일본의 전시체제기에 노동운동이 활발해진 지역도 있다.

일반도일조선인들은 1938년 이전부터 전개된 조선인노동운동의 맥을 비밀결사로 이어가고자 했고, 그들의 대열에 강제로 동원된 노무자를 합류시키고자 했다. 또한 강제 동원된 노무자들도 점차 저항의 내용을 달리하게 되었다. 이들이 일본에 도착하여 강제노역에 시달리기 시작한 직후에 발생한 파업은 열악한 노동 상황과 착취에 대한 저항이었다. 그러나 시기가 지나면서 이들은 전쟁의 상황을 인식하고 독립의 시기가 도래하였음을 확신하였다. 이러한 인식은 전쟁이 발발하기 이전에 도일하여 조선부락에 터전을 잡은 일반도일조선인과 연계되면서 추동력을 발휘하였다

---

75) 전쟁시기 조선부락의 역할에 대해서는 정혜경, 「식민지 시기 '조선 부락'의 형성과 사회적 역할」(국사편찬위원회 편, 『재외동포사총서-일본한인의 역사(하)』, 2010) 참조.

일반도일조선인과 이입노무자들은 같은 작업장에서 서로 다른 일을 하면서도 노동자와 작업반장, 노동자와 노무계, 또는 노동자와 서사(書士)로서 밀접한 관련을 갖는 경우가 많았다. 노동자 50명에 한 명 꼴로 배정되었던 서사는 노무자의 편지를 대필해주고, 출근부에 서명을 해주는 기능을 담당하였으므로 이들에 대한 노무자들의 의존도는 매우 높았다. 일본의 사업장에서 일본어를 모르는 이입노무자를 관리하는데 가장 적합한 인물은 일반도일조선인이었기 때문이다.

이들 사이의 관계에 대해 확실한 결론을 내릴만한 문헌 자료는 확인되지 않는다. 구술자료에 의하면, 오히려 이입노무자 가운데에 '일본인 감독관보다도 조선인 작업반장이 더욱 포학하게 굴었다'는 내용도 있다. 일반도일조선인이 다수를 차지하던 조선인 작업반장들은 과도한 폭력을 행사하면서 작업을 독려하기도 했다는 것이다. 일본인 감독관은 조선인작업반장을 통한 간접관리방식을 이용해 민족적 유대감을 해체시키고 노동생산성을 강화하고자 했다. 이를 간파하지 못한 조선인작업반장의 과도한 충성심은 노무자에 대한 폭력으로 이어졌다고 생각된다. 그러나 이와는 반대로 작업반장(대장)이 조선인이었기 때문에 일본인의 폭력과 탄압을 피할 수 있었다는 구술도 함께 들을 수 있다. "그이(대장)가 없었다면 우리는 살아서 돌아올 수 없었을 것" "(대장은) 일본말도 잘하고 힘이 세고 그래서 우리들한테 일본 놈들이 뭐라고 하면 가만두지 않았"던 작업반장의 울타리도 엄연한 사실이다.

또한 흔히 알려졌듯이 서사가 일방적인 노무자 통제의 주체는 아니었다. 서사는 고용주와 노동자 사이에서 발생할 수 있는 불미스러운 상황을 미연에 방지하는 기능을 함과 아울러 타국에서 여러 어려움에 처한 노무자에게 여러 가지로 도움을 주는 존재이기도 했다.

이러한 양측의 상황에서 조선부락은 어떤 역할을 했는가. 대체적으로 인근에 조선부락이 큰 규모로 자리 잡고 있었던 지역에서는 노동현장에서 조선인노동자에 대한 대우가 그렇게 열악하지 않았다는 것이 일반론이다. 조선부락은 강제로 동원된 조선인들의 피난처이자 지원세력으로 역할을 담당하기도 했다.

노무자들이 작업장에서 받은 담배를 들고 나가서 식량이나 돈으로 바꾸는 곳도 조선부락이었고, 허기를 채울 수 있는 곳도 조선부락이었다. 추수가 끝난 밭에 고구마나 감자 등을 수확하지 않고 남겨두거나 밤에 감자가 담긴 자루를 밭고랑에 놓아두어 조선인 노무자들이 허기를 채울 수 있도록 돕는 사람들도 조선부락의 동포들이었다.

특히 일본당국의 골칫거리였던 노무자들의 탈출은 일반도일조선인의 역할이 없었다면 불가능한 일이었다. 일본어가 능숙하고 일본상황에 정통한 일반도일조선인들이 탈출로를 알려주기도 하고, 새로운 일자리를 소개해주기도 했다. 탈출을 기도하던 노무자들은 조선부락을 통해 목적을 달성했다. 앞에서 소개한 이흥섭이 1945년 1월, 탄광의 문을 나서서 해방을 맞을 때까지 검거되지 않고, 규슈의 여러 지역을 전전하며 무사히 지낼 수 있었던 것은 규슈 곳곳에 있었던 조선부락 덕분이었다. 구레해군시설부에서 700명의 징용공을 이끌고 '취역 거부'를 주도한 김선근과 전병렬도 모두 전쟁 이전 시기에 도일해 유학생과 노동자로 생활한 경험을 가지고 있었다.[76]

이 같이 조선부락의 일본에 대한 비협조와 조선인 지원 노력은 이입노무자의 노동자 인식을 고취하고 저항을 뒷받침했다. 1939~1944년간 조선인들이 전개한 2,554건의 노동운동 가운데 이입노무자들이 참여한 파업과 태업은 무려 1,784건에 달했다. 이 같은 양자 간 노동운동 연대는 전전(戰前)기 재일조선인운동의 성과가 있었기에 가능했다고 생각한다.

---

76) 김찬정은 지역 사례조사를 통해 이입노무자의 탈주와 조선부락의 관련성을 제시했다. 金賛汀, 『在日コリア百年史』, 三五館, 1997, 125쪽.

5. 맺음말

일제 말기 일본이 일으킨 아시아태평양전쟁에서 식민지 조선의 민중들이 감당한 인적 물적 동원 비중은 매우 높았다. 중복 인원 포함 780만 명이 동원되었다.

앞에서 살펴본 바와 같이, 강제로 동원된 조선인들은 동원과정은 물론, 동원 현장에서도 소극적인 저항과 적극적 투쟁을 전개해나갔다. 이러한 사례는 일제 말기에 다다를수록 발생 빈도가 많아졌고 강도도 강해졌으며 지속성을 띄었다. 일본의 패전이 임박한 1945년에는 동원과정에서 발생한 탈출률이 50%에 육박하기도 했다. 학도지원병 징집을 거부하고 강제노역장에 배치된 청년들이 비밀결사조직에 참가하기도 했고, 군사시설지에서 수백 명을 이끌고 '취역 거부' 투쟁을 벌이기도 했다.

이 같은 조선인들의 저항에 대한 당국의 대응 강도도 강해졌다. 경북지역의 사례만 보더라도 동원 거부자 82명은 모두 실형을 선고받고 3개월 이상 3년 정도의 수형생활을 했다.[77] 일본당국이 발간한 다수의 자료(법령 해석집, 법령 설명문, 신문 및 잡지 기사)에는 강제동원을 거부한 위반 사항에 대해서 거의 언급하지 않고 있다. 국가총동원법에 엄중한 벌칙 조항을 명시했으면서도 이 내용을 전파하려 한 노력은 보이지 않았다. 대부분의 문건은 '동원의 당위성'을 강조하고 '원호 제도'를 선전하는 내용이다. 이는 당시 조선총독부의 행정시스템이 강압적인 방법으로 동원할 수 없었으므로 피동원자 및 가족들을 자극하지 않으려 했기 때문이다. 그러므로 실제 운용하지 않았던 노무원호제도에 대한 신문기사는 차고도 넘쳤으나 위반 사례는 내부 자료(법무성 및 법무국 자료 등)에 그쳤다.[78]

조선인들의 동원 거부 사례는 현재 수형기록 등 일부 자료에 남아 있으

---

77) 정혜경, 「일제말기 경북지역 출신 강제동원 노무자들의 저항」, 108쪽.
78) 노무원호제도에 관한 상세한 내용은 정혜경, 「노무원호제도와 조선인노동동원」, 『일본제국과 조선인노무자 공출』, 선인출판사, 2011 참조.

나 자료로 확인할 수 없는 경우도 상당수 확인된다. 1944년 12월에 조선총독부가 일본 제국의회에 보고한 보고서에 의하면, 징용 기피 등 민심의 동향은 매우 악화되어 있었다. 이에 대해 당국은 '일제 검거단속 및 엄벌주의'를 채택해 법정 최고형을 구형했으나 민심은 수습되지 않았다.

당국의 탄압에도 조선인들이 저항과 투쟁의 강도를 높여나간 원인에는 개인적인 불만을 넘어선 구조적 모순과 민족차별 등에 대한 각성이 내포되어 있었다. 또한 참여자들은 일본과 같이 전쟁 이전 시기부터 동원된 지역에서 축적된 운동의 성과에 힘입어 투쟁을 이어갔다.

동원된 지역 가운데 가장 다양한 저항과 투쟁 사례를 보이는 지역은 일본이다. 일본은 가장 많은 조선인이 동원된 지역이고, 식민지 전 시기를 통해 계속되어온 조선인 운동의 토대와 역량이 마련되어 있었기 때문이다. 일본에 강제로 끌려간 조선인 노동자들은 가혹한 노동력 수탈 체제에 굴종하지 않고 소극적인 방법으로는 탈출이나 작업 거부를, 적극적으로는 파업과 폭동으로 맞섰다. 작업장 내에서 독립 운동 조직을 결성하여 비밀리에 운동을 전개한 경우도 적지 않다. 특히 이 시기는 파업이나 태업 외에 집단 도주가 저항의 형태로 만연되어 있었다.

강제로 끌려간 조선인들은 저항하는 가운데 점차 식민지 구조적인 모순에 대한 인식이 싹트기 시작했다. 따라서 조선인은 태업이나 탈주로 만족하지 않았다. 적극적으로 파업을 전개하며, 일본제국주의와 맞섰다. 이들은 일본에 도착하여 강제 노역에 시달리기 시작하자 열악한 노동 상황과 착취에 대해 저항했다. 그러나 시기가 지나면서 이들은 전쟁의 상황을 인식하고 독립의 시기가 도래했음을 확신하며 투쟁을 강화하였다. 또한 이들의 투쟁은 일본 통치 당국에 적지 않은 영향을 미쳤다. 구레해군시설부 사건에서 알 수 있는 바와 같이 해군 관함 하의 군 작업장인데, 조선인이 무력을 갖춘 7백여 명의 징용공을 이끌고 공무를 중단시켰다는 것은 당시 일본의 상황이나 군당국의 입장에서 보면, 충격이 상당했을 것으로 보인다.

이들의 저항과 투쟁에 대한 평가는 어떠한가. 선행연구에서 강만길은 '일본지역에서 전개된 조선노동자들의 저항행위가 특고경찰의 철저한 탄압과 위협적 위류(慰留)로 인해 대부분 유야무야되거나 주모자들이 검거되었으므로 그다지 성공하지 못했다'고 평가했다. 그러나 역사적 평가는 사건 자체의 실패여부로 가늠할 수는 없다고 생각한다. 이러한 저항과 투쟁이 당시 당국에 미친 영향력을 감안해서 평가해야 한다.

이상의와 변은진은, 노무자들의 현장 이탈이나 '도주'는 사회 통제와 군수물자 생산에 주력하던 일본당국에 매우 '악영향'을 미쳤고, 그러한 영향력을 감안할 때 반제·반전의 성격을 지닌 민족운동의 일환으로 평가했다.

엄중한 시기에 대왕산결심대나 대한독립회복연구단과 같은 조직적 투쟁을 한 사례, 일본의 해군시설에서 수백 명을 이끌고 봉기한 김선근의 사례 등 아시아태평양전쟁 기간 중에 일본총동원체제에 타격을 준 노무자들의 투쟁 사례에 대한 평가, 일본의 격전지 인도네시아 자바에서 일으킨 고려독립청년당 등, 본문에서 소개한 투쟁사례도 선행 연구 성과와 동일한 기준에서 이루어져야할 것이다.

■ 정혜경

재일조선인 협화회 체제의 말단기구
-야마구치(山口)현의 사례를 중심으로-

1. 들어가기

이하에서는 우선 야마구치현(山口縣)에 있어서의 조선인 단체를 1920년
대로부터 더듬어 가서 그들이 1939년 12월 야마구치현 협화회 아래로 집약
되는 과정을 명확히 하고자 한다. 그런 다음 야마구치협화회와 경찰서 관내
마다 만들어진 지회, 그리고 지회의 중심 구성원으로서의 지도원과 보도원
의 설치 및 활동에 대하여 명확히 함으로써 협화회 체제가 갖는 말단기구
로서의 특징을 추출하는 것을 과제로 하고자 한다.

협화회에 관한 연구사는 히구치 유이치(樋口雄一)의 선구적인 연구[1]가
있다. 거기에서는 1939년 이후 1945년까지 중앙 협화회부터 말단 회원에 이
르는 조직 계통이 도해되어 각 지역의 경찰 관할 구역마다 지회, 도쿄·오
사카·교토 등 대도시에 지도구(사업구), 주거지구에 분회를 두는 것 등이
니디니 있다. 또 1939년 10월 10일 후생노동성 사회국장, 내무성 성보국상
의 '협화사업 확충에 관한 건' 및 '협화사업 응급 시설 요강', '지방 화합사업

---

1) 樋口雄一, 『協和会 戰時下朝鮮人統制組織의 研究』, 社会評論社, 1986, 93~94쪽.

단체 설치 요강', '근로자 훈련 시설 요강', '협화 사업 시설 요목' 등을 소개하
면서 협화회가 재일조선인 대책 기구로서, 강제연행 노동자 대응이나 황국
신민화 등의 사업을 전국 통일적으로 하려던 것이 지적되고 있다. 말단기구
에 관한 교토의 사례에서 지도원은 일본인 유력자·조선인 고용 기업주·방
면위원 등이며, 보도원은 조선인 유력자로 여겨지고 있다. 일본인에 대해서
는 명예직이고 실질적으로 경찰의 내선 계원이 맡았다고 한다. 한편 효고현
(兵庫縣)의 경우는 재일조선인 유력자가 지도원에 대해 이와 별도로 간사(특
별고등경찰과 내선 담당자)가 있으며, 조선인 지도원의 발언이 담겨 있어 흥
미롭지만 명칭과 인원 수, 역할에 관해서 더욱 면밀한 분석이 필요하다.[2]

도노무라 마사루(外村大)에 의한 연구는 말단의 조선인 측 임원에 대해
상당수는 계도, 공제, 보건, 아동 교육 문제 등의 활동을 계속하면서 다른
조선인을 마련할 지도자들로 임원이 되기 전부터 일본 국가의 시책에 협조
적인 입장을 취하고 있었다고 추측되는 인물이라고 하고 있다. 그 반면 생
활 관련 사업과 생활 옹호의 활동을 계속하고 있던 인물도 확인할 수 있다
며 일본의 행정 당국에서 보면 그런 인물을 지도자층에 규정함으로써 재일
조선인 사회에 대한 통합 정책을 실효성 있게 했다.[3] 재일조선인의 의식
측면까지 더듬어 고찰하고 있는 점은 뛰어나지만 사례로서는 아직 부족하
다고 하지 않을 수 없다.

야마구치현의 협화회에 관해서는 스기야마 히로아키(杉山博昭)와 누노비
키 도시오(布引敏雄)의 연구가 있다. 전자는 오직 야마구치현 사회사업협회
의 기관지『야마구치현 사회시보』에 따르며 쇼와관(昭和館)을 비롯한 내선
융화 여러 단체에 대하여 검토한 뒤 협화회 지회 지도원으로 선임된 조선
인은 '사상건전'에서 체제에 협력적 인물이며, 그것은 조선인 교화가 일정
수준까지 이른 것을 나타내고 있다.[4] 후자에 대해서는 1935년 야마구치현

2) 樋口雄一, 위의 책, 114~121쪽.
3) 外村大,『在日朝鮮人社会の歴史学的研究』, 緑蔭書房, 2004, 326~335쪽.
4) 杉山博昭,『山口県社会福祉史研究』, 葦書房, 1997, 320쪽.

내 조선인 단체 일람(특별고등경찰과 조사), 1942년 야마구치 현 내 협화회
지회 목록 등을 내세워 유화사업과 내선 융화사업이 차별의 결과라고 보는
지 문명에서 뒤진 것으로 보일지에 의해 다르다는 것, 협화사업은 전쟁완수
를 위한 것이었음을 지적하고 있다. 또 1939년 12월 1일 야마구치현 학무부
장명에 의한 '협화사업의 확충에 관한 건'을 인용해 노무동원 계획 실시를
위해 협화회를 설립한 점을 지적했다.[5] 그러나 어느 것도 전시체제의 진행
에서 야마구치현협화회 및 지회의 위치나 활동을 세밀히 추적한 것이 아니
라 시기적 추이에 입각해서 정리하는 작업이 필요하다.

이하에서는 협화회 지회 조직과 활동에 대해 야마구치현협화회 사업성적
과 각 지회의 활동상황을 시기별로 찾기에 따라 협화회 말단조직의 실태에
접근해 보고자 한다. 아울러 조선인 측의 중량급 인사를 밝히는 동시에 조
선 여성의 역할과 일본인 지도원의 역할에 유의하면서 검토해 가고자 한다.

2. 야마구치현의 협화회 설립

1) 부조 융화단체의 설립

야마구치현에서는 1920년대에 조선인의 수가 증가되어 감에 따라 각지에
일본인 노동자와 하나로 묶는 부조단체나 조선인만의 공동부조, 그리고 「내
선융화」를 표방하는 단체 등이 줄줄이 만들어졌다.

우선 제1차 대전 이후 공업화가 두드러진 도요우라군(豊浦郡) 히코시마
(彦島)에 1925년 4월 내선공화회가 만들어진다. 조선과 일본노동자들 사이
에 의사소통이 결여됨으로 인해 갈등이 발생하였기 때문에 일본인 주도로
협조와 구제를 목적으로 설립되어 회원은 459명, 사업으로서는 직업소개,

5) 布引敏雄, 『隣保事業の思想と実践 姫井伊介と労道社』, 解放出版社, 2000, 212・242・243쪽.

구제사업, 출소자보호사업 등을 행하였다고 한다.6) 히코시마에는 이외에도
조선인만의 선인노우회히코시마본부(鮮人勞友會彦島本部)라고 하는 조직이
1928년에 만들어졌다. 내선융화를 꾀하기 위하여 무료 직업소개, 보건의 설
치, 무료 숙박소 설립 등을 행하였다고 한다.7)

시모노세키 측에서도 점차 늘어가는 조선인들을 위하여 직업소개소로서
일선친화회(日鮮親和会)라고 하는 조직이 생겼으며, 그곳의 요청에 의해 시
모노세키역에 조선어를 할 줄 아는 사람이 안내 담당을 요청해 실현되었
다.8) 더욱이 본격적인 직업소개소나 안내소 그리고 간이식당숙박소 등을
설치할 것이 요청되어 그 결과로 1928년 야마구치현사회사업협회에 의한
시모노세키 쇼와관(昭和館)가 설립되었다. 그곳에서는 여행자의 보호알선,
임시숙박, 탁아소와 야학의 개설, 각종 교화활동을 행하여 시모노세키의 조
선인 융화시설로서의 기능을 하였다.9) 1929년에는 내선융화 조직으로서 내
선노동공제회가 신지쵸(新地町)에 만들어졌으며, 1933년에는 회원 400명을
거느리고 어학·수신 등을 가르치는 야학부 등을 개설하여 일본인 노동자
에게도 회원을 확대하였다고 한다.10)

이외에 야마구치현에서는 우베(宇部)와 오노다(小野田)에 상애회(相愛会)
가 조직되었다. 전자는 1928년 6월, 재우(在宇) 조선인 노동자(1,300명)의 정
신적 교화와 경제적 구제 도모를 목적으로 40명이 모여 설립하였다. 설립위
원장은 조선인이었고 회장은 시의회의원인 일본인이 취임하여 노동임금별
식대(정액에서 반액으로 수정)를 합의하는 등의 일을 행하였다.11) 후자는
중일전쟁 개시 직후인 1937년 8월, 168명으로부터 103엔 55전의 국방헌금을

6) 加瀬谷弥一, 『彦嶋大觀』, 関門報知新聞社, 1926, 244~250쪽.
7) 「下関市外彦島町に鮮人勞友会本部」, 『福岡日日』 1924.4.4.
8) 「渡来鮮人の福音 下関駅に案内者を置く」, 『福岡日日』 1924.9.27.
9) 木村健二, 「戦前期山口県における朝鮮人の定住化と下関昭和館」, 『史學研究』 256, 2007.6.
10) 『福岡日日』 1933.8.18.
11) 『山口朝日』 1928.6.22·29 ; 7.1·10.

모아 『大阪每日新聞』의 오노다(小野田) 통신부에 기탁하였다.[12)]

1930년 3월에는 우베동화회(宇部同和会)가 설립되었다. 이는 내선융화를 목적으로 오키노야마탄광(沖ノ山炭鉱, 뒷날의 우베흥산(宇部興産)의 제안으로 와타나베 코지(渡辺剛二) 사장을 회장으로 하고 은사재단(恩賜財団) 경복회(慶福会)·미쓰이보은회(三井報恩会)의 조성금과 현 및 시의 보조금을 얻어 유아와 야학교육, 빈곤자 구제, 저축장려, 생활개선, 인사상담, 군인 유가족 위문 등을 행하였고, 회원 200여 명을 모아 동화여성부를 설치하는 등의 활동을 하였다.[13)] 시모노세키에서는 1935년 7월 시내 22곳에 있는 모든 단체를 하나로 통합할 목적으로 동화회(東和会)를 설립하였다. 처음에는 쇼와관(昭和館) 내에, 나중에는 나가사키쵸(長崎町) 내에 사무소를 두었고, 회장에는 시모노세키시장, 부회장에는 쇼와관의 야쿠시지 데루노부(薬師寺照宣) 관장과 조선인 실업가 이화생(李化生)이 취임하였다. 활동으로서는 일본정신 앙양을 위한 영화감상회를 개최하거나 내부에 청년단·여성회를 설립하였고 창씨개명 때에는 간사가 시에 호출되어 설명을 듣기도 하였다.[14)]

이 외 누노비키(布引)는 앞의 책에서, 1927년부터 1934년까지 야마구치현 내에서 설립된 조선인 단체가 45개라고 하였고 그 중 옛 시모노세키 시내에 관해서는 20단체를 헤아리는데, 그것들의 대부분은 동향 친목단체이거나 동업 조합적인 단체로 참여 인원도 수십 명 정도의 것들이 많았다.[15)]

2) 제1차 협화회의 설립

야마구치현의 협화회는 1936년 11월에 설립되었다. 그 전해인 1935년 5월,

---

12) 『大阪每日山口版』 1937.8.12.
13) 『大阪每日山口版』 1937.5.5·25 ; 『関門日日』 1939.11.13.
14) 『防長新聞』 1935.3.1·6.1 ; 『門司新報』 1935.6.6 ; 『関門日日新聞』 1939.2.27 ; 1939.11.9 ; 1940.2.23.
15) 布引敏雄, 앞의 책, 212쪽. 이 중 400명을 넘는 것은 우베의 동화회, 岩国岩鮮会, 德山선인노동구제회였다.

야마구치현에서는 현 내 재주조선인이 2만4천 명에 달하였다. 야마구치현 전반에 걸친 내선융화의 필요로부터 현청 내 과장, 관계 기초단체장, 융화단체 대표자를 현청에 모이게 하여, 교화지도 방침대책, 융화단체의 정비개정 연락통제 등에 대한 협의를 행하였다. 일본정부는 더 나아가 그 전년도 10월에 '조선인이주대책의 건'을 각의 결정하여 각 부현에 내선융화사업의 실행 단체를 설치하도록 종용하였는데, 야마구치현협화회(山口縣協和会)의 설립도 이러한 움직임을 받은 것이라고 할 수 있다.

이렇게 해서 설립된 야마구치현협화회의 목적으로서는 회칙 3조에 "본회는 야마구치현 내에 거주하는 조선인에 대한 국민정신을 함양하기에 힘쓰고 그 복리증진을 꾀하여 국민친화의 성과를 올릴 것을 목적으로 한다"이라고 되어 있는데, '국민정신의 함양'이 첫 번째로 내세워져 있음을 알 수 있다. 이를 실현하기 위해 첫째 생활 상태를 조사연구할 것, 둘째 교육교화시설을 세울 것, 셋째 생활의 보호지도를 실시할 것, 넷째 귀환자를 위한 보호를 실시할 것, 다섯째 그 외에 필요하다고 인정되는 사항의 사업을 행할 것으로 되어 있다. 조사연구와 교육교화시설 외에 보호적 측면이 열거되어 있는 것이 특징인 것이다. 사무소는 현청 내에 두고 회장은 현 지사, 이사장은 현 학무부장, 상무이사는 현 사회과장이 담당하는 등 관제단체로서의 성격이 농후하였다. 또한 누노비키(布引)가 지적한 바와 같이, 여기에는 회원에 관한 규정이 없다는 점, 임원 가운데에 경찰관계자가 들어 있지 않다는 점, 지회에 대한 규정이 없다는 점이 특징이다.[16]

야마구치현협화회는 1997년 3월에는 해체되었다고 하는데, 그 후의 사업은 야마구치현사회사업협회부(山口縣社会事業協会協和部) 내지 협화사업부(協和事業部)에 인계되었다. 그곳에서는 현내 각지에서 부인강습회나 위생전람회의 개최, '협화는 생활개선부터'라는 선전문의 배포가 이루어졌다. 이 선전문에는 1. 축제일에는 반드시 국기를 게양할 것, 2. 거식적 모임에서

16) 布引敏雄, 앞의 책, 232쪽.

는 반드시 국가를 제창할 것, 3. 취학연령의 아동은 남녀를 불문하고 입학
시킬 것, 4. 항상 국어를 사용하고 이를 습득하는데 힘쓸 것, 5. 가정 내외
및 공동변소는 항상 청결하게 할 것, 6. 종두를 힘써 접종할 것, 7. 밀주제조
의 악풍을 교정할 것 등이 담겨져 있었다.

이 사이에 1939년 5월에 1천여 명을 구성원으로 하는 선목협화회(船木協
和会)가 설립되었다. 또한 6월에는 2천여 명을 구성된 오노다협화회(小野田
協和会)가, 8월에는 3천 명을 구성원으로 하는 도쿠야마협화회(德山協和会)
가 발족했다. 오노다협화회는 반도인상제회(半島人相済会)와 상애회(相愛会)
를 통합한 것으로 민간풍속의 진흥, 생활개선, 품위향상을 지향하였고, 도
쿠야마협화회는 상호기관이었던 공진회(共進会)와 공정회(共正会)를 합병한
것으로 양자 모두 경찰서장이 회장으로 취임하였다.[17] 이 중에서 오노다협
화회에서는 그 임원으로 일반공장, 회사, 탄광 등의 관계자 중에서 100여
명을 선발하였고, 경찰서가 중심이 되어 생활·풍속·예의 등의 개선, 애국
저금의 장려 등의 지도를 행하였다고 한다.[18]

3) 제2차 협화회의 설립

이상에서 본 것처럼 야마구치현의 조선인 단체는 1939년 단계에서 현의
협화회가 활동을 정지한 상태에서 시모노세키의 동화회, 우베의 동화회, 그
리고 새롭게 1939년 중에 생긴 후나키협화회(船木協和会), 오노다협화회, 도
쿠야마협화회가 남아있는 정도였다. 앞에서 언급한 것처럼 중앙협화회가 6
월에 조직된 이래 설립된 오노다와 도쿠야마의 협화회는 중앙협화회의 방
침에 따라 경찰서장이 회장이 되고 경찰서가 중심이 되어 활동을 전개하였
던 것을 알 수 있다. 그러나 야마구치협화회가 생기기 전에 지회라는 형식
이 아니라 과도적인 것으로 설립되었고 나중에는 〈표 1〉에서 보는 바와 같

17) 『関門日日』 1939.5.25·26 ; 6.13 ; 8.31.
18) 『関門日日』 1939.10.5.

이 지회가 재발족한 것으로 보여 진다.

야마구치현협화회는 1939년 6월 중앙협화회가 발족한 것을 계기로 1939년 12월 1일, 제2차라고 할 수 있는 야마구치현협화회가 발족한다.

그곳의 회칙에 의하면, "본회는 일시동인(一視同人)의 성지를 받들어, 야마구치현 내에 존재하는 반도 동포의 내지 동화를 기조로 하여 생활의 개선 향상을 꾀하고 국민 모두의 화합을 이루는 것을 목적으로 한다"(제3조)라고 되어 있는데, 이는 내지 동화를 지향하는 것임을 알 수 있다. 이를 위한 사업으로는 1. 국민정신의 작흥, 2. 협화사업의 취지를 철저히 보급, 3. 교풍교화(矯風教化), 4. 보호지도, 5. 복지증진, 6. 협화사업에 관한 조사연구, 7. 그 외에 필요하다고 인정되는 사항(제4조) 등이 있는데, 이는 지금까지 각 단체가 실행하여 온 것이 망라되어 있다고 할 수 있다. 운영자금은 자산으로부터 발생하는 수입과 보조금, 기타 자금(제6조)이라고 되어 있다. 회원은 야마구치에 재주하는 모든 조선동포(제9조)로, 정회원(세대주 또는 독자의 생활을 영위하는 자)와 준회원(정회원의 가족 또는 정회원에 종속되어 생활하는 자)로 구성되어 있다(제10조). 회장은 현 지사이고 부회장은 야마구치현 학무부장과 경찰부장, 상무이사에는 야마구치현 사회과장과 특고과장이 취임하였다(제5조). 평의원으로서는 주로 시장이나 정장(町長) 외에 노동사주(勞動社主), 방면위원(方面委員), 쇼와관장(昭和館長), 그리고 히가시미조메(東見初) 탄광 사장, 하야시카네(林兼) 상점 사장, 쵸세이(長生) 탄광조합장, 토모야마(本山) 광업소장, 산요(山陽) 무연광업소장 등이 취임하였다. 신입회원에 관한 규정이 설치되어 있는데 모든 반도동포로 되어 있던 것, 부회장 한 사람을 현 경찰부장에게 위촉하게 된 것, 지회에 관한 규정이 설치된 것 등이 바뀐 점이다.[19]

그 결과 우베동화회와 시모노세키동화회는 그대로 해산하는 한편 야마구치

---

[19] 布引, 앞의 책, 233쪽에 의하면 제1차 협화회와 제2차 협화회의 회칙을 비교하여 그 차이점을 열거하고 있다.

현협화회가 발족하는 동시에 '야마구치현동화회 ○○지회 회칙'을 제정하고, 현 경찰관서 관내 별로 지회를 설치하였다. 회칙에 따르면 지회장은 경찰서장, 부지회장은 시 사회과장(정촌 보좌역 또는 사회계주임)을 위촉하였다.[20]

야마구치현 협화회의 사업에 관해서는 1941년도, 1942년도, 1943년도 사업계획과 1941년도, 1942년도 사업성적이 있어 사업내용을 알 수 있다.[21] 1941년 12월에는 협화자료 제3집인 『방징로(防長路)에 향기를 피어내는 협화의 후방미담』이라고 하는 책자를 발행하였다.

1944년 11월, 전국적으로 협화회가 흥생회(興生会)로 명칭이 변경되었지만 야마구치현에서는 흥생회의 명칭이 신문지상에 등장하는 것은 1945년 2월 이후이다. 2월 13일에 시모노세키에서 흥생회원 4천 명이 비행기 헌납을 위해 10만 엔을 헌금하였고, 뿐만 아니라 회원 헌금으로 장정연성 등에 사용하는 흥생회관을 설치하였다. 또 구다마쓰(下松)지회에서도 독립적 사무소를 설치하고, 전임직원을 두어 시내 조선인의 공민화를 추진하게 하였다고 한다.[22]

3. 협화회 지회의 설치와 지도원

1) 협화회 지회의 설치

1938년 당시 야마구치현 내의 경찰서는 구가(久賀), 이와쿠니(岩国), 혼고(本郷), 야나이(柳井), 다카모리(高森), 히라오(平生), 무로즈미(室積), 노리야

---

20) 山口県文書館 소장, 『協和事業団体並指導員設置ノ件 · 壮丁錬成所経費ニ関スル件』, 1941~43년.

21) 「昭和十六年度山口県協和会事業計画」, 山口県協和会, 『評議員会議決事項』, 1941.4 ;「昭和十七年度山口県協和会事業計画」, 山口県協和会, 『評議員会議決事項』, 1942.4 ;「昭和十八年度山口県協和会事業計画」, 山口県協和会, 『理事会並ニ評議員会提出事項』, 1943.3 ;「昭和十六年度山口県協和会事業成績」(同上), 「昭和十七年度山口県協和会事業成績」, 『事業執行状況調書 昭和十七年度』(모두 同上綴에 所収).

22) 『関門日報』 1945.2.14.

마(德山), 구다마쓰(下松), 시카노(鹿野), 호후(防府), 호리(堀), 야마구치(山
口), 오고리(小郡), 후나키(船木), 오노다(小野田), 우베(宇部), 도요우라(豊浦),
니시이치(西市), 고구시에(小串), 오타(大田), 이사(伊佐), 후카가와(深川), 히
토마루(人丸), 하기(萩), 이쿠모(生雲), 스사(須佐), 시모노세키(下関) 등 28개
지역(후에 시모노세키 스이죠(水上)署가 추가)에 설치되었다.[23] 이러한 경
찰서 관내마다 협화회 지회가 만들어졌다. 〈표 1〉은 1943년이 초기의 각 지
회의 상황을 나타내고 있다.[24]

〈표 1〉 1943년도 야마구치현 협화회 지회의 동향

지회	설립연월일	회원수	정회원수	분회수	보도반수	보도원
久賀	40.2.6	320	117	4	14	14
岩国	40.3.9	4,268	548	7	65	65
本郷	40.1.30	838	314	8	13	10
柳井	40.3.11	983	498	-	9	16
高森	39.12.15	652	245	-	22	22
平生	39.12.20	1,889	782	13	13	31
光(室積)	40.2.1	3,471	1,996	-	35	35
徳山	40.3.6	5,262	2,351	9	84	84
下松	39.12.6	1,300	460	-	28	40
鹿野	40.1.23	656	213	-	14	14
防府	39.12.18	3,368	1,810	13	19	53
堀	39.12.20	655	187	6	17	17
山口	39.12.26	1,221	366	-	23	35
小郡	40.1.16	1,023	192	7	17	17
船木	39.12.20	9,205	3,230	15	-	140
小野田	39.12.18	14,250	2,430	-	109	109
宇部	40.1.25	22,473	9,426	12	14	211
豊浦	40.2.25	3,170	1,342	9	32	32
西市	40.1.23	2,437	865	7	33	38
小串	40.1.1	1,299	419	10	22	15
大田	39.12.18	938	272	8	-	8
伊佐	40.2.4	5,139	2,227	-	28	51
深川	40.1.27	1,040	287	4	20	6
人丸	39.12.20	472	152	-	10	10
萩	40.2.8	936	410	-	17	17

23) 山口県文書館 編,『山口県政史』下巻, 1971.
24) 〈표 1〉의 작성 시점은 〈표〉의 제목에서 판단하였다. 1943년 1, 2월에 지도원을 추천할 때에
제출된 서류와 같은 회원수인 지회도 있고, 그렇지 않은 경우도 있었다.

生雲	40.1.23	1,171	343	7	17	24
須佐	40.3.9	518	204	6	14	20
下関	39.12.1	26,212	6,778	2	241	243
下関水上	41.6.22	3,132	2,513	-	-	64
計(13)		118,298	40,922	147	930	1,441

*出典 : 山口県文書館 소장, 「県庁戦前A総務1645」, 『協和事業団体並指導員設置ノ件·壮丁錬成経費ニ関スル件』, 1941~1943년에 의함. 진한 글씨로 된 지역은 지도원이 있는 지회를 나타낸다. 1943년도는 히라오(平生), 호후(防府), 시노모세키(下關) 스이죠(水上)에는 새롭게 지도원을 둘 예정이라고 한다. "회원수와 재주자 총수는 일치하는 것을 원칙으로 한다"로 되어 있다. 스사(須佐)의 회원수는 합계치가 맞지 않기 때문에 수정했다.

지회의 설립연도는 29개 가운데 11개소가 1939년 12월 중이었다는 것을 알 수 있다. 시모노세키 스이죠를 제외하면 늦어도 1940년 3월 상순에는 모두 설치되었으며, 1939년 12월 1일에 야마구치현협화회가 발족한 이래 계속 지회가 설치되었다는 것을 엿볼 수 있다.

회원수는 앞에서도 본 것처럼 거주자 수와 원칙적으로 일치하고 있어 정회원수는 거의 호수와 일치하였다. 옛날부터 조선인이 재주한 곳에서는 가족을 형성하게 되어 있어 정회원(호주)에 준회원이 몇 명 속하게 되는 형태를 취하였다. 양자의 차이가 큰 이와쿠니(岩国)와 오노다(小野田)는 가까운 곳의 동원자로 기숙사 등에 기숙하였다고 생각된다.

지회에 지도원 및 보도원을 둔다고 되어 있는데, 이들은 지회장의 지휘에 따라 회원의 지도 및 보도에 종사하도록 되어 있다(지회 회칙 제10조). 지도원은 2천 명 이상의 회원을 거느리는 지회에 배치되었다. 초기에는 이와쿠니(岩国), 무로즈미(室積), 노리야마(徳山), 후나키(船木), 오노다(小野田), 우베(宇部), 도요우라(豊浦), 니시이치(西市), 이사(伊佐), 시모노세키(下関) 등의 10곳에 배치되었고, 후기에는 히라오(平生), 호후(防府), 시모노세키(下関) 스이죠(水上)로 확대되었다. 지회에는 분회를 둘 수가 있다고 되어 있지만(지회 회칙 제16조)[25] 모든 지회에 둔 것은 아니었다. 분회는 〈표 1〉에 나타난 것처럼 18개 지회에 설치되었다. 또한 관리해야 할 회원수도 각각

25) 山口県文書館 소장, 「山口県協和会何々支会会則」, 앞의 책.

달라서, 반드시 한 개의 분회가 몇 명이라고 정하져 있지는 않았다. 보도반의 경우는 정회원이 10~30명으로 한 개의 반이 만들어졌던 것 같으며, 반마다 보도원이 배치되었다 (보도원 수는 반수를 대폭 상회하는 호후(防府), 우베(宇部)의 이유는 불명이다)

2) 지도원의 설치

그 사이, 지도원의 설치에 관하여서는 후생성 생활국장, 내무성 경보국장으로부터 각현 지사 앞(실제는 야마구치현 지사 앞)의 「협화회 지회 지도원 설치 장려에 관한 건」(1942년 12월 26일)이라고 하는 문서이고, 징병제 실행과 격증하는 이입노동자 대책으로서 교화지도를 철저히 하기 위해 1942년 말부터 봉급와 여비 등의 경비에 대한 보조금이 지급되었다. 봉급은 1년에 540엔으로 정해졌다.

> 협화사업에 관해서는 내지 재주 조선인의 격증에 따라 이를 교화지도의 철저를 기할 필요가 더욱 절실하게 되었고, 특히 바다를 건너 온 조선인에 관하여 징병제를 실행하는 1944년부터 징집할 수 있도록 준비 중에 있다. 또 이입노동자의 지도 등에 특단의 배려가 요구된다. 정부는 이에 전시하의 협화사업의 중요성을 감안하여 협화회의 하부 지도조직을 강화하기 위해 이번에 제2 예비비를 지출하여 이를 필요한 경비에 대하여 보조하고자 한다. 별지 협화회 지회 설치 장려 요강에 의거하여 소기의 목적 달성에 마전을 기한다.
> 이상과 같이 본 연도 국고 보조에 관해서는 연도 말에는 긴급하기 때문에 속히 필요한 조치를 강구해서 후생대신에 대해 국고 보조 교부신청서를 제출하게 해야 한다. 아울러 본건에 관해서는 1943년도에도 계속 장려하고 개선하여 통첩하도록 해야 한다고 판단된다.

이 문서에는 별지에 아래와 같이 '협화회 지회 지도원 설치 장려 요강'이 첨부되어 있는데, 지도원은 회원 2천 명에 1명을 배치하고 원칙적으로는 조선인으로 충당하는 것으로 되어 있음을 알 수 있다. 야마구치현에서는 이를

받아 다음해 1월 현 재정부장 경찰부장 명으로 현내의 이와쿠니(岩国), 무로
즈미(室積), 노리야마(徳山), 후나키(船木), 오노다(小野田), 우베(宇部), 도요
우라(豊浦), 니시이치(西市), 이사(伊佐), 시모노세키(下関)의 각 경찰서장 앞
으로 지도원 추천의 의뢰를 하도록 하였다. 추천에 있어서 1. 지도원의 추
천서에는 본인의 이력서, 사진 및 신체검사증을 첨부할 것, 2. 추천서와 동
시에 지도원 설치 요강의 (3) 보조금 교부신청서를 제출할 것, 3. 지도원의
전형에 있어서는 별지의 요강을 참조할 것 등 이상의 세 가지 점이 기재되
었다.[26]

(별지)
협화회지회 지도원 설치 장려 요강

1. 협화회 지회 지도원 설치 장려의 취지
현재에 있어서의 협화사업의 중요성에 비추어, 협화회의 하부지도조직을 강
화하는 것은 특히 긴요한 것이라는 필요성을 인정하기에 협화회지회에 전임지
도원을 설치하여 내지조선인의 교화지도를 유감없이 임하고자 함.

2. 협화회 지회 지도원 설치 장려 방침
(1) 협화회지회에 유급 전임지도원을 설치하는 것으로 하고 상사의 명을 받
아 지회원의 교화지도 및 필요한 조사에 관한 사무를 담당하게 할 것.
(2) 지도원은 대략 회원 2천 명 이상을 소유하고 또 필요하다고 인정되는 지
회에 1명을 설치하는 것으로 할 것
(3) 지도원은 원칙적으로 조선인으로 충당할 것이고 선임에 있어서 본사업의
특질에 비추어 적절한 인물을 선정함에 특히 유의할 것
(4) 지도원은 협화회 지회장의 추천에 의해 광역자치 단체 협화회장이 임면
권을 가지며 「○○지회 지도원」이라는 직명을 사용할 것
(5) 지도원 설치에 필요한 경비는 별첨한 기준에 의해 국고보조의 범위 내에
서 보조를 할 것
(6) 이미 설치되어 있는 지도원을 본 보조를 받는 지도원으로 할 경우에는 이

---

26) 同上 所收.

를 대신할 지도원을 반드시 증원할 것

3. 1942년도 협화회 지회 지도원 국고보조
1942년 국고보조교부예상액 금 1,847엔
협화회 지회 지도원 10인분. 단 3개월 반분임.
(내역 생략)

(2) 국고 보조 경리 요령
가. 본 국고 보조금인은 올해 도부현(都府縣) 지역 예산에 계상시 도부현(都府縣)으로부터 도부현(都府縣) 협화회를 통하여 지회에 대한 교부를 할 것.
나. 도부현 예산계상에 있어서는 되도록 해당액의 경비를 부가 계상함과 아울러 도도부현 협화회에 대하여도 적절한 지도 위에 지회에 대한 보조액의 증가를 꾀하여 본 시설 설치 장려의 취지에 즉시 응하여 하부 지도조직의 확충 강화에 힘쓸 것.
(3) 국고 보조 교부 신청 요령
후생대신에 대하여 좌기의 장점을 첨부하여 본 국고 보조신청서를 제출할 것.
가. 1942년도 협화회 지회 지도원 설치 소요 경비조양식(생략)
나. 1942년도 도(부현)보조 예산 결의 ㅁ ㅁ(별지 첨부의 것)
다. 1942년도 도(부현)협화회 지회 지도원 설치 계획 조사양식(생략)

비고란
1. 본 조서에는 일단 도부현 지역 협화회 지회 명의를 전부 기재할 것.
2. 단지 회원 수의 다과에 의하지 말고 특히 지도원을 설치고자 하는 것에 대하여는 그 선정 이유를 "지회의 개황"란에 기재할 것. 비교적 다수의 회원을 보유하고도 지회를 설치하지 않는 경우에 대하여도 그 이유를 기재할 것.
3. 이미 유급 지도원이 설치되어 있는 지회에 대하여는 그 지도원을 비고란에 기재할 것.

3) 지도원의 추천

지도원의 업무는 「요강」2(1)에 있는 것 같이 상사의 명령을 받아 지회원의 교화 및 필요한 조사사무를 행하는 것으로 되어 있다. 이에 따라 1943년 2월부터 3월에 걸쳐 각 지회장에 의해 추천된 지도원 10명의 면면을 보면 〈표 2〉에 나타난 것처럼 조선인 5명, 일본인 5명으로 절반씩으로 되어 있다. 요강에는 지도원은 원칙적으로 조선인으로 하게 되어있지만 절반이 일본인으로 되어 있다는 것은 조선인 중에서 선출하는 것이 어려웠음을 보여준다고 할 수 있다.

〈표 2〉 야마쿠치 협화회 지회 지도원 일람

지회	일/조 구분	생년	본적	최종학력(병역)	직력 등 경력
岩国	朝鮮人A	1894	慶尚南道晋州	公立普通学校卒	牛乳配達員
室積	朝鮮人B	1903	慶尚南道心陽郡	京城中等学校中退 京都桃山中学卒	製紐工場経営 徳山で米穀商 光特殊料理屋
徳山	朝鮮人C	1900	慶尚南道蔚山郡	漢文学校卒	神戸山下汽船船員 →呉服商 徳山協和会書記
船木	日本人F	1912	厚狭郡船木町	豊浦中学中退 陸軍上等兵	雑貨商,朝鮮総督府雇,船木青年学校指導員補助
小野田	朝鮮人D	1901	慶尚南道密陽郡	東京商工学校高等科中退	密陽教員,貿易店勤務,福岡相愛会本部,小野田支部毎日新報記者
宇部	朝鮮人E	1909	全羅南道長興郡	公立普通学校卒	面書記,現在無職
豊浦	日本人G	1919	下関市大字前田	長府実践学校 長府青年学校卒 陸軍上等兵	農業,青年学校指導員
西市	日本人H	1919	豊浦郡豊田下村	豊浦中学卒	豊田下村役場公吏
伊佐	日本人I	1918	美祢郡伊佐町	高等小学校卒 伊佐青年学校卒 騎兵上等兵,兵長	農業
下関	日本人J	1913	下関市竹崎町	下関商業中退 陸軍上等兵	日本漁網船具入社 自家書籍雑誌商, 協和会常任指導員

*출전 : 〈표 1〉과 같음.

추천된 조선인의 특징은 전원이 창씨개명을 하였으며, 연령은 1898년부터 1909년에 태어났다. 따라서 40세 전후이며, 출신은 경상남도 4명, 전라남도 1명으로 거의 재주조선인이 전저인 경향에 부합하고 있다. 학력은 공립보통학교 졸업과 한문학교 졸업이 3명이고, 그 외의 2명은 일본 중등학교를 나왔다. 경력은 관리나 재일조선인 단체의 서기 등의 경험자, 그리고 상인과 피고용인 등으로 되어 있었다.

또한 각각의 지회장의 추천이유서에 의하면, 조선인 A는 지회의 보도원 중에서 엄선되었고, 조선인 B는 역시 지회의 보도원으로 통솔력이 뛰어났으며, 조선인 E는 조선에 있을 때 재직한 특별고등계의 추천을 받았다. 이들은 "협화사업의 특질을 비추어 볼 때 처음부터 상사의 의도대로 순수한 지도교화를 담당하게 하는 데 적재라고 인정된다"고 되어 있어, 내지에서 악풍에 젖은 사람보다 최근에 온 점이 오히려 적당하게 보는 이유라고 되어 있다.

한편, 일본인의 특징은 제1차 세계대전 후 태어난 23세에서 30세까지의 젊은 세대이며, 학력은 중등학교나 청년학교 정도였다. 경력으로 특징적인 것은 4명이 군대 경험자이고, 청년학교 지도원이나 협화회 지회 상임지도원, 지방공무원 내지 총독부 관리경험자가 포함되어 있다는 점이다. 또 지회장의 추천서에 의하면 일본인 F는 조선어에 능통한 점, 일본인 J는 익찬장년단의 반장을 겸하고 있어 익찬이념에 철두철미하다는 점이 이유로 들고 있다.

4. 협화회 지회의 활동과 보도원

1) 협화회 지회의 활동

야마구치협화회에 의해 정리된 1941년도와 1942년 야마구치현협화회의 사업서적을 보면 아래와 같이 정리할 수 있다.

우선 이사회 평의회가 어느 쪽이든 연도 말에 현청에서 열려 멤버의 거의 3분의 2가 출석하고 있다. 1941년에는 협화회 애국운동위원회가 6월에 개최되어 9명이 출석하고 있는데, 1942년도는 개최되지 않고 있다. 협화회 교육간담회는 1941년도에는 현청에서 개최되어 23명의 출석을 하고 있고, 1942년도에는 협화교육연구간담회로 시모노세키 쇼와관(昭和館)에서 개최되었다. 시모노세키 지방 국민학교 30개 학교의 교장, 훈도수석 35명이 출석하였고, 황민화교육이 철저해진 것이 협화사업 수행에 큰 영향을 미쳤기 때문에 그것에 대한 지도방법을 연구하는 간담회를 하였다. 협화회 사업좌담회는 1941년도에는 아부군(阿武郡) 사사나미(佐々波)국민학교, 도요우라군(豊浦郡) 아와노(粟野)국민학교, 아부군 우다고(宇田郷)국민학교에서 개최되었는데, 총 227명이 출석하였다. 1942년도에는 이입노무자의 훈련의 강화를 철저히 하기 위해 각 사업장 책임자 30명을 현청에 모이게 하여 협의간담회를 하였다.

일본인에 관해서는 이사, 평의원이라는 현의 재정관의 수뇌로부터 교장, 훈도수석 등의 학교 관계자, 그리고 사업소 책임자를 대상으로 협화사업의 철저화를 꾀하여 갔던 것을 알 수 있다.

조선인 지도간담회는 1941년도는 현내 29개소에 1,245명을 모아 실시하였다. 그 내용은 일본인 592명, 조선인 653명이었다. 1942년도는 12월에 우베(宇部), 오미네쵸(大嶺町), 오노다(小野田) 등 이입노무자가 많은 5개소에는 130명을 모아서 실시하였다. 이는 이입노무자 지도자에 대한 강력하고 적절한 지도를 촉진하고 지도교화를 철저히 기하기 위함이라고 본다. 중견인물장기연성강습회(錬成講習会)는 1941년에는 5개소 협화회 도장에서 293명을 모아서 실시하였고, 1942년도에는 '협화선양(協和宣揚)'이라는 제목 하에 중견회원의 연성을 꾀하기 위하여 16개소에서 1,009명을 모아 실시하였다.

생활개선 여성강습회는 2년 동안에 4개소에서 실시되었고, 협화회 후방봉사운동과 함께 봉사위문, 묘지참배 등을 실시하였다. 모든 회의의 파견도 중앙협화회와 협화지도자강습회에 직원을 파견하고 지회 총회에도 9~10개 지회에 파견하였다. 또 29개 지회의 교부금으로 모두 3,000엔을 교부하였다. 귀환자 보호로 1941년도는 1,484명을 보호하여 5,629엔의 보호비를 지급하였고, 1942년도는 854명에 대하여 7,690엔을 지급하였다. 국민저축의 장려에 대해서는 1941년도에는 중요성의 인식과 저축의 강화장려, 국채 채권의 완전소화, 국민저축조합 가입 장려 등이 행하여졌고, 1942년도에는 그에 더하여 전국적 운동에 호응하여 3,951엔의 저금, 8,149엔의 채권 소화, 1,564엔의 간이보험가입을 실현하였다.

나아가 1941년도의 특기사항으로서는 생활개선 장려의 일환으로 지회의 하부조직인 반을 단위로 생활개선을 이루게 하기 위해 4반에 장려금을 160엔 지급하였고, 또 협화사상의 보급을 위해 각종 강습회, 협의회, 간담회 등을 이용하였다. 또한 각 지회를 독려하여 지회 보도원회, 반상회 등 모든 기회를 이용하여 협화 관념의 보급을 꾀하고자 하였다.

이에 비해 1942년도에는 이입노무자지도자의 간담회를 행하거나 이입노무자에 대하여 직접 훈련지도를 하였고, 이입노무자에 관하여 전국협의회에 참가하거나 '노무동원' 계획에 의한 집단이주자의 훈련을 5개소에서 실시하여 정착 지도를 하는 등 이입노무자에 대한 대응이 선명하게 이루어졌다. 또 국어상용운동도 신규노동자 대책이라고 하겠다. 나아가 국민방첩 강화운동도 실시되었다. 이해 회원장(會員章)은 9,785부가 교부되었다.

1943년도 계획을 보면 협화사업 관계자, 고용주 등 협의회를 15개소에서 실시하기로 하는 외에 장정훈련이 새롭게 더해졌다. 1944년부터 실시되는 징병제도의 준비교육으로써 규율훈련을 실시하였고, 이를 통해 황국신민으로서의 연성을 꾀하고자 하였다. 이에 따라 23개소에서 3개월간의 야간훈련 지도를 하기로 하고, 그 훈련을 위해 지회에 강사를 파견하기로 하고 있다. 실제로 〈표 3〉에서 나타난 것처럼 지회가 있는 지역을 거점으로 54개소에서 253명의 지도원 아래 1,821명의 연성을 실시하였던 것을 알 수 있다. 1944년도가 되면 장정연성이나 출정에 관한 사항이 대폭 증가하여 갔다.

〈표 3〉 장정연성소 지도원 일인당 배당표(1943년 9월 5일 결제)

지회명	연성소명	연성인원	배당지도원수	지회명	연성소명	연성인원	배당지도원수
久賀	久賀	9	4	宇部	宇部第三	38	4
岩国	岩国	60	4	宇部	宇部第四	168	8
本郷	本郷	14	4	宇部	宇部第五	229	12
柳井	柳井	25	4	宇部	宇部第六	15	4
高森	高森	7	4	宇部	宇部第七	14	4
平生	平生	44	4	豊浦	豊浦	73	4
平生	伊保庄	8	4	西市	西市	38	4
光	光	21	4	西市	殿居	13	4
徳山	徳山	46	4	小串	小串	13	4
徳山	徳山鉄板	79	6	大田	大田	18	4
徳山	富田	21	4	大田	秋吉	9	4
下松	下松	33	4	伊佐	伊佐	10	4
鹿野	鹿野	9	4	伊佐	大嶺	20	4
防府	防府	55	4	伊佐	厚保	13	4
堀	堀	13	4	伊佐	山陽無煙	57	4
山口	山口	34	4	深川	深川	11	4
小郡	小郡	41	4	人丸	人丸	10	4
船木	船木	71	4	萩	萩	25	4
船木	厚狭	90	6	生雲	生雲	12	4
船木	王喜	41	4	須佐	須佐	17	4
船木	厚東	20	4	下関	下関第一	55	4
船木	万倉	18	4	下関	下関第二	87	6
船木	小野	17	4	下関	下関第三	147	8
小野田	小野田	93	6	下関	下関第四	116	6
小野田	高千帆	83	6	下関	下関第五	57	4
小野田	本山	83	6	下関水上	下関水上	327	16
宇部	宇部第一	57	4	계	54개소	1,831	258
宇部	宇部第二	27	4				

*출전 : 〈표 1〉과 같음. 지도원 1인에 60엔이고 15,480엔이 지출되었다.

결국 1941년도는 황민화와 협화사상의 침투를 위한 교화와 생활개선지도 나아가 위문 봉사활동이 실시되었고, 1942년도 이후에는 헌금·저축 증강 등이 구체화되어 갔다. 아울러 1942년도에는 이입노동자에 대한 교화지도 가 중심에 놓였고, 더 나아가 1943년도에는 징병제도에 대응한 연성(훈련지 도)가 중심이 되어갔음이 명료해졌다. 그리고 앞에서 본 각 지회의 지도원 은 특히 일본인 지도원의 경우 징병제 실행을 상정한 장정연성을 위한 훈 련지도의 중심적 위치에 있었음을 볼 수가 있을 것이다.

2) 보도원의 설치와 역할

협화회 지회의 보도원이 언제쯤 이 같은 형태로 임명되고, 또 그 역할은 어떠한 것이었는지에 대하여는 자료적으로. 불분명한 점이 많다. 적어도 1940년도의 후반에는 현협화회 주최로 기술의 조선인 중견인물 지도강습회를 오노다시와 이사쵸에서 행하였기 때문에(『関門日日新聞』 1941년 2월 15일자. 이하 날짜는 같은 신문. 1942년 2월 이후는 『関門日報』를 나타냄) 해당하는 중견인물＝보도원이 임명되었다고 보여 진다. 1941년 3월의 도요우라군협화회(豊浦郡協和会) 고쿠시(小串)지회의 정시총회에서는 다키베(滝部)의 촌보도원(村補導員)이 답사를 말하고 있다.(1941년 3월 25일자) 1941년 6월에는 야마구치시의 빵제조업자(30세)로 보도원이 된 인물이 협화회 지회기를 기부하였다고 하여, 이 인물은 인격자이고 학습에 열심인 사람으로 회합에서 웅변으로 진심을 토로하였다고 한다.(1941년 6월 17일) 또 1941년 9월에는 시모노세키시 생활필수품 대책부에서 재시모노세키 조선인 보도원 수명에 대하여 절미보국(節米報国)의 관념의 보급을 철저히 하기 위한 간담회를 개최하였다(1941년 9월 3일).

1942년 6월에는 협화회 호리(堀)지회의 보도원 협의회가 개최되어 징병령 시행의 감사기도를 드리는 제전을 개최하였다고 한다(1942년 6월 4일). 이 해 5월부터 6월에 걸쳐서 시모노세키(下関), 호후(防府), 이와쿠니(岩国) 등 각지의 지회에서 마찬가지의 기도식이 개최되었다. 또 6월 하순에는 협화회 보도원협의회가 개최되어, 국채소화, 저축증강운동, 국어상용 및 생활개선 등이 결의되었다(1942년 6월 27일). 9월 하순에는 도요우라군(豊浦郡) 니시시(西市)에서 보도원간담회가 개최되어 현에서부터 경부보(警部補, 경위보좌)가 출장하여 보도원과 반장을 대상으로 이동방지, 생활양식의 일본화에 대하여 지도하였다. 마찬가지로 12월에는 도요우라경찰서에서 보도원과 반장 등 40여 명을 모아 간담회를 열었다(1942년 12월 6일). 노리야마(徳山)에서는 같은 달 보도원회가 개최되어 개전 1주년을 기념하여 헌금방법을 결의하고 시내 고다마(兒玉)신사에서 필승기원을 실시하였다고 한다(1942년 12월 14일). 역시 같은 달, 시모노세키에서는 새로 135명의 보도원을 임명하였다고 한다(1942년 12월 17일).

다음해 1943년 2월에는 도요우라경찰서(豊浦警察署)에서 보도원 총회를 개최하고, 22명의 출석 아래 다음해부터 실시되는 징병제에 관한 마음가짐과 수양 등에 대하여 훈사가 이루어졌다.(1943년 2월 10일) 같은 달 시모노세키시에서는 반도동포호적조사원강습회를 개최하고 정내(町內) 회장과 보도원 2백 수십 명을 모아 조사의 개요를 전수하였다.(1943년 2월 17일)

1943년 4월이 되면 후나키(船木)지회에서는 '지회기구를 쇄신하고 재출발'이라는 제목 하에 "종래의 구구 복잡한 기구 및 중심 없는 산발적 지도를 일소하고 이를 조직을 간소화함과 아울러 지도방침을 보도원 중심주의로 개편하여 회원의 자발적 활동을 촉진함으로써 이를 협화사업의 급속한 진전강화를 기하기로 하였다"라고 하여, 1. 지회 지도원 200명(일본인) 및 분회 간사 77명(일본인)의 폐지(단 각각의 지회와 분회의 상담역으로 한다), 2. 각 분회장 아래 15명의 보도원장(조선인)을 신설하고 분회 내 보도원의 대표로서 보도원의 통제 지휘감독을 맡게 하여 지회 상임지도원으로서 일본인 2명을 두고 그 외에 보도원장 회의, 보도원 집회, 보도원 총회를 설치하기로 하였다.(1943년4월16일) 지회 상임지도원 2명(그 1명은 〈표 2〉의 일본인 F이다)과 15개 분회의 분회장은 일본인이 취임했지만 15개 분회마다 조선인 보도원장을 두고 그 하부에 〈표 1〉에 나타난 바와 같이 140명의 조선인 보도원이 있어 조선인 9천 명을 총괄한다는 체제가 만들어진 것이다.

조선인 보도원장과 보도원의 내역은 불분명이지만, 시모노세키동화회(下關東和會) 부회장에 취임한 이화생(李化生)의 경우를 보면, 조선인 주거지구인 니시오쓰보쵸(西大坪町)에 사는 1940년 시점에서 제재(製材)·제함(製函)·과자통 제조업자로 영업수익세 112엔을 내고 시모노세키 상공회의소 회원이 된 시모노세키 거주 조선인 굴지의 실업가였다.[27] 그리고 히가시오쓰보쵸(東大坪町)의 제6 죠나이카이(町內會)의 도나리(隣) 구미조장을 하고 있던 김(천)일남은 제관업 또는 한약방을 운영하였고, 1942년 6월 시의원 선거에 출마했다가 273표를 얻었음에도 38위(정수 35)로 낙선하였다.[28] 1939년 당선된 나가사키쵸(長崎町)의 이일용(李一龍)에 대한 상세한 정보는 불분명이지만, 사업가로서 이름을 올려 조선인 단체나 정내회의 임원을 지낸 인물을 정점으로 앞에 인용한 조선인 단체 서기 등의 경력을 가진 조선인 지도원을 중견인물로써 가장 말단에 보도원장과 보도원을 배치했다는 구조로 이루어졌다고 할 수 있다

그 이외에 협화회 지회에는 여성부 내지 여자청년부의 조직이 만들어졌다. 우선 1940년 7월 야나이쵸(柳井町)에 거주하는 60명이 모여 비상시국책에 협력하도록 하는 야나이쵸협화회 여성회가 창립되었다(7월 23일). 시모노세키에도 이해 11월 60명이 모여 협화회 지회 여자청년단을 조직하고 가미모토(神本) 회장 외 35명의 임원을 선출하였다.(11월 19일) 그리고 12월에는 "아래로부터 불타오르는 반도여성의 의기를 나타내야 할 바로 이때"라고 하여 놋그릇 40관을 헌납하였다(12월 22일). 야마구치지회에서는 전국에 앞서 부덕보도소(婦德保護所)를 신설하여 관내 12보도구마다 1명의 조선인 여자보도원에 대하여 시장부인을 중심으로 예의범절, 복장, 언어 등의 풍속습관을 개선시켰으며, 이러한 보도원을 통하여 전 회원에게 내선융화의 열매를 거두게 하였다(1942년 3월 14일).

그리고 관내 12보도구에 조선 식기의 헌납을 호소하여 식기, 세면기, 향로 등 950점을 공출하였다(1942년 12월 22일). 우베협화회에서도 이해 4월에 일본여성 보도원을 조선여성 15명에 1명씩 부쳐 예의범절, 복장, 생활양식의 일본화를 꾀하였다.[29] 내선융화의 결실을 거두기 위해서는 반도여성들

---

27) 陣內市太郎 編, 『下關商工人名錄』, 下關商工會議所, 1940年. 아울러 최고액은 西細江에서 여관업을 영위하는 金山可三(147엔)이었다. 李化生은 1939년 11월에 關門日日신문사 주최의 「내선일체간담회」에도 조선인으로서 유일하게 출석하고 있다. (『關門日日』 1939년 11월 17일자)

28) 下關市広報広聴課 編, 『市報 しものせき』 復刻版Ⅰ, 1989.

29) 나아가 1942년 3월에는 10명이 개인영업을 폐지하고 자본금 6만 엔의 조선인 食料品卸商組合을 설립 · 합동하고, 산지에서 直接物産을 대량구입하여 판매하고, 配給報国의 사명달성을 행

의 생활 일본화부터라는 발상이었다. 우베시에서는 부산고등여학교 졸업의 재원을 관리로 채용하여 '반도여성교화의 철저'를 기하였다고 한다.(1941년 7월 2일) 더욱이 시모노세키에서는 1943년 5월부터 8월에 걸쳐 '군국의 어머니'로서의 자각을 확립하기 위해 '반도여성연성회'를 실시하였다.

또한 1940년 6월에는, 시모노세키시에서 소매업자에 의한 공동판매소설치가 계획되었는데, 이에 앞서 협화회 지회에 의해 반미대책(飯米対策)으로 공동판매소 지소가 소노다쵸(園田町)와 히코지마(彦島)에 설치되었다. 이는 "조선인은 내지인과 달리 필수품 취득이 용이하지 않아 곤란을 느끼는 바가 있었다. 협화회 구매부가 설치되어 필수물자가 원활히 공급되게 되었다"라고 하는 배경에 의한 것으로, 그 후 시내 요소에 지소를 설치하고 주로 미곡의 배급을 행하기에 이르렀다고 한다.

이렇게 보면 각 지회의 보도원은 1940년도 후반 즈음에 조선인 사회의 안에서 각 지회에서 임명되어 보도원 협의회나 간담회에 불려서, 그때그때 중요 안건을 훈시받고 일반회원과의 다리 역할을 명령받았던 자로 보여 진다. 그러나 일본사람들로 채워진 지도원 체제에서는 이것이 잘 이루어지지 않았고, 후나키지회의 조직쇄신에 보여진 것처럼 조선인 보도원 중심주의로 바꾸는 것에 의해 조선인의 자발성을 끄집어내려고 하였던 곳도 나타났다. 그러나 1944년부터의 징병제를 향하여 연성훈련이라고 하는 것 때문에 일본인 주도가 강화되지 않을 수 없었고, 협화회의 일관된 지도기구는 확립을 보지 못한 채 1945년을 맞이하였던 것이다.

<hr>

하고자 한다(『関門日報』 1942년 3월 13일·3월 14일). 대표자인 朴永生은 명태어상으로서 영업수익세 27엔을 납부하는 시모노세키상공회의소의 회원이었다.

5. 마무리

 이상에서 살펴본 것을 정리하면 다음과 같다. 야마구치현 내의 조선인 단체는 1920년대 이후 설립되어 원호, 상호부조, 융화, 교화라고 하는 역할을 담당하면서 협화회로 수렴되어 갔다. 야마구치협화회는 1939년 12월에 설립되어, 그 후 수개월 동안 28개의 현내 경찰서 관내별로 지회를 설치하였다. 1943년 시점에서 준회원=재주자 약 12만 명, 정회원 4만 명의 조선인 통괄조직으로서 존재하여 당초에는 부조적인 측면을 띠면서 일본어 교육이나 생활개선 등의 교화=황민화를 중심으로 하였다. 이어서 이입노동자에 관한 지도교화로부터 나아가 징병제실시를 위한 훈련기관으로 추이되어 갔다.

 각 지회의 회원 2천 명에 1명 비율로 할당된 지도원에 대하여는 1943년 최초의 피추천자로 조선인과 일본인을 반반하는 것으로 하였고, 이입노동자가 많은 이와쿠니(岩国), 히카리(光), 노리야마(徳山), 오노다(小野田), 우베(宇部) 등에서는 조선인이 취임하고, 정착도가 높은 시모노세키 등에서는 일본인의 군대 경험자가 취임한다는 형태가 되었다고 할 수 있다.

 조선인으로 채워진 보도원에 대하여는 어떠한 인물이었는지 상세한 내용이 불분명하지만, 야마구치시의 빵제조업자처럼 성실하고 인망이 있으며 회합에 참가하여 '진실을 토로'하고, 전시체제에 적극적으로 순응하고자 하는 중견적인 인물이 취임하여 정책의 다리역할을 담당하였다고 보여 진다. 그러한 가운데에 여자청년단의 조직도 각 지회에 만들어졌고, 또 여자보도원도 배치되었다. 특히 생활습관의 '개선'이나 '군국의 어머니 육성' 측면에서 기대되었다고 할 수 있는데, 긴밀한 생활필수물자의 배급을 받는다는 측면에서 여성의 참가는 불가피하다고 할 수 있다.

 또한 협화회의 흥생회로의 전환에 관해서는 야마구치 현에서는 1945년 2월경부터 신문지상에 보이는데, 그 실태는 애매한 상태이다. 또 연성의 방식에 대해서도 조선인 중견인물이 그 때 어떻게 관여됐는지 등 검토할 것은 아직 남아 있다. 향후의 과제로 남겨두고자 한다.

야마구치 현에는 신문 자료 외, 현지사 인계문서 등의 현청 문서, 사회사업협회 기관지 『사회시보』 등이 거의 완벽하게 남아 있으며, 그것들을 살펴봄으로써 협화회의 전체상을 좀 더 선명하게 할 수 있게 되는 것 아닌가 생각된다.

■ 기무라 겐지

제2부_
전후 재일조선인의
삶과 정체성

일본 패전 후의 정치범 석방과 재일조선인

1. 시작하는 글

본고는 1945년 8월 15일 일본 패전 후 '정치범', '사상범'로 투옥됐던 사람들(주로 일본인과 조선인)의 석방을 요구하는 운동에서 재일조선인이 한 역할을 재확인하고, 정치범 석방 운동의 선두에 조선인이 서게 된 이유는 무엇인지 고찰해 보는 것을 목적으로 하고 있다.

일본의 정치범 석방 운동에서 재일조선인이 큰 역할을 한 것, 정치범 석방을 상징하는 10월 10일 후추(府中)형무소 내의 예방 구금소에서 석방된 도쿠다 규이치(德田球一) 등 16명을 영접한 사람들의 다수가 조선인임은 이미 잘 알려진 사실이다.

다케마에 에이지(竹前栄治)의 「정치범 석방 10일」[1]이 정치범 석방의 경위를 그리는 가운데 조선인의 한 역할을 논하고 있다. 또 최근 발표된 이노우에 마나부(井上學)의 「1945년 10월 10일 「정치범 석방」」[2]은 10월 10일에

---

1) 竹前栄治, 「政治犯釈放の一〇日間」, 『占領前後史』, 岩波書店, 1992(초판 雙柿舍, 1980).
2) 井上學, 「1945年10月10日 「政治犯釈放」(在日政治犯)」, 『三田學會雜誌』 제105권 제4호, 2013년 1월.

이르는 과정을 추적하여, 조선인이 중요한 역할을 했다는 것을 밝혔다.

이노우에의 논문은 미간행의 인터뷰 기록 등을 이용했으며 석방 운동의 전개를 소상히 밝혔다는 점에서 귀중한 연구인데, 결론적으로 다음과 같이 논하고 있다.

> 일본 패전에 따른 전후 개혁기의 1개의 특징은 전쟁을 일으킨 일본 군국주의 자를 규탄하고 '식량과 일자리'를 요구하는 일본인과 일본의 식민지 지배에서 '해방'되어 스스로의 결집체를 만들어 공공연히 사회 세력으로 궐기한 재일조선 인이 일본 사회운동에 있어서 '일체'가 되어 나타난 것이다. 정치범 석방운동은 그 첫 걸음이었다. (253~254쪽)

그리고 데라오 고로(寺尾五郎)의 말을 인용하여 정치범 석방의 장에서는 일본인과 조선인의 '무매개의 일체감이라고 할 상태'가 표출했다는 것이 이노우에의 견해이다.

전전 시기에 일본인과 조선인이 공산주의운동, 노동운동 등에서 함께 싸운 '동지'이며 치안유지법 체계 내에서 역시 탄압을 함께 받은 것을 감안하면 '무매개의 일체감'이 존재한 것은 확실하다.

그러나 8월 15일부터 10월 10일까지 약 2개월 동안 정치범 석방을 위해 활동하고, 또 석방된 사람을 영접할 준비를 한 것이 많은 조선인이라는 점, 그 점에서 이전의 사회운동 활동가를 포함한 일본인의 의식과 행동은 조선인의 그것과는 상당히 다른 양상을 보였던 것 또한 부인할 수 없다.

이 점에 대해 다케마에(竹前)의 논문은 다음과 같이 논하고 있다.

> 왜 조선인 정치범 석방운동이 패전 후 빠르게 움직여 정치범 석방운동에서 이니셔티브를 갖게 된 것인가? 기본적으로는 일본제국주의의 가혹한 인종 차별에 대한 반발력에 의한 것이었지만 일본 본토에서의 운동의 활성화는 조선반도의 상황의 발전, 즉 일본 패전의 5일 후 조선공산당 재건위원회가 결성되고(위원장 박헌영), 9월 6일에는 서울에서 조선건국준비위원회(위원장 여운형)에 의한 조선인민공화국 수립이 선언된 것과 무관하지 않은 것이다.[3]

조선에서의 상황 발전과 재일조선인에 의한 정치범 석방운동과의 관계를 논한 다케마에의 시점은 뛰어난 것인데, 그러나 전쟁 이전의 재일조선인에 대한 탄압 실태를 바탕으로 정치범 석방 운동을 파악하지 않은 것, 또한 패전 직후의 조선에서 정치범 석방이 이루어졌다는 것에 대하여 언급하지 않은 것 등 불충분한 점을 남겼다.

본고에서는 패전 후 일본의 정치범 석방운동에 재일조선인이 큰 역할을 맡게 된 역사적 배경을 생각하기 위하여 전전 일본 거주 조선인에 대한 치안유지법에 의한 탄압이 어떠했는지, 패전의 시점에서 감옥에 사로잡혀 있던 정치범 중 조선인은 얼마나 있었는지, 그리고 패전 후 조선에서 정치범 석방이 일본에 어떻게 전해졌는지를 검토하고자 한다. 이들 문제는 재일조선인에게 식민지 지배로부터의 탈각, 식민주의의 극복이라는 과제가 어떤 것이었는지를 생각하는데도 중요한 것으로 생각하기 때문이다.

2. 정치범 석방 운동과 재일 동포

1) 도쿄의 움직임

여기에서는 다케마에, 이노우에의 연구에 더해 조선인 측의 회상록 등에 의해 정치범 석방 운동의 경과와 그 안에서 조선인의 움직임을 정리하고자 한다. 주석이 없는 경우는 다케마에(竹前), 이노우에(井上)의 논문에 따르고 있다.

일본 패전 후 정치범의 석방을 요구하는 움직임이 곧 시작된 것은 아니다. 우선 정치범이 어디에 수감되어 있는지 어떤 상태인지를 밝히는 것으로 그 움직임이 시작되었다. 8월 20일, 후지와라 하루오(藤原春雄), 나카니시

---

3) 竹前榮治, 앞의 글, 167쪽.

이노스케(中西伊之助), 나시키 사쿠지로(梨木作次郎, 변호사)들이 만나서 일본공산당 간부 도쿠다 규이치(德田球一) 등 정치범의 소식을 알아보기로 했다. 그러나 나시키(梨木)에 따르면 사법부에 물어도 '극비로 취급'하기 때문에 정보를 얻지 못했다. 1944년 1월에 예방구금소에서 풀려나 패전 시에는 가고시마(鹿兒島) 주둔 부대에 있던 일본 공산당원[4] 시이노 에쓰로(椎野悦朗)가 8월 말 또는 9월 초 도쿄에 와서, 후추형무소 내의 예방구금소에 있던 도쿠다 규이치와 만날 수 있었다. 도쿠다는 시이노에게 '편지를 소비에트대표부'에 신고하도록 의뢰했지만, 시가 요시오(志賀義雄)가 편지를 영어로 번역하는 데 시간이 걸려서 "1주일 뒤에 다시 오라"고 말했다고 한다. 시이노(椎野)가 1주일 후에 후추(府中)에 가자 소비에트 대표부 앞의 편지와 '김천해(金天海)부터 조선 동지 김두용(金斗鎔)에게 보내는 편지'를 맡게 되었다.

이 동안 9월 12일 예방구금소에 수감되어 있는 토크다 등 공산당원 전원이 석방요구서를 써 한 권에 편철해 이와타(岩田) 사법대신(법무부장관)에게 제출했다.

도쿠다에서 편지를 맡긴 시이노는 2일 정도 걸려 요코하마(橫浜)의 소비에트 대표부를 찾아냈지만 편지가 맥아더 앞으로 되어 있었기 때문에 GHQ에 제출하라고 지시를 받았다. 시이노는 우선 '조선의 동지에게 보내는 편지'를 제출하기로 하고 신주쿠(新宿) 역 근처에 붙어 있는 전단을 의지하여 신주쿠에 있던 조선장학회 건물의 조선인정치범석방위원회 사무소[5]에 갔다. 시이노는 그곳에서 김두용의 주거지를 알아내 다카다노바바(高田馬場) 가까이에 있는 김두용의 집을 찾아갔다. 김천해의 편지를 받은 김두용은

---

4) 일본공산당은 1930년대 중반에는 괴멸했고 패전 후인 1945년 12월 1일부터 열린 당 제4회 대회에서 정식으로 재건될 때까지 조직은 존재하지 않았다. 그 동안 당재건을 목표로 활동하던 사람들을 '당원', '간부'라고 부르는 것은 정확하지는 않지만, 본고에서는 편의상 '당원', '간부'라고 한다.

5) 조선인정치범석방위원회 사무소의 위치는 자료에 따라 신주쿠(新宿)의 학생회관 건물 또는 요도바시(淀橋)경찰서의 2층이라고 하는데, 신주쿠에 있던 조선장학회 건물 지하와 1층을 요도바시 경찰서가 쓰고 있었으며 조선인 학생의 학생회관은 장학회 건물을 가리키므로 결국 동일한 곳을 말하는 것이다.

'아주 감격하고', 시이노에게 식사를 내기도 했다. 시이노가 "조선의 동지로부터 장소를 전달받아" GHQ에 가서 에머슨을 만난 것은 9월 16일경이었다고 한다. 그렇다면 시이노가 김두용에 만난 것은 9월 15일 전후의 일로 보인다.

일본인의 석방운동은 9월 말에야 본격화했다. 9월 중반에 변호사 나시키(梨木) 사무소에서 몇 명이 구원회를 만드는 상담을 했지만 대중적 운동으로 발전할 수 없었고, 그 점에서는 조선인의 운동이 선행했다는 것이다.[6] 그러나 29일 후지와라 하루오(藤原春雄) 등이 AFP통신사 로베르 기란(Robert Guilain)과 만나 도쿠다 규이치 등이 후추형무소에 있음을 전해주고 구출에 협력해 줄 것을 의뢰했다.

정치범 석방 동이 대대적으로 전개된 것은 미키 기요시(三木淸)의 옥사(9월 26일)가 『아사히신문(朝日新聞)』에 30일 보도되고, 이어서 10월 1일 기란 등 3명의 외신 기자들이 후추형무소를 방문해 세계를 향해 기사를 쓴 후였다. 10월 4일 GHQ는 일본 정부에 인권 지령(정치적 민사적 · 종교적 자유에 관한 제한의 철폐에 관한 각서)을 교부하고 정치범 석방, 치안유지법 등의 폐지, 특고 경찰의 해체 등을 지령했다. 다음날 히가시쿠니(東久邇) 내각이 총사직하고 사법성(법무부)는 전국의 검사국, 형무소에 정치범 석방을 지시했다. 8일부터 각지 형무소에 투옥되었던 정치범 석방이 시작됐지만 후추형무소 내의 예방구금소에 구금됐던 16명[7]의 정치범이 풀려난 것은 10월 10일이었다. 도쿠다(德田) 등이 출옥 성명을 준비하느라 시간이 필요했기 때문이다.

이 사이에 나시키(梨木)변호사사무소에 모인 사람들에 의해 전전에도 있

6) 藤原春雄의 「戰後革命運動史」 謹義錄(井上, 앞의 글, 246쪽)
7) 예방구금소에 있던 것은 일본공산당 관계 12명(김천해 포함), 조선독립운동 관계 1명(李康勳) 외, 종교 관계 3명이었다(マツモト・カズミ, 『アカハタ』 67호, 1946년 10월 2일). 土屋祝郎는 10월 10일 풀려난 정치범 중에 "폐병에 걸린 宗(宋太玉)도 있었다고 쓰고 있다(土屋祝郎, 『예방구금소』, 晩聲社, 1988년, 197쪽). 하지만 이는 잘못이다. 宋太玉은 1942년경 예방구금 처분을 받았으나 패전 전에 처분이 해제되고 석방된 것으로 보인다.

었던 '해방운동희생자구원회'가 재건된 것은 10월 6일[8], 변호사들에 의해
'자유법조단'이 재건된 것은 10월 8일의 일이었다. 일본인에 의한 정치범 석
방운동이 조직화된 것은 바로 정치범 석방이 이뤄진 것과 똑같은 시기였다.

이러한 경과 속에서 조선인에 의한 석방 운동은 어떻게 이루어진 것일까.

패전 전년에 협화회(協和會)를 개편, 개칭해 조직된 흥생회(興生會) 간부
를 지낸 권일(권혁주)의 회상에 따르면 일본 패전 직후에 만들어지고 있었
던 권일(權逸) 등의 재일조선인대책위원회와 김두용 등의 재일거류조선인
연맹의 두 단체가 통합해 9월 10일 재일조선인연맹준비위원회가 조직되었
다. 여기에는 도쿄의 7개 단체와 오사카 등 지역 대표 60여 명이 참여했다.
위원장에 기독교의 조득성(趙得聖), 부위원장에는 권일, 재무부장에 김정홍
(金正洪)이 취임했다. 권일에 따르면 김정홍는 함경도 출신의 공산주의자였
으며 해방 전에는 사진업을 경영하며 노동조합운동을 했다고 한다.[9]

그 뒤 김두용, 김정홍 등이 정치범 석방을 위한 조직을 만든 것에 대해
권일은 다음과 같이 설명하였다[10].

9월 24일 조련준비위 내의 공산주의자인 김두용, 송성철(宋性徹, 월북, 전 중
국주재 북한대사관 참사관), 박제섭(朴濟燮, 월북), 박은철(朴恩哲, 월북), 김정
홍 등이 모임을 갖고 조련준비위와는 별도로 정치범석방운동촉진연맹라는 단
체를 조직하였다. 위원장에는 김두용이 선출되었다. (중략) 공산주의자들이 이
런 단체를 만든 것은 일본공산당 재건에 적극 협조하기 위해서였다. (중략) 김
두용을 비롯한 조련준비위 공산주의자들은 일본공산당에 입당해 그 재건을 위
해 정치범석방운동촉진연맹을 조직했다고 생각된다. 그들은 전시 중에 전향한
자들이라 그 죄책을 모면하기 위해 일본공산당 재건에 가장 적극적이었던 것이
다.

권일에 따르면 김두용 등은 조련준비위의 자금을 정치범 석방을 위해 사

8) 大野達三·矢吹紀人·中井安治 編,『夜明けの旗 梨木作次郎物語』, 労働旬報社, 1986, 176쪽.
9) 權逸,『權逸回顧錄』, 東京, 權逸回顧錄刊行委員会, 1987, 90~91쪽.
10) 앞의 책, 93~94쪽.

용하거나 조련준비위가 공산당원을 포함한 석방 정치범의 환영회를 열어야 한다고 주장하면서 좌우 대립이 심해졌다고 하고 있다.

정치범석방운동촉진연맹 또는 조선인정치범석방운동위원회라 불리는 조직의 결성 시기에 대해서는 9월 25일로 할 견해,[11] 24일 일본인도 포함하여 정치범석방운동간담회가 개최하고 25일에는 조선인정치범석방위원회(후일 조선인정치범석방연맹)이 결성됐다는 견해도 있다[12]

김두용 등이 정치범 석방 운동을 시작한 것은 앞에서 언급한 바와 같이, 후추형무소의 예방구금소를 찾아간 시이노(椎野)로부터 말을 들은 것이 계기가 됐다고 생각한다. 조련준비위원회와는 별도로 정치범 석방을 위한 조직을 만든 것은 권일이 설명하듯이, 일본공산당 재건에 조련을 이용하려 했는지는 분명치 않으나, 권일의 설명에는 그 후의 조련 관련의 활동이나 내부 갈등 문제가 반영하고 있으므로 그대로 받을 수 없다. 어쨌든 조선인에 의한 정치범 석방 운동의 조직적 전개는 일본인의 그것보다 일찍 시작한 것만은 확인할 수 있다.

예방구금소에 사로잡혀 있던 마쓰모토 가즈미(松本カズミ)는 훗날 회고에서 "10월 3일 저녁 정치범석방운동위원회의 대표 'キン・セイコウ', 'ハイテツ' 두 사람이 우리를 찾아왔다. 우리는 우선 조선의 독립을 축하하기 위해 동지인 도쿠다(德田)의 선창으로 '조선독립만세'를 삼창하였다, 그리고 두 사람이 선물로 가지고 와 준 조선의 떡과 후추에 거주하는 한 조선노동자가 우리를 위해 자신의 밭에서 캐서 쪄주었다는 고구마를 깊은 감사의 마음으로 다 함께 서로 나누어 먹으며, 주위가 어두워질 때까지 환담으로 시간을 보냈다"고 한다[13]. 마쓰모토가 'キンセイコウ'라고 쓰는 것은 이노우에

11) 呉圭祥, 『ドキュメント 在日本朝鮮人連盟1945-1949』, 岩波書店, 2009, 10쪽.
12) 朴慶植, 『解放 後 在日朝鮮人運動史』三一書房, 1989년 51쪽.
13) マツモト・カズミ「出獄前後 10月10日の思ひ出」, 『アカハタ』第69号, 1946年10月13日. 시가 요시오(志賀義雄)는 이렇게 썼다. "패전으로 우리를 묶어 두려던 어려운 규칙이 느슨해지자 외부와의 연락도 조금씩 띄게 늘어났다. 최초의 연락이 닿은 것은 김 씨라는 조선인정치범석방위원회 멤버였다. 기존의 면회실이 아니라 직접 감방까지 들어가서 부근의 동정자로부터

(井上) 논문이 밝힌 대로 김정홍을 말하는 것이다. 'ハイテツ'라고 한 것은 배설(裴哲)을 말하는 것이라고 생각하면 된다.

　김정홍 등이 10월 3일에 처음 후추형무소에 갔는지, 혹은 그 이전에 김천해를 면회 갔는지는 분명치 않으나 10월의 빠른 시점에서 김천해를 만나러 간 것은 틀림없다. 이 점은 예방구금됐던 독립운동가 이강훈(李康勳)의 회고에 다음과 같이 기록되어 있어 이를 뒷받침하고 있다[14].

　　우리들은 8·15 후에도 이상과 같은 여건 하에서 시일이 경과하는 동안에 정치범에게 관심을 가진 외국 신문기자가 먼저 우리가 있는 거처를 탐색하고 찾아와 긴긴 세월에 치른 옥고와 일제 관료들의 정치범을 다루던 태도와 감상을 듣고 물러갔었다. 이날부터 우리들의 정체가 외부에 알려져 면회 오는 인사가 빈번해졌는데 이제는 말이 감옥이지 출옥하는 날까지 대기소처럼 되어 있어서 외부 인사가 옥리의 구애를 받지 않고, 자유자재로 드나들게 되었다.
　　제일 먼저 찾아온 사람이 김두용(金斗鎔)과 김정홍(金正洪)인데, 이들은 본래 김천해와 같이 일제에 항거해 싸운 항일 사회운동가 겸 민족 해방 투사들로서 김천해 동지를 방문하러 온 길에 나까지 면대케 된 것이었다.
　　이들은 당시 백만 재일동포에게 영향력을 미치게 할 수 있는 새 조직을 위해서 옥문을 나가는 날까지 거의 매일 찾아와서 김천해와 의견을 교환했다. 사실 조선인연맹 조직의 청사진은 부중(府中) 감옥에서 만들어졌다고 해도 과언이 아닐 것이다.

　이강훈의 이 기록에 따르면, 외국 신문 기자의 뒤를 이어 예방구금소에 온 것은 김두용과 김정홍 두 사람이었으므로, 마쓰모토의 회고에 나오는 김정홍과 배설이 면회를 온 것과는 다른 날이었는지도 모른다. 김두용과 김정홍은 후추형무소에 매일같이 다니며 김천해를 만나 조선인연맹 조직에 대

─────────────

우리를 위하여 특별히 보냈다는 막찐 고구마를 먹으면서 일동 '만세'를 외쳤다"(志賀義雄, 「狂爛怒涛の時代を生きて」, 同編集委員會 編, 『ドキュメント志賀義雄』, 五月書房, 1988, 141쪽). 마쓰모토(松本)나 시가(志賀)가 처음에 예방구금소를 찾아간 시이노 에쓰로(椎野悦朗)를 그다지 중시하지 않는 것은 시이노를 중심으로 정치범 석방운동이 활발하지 않다는 것을 보여 주고 있는지도 모른다.
14) 이강훈, 『이강훈 역사증언록』, 서울, 인물연구소, 1994, 237쪽.

해 논의를 했는데, 그것과 함께 도쿠다 규이치(德田球一) 등 일본 공산당 간부와도 정보를 교환하고 그것을 감옥 밖의 일본인에게도 전한 것은 아닐까?

10월 10일로 예정된 '자유전사출옥환영인민대회' 개최 준비 과정에서도 조선인의 조직력이 돋보였다. 8일에 조선인연맹준비위원회 사무실에서 열린 준비회에는 일본인 측은 후지와라 하루오(藤原春雄) 등 5명밖에 참가하지 못한 반면 조선인은 적어도 30명 정도 참석해 박은철, 김두용이 의장 역할을 했다고 한다.[15]

10일, 후추형무소 내의 예방구금소에서 일본 공산당 간부들의 정치범이 풀려났을 때, 형무소 앞에서 맞은 사람들의 절반 이상이 조선인이었다. 마쓰모토에 따르면 "700명 가까운 사람들 가운데 조선인은 400명 이상이다"라고 한다.[16] 이에 대해 이강훈은 다음과 같이 기록하였다.[17]

이날은 보슬비가 왔는데도 많은 동포 대중이 동원되어 닥쳐왔는데, 대개 이들은 조선연맹원들이었다. 거류민단계의 인원은 서상한(徐相漢) 등 수명에 불과하였다.

옥문이 활짝 열려지고 전옥을 비롯해서 예방구금소 전 직원이 도열하고 수많은 죄수들이 혹은 철창을 통하고, 혹은 작업을 하다가 멍하니 주시하는 가운데, 16인의 죄인 아닌 죄인이 옥문을 나갈 순간 손에 손에 붉은 기를 휘두르면서 수의를 입은 도쿠다(德田) · 시가(志賀) · 김천해 · 이강훈 등을 머리에 떠받들고 공 굴리듯 받아 돌리면서 넓은 마당을 몇 바퀴 돌면서 한바탕 북새통을 하다가 수인(囚人)들의 연설을 들었다. 그 많은 군중 가운데 일본인은 쌀에 뉘 섞이듯 소수에 불과하고 절대 다수가 동포들이었다. 군중 속에서 태극기를 손에 들고 내 이름을 부르고 악수를 청한 중년 동포 한 사람이 바로 애국지사 서상한인데, 그는 영친왕 결혼식에 참가할 매국노를 폭살하려다 체포되어 옥고를 치른 분으로, 나는 그때에 직감적으로 재일동포 중에 순진한 민족주의자는 서상한 한 사람뿐인가 하고 느껴졌었다.

15) 준비회에 참석한 요시오카 다모쓰(吉岡保)의 증언(大森実, 『戦後秘史4 赤旗とGHQ』, 講談社, 1975, 97쪽).
16) マツモト・カズミ, 前掲手記.
17) 이강훈, 위의 책, 237~238쪽.

〈사진〉 1945년 10월 10일 예방구금소에서 출옥하는 정치범
앞줄 왼쪽이 도쿠다 규이치(德田球一), 오른쪽이 시가 요시오(志賀義雄). 뒷줄에 김천해
(키가 큰 인물), 이강훈(안경을 쓴 둘 사이에 있는 인물)의 얼굴이 보인다.(同編輯委員會
編,『ドキコメント志賀義雄』, 五月書房, 1988, 24쪽)

　이강훈의 기록에도 그 후 조선인연맹과 거류민단의 갈등이 반영되고 있
기 때문에 이를 그대로 받아들일 수는 없지만, 예방구금소에서 석방되는 정
치범을 맞은 사람들 가운데 일본인은 "백미에 뉘가 섞여 있는 것 같이 소수
에 불과해 절대 다수가 재일동포였다"고 하는 것은 다른 증언과 일치한다.
　이상과 같이 도쿄에서의 정치범 석방운동, 정치범을 맞이하는 활동에서
조선인의 조직적인 움직임은 일본인의 그것을 크게 웃돌던 것이다.

2) 지방의 움직임—미야기현(宮城縣)의 경우—

　도쿄에서의 정치범 석방운동은 GHQ을 움직이는 데 큰 의미를 가지고 있
었지만, 각 지방에서도 정치범 석방을 요구하는 움직임이 나타났다. 지방에
서의 운동에서도 재일조선인이 중요한 역할을 했다고 생각되는데 자료가

한정되어 충분히 밝힐 수는 없다. 다만 여기에서는 몇 가지 회상기가 있는 센다이(仙台)의 미야기(宮城)형무소에서의 움직임을 서술하고자 한다.

일본 패전의 시점에서 미야기(宮城)형무소에 수감되던 치안유지법 위반 사건 관계자는 47명으로 이중 공산당 관계는 36명 정도였다고 한다[18].

여기에 있던 오노 요시히코(小野義彦)는 9월 25일에 형무소 청사에 놓여 있는 신문 기사를 읽고, 연합국이 정치범 석방 방침을 갖고 있는 것과 미키 기요시(三木清)의 옥사에 의해 정치범 석방운동이 일어나고 있는 것을 알았다고 한다.[19] 오노(小野)가 읽었다는 신문 기사는 미국 정부의 '초기 대일방침'을 보도한 것이다. 이 문서는 1945년 9월 6일 미국 대통령의 승인을 거쳐 22일 국무부가 '항복 후 일본에 대한 최초의 정책(SWNCC150/4/A)'으로 공표했다. 일본의 신문에는 24일 보도되었다. 이 문건에는 "정치적 이유에 의해 일본 당국에 부당하게 구속되고 있는 사람들은 석방되어야 한다"는 말이 포함되어 있었다.[20] 또 저명한 철학자 미키 기요시(三木清)의 옥사(9월 26일)는 9월 30일 보도했기 때문에, 오노는 1주일 정도 사이에 이들 신문 기사를 읽은 것이다.

오노에 의하면 그 2, 3일 후(즉 10월 초), 미군의 MP장교가 형무소에 들어와 소장에 대해 "종래의 일본 정부에 반대하고 투옥된 죄수는 없느냐"라고 따진 것도 오노는 듣고 있었다. 10월 6일에는 맥아더 사령부가 '인권지령'을 발표하고, 10일까지 정치범을 석방하도록 일본 정부에 요구한 것도 전해졌다.

---

18) 西川彦義遺稿集刊行会 編, 『彦さんの本領—西川彦義の回想と遺稿—』, 大阪: 同刊行会, 1982, 98쪽.

19) 小野義彦, 『「昭和史」を生きて』, 三一書房, 1985, 137쪽, 오노 요시히코의 수기 「미야기형무소 해방 전후」에서도 9월 25일에 일본 관리 정책을 보도한 신문 기사를 읽으면서 함께 미키 기요시(三木清)의 옥사에 대한 항의에서 정치범 석방운동이 전개되고 있음을 알았다고 하였다(小野義彦追悼集編集委員会 編, 『追悼 小野義彦とその時代』, 大阪: 知人社, 1992, 336쪽).

20) 国立国会図書館HP, 「日本国憲法の誕生」에 수록되어 있는 「1−5米国の初期対日方針」, http://www.ndl.go.jp/constitution/shiryo/01/022shoshi.html(2014년 8월 13일 접근).

시기는 불확실하지만 일본 패전 후의 미야기(宮城)형무소에서는 붉은 옷을 입고 있던 비전향 정치범도 일반수인의 푸른 옷으로 갈아입고 독방에도 자물쇠를 걸지 않아 출입이 자유로웠고 식사도 대형식판으로 바꿔 주었다. 또 징벌도 완전히 사라졌다고 한다.[21]

일본 공산 당원의 이즈 기미오(伊豆公夫)는 옥중에서 많은 조선인을 알게 됐다며 이렇게 기술하고 있다[22]

> 이들의 제군들은 대개 청년이었고 특히 학생이 많았다. 그 중에는 분명한 공산주의자도 있지만 대개 민족해방을 목표로 하는 민주주의자였다고 말해도 좋다. 야만스러운 일본 제국주의의 조선 통치정책에 대해 깊은 반감을 갖고 언젠가는 반드시 조선이 해방될 때가 온다고 믿었다. 도요다마(豊多摩) 및 미야기(宮城)형무소에서는 수십 명의 조선 청년과 마주쳤는데, 내가 감탄한 것은 매우 단결심이 강하고 명랑하였고, 학생 출신들도 중노동에 견딜 수 있는 체력과 기력을 가지고 있다는 것이다. 미야기(宮城)형무소에서는 종전이 가까워지면서 축구와 야구 등을 죄수들에게 하게 하였는데, 그때 가장 두각을 나타내며 별로 기운이 없었던 일본인의 죄수를 놀라게 한 것이 그들이었다. 물론 그 중에는 가혹한 대우와 영양실조로 인해 병동에 들어가 해방의 날을 보지 못하고 죽어간 조선 청년도 적지 않았지만.

미야기(宮城)형무소에서 정치범 석방은 10월 8일부터 10일까지 3일 동안 이루어졌다. 동시에 석방하지 않은 것은 맥아더 사령부의 담당관이 석방 전에 정치범을 취조할 시간을 갖기 위해서였다.[23] 날짜에 따라 풀려난 자는 다음과 같다.[24] 밑줄 친 것이 조선인이다.

---

21) 稲垣真美, 『兵役を拒否した日本人―灯台社の戦時下抵抗―』, 岩波新書, 197, 18쪽. 이 책에서는 미야기형무소(宮城刑務所)에 수감돼 있던 아카시 준조오(明石順三, 기독교 집단 등대사의 주재자)의 체험이 아카시의 유고 『동 투옥기』에 따라 서술되어 있다.

22) 伊豆公夫, 「朝鮮の若い世代に」, 『現代史―この現在の瞬間に―』, 佐世保, 九州評論社, 1947, 138쪽.

23) 小野義彦追悼集編集委員会編, 前掲書, 339쪽.

24) 小野義彦, 앞의 책, 139쪽. 다만 조선인의 이름에 오자가 몇 가지 있어서 〈치안유지법 수형자 일람 표〉에 의해 정정했다.

8日

小代好信, 西岡慶三郎, 堀江壮一, 土方久敬, 杉本弘, 神山利夫, 星山光熙, 金本熙国, 岸本茂雄, 安田秉翊, 高島茂, 柳在淇, 山田重茂(13名)

9日

明石順三, 西川彦義, 小野義彦, 国本根三郎, 岡邦雄, 岡本政雄, 神田恩坡, 河合悦三, 森山光益, 赤松日出夫, 原武, 佐藤金蔵, 福田栄司(13名)

10日

春日庄次郎, 長谷覚吉, 竹中恒三郎, 金思宏, 内野壮児, 武田圭郎, 川合貞吉, 千葉秀雄, 赤羽寿 (伊豆公夫), 白川信道, 秋山幸治, 宮沢弘幸, 神山正治(13名)

첫날인 8일에 풀려난 13명의 정치범 중 조선인은 4명, 9일은 13명 중 2명, 10일도 13명 중 2명으로 모두 39명 중 8명이 조선인이었다. 이들 외에 정치범으로 기시 마사루(岸勝), 하카마다 사토미(袴田里見), 다지마 요시유키(田島善行), 유종환(柳宗煥), 후타미 도시오(二見敏雄) 등 5명이 수감되고 있었지만 그들은 치안유지법과 형법과의 병합죄를 적용되었으니 그때 같이 석방되지 못하고 19일에야 집행정지로 석방되었다.[25]

첫날 석방 이전에 형무소 밖에서 정치범을 맞을 준비가 어느 정도 이루어지고 있었는지는 분명치 않으나, 2일째 이후는 조선인에 의하여 석방 정치범의 환영 활동이 이뤄지게 되었다. 미야기현(宮城縣)에서는 재일본조선인연맹 미야기현 본부를 확립하기 위한 단체가 9월경에는 조직되었으므로[26] 조선인 정치범은 석방 전부터 조선인 단체와 연락을 취하고 있었는지도 모른다. 그렇지 않았다고 하더라도 8일 풀려난 가네모토 기코루(金本熙国), 야스다 헤이이쿠(安田秉翊) 등은 조선인 단체와 함께 다음날 이후에 석

---

25) 小野義彦, 앞의 책, 139쪽.

26) 李羕娘,「占領期宮城県における在日朝鮮人社会」,『東西南北』別冊 01, 和光大学総合文化研究所, 2000, 17쪽(http://www.wako.ac.jp/organization/research/touzai_b01/tz_b0102.html, 2014년 8월 20일 접근)

방되는 정치범을 맞을 준비를 서둘러 갖췄다고 본다.

9일 풀려난 오노(小野)는 미군 담당관의 조사가 끝난 뒤 청사에 돌아왔을 때 야마구치(山口)에서 마중 나온 아내가 있었지만, "어제 출옥한 조선 사람들, 가네모토(金本)이나 야스다(安田)가 면회소에 양복을 입고 왔다. 그래서 한창 오늘밤은 조선인회 사무실에 묵고 내일 함께 센다이(仙台)를 떠날 것을 권했다. 그들과 시간을 들여 얘기하고 싶다는 마음은 있었으나 그것이 어려운 이유도 있었다. 첫째로 극도로 지쳐 있는 아내가 불쌍하다"라고 써서, 조선인의 권유에 응하지 않았다고 한다.[27] 같은 날에 풀려난 니시카와 히코요시(西川彦義)은 다음과 같이 말했다[28]

> 나가 본 즉, 비가 오고 있고 적기(赤旗)들이 잔뜩 서 있었다. 와 있는 사람들은 조선인이었고 "출옥하신 전사께 인사를 드립니다"라고 해서 고맙게 생각하고 있은 즉, 여러분 출옥했으니 곧바로 돌아가야겠지만 숙소를 준비해 두었으니 축하회를 하고 싶다고 하여, 조선 요리점에서 그린피스와 무엇인가를 대접받고 거기에서 하루를 묵었다.

이어 니시카와는 조선노조와도 관계가 있어서 조선인에 대하여 잘 알고 있다며 "거의가 치안유지법으로 끌려갔다. 우리와 같은 일 겪고 나온 사람들이니까 동지 같은 거예요. 그들의 감정으로 말하자면"이라고 말했다. 니시카와 등 일본인 활동가의 입장에서는 많은 조선인은 말없이 '동지'로 접할 수 있는 대상이었던 것이다. 석방 정치범의 환영에서 조선인이 제시한 활동상이 그것을 말하고 있다고, 니시카와 등은 이를 그대로 받아들인 것이다.

미야기형무소의 사례에서 알 수 있듯이, 도쿄뿐만 아니라 다른 지방에서도 정치범 석방을 위한 활동의 중심에는 조선인이 있었던 것을 이해할 수 있다.

---

27) 小野義彦追悼集編集委員会 編, 앞의 책, 347쪽.
28) 西川彦義遺稿集刊行会 編, 앞의 책, 97~98쪽.

3. 일본 '내지'에서의 조선인 정치범

1) 치안유지법에 의한 재일조선인 탄압

그럼 재일조선인에 의한 정치범 석방운동이 일본인보다 활발하였던 것은 어떤 배경에 의한 것이었을까? 일본의 식민지 지배의 가혹함과 그에 대한 조선인의 저항이 배경에 있었음은 말할 필요도 없지만, 치안유지법 문제와 관련해 좀 더 구체적으로 검토해 둘 필요가 있다.

우선 패전 이전의 시기에 조선인에게 치안유지법이 어떤 것이었는지 살펴보자.

일본 '내지'에 거주하는 조선인이 치안유지법 위반 혐의로 검거된 사례는 매우 다수에 이르지만, 1930년대 중반까지는 대부분 공산주의운동에 관여한 혐의로 검거되었다. 조선공산당 일본 총국과 일본공산당 산하 조직인 노동조합전국협의회(전협) 등에 가입해 활동했다는 혐의이다. 1930년대 중반에는 일본공산당 재건을 위한 활동이나 그에 대한 지원으로 간주되는 활동이 혐의가 된 경우가 늘었지만, 그 경우에도 일본인과 같이 공산주의운동에 대한 관여가 치안유지법 적용의 이유가 되었다.

그런데 이미 발표한 논문[29]에서 밝혔듯이, 1930년대 후반부터 일본 당국은 치안유지법의 해석을 변경하고 식민지의 독립을 목표로 활동, 그것에 이어지는 활동에 대해서도 치안유지법 위반으로 검거, 기소하였다. 조선에서는 이미 1920년대 후반부터 공산주의의 색채를 띠지 않는 독립운동에 대해 치안유지법이 적용되고 있었는데, 일본 '내지'에서도 그에 따라 순수한 독립운동에도 이 법을 적용한다는 해석을 취하게 되었기 때문이었다.

1937년 6월 24~26일 사법성(법무부)에서 열린 제10회 사상실무가 회동(지방법원 등의 예심판사·사상담당 검사들이 모인 회의)에서 조선과 대만의

---

29) 水野直樹, 「植民地独立運動に対する治安維持法の適用―朝鮮·日本「内地」における法運用の落差―」; 浅野豊美·松田利彦 編, 『植民地帝国日本の法的構造』, 信山社, 2004.

독립운동, '내지'에서의 조선인운동의 대처 방책이 논의되면서 조선인의 친목회나 '내선노동친애회' 등의 합법단체에서 독립 선전·선동이 이루어진 사건에 대해서도 치안유지법 제1조(국체 변혁 조항)를 적용해야 한다는 의견이 각지의 검사로부터 나타났다. 일본 대심원(대법원) 검사, 사법성 형사국 쪽도 식민지의 독립운동이 '국체변혁'에 해당된다는 적극적인 해석을 하겠다고 답했다. 사상실무가 회동 후, 1938년 8월에는 민족혁명당(중국 난징에 본거지를 둔 조선독립운동 정당) 관계자의 사건, 1939년경에는 고베에서 검거된 배상권(裵祥權) 등 4명에 대한 치안유지법 위반 피고사건(조선독립운동 관계) 등 공산주의운동으로 볼 수 없는 활동에 대해서도 치안유지법의 적용이 이루어졌다. 다만 일본 대심원의 판결에서 식민지 독립운동이 치안유지법 제1조의 '국체변혁' 조항에 해당한다는 해석이 확정된 것은 1943년이었다.30)

그 결과 당국이 작성한 통계자료인 '치안유지법 위반 사건 연도별 처리 인원수'(1928년부터 1945년 5월까지)에서도 1937년 이후 검거자의 '범죄 구별'에 '독립운동' 항목을 내걸게 되었다.

〈표 1〉에 따르면, 1937년 이후 검거자 6,954명 가운데 '독립'은 1,029명으로 14.8%에 해당한다. 이것은 거의 모두 조선인이었다. 치안유지법에 의한 검거자의 7명 중 1명이 조선인이었다는 것이다. 그런데 1941년부터 1945년 5월까지의 기간을 보면, 검거자 3,119명 가운데 조선인이 943명으로 30.2%에 달하는 숫자이다.

하지만 이 숫자에서도 치안유지법에 의한 재일조선인 탄압 상황을 파악하는 데는 여전히 정확하지 않다고 생각된다. 왜냐하면 공산주의운동에 관여한 혐의로 검거된 조선인은 범죄 구별에서 '독립'에는 포함되지 않기 때문이다('종교' 관계로 검거된 조선인도 있었을 것이지만 그 수는 분명치 않다).

공산주의운동의 관련에서 검거된 조선인이 어느 정도 있었는지는 전체적

---

30) 이에 관해서는 水野直樹, 앞의 글을 참조하기 바란다.

〈표 1〉 치안유지법 위반 사건 연도별 검거자 수

연도별	범죄 구별			합계
	좌익	독립	종교	
1937	1,292	7	13	1,313
1938	789	–	193	982
1939	389	8	325	722
1940	713	71	33	817
1941	849	256	107	1,212
1942	332	203	163	698
1943	293	218	89	600
1944	230	229	41	501
1945	60	37	12	109
1937-1945년 합계	4,948	1,029	977	6,954
(%)	71.2	14.8	14.0	100
1941-1945년 합계	1,764	943	412	3,119
(%)	56.6	30.2	13.2	100

주 : 1) 출전 자료에는 기소·불기소 등의 처리인원수, 1928~1936년의 검거인원수·처리인원수
　　　도 게재되어 있지만 생략했다.
　　 2) 1945년은 5월까지의 수치임.
　　 3) 1937년 합계 1,313는 자료 그대로임.
출전 : 荻野富士夫 編,『治安維持法関係資料集』第4卷, 338~339쪽.

인 숫자를 알 수 없지만, 1936년부터 실시된 사상범 보호관찰제도에 의해
보호관찰 처분을 받은 자 중에서 조선인이 차지하는 비율이 남아 있어서
이를 통해 유추할 수 있다. 정치범(사상범)에 대한 보호관찰제도는 1936년
5월 공포되고 11월 시행된 '사상범 보호관찰법'에 따라 치안유지법이 정하
는 죄로 형의 집행을 마친 자, 가출옥으로 석방된 자, 집행 유예를 붙인 유
죄 판결을 받은 자 및 검사국에서 불기소 처분이 된 사람을 대상으로 당국
이 그 사상과 행동을 '관찰'(감시·행동 통제)하는 제도이다. 즉 치안유지법
위반으로 검거되어 경찰 등에서 검사국에 보낸 사람 모두가 보호관찰 대상
이 되어 그 중 당국이 보호관찰의 필요성을 인정한 자를 보호관찰 처분에
붙이게 되있다. 처분 대상자 가운데 조선인이 얼마나 있있는지를 알 수 있
는 자료는 없지만, 보호관찰 처분을 받은 사람 전체 숫자와 조선인만의 숫
자가 남아 있어 이들의 숫자에서 조선인 검거자(정확하게는 송치=기소된

사람)이 얼마나 있었는지를 알 수 있다.

도쿄 보호관찰소가 1937년 6월 시점에서 대상자로 있던 사상범 중 12%가 조선인이었다.31) 또 1942년 10월 현재 일본 전체 대상자 2,888명 중 249명 (8.6%)이 조선인인 것으로 알려졌다. 이들 조선인 가운데 공산주의운동 187명, 민족운동 59명, 무정부주의 2명으로 알려져 있다32).

이러한 숫자에서 일본 '내지'에서 보호관찰 처분 대상자로 지목된 치안유지법 관계의 출소자들 중 10% 정도가 조선인이었다고 추측된다. 보호관찰 제도가 실시되기 전에 치안유지법으로 검거된 조선인은 공산주의운동에 관여한 혐의였기에 공산주의운동 관계의 검거자 중 10% 정도가 조선인이었다고 해도 좋다.

이 경향이 1941년 이후에도 계속되고 있었다고 가정한다면 〈표 1〉에 제시된 1941년부터 1945년 5월까지 '좌익'관계 검거자 1,764명 중 176명이 조선인이었던 것이다. '독립운동' 관계의 검거자까지 합치면 1,119명 정도 된다. 이는 검거자 전체의 35.9%에 해당한다.

추정에 의한 것이긴 하지만 이들의 숫자에서 1940년대 전반의 시기, 치안유지법의 확대 해석·확대 운용에 따라 재일조선인은 집중적인 탄압을 받은 것이 이해된다. 1944년의 시점에서 일본의 총인구가 약 7,443만 명, 일본 거주 조선인은 약 194만 명이었다. 탄압의 대상이 되기 쉬운 젊은 남성 노동자와 유학생이 많았던 점을 고려해도 인구 비율이 2.6%에 불과한 재일조선인이 치안유지법에 의해서 비정상이라고 할 탄압을 받은 것은 명백하다.

2) 석방 정치범 중의 조선인

그럼 패전 후의 1945년 10월에 풀려난 정치범 중 조선인은 어느 정도의 비율을 차지했던 것일까? 10월 22일 일본 정부가 GHQ에 제출한 문건에 따

---

31) 東京保護觀察所, 『事務成績報告書』(1936년 11월~12년 6월), 221쪽·31쪽·34쪽.
32) 司法省保護局, 『司法保護資料 第33輯 思想犯保護対象者に関する諸調査』, 1943년 3월, 1·134쪽.

르면, 이날까지 석방된 정치범들은 439명, 보호관찰 처분 취소자는 2,026명
이다.[33] 석방자 439명의 완전한 명단은 지금까지 그 존재가 알려지지 않았
지만 10월 초에 작성된 〈치안유지법 위반 수형자 일람표〉를 볼 수 있다[34].
이는 10월 1일 사법성 형정국장(刑政局長)이 각 구치소장, 형무소장에게 이
날 현재의 치안유지법 위반에 의한 수형자(확정 판결을 받고 복역 중인 자)
의 명단을 20일까지 보고하도록 지시한 것에 대한 응답을 바탕으로 작성된
것으로 보인다. 형정국장의 지시 문서에는 "죄의 형태 란에는 공산주의, 민

〈치안유지법 위반 수형자 일람표〉 부분. 이름 아래에 (공)(민)이라는 약호가 적혀있다.

---

33) 1945년 10월 22일 일본 정부 발 연합국 군총사령부 앞 각서 CLO 제332호, 「정치적, 공민적으로
   도 종교적 자유에 관한 제한 해제의 건」, 粟屋憲太郎 編, 『資料日本現代史3 敗戰直後의 政治と
   社會②』, 大月書店, 1981, 246쪽.
34) 국립 공문서관 소장 반환문서(구 내무부 등 관계) 『치안유지법 위반 수형자에 관한 철』에 적혀
   있는 문서(아시아 역사 자료 센터 Ref.A06030014800). 이 파일에는 「치안유지법 위반 수형자
   일람표」와는 다른 「치안유지법 위반 수감자 명단」이라는 문서도 포함돼 있다. 양측에 상당한
   차이점이 보이지만 후자에는 '共' '民' 등의 약호가 적혀있지 않아 조선인임을 확인하기 어렵기
   때문에 후자의 문서는 이용하지 않고 전자만을 이용했다.

족독립, 유사종교를 따로 따로 기재할 것", "조선인의 성명 란에 ㉓를 기입
할 것"을 지시했지만, 실제의 명단에는 '朝'의 약호는 전혀 보이지 않고 모두
'共·民·宗·無(무정부주의)'의 4종류의 약호가 적혀 있을 뿐이다. 이들 약
호가 첨부되지 않은 수형자도 다수 있다.

이 명단에 따라 각 구치소, 형무소 재소자와 그 중 조선인 수형자를 세는
것이 〈표 2〉이다. 명단에 약호 '민'이 붙여진 사람, 즉 민족독립운동 혐의로
치안유지법 위반으로 징역형을 받은 사람은 거의 모두 조선인으로 생각된
다(대만인일 가능성도 없지 않지만 있더라도 극소수였다고 생각된다). 또
'民'의 약호는 볼 수 없지만 이름으로 보아 분명히 조선인이라고 생각되는
사람도 카운트하였다. 다만 조선인인지 일본인인지를 가려내기 힘든 경우
는 카운트하지 않았다.

〈표 2〉 석방 정치범 중 조선인 수

형무소	총수	조선인
東京拘置所	1	
京都拘置所	1	
神戸拘置所	3	
小菅	1	
府中	3	
横浜	14	2
千葉	1	
水戸	6	
静岡	2	
長野	6	1
新潟	2	
京都	3	
大阪	45	23
和歌山	3	
神戸	1	
滋賀	1	
名古屋	12	5
奈良	4	2
三重	2	
岐阜	1	
金沢	9	6
山口	5	3

岡山	1	
松江	2	
松山	1	
長崎	3	2
福岡	5	3
熊本	5	1
宮城	31	8
秋田	3	
札幌	34	13
網走	4	
樺太	1	
合計	216	69
比率（%）	100	31.9

〈표 2〉에 따르면 이 명단에 이름이 적혀 있는 치안유지법 관계 수형자 216명 가운데 조선인은 32%인 69명이었다. 실제로 석방된 정치범 439명 중에는 경찰 및 검사국에서 조사를 받고 있던 사람, 법원 예심과 공판 단계였던 사람도 포함됐다. 이 중 조선인이 어느 정도인지를 알지 못하고 풀려난 정치범에 차지하는 조선인의 비율을 정확히 파악할 수 없지만 석방된 정치범의 3명 중 1명이 조선인이었다고 생각해도 크게 잘못되지는 않을 것이다.[35] 앞에서 언급한 바와 같이 1940년대 전반의 치안유지법에 의한 검거자의 35.9%가 조선인이었다는 추정과 거의 일치하는 숫자이다.

결론적으로 말하면 아시아 태평양전쟁 시기에 치안유지법으로 심한 탄압을 집중적으로 받은 것은 조선인이었으며, 일본 패전 후 석방된 정치범에 관해서도 그 상당수가 조선인이었다. 재일조선인 인구 비율에 비추어 보아도 일본인 이상으로 재일조선인들은 감옥에 갇혀 있는 동포의 문제를 가까이 느끼고 있었다고 해도 좋을 것이다. 옥중의 정치범을 석방시키는 것이,

---

35) 치준저으로 풀려난 정치범이 수는 439명은 조금 넘는 정도였다고 본다. 일본정부가 GHQ에 제출한 문서에는 예방구금되었던 정치범이나 미야모토 겐지(宮本顕治)처럼 치안유지법과 형법 등과 합병으로 투옥되었던 정치범이 기재되지 않았다. 또 대역죄로 사형 판결을 받은 후 무기징역으로 감형된 박열(朴烈)은 10월 27일 아키타형무소(秋田刑務所)에서 석방되어 일본 정부가 각서를 GHQ에 보낸 10월 22일 시점에서는 석방자의 숫자에 들어가지 않았다고 생각된다.

식민지 지배로부터의 해방에 있어 가장 중요한 표현임을 많은 재일조선인
은 인식하고 있었던 것이다.

4. 조선에서의 정치범 석방의 정보

일본의 정치범 석방운동에서 재일조선인이 큰 역할을 했다는 이유를 고
찰하기 위하여는 8월 15일 패전 직후에 조선에서 정치범들이 석방되었다는
사실을 빼놓을 수 없다. 여기서는 조선에서 정치범 석방을 전했던 일본의
신문 기사를 검토함으로써 재일조선인이 언제 그 정보를 접했는지를 생각
해 보고자 한다.

알다시피 조선총독부는 패전 이후 일본인의 안전, 치안의 확보를 위해 여
운형, 송진우 등 조선인 지도자에게 협력을 요청했다. 송진우는 이를 거절
했으나 여운형은 정치범·경제범 석방할 것, 3개월분의 식량을 확보하는
것, 치안유지·건국활동에 간섭하지 않는 것 등을 조건으로 이에 응하는 동
시에 조선건국준비위원회를 조직해 조선의 독립과 건국을 향한 활동을 시
작했다. 건국준비위원회 등의 정치 세력에게는 정치범 석방이 식민지 지배
로부터의 해방 첫걸음으로 여겨졌던 것이다.

포츠담선언 수락의 조서가 방송된 다음날 서울 서대문형무소에서 정치
범·경제범 다수가 석방된 것을 비롯해 조선 각지 형무소, 구치소 및 예방
구금소에서 정치범이 풀려났다. 패전 전에 소련군이 침공해 온 함경북도의
경우 형무소 등에 수감된 정치범은 8월 15일 이전에 이미 풀려났던 것 같
다. 일본의 식민지 지배에 저항했기 때문에 사로잡혀 있던 정치범이 8월 15
일부터 며칠 사이에 모두 석방된 것은 조선에서의 정치세력의 결집, 정치활
동의 활성화로 나타난 것은 말할 필요도 없다.

이런 조선의 정세 전개는 재일조선인의 운동에도 영향을 미쳤다고 생각
된다. 특히 일본 패전=식민지 지배로부터의 해방의 첫걸음이 정치범 석방

이었다는 것은 재일조선인에 의한 정치범 석방 운동을 자극한 것으로 상상하기 어렵지 않다. 일본인의 경우, 이전의 사회운동가일지라도 조선의 정세에 큰 관심을 가지고 있지 않았던 것에 비하면 재일조선인(특히 활동가)가 조국의 정세를 숨을 죽이고 지켜보고 있다가 정치범 석방 소식에 민감하게 반응했다고 생각해도 무방하다.

이 점을 분명히 할 수 있는 자료는 지금까지 알려지지 않아 어디까지나 추측에 그칠 것임을 전제로 해야 한다. 그러나 조선에서 재빠르게 정치범이 풀려난 것을 신문 기사 등을 통해 재일조선인에게 알려지게 되었다고 본다. 조선에서 일본에 돌아온 일본인 등의 정보를 직접 입수한 것도 있었겠지만, 여기서는 신문 기사가 정치범 석방을 언제 어떻게 전했는지를 살펴보자.

패전 후 조선의 구체적인 상황을 전하는 기사는 『요미우리호치(読売報知)』의 8월 25일 기사 「조선은 미소에서 군정/대만은 장제스 군의 군정 아래/재류 방인(邦人)은 냉정하게 선처」가 최초의 것이다. 이 기사는 조선총독부는 없어지더라도 거주 일본인은 "현지에 버티다가 국제 신의에 따라 평화 번영을 위해 허심탄회하여 새 사태에 대처해야 한다"고 밝혔다.

『아사히신문(朝日新聞)』(도쿄 본사판) 9월 4일자에는 「구름이 어두운 만주 조선을 가다/스기타 특파원」이라고 하는 기사가 게재되고 있다. 8월 13일 만주의 신경(新京)에서 길림(吉林), 그리고 조선의 만포진, 평양을 거쳐 17일 경성에 도착한 특파원의 보고이다. 조선에서는 역마다 독립만세 시위를 보면서 서울에 들어갔더니 "소문과는 달리 조용히 잔잔하게 가라앉고 있다. 조선독립건설위원회의 조선어 포고가 밤눈에도 희다"라고 썼다. 조선인에 의해 신문사 방송국 등이 접수된 것을 언급하고 있지만 "(일본)군의 단호한 조치에 완전히 평온하게 가라앉고 있다"고 말했다. 이들 두 개의 기사는 정치범이 풀려난 것을 언급하지 않고 있으며, 조선의 상황은 평온하다고 한 것이었다.

그러나 며칠 후에는 그것과는 다른 정보가 알려지게 된다. 『요미우리호치』 9월 9일자 기사 「만주와 조선 보고/유언비어 난무한 신경/독립 바람이 사라지고 평정한 반도」는『요미우리호치』신문 기자가 8월 13일에 신경을 출발해 18일 새벽에 서울에 도착했다며 그 때의 모습을 다음과 같이 전하고 있다.

조선의 사태는 다시 일변하고 있다. 라디오는 "동아의 새로운 정세는 이제 조선을 기축으로 일대 변화를 이루고 있다"고 외치고 연도(沿道) 도처에 대한국기(大韓國旗)가 나부끼고, "독립 만세"의 외침이 메아리하고 있다. 사태는 15일 오후부터 돌변했다. 정전과 동시에 조선건국준비위원회가 결성되어 민족주의자 여운형 씨가 위원장이 되어 이미 독립 준비를 공표하고 정치사상범인 1만여 명을 사면하고 공공건물, 통신기관의 점거라는 행동으로 나왔다.

이후 일본군이 치안유지에 나서자 사태는 평온하게 돌아갔다고 하지만, 5일 전『아사히신문』이 전한 상황과는 다른 일면을 보도했다. 식민지 지배의 붕괴, 새로운 정치상황의 탄생을 전하면서 정치사상범이 석방된 것을 보도했다는 점이 주목된다.

13일에는 11일 샌프란시스코 발 동맹통신 기사「조선의 관리 진행/미 점령군 사령관 하지 중장 언명」이『요미우리호치』과『아사히신문』(도쿄 본사판)에 게재되었다. 이 기사는 하지의 말을 인용해 일본군이 조선에서 철수하고 있다는 점, 미군 당국은 일본인을 일본 본토로 귀환시키는 동안 일본 행정부의 이용을 필요로 하고 있는 것, 그리고 "일본 당국은 정치범을 석방하고 일본군에서 조선인 병사를 복원시켰다"는 것을 전했다.

18일『아사히신문』(도쿄 본사판)은「피난도 군관 우선/백성을 방치한 총독부/구출은 초미 과제/만선(滿鮮)에 굶주리고 있는 동포」라는 제목의 기사에서, 38도선 차단 직전 평양을 출발해 일본으로 돌아갔다는 외무성 촉탁 모 씨의 담화를 게재하고 있다. 만주와 북조선 지역에 남겨진 일본인의 상황을 말하면서 하루 빨리 구출이 초미의 급무라고 하고 있다. 그 중에서 조선에서는 15일까지는 "지극히 평온했다"라며, 15일 이후 급변한 상황을 다음과 같이 말한다.

그런데 조선총독부에서는 15일이 되자 황급히 죄수를 방면했으나 이는 정치
범뿐만 아니라 강도, 살인범 등의 흉포한 범죄자까지 함께 풀어 버렸기에, 이들
이 조선공산당원의 운동에 이용되거나 혹은 시국의 혼란에 편승하거나 하는 현
상도 나타났다. 약탈과 폭행은 주로 이런 자들이 하는 것이리라.

정치범 석방을 매우 부정적으로 파악하고 이를 일본인의 어려운 상황이
발생한 이유로 보고 있는 내용이지만, 9일 『요미우리호치』의 기사와 마찬가
지로 정치범 석방과 함께 새로운 정치 상황이 일어나고 있음을 보여준 기
사였다.

정치범 석방을 전한 신문 기사보다 주목해야 하는 것은 남한에서 탄압
법규가 폐지된 사실을 보도한 기사이다. 『요미우리호치』 9월 22일 「조선인
탄압의 여러 법규를 폐기」라는 작은 기사는 '남조선 19일 발 샌프란시스코
=동맹통신'이라고 발신원이 쓰여 있다.

> 조선 주둔 미군 당국은 19일 조선인에게 탄압을 가하고 있던 일본 정부 발포
> 의 법률을 폐지하는 동시에 400명의 조선인 경찰관을 임명했다. 미군정 장관
> 아놀드 소장은 다음과 같이 말했다.
> 군정 당국은 일본의 신사법에 의해 신사가 방대한 부지를 가지고 조선인에게
> 신사참배를 강요하고 있던 것에 비추어 이를 폐지하였고, 정치범 및 검열에 관
> 한 법률도 폐기하였다. 하급 법정에서는 수십 년 만에 조선인 재판장 아래 미
> 군 장교가 입회해 재판이 실시되었다.

동맹통신 배급의 이 기사는 이날 『아사히신문』에도 「조선에서 신사법 폐
기」라는 제목으로 게재되었다. 이들 기사에는 폐기된 법률이 무엇인가는
쓰지 않지만, 치안유지법이나 그에 관련되는 법규를 가리키는 것이었음은
말할 필요도 없다.36)

---

36) 남조선을 점령한 미군정 당국은 9월 19일 일반 명령 제5호에서 치안유지법 등의 폐지를 선언
했지만 법 자체의 폐지는 10월 9일 군정 법령 제11호에 의해 이루어졌다고 생각한다. 이에 관
한 검토는 향후의 과제로 남겨놓는다.

이들 기사를 당시 재일조선인이 어떻게 읽었을지는 추측할 수밖에 없지만 조선에서의 새로운 정세 전개에 관심을 갖고 있던 재일조선인이 이들 기사에서 큰 자극을 받은 것은 쉽게 상상할 수 있다. 같은 기사를 읽은 일본인과는 시각이 달랐다고 생각해도 무방하다. 일본인에 의한 석방 운동은 신문이 미국 정부의 초기정책을 전했던 9월 24일 이후에야 활발해졌다. 그에 비해 재일조선인 석방운동은 이미 9월 중순에 시작되고 있었다고 보이지만, 그것은 신문 기사에서 읽을 수 있는 조선에서의 움직임을 스스로의 판단 재료로 여겼던 재일조선인의 의식 탓이 컸던 것이다.

5. 맺음말

패전 이후 일본의 정치범 석방운동, 석방 정치범 환영활동에서 재일조선인은 큰 역할을 했다. 일본인에 의한 운동이 낙후되었던 것과는 대조적으로 조선인에 의한 정치범 석방운동은 도쿄뿐만 아니라 지방에서도 전개되었으며, 재일본조선인연맹의 결성 과정과 겹치는 형태로 조직적으로 추진되었다. 그것은 패전 이전의 시기, 특히 1940년 전반의 전쟁 시기에 재일조선인이 치안유지법의 탄압을 집중적으로 받아 패전의 시점에서 다수의 조선인이 옥중에 갇혀 있음을 배경으로 하고 있다. 게다가 패전 직후의 조선의 정세 전개, 특히 패전과 동시에 정치범이 풀려난 것이 일본에 거주하는 조선인에게도 전해지면서 그것이 자극이 되고 재일조선인의 정치범 석방운동이 재빨리 시작되었다고 추측할 수 있다.

조선에서처럼 일본에서도 일본의 식민지 지배로부터의 해방을 구체적으로 나타내는 것으로서 우선 첫째로 탄압에 의해 투옥되었던 정치범 석방이 되지 않으면 안 되는 것을 많은 조선인은 인식하고 있었던 것이다.

이러한 역사적 배경 아래에서 정치범 석방의 과제에 대해 재일조선인이 가졌던 의식, 인식은 일본인의 그것은 다른 것이라 할 수 있다.

그 뒤 탈식민화 과정이 여러 요인에 의해 왜곡되고 저지되었다고 하더라
도 정치범 석방이라는 과제를 수행함으로써 재일조선인운동은 탈식민지화
의 첫걸음을 확실히 내딛은 것이다.

■미즈노 나오키

해방 후 고베지역 재일코리안의 동향과 전해건(全海建)의 활동

-장남 전성림의 증언을 중심으로-

1. 머리말

해방은 재일코리안의 삶에 큰 변화를 가져왔다. 많은 동포들이 귀환과 이주 등으로 국경을 넘어 이동하면서 재일코리안 집단이 재구성되었다. 이 논문은 해방 전부터 계속 일본에 살았던 사람들이 해방을 전후로 어떠한 삶의 '이행(移行)'을 보였는지 하는 질문에서 출발했다. 특히 식민지기에 각종 '운동'에 참여한 재일코리안들은 변화된 조건 속에서 어떻게 '운동'과 결부되고 혹은 '운동'으로부터 멀어졌을까.

이 글에서는 고베 지역의 민족운동가 화산(華山) 전해건(全海建)과 그의 아들 전성림(全成林)의 전후 활동에 초점을 맞추어 답을 찾아 나가고자 한다. 전해건 부자는 평생 고베·효고 지역에 살았으므로 그들의 삶은 지역의 재일코리안운동과 밀접히 결부되어 있었다. 따라서 이 논문은 전해건 부자뿐만 아니라 고베 지역 재일코리안들의 전후 동향에 관해서도 일정하게 조명할 것이다.

전해건(1905~1982)은 식민지기 고베 지역의 민족, 사회운동에서 큰 족적과 공헌을 남겼음에도 불구하고[1] 고국에 거의 활동이 알려지지 않았다. 뿐만 아니라 1942년 고베시 시회의원에 출마했다는 이유로 일제에 대한 협력을 의심 받아 대한민국 보훈처의 공훈 대상에서도 제외된 상태다. 나중에 언급하겠지만 이는 재일코리안의 역사적 상황과 재일코리안운동에 대한 우리 사회의 무지를 보여주는 일례라고 생각된다.

전해건의 식민지기 활동만으로도 충분히 하나의 논문의 주제가 되겠지만 여기서는 그가 정치적 활동을 '거의' 중단한 것으로 보이는 해방 후에 초점을 맞출 것이다. 해방 후 운동 지평의 변화 속에서 전전의 활동가는 현실의 벽 앞에 좌절한 것처럼 보였다. 그러나 그는 지식인으로서 현실문제에 대한 관심을 놓지 않으면서 새로운 삶을 모색했다.

해방 후 재일코리안의 운동에 관한 기존의 연구에서는 당시 재일코리안이 조국의 분단과 더불어 '좌우'로 분열했음을 기정사실로 놓고 논의를 전개하는 경우가 많다. 하지만 재일본조선인총연합회(이하 총련)와 재일본대한민국민단(이하 민단)이라는 양대 조직으로 귀결되기까지의 과정은 상당히 복잡했으며, 또한 숱한 이합집산과 제3의 길의 모색이 있었음을 지적할 필요가 있다. 전해건 부자의 경우 총련과 민단 중 어느 한쪽에 전적으로 결합하기보다는 제3의 길을 모색한 경우라고 할 수 있다. 전해건의 사례는 해방 후 운동의 전면에 나서지 않으면서도 조국과 일본의 현실 문제에 지속적으로 관여한 재일코리안의 모습을 보여준다.

이 논문은 전해건의 장남 전성림의 증언을 바탕으로 관련 자료를 참조하여 쓰였다. 1925년생인 전성림은 해방 직후 조선건국촉진청년동맹(이하 건청)에 참여한 적이 있으며, 해방 직후의 고베 지역에 관해 증언할 수 있는 극소수 사람 중 한 명이다. 그의 증언 청취는 2012년에 세 차례, 2013년에

---

1) 전해건의 식민지기 활동에 관해서는 호리우치 미노루의 연구(堀内稔, 『兵庫朝鮮人労働運動史 八・一五解放前』, むくげの会, 1999) 및 내무성 경보국에서 낸 연도별 「社會運動의 狀況」(이하 「상황」), 『特高月報』, 각종 신문 등을 참고할 수 있다.

한 차례 이루어졌다.[2] 필자에게 전성림을 소개한 김광남(金光男) 전 민단
효고현본부 사무국장이 모든 인터뷰 과정을 함께 했다.[3]

해방 전의 전해건에 관해서는 지역 신문, 관헌 자료들이 있지만, 해방 후
의 전해건의 행적과 활동에 관한 자료는 거의 찾기 어렵다. 그런 상황에서
전성림이 작성, 제공한 '전해건 공적조사서'와 전해건의 한시집(漢詩集)은
이 논문 작성에 주요한 참고 자료가 되었다. 비록 참고문헌이 첨부되어 있
지 않으나 관련자들의 증언 등을 바탕으로 기술된『민단 효고55년사(民団兵
庫55年の歩み)』[4] 역시 큰 도움이 되었음을 밝힌다.

2. 전쟁 직후의 재일코리안운동

1) 식민지기 경력

전해건은 1905년 충북 청원군 북일면 구성리 출신으로 17세 때인 1922년
도쿄에 이주했다. 도쿄에서 고학을 하다가 1923년 간토대지진 때 조선인 대
학살을 보고, 민족독립운동만이 자신이 갈 길이라고 뜻을 굳혔다.[5] 그 후
학업(와세다대 야간부)을 중퇴하고 오사카로 가서 조선청년동맹, 재일본조

---

2) 인터뷰 일자는 2012년 4월 5일, 동년 4월 8일, 동년 7월 4일, 2013년 2월 24일이다. 인터뷰 장소
   는 고베시 산노미야(三の宮)에 있는 세이덴샤(靑電社) 사무실이다.
3) 전성림을 필자에게 소개한 김광남은 전해건의 서훈을 위해 한국과 일본을 오가며 수년간 헌신
   했다. 그는 민단 효고현지방본부 사무국장 역임 당시『민단효고55년사』의 집필과 편집 책임을
   맡았으며 전성림과 오랫동안 교유해 왔다. 인터뷰는 장시간에 걸쳐 이루어졌으나 필자의 능
   력과 견식 부족으로 인해 여전히 내용적으로 미흡한 부분이 많고, 전성림 자신도 생업에 종사
   하느라 전해건의 통일운동 등에 관해서는 잘 알지 못하고 있었다는 점도 부기해 둔다.
4) 民団兵庫55年史編輯委員會,『民団兵庫55年の歩み』, 在日本大韓民國民團 兵庫縣地方本部, 2003
   (이하『55년사』라 한다). 이 책은 김광남 선생이 제공해 주었다.
5) "죄 없는 많은 동포가 눈앞에서 학살당하는 것을 보고… 내가 나아갈 길, 나를 기다리는 길은
   민족운동이고 독립운동이었다." 全海建,『華山全海建漢詩集』(이하『한시집』), 中外書房, 1980,
   서문 참조.

선노동총동맹(재일노총), 오사카신간회 등에서 활동했다.[6] 1926년 1월 고베로 이주했다. 그 전해인 1925년, 장남인 전성림이 전해건의 본적지와 같은 곳에서 태어났다. 사실 전성림은 '어머니 뱃속에 있을 때 오사카에 6개월 정도'였다. 어머니가 친정으로 돌아가 해산한 것이다.[7]

전성림이 고향에서 유·소년기를 보내는 동안 전해건은 고베·효고 지역 노동·사회운동의 지도적인 인물로 부상했다.[8] 1929년 4월에 창립된 효고현조선노동조합의 정치교육부장으로 활약했고, 6.10.만세운동 기념 격문을 발행, 배포하여 7월 28일 출판법위반죄로 아마가사키(尼崎) 특고 경찰에 체포되고, 고베형무소에 투옥되었다.[9] 1929년 10월 창립된 고베조선인우리협친회에서도 중심인물로 활동했다. 미조직 노동자의 조직에 힘쓰는 한편, 소비조합운동을 추진하고, 조선노조 해소 후에는 일본노동조합전국협의회(전협)에 참가했다.[10] 1930년 3월 '불온' 문서 배포, 1931년 3월 3·1독립운동기념집회 준비 등 몇 차례 후키아이(葺合) 특고에 검거되었다.[11] 1931년 7월 조직된 조선인유지회의 선전부에서 활동하며 친일단체와 투쟁했다. 같은 해 7월 말에는 고베 제강소 쟁의와 관련한 선동죄로 특고에 검거되고, 1932

---

6) 전해건과 전성림의 식민지기 경력은 「독립유공자공적조사서」(이하 「공적조사서」) 및 첨부자료 ;『한시집』, 135~136쪽을 주로 참조했다. 이들 이외의 참고문헌의 경우에만 각주에 표기할 것이다.

7) 전성림의 2012년 4월 5일 증언. 이하에서는 특수한 경우를 제외하면 전성림의 증언에 관해서는 각주를 달지 않는다.

8) 『한시집』에 따르면 전해건은 1925년 오사카에서 「메이데이 참가의 의의」를 쓰고, 계간지『新星』을 발행(오사카 鷺洲町)했다고 한다.

9) 堀內稔, 앞의 책, 69쪽. 효고현조선노조의 최호준(崔浩俊)은 1929년 6월 14일 '전투적 노동자 제군에!'라는 격문을 내고, '대중의 힘으로 (체포된 전해건을) 탈환하자'고 호소했다. 전해건과 최호준은 아마가사키의 조양동지회(朝陽同志會, 1927년 10월 결성) 활동 등으로 서로 연결된 것으로 보인다. 「전투적 노동자 제군에!」(독립유공자공적조사서 첨부자료) ;「일제강점기재일조선인단체편람」(이하『단체편람』, 민족문제연구소, 2011, 조양동지회 항목 참조.

10) 효고현 조선노조가 1930년 5월 해체된 뒤 전해건은 1930년 6월 조직된 아마가사키자유노동조합을 주도했다(「상황」, 1930). 전해건은 '일본의 노동자 농민의 해방 없이 조선 해방은 없다'는 입장에 따라 조선노조의 해체에 동조한 듯하다. 『한시집』, 136쪽.

11) 『特高月報』 1931년 1월 ;「상황」 1931.

년 메이데이투쟁 때에도 경찰에 검속되었다.[12] 1932년 6월 고베조선인청년
동맹을 결성하고, 1936년 8월 고베조선인우리협친회를 기반으로 조선수해
구제(水害救濟)운동을 벌이고, 1937년 1월 효고현조선인단체연합회(13개 단
체) 인사부장으로 조선인 도항(渡航) 문제를 제기했다.[13]

12세의 전성림이 일본에 온 것은 1937년 4월이다. 전해건에 대해 검속,
검거를 되풀이하던 특고경찰이 처자가 있으면 운동을 더 이상 못하리라 판
단하고 어머니와 전성림, 여동생 둘을 강제로 데려온 것이다. 가족이 모여
살았지만, '아버지는 10전 하나 벌지 못하고' 어머니도 돈 벌 줄을 모르는
사람이어서 전성림은 어릴 때부터 신문팔이 등 생활전선에 나서야 했다. 전
해건은 이 시기에도 운동을 계속했지만,[14] 경찰 감시와 전시체제가 심화됨
에 따라 합법적인 정치 공간으로 나아가는 방향을 모색하게 되었다.

국가보훈처의 공훈 심사에서 문제가 된 것이 바로 1942년 6월에 실시된
고베시회의원 선거에 전해건이 후보로 나선 일이다. 전해건은 1937년의 고
베시회선거에도 최시풍(崔時豊)의 선거위원으로 선거운동에 참여한 적이
있었다.[15] 최시풍은 고베조선인단체협의회[16]와 소비조합운동을 전해건과
함께 한 고베의 실업가이다. 또 1937년 선거에는 재일노총과 조선인유지회
에서 활동한 유종렬(劉鐘烈), 조선인유지회의 이해준(李海俊)이 조선인이 많
이 사는 후키아이구(葺合區)와 하야시다구(林田區)에서 각각 시회의원에 출

---

12) 『단체편람』 고베조선인우리협친회, 고베조선인유지회 항목.
13) 『단체편람』 효고현조선인단체연합회 항목.
14) 전성림에 따르면 전해건은 협화회의 밀고로 경찰이 잡으려 하자 산 위의 함바(飯場, 조선인
    노동자들의 숙박소)에 몸을 숨기고 1개월간 피신하기도 했다.
15) 식민지기 재일코리안의 지방선거 참여에 관해서는 동선희, 「植民地期 在日朝鮮人의 參政權에
    관하여 : 地方選擧를 中心으로」, 『한일민족문제연구』 21, 2011 참조.
16) 1934년 8월 재고베조선인단체협의회가 친일단체 상애회 효고현본부의 결성에 반대하여 결성
    되었다. 조선일보에는 8월 26일 임시집행부 의장으로 전해경(全海耕)이 선출되었다고 나와 있
    으나 전해건의 오기인 듯하다. 이민선, 최시풍, 안태운, 장치수 등 전후에도 고베에서 주요한
    역할을 하는 인물들이 이 단체에 결집했다. 『조선일보』 1934.09.13. ; 『단체편람』 재고베조선
    인단체협의회 항목.

마하고, 한신소비조합에서 활동한 박주범(朴柱範)이 고베 인근의 무코군(武庫郡)에서 촌회의원에 당선되는 등 운동세력이 지방선거에 참여했다.

전성림은 1942년 당시 17세로 선거포스터를 붙이는 등 전해건(당시 37세)의 선거를 도왔다. 전성림은 '첫째 극심한 일제의 탄압으로 기존의 노동조합, 소비조합 등이 모두 해산되고 일체의 조직 활동이 불가능했고, 둘째 대정익찬회(大正翼贊會)가 후보를 추천하는 1942년의 익찬선거(翼贊選擧)에서 전해건이 경찰과 대정익찬회의 극심한 탄압을 받았으며,[17] 셋째 출마지역인 후키아이쿠의 강제 동원 노동자를 포함한 조선인들의 지지와 재정 지원으로 공탁금을 내고 선거운동을 했다.'면서 전해건의 시회의원 출마를 옹호했다. 전해건은 지방선거를 통해 조선인에 대한 차별 시정을 모색했다는 것이다.

후보자들, 특히 대정익찬회의 추천을 받은 조선인들 가운데 극심한 친일파가 있었다는 점은 전성림도 인정했다. 고베시회에 출마했다 낙선한 세탁업자 유학렬(柳學烈)도 추천후보이고 친일파였다. 또한 무코군 스미요시무라(住吉)의 촌회의원 김영달(金永達)은 '일본의 특고보다 조선인을 더 괴롭혔다.' 김영달은 1920년대부터 각종 내선융화단체를 주도하고, 1937년 스미요시무라 촌회의원에 당선되었다가 1942년 낙선한 인물이다.

1942년의 지방선거에는 조선인 후보자가 전국적으로 111명으로 이전 시기보다 크게 늘었고 협화회 지도원 등 친일적으로 생각되는 인물들의 출마도 많았다. 그러나 무코군 혼죠무라(本庄村)에서 2회 연속 촌회의원에 당선된 박주범, 역시 혼죠무라에서 당선된 한신소비조합 출신 차갑득(車甲得) 등은 전해건과 함께 익찬선거체제 속에서도 민족적 입장을 지킨 인물들이었다. 식민지기에 일본 지방선거에 출마한 것이 일제에 협력한 근거가 될 수는 없다. 해방 직후 고베·효고 지역에 살았던 사람들은 누가 친일을 했

---

17) 경찰은 조선인 차별에 대해 연설하는 전해건을 연단에서 끌어내리기도 했다(전성림 증언). 당국은 문자를 잘 모르는 동포들이 전해건의 성을 '金, 소, 余' 등으로 쓴 것을 모두 무효표로 처리하여 낙선으로 몰아갔다. 『한시집』, 135쪽.

고 누가 조선 사람을 위해 활동했는지 잘 알고 있었다.

2) 재일본효고현조선인협의회의 결성과 좌절

고베의 전후는 전해건의 활동과 함께 시작되었다고 해도 과언이 아니다. 전성림에 따르면, 8월 15일 (효고)현지사가 전해건을 불러 '지금 전해건 씨, 너무 과격하게 하면 안 된다, 해방되었다고 너무 만세 만세 하지 말라.'고 말했다고 한다. 이를 뒷받침하는 문헌 자료는 없지만 가능성은 충분하다. 전해건은 당시 고베 지역 조선인들 사이에 인망과 신뢰를 얻고 있었고, 일본 당국은 전해건이 해방 후 정국에서 지도력을 발휘하리라고 보았을 것이다.

바로 1945년 8월 하순, 전해건은 재일본효고현조선인협회(이하 조선인협회) 위원장으로 추대되었다.[18] 고베시 나가타구(長田區)에 있는 김영준(金英俊)의 여관(자택 겸용)에 모인 사람들은 '동포의 귀국 편의 제공, 동포의 생활권 보호, 효고현의 동포를 결집할 강력한 통일단체'로 조선인협회를 결성했다. 위원장은 전해건, 부위원장 이민선(李民善), 청년부장 문동건(文東建)이었다.

유감스럽게도 조선인협회가 존속한 것으로 보이는 10월 말까지 전해건의 활동은 구체적으로 파악되지 않는다. 다만 『고베신문』 1945년 12월 8일자 기사가 주목된다. "종전 후인 9월 14일, 전해건 씨 등이 발기인 총대가 되어 (재일본조선인연맹 효고현본부(이하 조련 효고)를 설립"했다는 내용이다.[19] 다시 말해 조선인협회 위원장 전해건이 9월에 조련 효고 발기인 총대가 되었고, 이후 그러한 결과로 조련 효고가 결성되었다는 것이다. 문제는 이 기사에서 언급한 9월 14일이라는 시점과 보도 시점(12월 8일)이 상당히 떨어져 있다는 점인데, 그렇다 하더라도 이미 1945년 8월 22일 재일본조선인연

18) 『55년사』, 22~24쪽.
19) 高祐二, 『在日コリアンの戦後史─神戸の闇市を駆け抜けた文東建の見果てぬ夢』, 明石書店, 2014, 28~29쪽이 기사에 대해서는 다음 장에서 후술한다.

맹(이하 조련) 중앙준비위원회가 조직되어 있었으므로, 고베·효고의 전해
건이 조선인협회를 이끌고 조련 결성에 협력했을 가능성은 충분히 있다.

문제는 이 시기의 '협력'이 조련 효고의 성립 시까지 이어지지 않은 점이
다. 조선인협회 설립 2개월 뒤인 1945년 10월 말 사건이 발생한다.[20] 전해
건의 도쿄 출장 중에 이민선 부위원장이 역원회를 소집하여, 단체명을 '효
고현조선인연맹'으로 바꾸는 일종의 쿠데타를 감행한 것이다. 전해건으로
서는 예기치 못한 사태에 직면하여 위원장직을 사임했다. 이어 조련 효고가
결성되고 이민선이 초대위원장이 되었다. 부위원장은 현효섭(玄孝燮)과 박
건영(朴建永), 총무부장은 김영준이었다. 이후 조련 효고의 활동이 전개되
는 과정에서 전해건의 이름은 보이지 않는다.

그렇다면 전해건을 제외하고 조선인협회 및 조련 효고의 주도자들은 어
떤 사람들이었을까? 전해건과 동년배인 이민선은 해방 전 전협 화학노조에
속한 노동운동 지도자였다.[21] 소비조합운동 및 효고현조선인단체연합회에
서도 전해건과 함께 활동했다. 전전부터 공산주의적 색채가 짙은 인물인데,
전성림은 그가 '태평양전쟁기에도 전해건의 집을 드나든' 사람들 중 하나라
고 증언했다.

1917년생으로 전해건과 10여 년의 나이 차이가 있는 문동건은 18세 때 도
일 후 호쿠신(北神)상업학교에 재학하며 독립운동을 전개하다가 1940년 3월
치안유지법 위반으로 체포되어 2년간 복역한 바 있고, 1945년 시점에서는
분명히 공산주의자가 아니었다.[22]

김영준은 식민지기에 특별히 운동에 참여한 경력을 찾을 수 없다. 여관
을 경영한 것으로 미루어 조선인 숙박과 직업 알선 등을 하며 자영업자로
성장했다고 생각된다. 나중에 민단 효고의 사무국장과 단장, 민단 중앙의

20) 이에 관해서는 高祐二, 앞의 책, 24~25쪽 ; 『55년사』, 22~24쪽 참조
21) 1931년 1월의 고무공장쟁의를 지도했다. 『大阪每日新聞』 1931.1.19.
22) 이에 관해서는 후술한다. 문동건에 대해서는 고우이(앞의 책)이 자세한데, 특히 식민지기의
문동건은 高祐二, 앞의 책, 13~20쪽 참조 ; 『55년사』, 28쪽.

사무총장과 부단장을 역임하게 된다.

조련 효고의 부위원장으로 처음 등장한 현효섭은 해방 전 '헌병협력대 대장'[23]이었고, 전성림에 따르면 '친일파 중의 친일파'였다. '(우리는) 도조 히데키(東條英機)에게 감사해야 한다. 무모한 전쟁을 일으켰기 때문에 우리가 해방되었다.'고 발언했다고 한다. 현효섭은 제주도 출신으로 해방 후 고베 지역에서 일본행정당국이나 GHQ에 대한 높은 교섭력을 바탕으로 지도적 위치로 부상했다.

이처럼 조선인협회와 조련 효고의 주도자들은 경력, 이념면에서 각양각색이고, 특별히 전해건을 배척할만한 이유는 없었다. 그렇다면 전해건이 조련 효고의 준비 단계에서는 협력했지만 조선인협회를 조련 효고로 개편하는 것에 대해서는 저항한 것일까? 지금으로서는 많은 의문이 남는다. 분명한 것은 조선인협회 위원장을 물러난 전해건이 이후 점차 분열이 심화되는 재일코리안운동과 일정 거리를 유지했다는 점이다. 전해건이 주도한 조선인협회 자체는 직접적으로 조련의 준비위원회가 아니며 기본적으로는 독자적이고 자생적인 단체였다.[24]

또 이민선은 10월 말 역원회를 소집하기 전 조련측과 협의를 한 것이 분명하다. 효고 지역에서 주도권을 잡으려는 조련의 의도가 있었을 것이다. 즉, 전해건이 조련 효고와 분리된 '사건'에 앞서 10월 15일 조련 중앙(도쿄)이 결성되었고, 1945년 말까지 공산주의계가 조련에서 점차 주도권을 장악해 나가는 중이었다. 그 과정을 살펴보자.

조련 중앙준비위원회는 8월 22일 동포들의 귀환사업과 생활향상, 민족교육 등을 위한 대중단체로 설립되었다. 준비위원회에는 '친일파'로 여겨지는 사람부터 공산주의자까지 망라되었다. 준비위원장은 미국에서 온 목사 조득성(趙得聖),[25] 부위원장은 권일(權逸), 김정홍(金正洪) 두 명이었다. 권일은

---

23) 현효섭에 관해서는 『55년사』 39~40쪽.
24) 조선인협회 결성시 장소를 제공한 김영준이 이후 민단에서 활약하는 것과 관련하여 조선인협회를 효고 지역 민단의 모체로 보기도 하지만 그것은 사실과 다르다.

과거 만주국 판사 경력이 있어 친일 논란의 표적이 되고, 곧 조련에서 추방된다. 김정홍은 일본공산당과 가까웠다.[26] 그러다가 10월 10일 김천해(金天海) 등 저명한 공산주의자들이 출옥하고 일본공산당이 재건되었다. 이에 따라 공산주의계열이 조련을 주도하려는 움직임이 진행되고 '친일파 추방'이 이슈가 되었다. 10월 15일 5천 여 명의 전국 대표가 도쿄에서 조련을 결성했을 때 이미 '친일'로 지목된 인사에 대한 공격이 이어지고 있었다.[27]

한편 식민지기에 공산주의와 대립했던 무정부주의자, 민족주의자, 조련에서 밀려난 구 친일파, 반공주의자들도 새로운 조직 결성을 준비했다. 가장 먼저 1945년 11월 16일 결성된 것이 건청이다. '완전한 자유독립국가 실현, 조선 청년의 대동단결, 재일동포 민생안정' 등을 내걸었다.[28] 이미 조련이 전국적으로 강력한 세를 구축하고 있어 건청은 대중적 기반이 훨씬 미약했지만, GHQ의 지원 등을 등에 업고 점차 조직을 확대해 나간다. 그리고 12월 말 건청 효고가 결성되었다.

다시 전해건 문제로 돌아오면, 이민선 등과 전해건은 조선인협회를 조련효고로 개편하는 시기와 방법 등에 대한 의견이 달랐을 수 있다. 또 전해건은 공산주의계의 조련 장악에 대해 경계했을 가능성도 있다.[29] 다만 전해건에 대해 '친일' 등을 문제 삼은 사람은 전혀 없었다. 친일이 이슈였다면 현효섭은 조련 효고의 부위원장이 될 수 없었을 것이다. 무코군에서 1930년

---

25) GHQ와의 관계를 고려한 인선이었다고 생각된다. 오사카에서 전전부터 활동했던 장정수(張錠壽)는 동포들이 조득성에 대해 전혀 몰랐다고 증언했다. 張錠壽, 「大阪の朝鮮人連盟と私」, 『体験で語る解放後の在日朝鮮人運動』, 神戸学生·青年センター出版部, 1989 참조.

26) 이하 高祐二, 앞의 책, 21쪽.

27) 권일은 조련 창립대회에서 청년들에게 '친일분자'라고 테러를 당했다. 이강훈(李康勳)도 테러에 대한 증언을 뒷받침하며, 다만 결성시의 조련은 좌익 일색이 아니라 '표면적으로 좌우연합'을 내세웠다고 했다. 동아일보 1972년 6월 20일.

28) 『55년사』, 22~23쪽. 건청·위원장은 홍현기, 부위원장은 서종실, 허운룡이었다.

29) 김광남은 "이민선이 해방 직후 조선인협회에서 부위원장을 했는데 공산당의 지령으로, 전해건 선생은 공산주의보다도 민주주의라는 노선이니까 그래서 전해건 선생을 몰아낸 거예요." 하고 증언했다.

대 말부터 해방 때까지 촌회의원을 역임한 박주범은 해방 후 조련 효고의
지도자 중 한 사람으로 한신교육투쟁의 지도자가 되었다.[30] 재일코리안사
회에서 지방선거나 지방의회 참여 자체는 친일로 낙인찍을 근거가 아니었
다.[31] '결별'의 주요 이유는 조련이 이민선 중심으로 조직을 개편함으로써
이 지역에서 공산주의계의 장악력을 확고히 하고자 했기 때문이다. 전해건
을 '추방'하는 방식이 아니라 조직의 '명칭' 변경이라는 변칙적 방식으로 조
직 장악을 시도한 것이다.

또 한 가지 짚고 넘어갈 것은 전해건이 고베·효고지역의 세대 간, 출신
지역 간 갈등에서 불리한 위치에 있었다는 점이다. 전해건은 1920년대 말부
터 1930년대 중반까지 활발히 활동한 전전 세대에 속한다. 그런데 전시체제
기에는 극심한 탄압으로 대중 활동의 길이 봉쇄되었고, 재일동포 자녀 중에
황국신민화교육을 받고 자라난 비율이 증가했다. 해방이 되자 조선말을 못
하고 젊은 혈기로 휩싸인 '청년' 세대들이 대두하면서 문동건, 현효섭과 같
은 '지도자'들이 부상하고, 해방 후 재일코리안운동은 청년들의 행동력에 크
게 기댈 수밖에 없었다. 조련은 청년들을 조직하는 데 성공하고, 건청은 처
음부터 청년조직으로서 출발했다. 전해건이 청년 세력과 결합할 수 있는 가
능성은 크게 제한되었다고 할 수 있다.

다음으로 재일코리안운동 내에서 출신 지역을 둘러싼 파벌문제도 작용했
다. 오사카의 한 활동가는 '제주도와 육지 간', 혹은 '지방적 알력'은 '전협 시
대부터 비롯된 것'이라 했다.[32] 고베는 '85~90%가 경상남북도 출신'이고 특

---

30) 박주범은 1885년생으로 전해건보다 한 세대 위이다. 1948년 고베에서 민족교육을 수호하는 투
   쟁을 이끌다가 투옥되고, 투병으로 가출옥한 뒤 사망했다. '한신교육투쟁'의 순교자로 여겨진
   다. 김경해, 『1948년 한신교육 투쟁(재일조선인 민족교육의 원점)』, 경인문화사, 2006, 254~255
   쪽 참조.
31) 전전에 협화회 지도원을 거쳐 1942년 가와베군(川辺郡)에서 가와니시(川西) 정회의원에 당선
   되고, 해방 후 오랫동안 총련 가와니시 지부를 이끌던 김재수(金再守)의 사례도 있다. 鄭鴻
   永, 『歌劇の街のもうひとつの歷史-宝塚と朝鮮人-』, 神戸学生青年センター出版部, 1997,
   105쪽 참조.
32) 張錠壽, 앞의 글, 48, 73쪽.

히 경상남도 세력이 강했다. '선거를 해도 다들 경상도니까 아버지는 선거를 해도 무리였다'고 전성림은 증언한다. 이상과 같은 이유로 전해건은 운동의 '제일선에서 물러나' 다른 활동을 모색하게 된다.

3. 재일코리안운동의 분열과 새로운 활동의 모색

1) 고베 · 효고 지역의 조련 · 건청운동

건청 효고의 설립 과정에서 특이한 점은, 조련 효고의 청년부가 사실상 모체가 되어 건청 효고가 생겨난 점이다.[33] 다시 말해 창설 초기 조련 효고의 청년부와 건청 효고는 간부와 구성원들이 서로 겹쳤고, 적어도 1946년 1월경까지 두 조직은 비교적 관계가 양호했다. 서로 의견이 다르더라도 효고 지역의 운동에서 서로 협력하고 폭력적인 대결로 치닫지 않았다는 뜻이다. 중앙의 조련과 건청이 처음부터 별개의 조직으로 출발하여 양쪽의 행동대가 물리적인 충돌 양상을 보인 것과는 대조되는 부분이다. 또한 조련 중앙에서는 주로 일제 때의 고위 관료나 지하공장건설일심회(地下工場建設一心會) 간부들을 대상으로 친일문제가 제기되고 추방이 일어났으나, 효고 지역에는 그러한 거물급 친일파가 별로 없었다.

건청 효고의 결성은 1945년 11월 건청 중앙의 간부들이 고베에 와서 강연을 한 것이 계기가 되었다.[34] 강연 내용에 공감한 조련 효고의 청년부 20명은 11월 말 도쿄까지 원정을 가서 건청 편에서 조련 중앙의 행동대에 맞서 싸우고, 그 '공로'로 미군당국의 치하를 받았다. 이들 청년부원들은 이후에도 '아리랑부대'라는 이름으로 전국에 이름을 떨쳤는데, 이들을 이끈 인물이 바로 당시의 조련 효고 부위원장 현효섭이었다. 이민선 위원장의 입장에서

---

33) 高祐二, 앞의 책, 28~29쪽.
34) 이하의 내용은 『55년사』, 25~27쪽 ; 高祐二, 앞의 책, 24~28쪽.

는 '경악'스런 일이었겠지만 아직 이념적으로 복합적인 조련 효고는 이들의 '반란'에 대해 특별한 조치를 취하지 않았다. 다만 이 행동파 청년들은 이미 조련이 아닌 건청에서 자신의 아이덴티티를 찾았으므로 건청 효고의 결성은 필연적이었다.

건청 효고는 1945년 12월 22일 결성되었다. 건청 효고의 초대위원장은 조련 청년부장이던 문동건이었다. 건청 효고의 간부 중에는 전성림도 포함되었다.[35] 아리랑부대에 참여하지 않은 전성림이 왜 건청에 참여했을까. 그는 '사실상 공산주의자들이 접수'한 조련을 거부하고, '건국촉진운동'에 나서고자 건청 활동을 한 것일까.

다시 앞의 얘기로 돌아가면, 조련 효고 청년부와 건청 효고의 관계에 대한 흥미로운 신문 기사가 있다. 1945년 9월에 전해건이 조련 발기인 총대였다는 것은 맨 앞줄뿐이고 주로 조련 청년부의 활동과 건청 결성에 관한 내용이다.

조련은 종전 후인 9월 14일, 전해건 씨 등이 발기인 총대가 되어 설립되었는데, 기구도 6부 18과로 세분되고 40명의 직원을 두고 있다. 그 중 가장 주목되는 것은 청년부인데, 20세 전후의 혈기 왕성한 청년으로 자위대를 조직하고 조선의 명예 유지를 위해 자국인의 암시장 단속과 더불어, MP와 협력하여 조선인 재주자가 많은 지구에서 불량배를 소탕하는 등 연맹의 첨병적 역할을 활발히 전개하고 있다. 이 자위대 중에는 독립운동 혐의로 빈곤한 생활을 보내다가 종전으로 해방을 맞은 정열가(情熱家)도 섞여 있지만, 대부분 학생인 만큼 지적 수준이 높고, 36년에 걸친 압정을 혐오하지만 일본인 개인은 우리의 벗이라며 마치 일본의 메이지유신 때와 같은 지사적 분위기 속에서 조국 건설에 젊은 피를 불태우고 있다. 연맹의 청년부는 곧 발전적으로 해소하여 조선건국촉진청년동맹으로 이번 12월 15일 고베 가라스빌딩에서 결성식을 올리는데, 조선이라 하면 곧 전국적으로 공산주의 색채에 물들었다는 식으로 내외에 해석되기 쉽지만, 이 오해를 풀기 위해서도 선국세일주의를 시표로 냉멸한 운동을 일으킬 세

35) 위원장 문동건, 부위원장 황보석(皇甫石), 총무부장 이복록(李福鹿), 조직선전부장 전성림, 외사부장 김경능(金慶能), 문화부장 안중근(安重根).

획을 갖고 있다.36)

이 기사가 종전 후 4개월도 안 된 시점에서 일본인의 시각으로 쓴 것이라
는 점은 주의해야 할 것이다. 기사는 조련 청년부와 건청에 대해 호의적으
로 언급하는데, 그 이유는 그들이 암시장이나 불량배 등 조선인들의 단속에
앞장서며 '꼭 공산주의가 아닐 수도' 있기 때문이다. 실제 사실을 일부 반영
했겠지만 어디까지나 '희망적 관측'에 따른 기사라는 느낌을 지울 수 없
다.37) 따라서 이 기사를 근거로 당시 조련 청년부의 활동이나 성향을 단정
할 수는 없을 것이다. 그러나 적어도 1945년 12월의 시점에서 '조련 청년부
의 발전적 해소'=건청 결성이라는, 지금 입장에서 보면 매우 기묘한 상황
이 존재한 것은 분명해 보인다. 또한 5일 뒤 고베신문에는 건청 효고의 결
성대회를 조련 효고가 '후원'한다는 광고가 실렸다.38) 역시 전후 재일코리
안운동에서 고베·효고 지역이 가진 특이성을 극명하게 보여준다고 할 것
이다.

전성림이 건청에서 활동하기 시작한 것은 이러한 상황에서였다. 그는 '그
당시 나는 아무 지식도 없고 그냥 감정적으로 했는데, 독립에 대한 감정이
높았다'고 중언했다. 해방 당시 20세의 전성림은 다른 청년들과 함께 효고
지역의 유명한 친일파를 응징39)하는 등 민족의식이 높았다. 그러한 집단
행동 과정에서 자연스럽게 건청에 들어갔고, 조련이 주장하는 '일본혁명'보
다는 '독립 조국 건설'에 더 끌렸을 것이다.

그의 관심사는 반공이나 조련과의 대결보다 '교육문제'에 있었다. 12세에

---

36) 『고베신문』 1945.12.8.
37) 가령 조련과 건청 모두 암시장 거래와 관련을 맺고 있었다. 전후 고베의 암시장에 대해서는
村上しほり, 「神戸市の戦災復興過程における都市環境の変容に関する研究ーヤミ市の形成と
変容に着目してー」, 神戸大 석사학위논문, 2011 참조.
38) 『고베신문』 1945.12.13. 광고기사.
39) 그는 동료 청년들과 함께 '스미요시무라에서 촌회의원을 한 사람(김영달로 추정)'을 붙잡아 '너
는 경찰보다 더하다, 민족반역자다.' 하고 혼내주었다고 한다.

일본에 와서 일본 학교에 진학한 그는 건청 내에서도 조선말을 잘 하는 몇 명 안 되는 청년들 중 하나였다. 그는 '조선 사람이 받아야 할 교육' 내용을 규정한 '조선인에 대한 교육 기본 방침'을 만들어 '대학생 몇 명, 중학생 몇 명이 담당'하도록 했다. 또한 건청의 조직선전부장으로 효고현 곳곳을 다니며 지부 결성과 관리에 힘썼다.

고베·효고에서 조련과 건청의 대결 양상이 첨예해진 것은[40] 1946년 2월 21일 건청 효고가 신조선건설동맹(이하 건동)[41]의 박열(朴烈)과 이강훈(李康勳)을 고베에 초청하여 강연회를 개최했을 무렵부터다. 건동은 결성과 함께 '조련의 민족해방을 몰각(沒覺)한 신탁통치 지지 태도 표명은 실로 유감'이라며 대립된 시각을 뚜렷이 드러냈고 박열은 건동의 초대 위원장이었다. 22년간 옥중에 있었던 박열은 신병을 이유로 강연회에 불참했지만, 이강훈[42]의 연설에 이어 '신탁통치반대' 결의가 이어졌다. 조련 효고는 같은 날 일본공산당 최고지도자 노사카 산조(野坂參三)의 강연회를 열고 점차 공산주의적 색채를 강화했다.

같은 시기에 조련 중앙에서도 반탁세력이 한꺼번에 탈퇴하여 건동에 합류했다.[43] 조련 효고에서는 2월 22일 현효섭을 부위원장으로 재선했으나 한 달 여 뒤인 4월 초, 건청에서도 활동한다는 이유로 현효섭을 제명 처분했다.[44] 현효섭은 1946년 5월 건청의 새 위원장으로 선출되고, 문동건은 부위원장이 되었다. 이후 건청 효고는 두 사람의 경쟁·협력체제로 운영된다. 현효섭은 이후 민단 효고의 초대위원장까지 겸임하여 고베·효고 지역 '단

---

40) 이하 高祐二, 앞의 책, 38~42쪽.

41) 건동은 1946년 2월 8일 '조국의 민주주의적 건설과 재일의 민생안정'을 내걸고 결성되었다. 주도자는 건청 중앙 간부(홍현기, 서종실), 반공주의자, 민족주의자들(박열, 이강훈, 원심창 등)이다. 위원장 박열, 부위원장 이강훈, 권일이 선출되었다. 高祐二, 앞의 책, 23~31쪽.

42) 특기할 것은 이강훈의 고베 강연회 때 문동건과 만난 것이 이후 두 사람이 민족통일운동에 협력하는 계기가 된 점이다. 이에 대해서는 후술한다.

43) 『55년사』, 33쪽.

44) 高祐二, 앞의 책, 43~44쪽.

독선거 지지파'의 수장이 되고, 문동건은 건청 내 '남북협상파'의 수장이 되었다.

전성림은 남한의 '단독선거'를 둘러싸고 건청 내부 및 건청과 조련의 갈등이 극에 달한 1948년경 건청을 그만 두고 대학 진학을 선택했다. '아침부터 밤까지 건청과 총련이 싸우는'[45] 데 싫증이 났고, 건청이 'PX 물자를 받으려고 뒤에서 꿍꿍이'[46]를 하는 데 실망하기도 했다.

덧붙이면 전성림은 건청 시절 현효섭파와 문동건파 가운데 문동건파에 다소 가까웠던 듯하다. 첫째, 전성림이 현효섭의 친일 경력에 대해 비판적이고, 건청의 사실적인 지도자는 문동건이라고 말한 점, 둘째, 고무고장을 운영하는 문동건에게 장화 50켤레를 빌려 아오모리(青森)까지 가서 판매한 것이 '장사의 출발점'이라고 한 점, 셋째, 전성림이 건청을 그만 둔 뒤에도 문동건이 전성림에게 사업을 함께 하자고 제안했다는 점에서 그런 추측이 가능하다.

재일코리안운동이 분열해가는 GHQ 시기에 전해건은 '조선 사람은 분열해선 안 된다'는 입장을 고수했다. 이 시기에 전해건이 대중 앞에 등장한 기록이 있다. 효고의 조련과 건청이 협력하여 개최한 1946년 3월 1일의 '3·1운동기념인민대회' 석상이었다. 이 대회는 조련이 주최자로 이름을 올리지 않고, 효고현 각 지역에서 온 약 5천명의 '유지'가 주최한 형식이었다. 조련 부위원장 박건영이 개회사를 하고, 이어 전해건이 조선민중신문(朝鮮民衆新聞) 고베지국장 자격으로 '3·1운동사'에 대해 강연한 뒤 참석자들이 '조선독립만세'를 외쳤다고 한다.[47] 효고에서는 이듬해부터 조련과 건청의 3·1운동기념식을 분산 개최하게 되었다.

참고로 조선민중신문은 1945년 10월 10일 창간된 조련계 신문이었다.[48]

전해건이 1946년 3월 시점에서 조선민중신문 고베지국장을 했다는 것은 전해건이 당시 조선인을 대표하는 조직으로 조련을 인정하고 있었다는 반증이다. 그러나 그는 조련(1949년 10월 해산) → 재일본조선통일민주전선(1951년 1월 결성, 이하 민전) → 총련(1955년 5월), 건동 → 민단(1946년 10월)으로 이어지는 흐름 중 어느 쪽에도 적극적으로 합류하지 않았다. 조선민중신문 지국장도 어느 시점에서 그만 둔 것으로 생각된다.

2) 통일운동의 전개

전성림에 따르면, 전해건은 원심창(元心昌)과의 관계 때문에 평화통일운동에 참가하게 되었다. 원심창은 '때때로 (전해건의) 집에 왔고', '함께 사이좋게 행동'했으며 두 사람은 해방 전부터 가까운 관계였다.

원심창은 일본대에 재학 중이던 1923년부터 동흥노동조합, 흑우연맹 등을 통해 1920년대 내내 일본에서 무정부주의운동을 전개하다가 1929년 체포되었다.[49] 1931년 보석 출감한 뒤 상해로 활동지를 옮겼는데, 이때의 동지 중에 이강훈이 포함되었다. 1933년 3월 일본 공사 일본공사 아리요시 아키라(有吉明)에 대한 폭탄 투척(육삼정의거)을 계획하다가 체포되어 일본으로 압송되고, 장기간 복역하다가 해방을 맞았다. 전성림에 따르면 전해건은 원심창이 해방 후 잠시 조선에 돌아갔다가 일본에 돌아왔을 때 오무라(大村)수용소까지 마중을 나갔다고 한다.

그러나 해방 직후의 전해건이 원심창과 모든 조직활동을 같이 한 것은 아니다. 앞서 보았듯이 원심창은 건동 결성을 주도한 바 있다. 1946년 10월

---

48) 창간시는 '민중신문'(사장 김천해(金天海), 주필 김두용(金斗鎔))이다. 제4호~13호(1946년 3월 25일까지)는 '조선민중신문'이었고, 이후 다시 '민중신문'이 되었다가, 1946년 8월 오사카에서 발행된 '대중신문(大衆新聞)'과 합동하여 '우리신문'(9월 1일부터 '해방신문')이 되었다. (조선)민중신문은 현재 총련의 기관지인 '조선신보(朝鮮新報)'의 전신으로 여겨진다. 『朝鮮新報』 2006.3.27.

49) 元興均 編, 『義士元心昌』, 原州元氏中央宗親會, 1974, 71~74쪽.

3일 건청 일부와 건동이 민단을 결성하면서 사무총장이 되고,50) 1949년 4월 민단 부단장, 1951년 4월 단장에 취임하는 등 조직 활동에 적극적이었다. 그러나 전해건은 처음부터 민단에 들어가지 않고 거리를 둔 것으로 보인다. 박열과 원심창이 고베에 와서 현효섭과 함께 민단 효고 결성을 준비하는 과정에도 전해건은 참여하지 않았다. 1946년 12월 25일 결성된 민단 효고는 거의 건청 효고의 지도부가 그대로 지도부를 구성한 형태였는데, 이는 민단 효고의 조직적, 대중적 기반이 매우 취약했음을 보여준다. 전해건과 같은 전전 활동가들은 민단 효고에 힘을 보태지 않았다고 판단된다.51)

전해건이 민단에 언제 합류했는지는 확실치 않지만 민단이 창설되고 나서 훨씬 뒤의 일로 생각된다. 그는 한일회담 때 통일운동에 참가했다는 이유로 민단에서 제명되었으므로 그 전에 민단에 가입한 것은 사실일 것이다. 전성림에 따르면, 한국전쟁 때 자신도 한국군 지원병으로 나가라는 강력한 권유를 받았지만 전해건이 강하게 반대했다고 한다. 어떤 조직 논리보다 개인으로서의 판단을 중시한 전해건의 태도를 볼 수 있다. 한반도 분단과 재일동포의 분열에 반대한 점에서, 전해건의 입장은 원심창의 육삼정의거 동지인 이강훈과도 근접한 면이 있다. 전해건과 이강훈이 특별히 교류한 흔적은 없으나 이강훈의 활동을 짚고 넘어갈 필요가 있다.

이강훈은 해방 전 일본에서 활동한 경험이 없으나 오랜 감옥생활 뒤 해방 후의 재일코리안운동에서 굵은 족적을 남겼다.52) 원심창이 조련에 참여하지 않은 것과 달리 이강훈은 조련에 참가했다가 탈퇴하고 건동과 초기 민단에서 활약했다.53) 1947년 12월 민단에서 'UN 감시하 총선거'에 대한 지

---

50) 민단 창단시 단장은 박열, 부단장 이강훈, 사무총장 원심창, 차장 김용태 등이었다.
51) 민단 효고 초대위원장은 현효섭 건청 효고 위원장이 겸임하고, 사무국장은 건청 효고의 섭외부장 겸 위원장 비서인 이복록, 건청 효고의 총무부장 최영성(崔永聖)이 총무부장이었다. 『55년사』, 45~46쪽.
52) 이강훈에 대해서는 이강훈, 『이강훈역사증언록』, 인물연구소, 1994 참조.
53) 이강훈은 '본래 노장의 학설과 아나키스트 이론'이 자신의 신조여서 공산주의 이념에 반대하여 조련을 탈퇴했다고 한다. 李康勳, 『民族解放運動과 나』, 서울제삼기획, 1994, 221쪽.

지를 결의했을 때 이강훈은 이에 반대했다.[54] 이후 남한 단독정부 수립에
반대하고 통일운동에 앞장섰는데, 그가 건청 효고의 문동건과 함께 통일운동
조직으로 결성한 것이 바로 재일조선민주통일동지회(이하 통일동지회)이다.

앞서 언급했듯이 남한만의 총선거와 단독정부 수립을 둘러싸고 건청과
민단 내에서는 의견 대립이 나타났다. 특히 건청에서는 조직의 분열 양상까
지 보였는데, 가령 건청 중앙의 홍현기 등은 단독선거 지지파, 서종실, 이희
원 등은 남북협상파였다.[55] 1948년 3월 3일 건청 제6회 임시전국대회에서
남북협상파가 승리하고, 4월 10일 '5·10 남한 총선거'를 비난하는 성명이
건청 이름으로 나왔다.[56] 이 무렵 건청 효고에서도 남북협상파인 문동건파
가 현효섭[57] 등의 주류파에 못지않은 세력을 과시하고 있었다. 그러나 8월
7일 민단 중앙이 한국 총선거를 지지하면서 건청 중앙은 혼란에 빠지고, 곧
이어 제7회 임시대회에서 주류파가 도로 주도권을 되찾았다.

그런 상황에서 1948년 10월 8일 통일동지회가 결성되었다.[58] 문동건이
이끄는 건청 효고가 곧 이에 참여하고 건청 효고는 결정적으로 분열되었다.
문동건은 민단과 결별하고 12월의 건청 효고 임시대회에서 문동건 지지파
가 승리했다. 건청 효고는 1949년 7월 김구 선생 추도대회를 열었다. 이 시
기가 되면 사실상 건청 효고는 통일동지회의 본부 역할을 맡았다. 1950년이
되면 건청의 주류=단독선거 지지파는 새로운 단체인 재일본대한청년단[59]
으로 개편되어 사실상 건청의 간판을 내리지만, 건청 효고는 남북협상파=
통일파만 남아 건청이라는 명칭을 고수했다. 통일동지회와 건청 효고는

54) 『55년사』, 54쪽.
55) 田駿, 앞의 책, 495쪽.
56) 『55년사』, 54~62쪽.
57) 건청 효고 및 민단 효고 위원장을 겸임하던 현효섭은 1949년 1월 조련측의 테러로 사망했다.
58) 위원장 이강훈, 부위원장 문동건, 황갑성, 서기장 고성호, 위원 김용태, 서종실. 건청의 지방
    조직 가운데 효고, 교토, 아이치에서 특히 남북협상파(통일파)의 힘이 강했다. 田駿, 앞의 책,
    495~497쪽.
59) 당시 한국 문교부장관 안호상(安浩相)이 직접 일본에 와서 재일본대한청년단의 결성을 추진했다.

1951년 8월 민전에 정식 가입하기도 했다.

이강훈은 '백범 김구 선생의 노선에 공명'하여 통일동지회를 조직했다고 한다.[60] 그러나 한국전쟁의 와중에 한국과 북한 사이에 중립을 추구하고자 하는 그의 노선은 민전의 주류파와 부딪힐 수밖에 없었다. 그는 1952년 11월 민전 제4회 전국대회에서 강령을 개정할 때 '우리는 조선민주주의인민공화국을 사수한다.'는 항목에 문제를 제기하고, 결국 1953년 1월 민전을 탈퇴했다.[61] 이어 1953년 2월 통일동지회는 위원장 이강훈을 제명 처분하고 문동건을 새 위원장으로 선출했다.[62] 이강훈은 통일동지회 이후에도 민단, 총련에서 독립된 제3세력으로 1956년 1월 결성된 우리민주사회주의자동맹[63]의 상임고문으로 활약하는 등 '제3의 길'을 모색하지만 성공을 거두지 못했다. 그는 1960년 한국으로 귀국했으나 5·16 군사정부 하에서 옥고를 치렀다.

한편 원심창은 남북조국통일촉진협의회(이하 통협) 활동에 온 힘을 쏟았다.[64] 통협의 계기가 된 것은 1954년 10월 발표된 북한 외상 남일의 성명이다.[65] '남북 정당 사회단체, 각계 대표자'의 회담을 촉구하는 내용으로, 회담 대상자로 한국 1,365명, 재일 136명, 해외 112명의 이름이 구체적으로 거론되었다. 이에 호응한 민단계, 민전계, 중립계 280명이 1955년 1월 동경에서 발기인대회를 열고, 이어 3·1절행사도 성공적으로 진행했다. 그러나 이 통협운동은 한국정부와 민단 주류파의 과잉대응,[66] 총련 주도자들의 비협조

---

60) 이강훈,『이강훈역사증언록』, 244쪽. '나는 본래 노장의 학설과 아나키스트 이론을 신조'로 한다고도 했다. 李康勳,『民族解放運動과 나』, 221쪽.

61) 『55년사』, 69~70쪽.

62) 위원장 문동건, 부위원장 서종실, 서기장 고성호. 田駿, 앞의 책, 518~521쪽.

63) 위원장 권일, 부위원장 배정, 이북만, 서기장 정인훈 등. 이후 한국민주사회동맹으로 개칭하고 '한국의 민주적 사회주의화, 영세중립화, 민단 정상화' 등을 주장했다. 田駿, 앞의 책, 533~535쪽 참조.

64) 원심창의 통일운동에 대해서는 성주현,「해방 후 원심창의 민족운동과 통일운동」,『학술지한국민족운동사연구』제65집, 2010 참조.

65) 김영의,「재일동포사회의 협력과 갈등 연구 : 민단 총련의 관계를 중심으로」, 고려대 석사학위논문, 2011, 72~86쪽 참조.

66) 참가자 가운데 민단의 지도급 인사들도 많았고, 원심창, 권일 등은 1955년 2월 민단에서 제명

적 태도[67] 때문에 벽에 부딪히고, 원심창만이 끝까지 남아 평화통일운동을 전개했다.

이강훈의 통일동지회 활동이 민단의 '바깥'에서 남북협상을 지지하는 흐름을 이어받아 전개한 운동이라면, 원심창의 통협 활동은 민단 안에서 주류파와의 갈등을 불사하고 전개한 좌우연합운동이었다. 각각 남한과 북한 정권에 밀착되어가던 민단 및 민전·총련 주류파와는 다른 방식으로 통일의 길을 모색한 점에서, 이강훈과 원심창의 활동은 조선중립화운동[68]과 함께 '제3의 길'을 모색한 통일운동이었다고 할 수 있다. 그러나 이들의 운동은 양극으로 치닫는 재일코리안운동을 통합시키기에는 역부족이었다.

『한시집』에도 나타나듯이 전해건의 조국통일에 대한 열망과 신념은 누구에게도 뒤지지 않았다. 그런데 통일동지회나 통협운동에 참여하지 않은 것은 무엇 때문이었을까. 우선 통일동지회에 대해서는 조직의 주력을 이루는 문동건파에 대해 경계했다는 추측이 가능하다. 같은 고베·효고 지역에서 생활하고 아들 전성림과 가까운 문동건에 대해 그는 누구보다 많은 정보를 갖고 있었을 것이다. 해방 전부터 사업 경영에 수완을 발휘하여 거상(巨商)이 되고, 현효섭과 함께 고베지역 재일코리안운동을 사실상 양분한 문동건의 야심을 꿰뚫어보았는지도 모른다. 통일동지회를 발판으로 '조련과 일정 거리를 가짐으로써 자주성을 확보'[69]하고, 종국에는 총련과 북한 노선에 급속히 밀착하는 것도 지켜보았을 것이다. 그는 단독선거를 지지한 현효섭파

되었다. 주요한 인물들을 보면 원심창, 서상한(徐相漢), 배정(裵正), 권일(이후 민단 단장), 백무(白武), 정인훈(鄭寅勳), 박춘금(朴春琴), 박준(朴準), 이희원(李禧元, 후에 민단 단장), 김학봉(金學鳳) 등이다.

67) 민전 역시 재일코리안이 북한의 해외공민이라는 시각을 둘러싸고 '선각파', '후각파'로 나뉘어 내분이 일어났는데, 1955년 5월 총련 결성을 주도하는 주류파=선각파는 3·1절 행사에 인공기를 내걸지 않았다고 비판했다. 姜在彦,「民戰時代の私」, 『体験で語る解放後の在日朝鮮人運動』, 153쪽.

68) 조선중립화운동위원회는 1953년 7월 김삼규의 주도로 설립되었다. 김삼규는 통협에 잠시 참여했고, 1957년 9월부터 『코리아평론』을 발간하여 중립화통일을 주장했다.

69) 田駿, 앞의 책, 518~521쪽.

와도 결합할 수 없었지만 문동건파와도 손잡을 수 없었다. 한편 원심창이 주도한 통협에 대해, 이강훈은 '악질 친일파가 대거 포진하고 있어 같이 하기가 용이하지 않았다'고 회고한 바 있다.[70] 전해건 역시 비슷하게 느꼈을 수도 있고, 또한 조직과 떨어져 있는 입장에서는 참여가 쉽지 않았을 것이다.

전해건의 통일운동은 사실상 1959년경 조봉암 사형 사건[71]에서 비롯되었다. 1958년 조봉암(진보당) 사건과 연루된 이영근(李榮根)[72]이 보석 출감 중 일본에 밀항하여 일본에서 통일운동을 전개하면서였다. 도쿄에서 이영근이 원심창과 먼저 연결되고, 원심창을 통해 전해건과 만나게 된 것으로 생각된다. 1959년 2월 조봉암에 사형이 선고되자 민단에서도 구명위원회를 조직하여 대응했다.[73] 이미 민단에 복귀한 이강훈, 원심창, 권일 등과 한국에서 온 이영근이 중심이 되었다. 훗날 한국에서 『민족일보』를 창간하는 조용수도 당시 민단 조직부 차장으로 조봉암 구명운동에 나섰다.

한편 1959년 1월 이영근과 원심창은 중립화통일론을 주장하며 『통일조선신문』(대표상임고문 원심창)[74]을 창간했다. 전해건 역시 『통일조선신문』을 중심으로 평화통일운동에 참가하게 되었다. 『한시집』에는 전해건이 '1959년 5월 교토'에서 개최된 '재일본한국평화통일운동자회의'에 참가하고 소회를 읊은 시와 이때 찍은 사진이 실려 있다.[75] 전해건의 주(註)에 따르면 교토의 유지 장기승이 회의를 주선했고, 이영근의 사회로 강위전, 송경태, 이천

---

70) 李康勳, 『民族解放運動과 나』, 223쪽. 박춘금, 이재동, 정인학 등을 지칭할 것이다.
71) 조봉암은 1958년 1월 간첩죄 및 국가보안법 위반혐의로 진보당원 16명과 함께 검거되었다.
72) 건국준비위원회와 진보당에서 활동한 조봉암의 측근으로 조봉암의 농림부장관 재직 때에는 농림부 과장도 했다. 1951년 12월 간첩단사건으로 체포되었다.
73) 원희복, 『조용수와 民族日報』, 새누리, 1995, 53~54쪽.
74) 1959년 1월 1일에 『조선신문』으로 창간되어 그해 11월 20일 제20호부터 『조선통일신문』으로 개제했다. 1973년 9월 15일 『통일일보』로 다시 제호를 바꾸고 일간으로 발행하게 되었다.
75) 『한시집』, 53~54쪽. 그런데 김봉신, 「蒼丁李榮根先生의 生涯 / 통일후 국가상 제시와 실천 통한 통일이론 정비」, 2008(http://blog.daum.net/onekoreanews/4)에는 이 회의가 '1960년 봄'에 열렸고 '조선민족통일회의 교토회의'라고 하여 명칭과 일시에 차이가 있다.

추, 허창두(오사카), 장기승(교토), 전해건(고베), 원심창이 모여 조국의 평
화를 위한 철야 토의를 했다. 『통일조선신문』 멤버를 중심으로 '재일독립운
동지사, 평화통일운동가'들이 모여 통일 방안을 모색하는 회의 중 하나였을
것이다.

5·16 정변 후 전해건은 통일운동의 연장선상에서 『민족일보』 사장 조용
수(趙鏞壽) 구명운동을 전개했다. 조용수는 1951년 도일하여 1953년부터 민
단에서 활약했으며 1959년 조봉암 추도회에서 이영근을 만났다.[76] 4·19 때
한국에 돌아간 그는 준비작업을 거쳐 평화통일을 주장하는 『민족일보』를
발간(1961년 2월 13일)했다. 『민족일보』의 구상과 발행에는 이영근과 재일
교포들의 역할이 컸다.[77] 민족일보 간부 13명이 군사정부에 연행되고 8명
이 사형선고를 받자, 민단을 포함한 재일코리안 사이에 적극적인 구명운동
이 일어났다. 조용수가 소속되었던 도치기현(栃木縣) 민단지부와 한국학생
동맹이 특히 적극적이었고, 8월 31일에는 전국적으로 '조용수 구명운동위원
회'가 조직되었다. 그러한 가운데 전해건은 고베에서 '민족일보사건진정위
원회'를 조직하여 대표를 맡고, 고베의 언론인, 실업가, 예술인, 종교인 등 2
천 3백여 명이 서명한 진정서를 윤보선 대통령에 보냈다.[78]

이후 1965년 7월에는 해외에서 민족통일운동을 추진하는 조직체로 한국
민족자주통일동맹(이하 한민자통)이 결성되었다.[79] 원심창과 이영근은 한
민자통의 대표위원, 전해건은 지도위원이었다. 『통일조선신문』은 한민자통
의 기관지가 되었다. 총련과 민단이 한민자통을 적성단체로 규정하면서 전
해건은 민단에서 제명되었다. 이후 『통일조선신문』이 『통일일보』로 제호를

---

76) 원희복, 앞의 책, 56쪽.
77) 조용수는 법정에서 '민족일보 자금의 모금은 이영근이 중가 역할을 했고, 민단 고문인 배기호,
   이희원, 박용구, 정동필 등 인사가 도움을 주었다.'고 말했다. 원희복, 앞의 책, 226쪽.
78) 원희복, 앞의 책, 248~252쪽. 참고로 민단 효고는 조용수구명 서명운동을 전개하여 1만 명의
   서명을 받았다. 『55년사』, 78쪽.
79) 朴慶植, 『解放後 在日朝鮮人運動史』, 三一書房, 1989, 第9章(櫻井信栄, 「金鶴泳が描いた＜祖
   国＞について」(file:///C:/Users/P330/Downloads/the_fatherland_of_kin_kakuei.pdf)에서 인용).

바꾸면서 신문의 성격에도 큰 변화가 있었다고 생각되지만,[80] 여기서 이에
대한 구체적인 분석을 할 수는 없다. 그러나 전해건이 평화통일에 대한 신
념으로 아무런 사심 없이 통일운동에 참여한 것은 분명하다.

3) 한시집에 나타난 전해건의 사상

전해집의 『한시집』에 실린 한시들은 주로 전후에 쓴 것들이다. 서문에
따르면, 전전 한창 투쟁을 할 때는 한시를 지을 여유가 없었지만 1929년 복
역 중에도 (편지를 통해) 한시를 썼고, 이후에 틈틈이 썼다고 한다(소실).
『한시집』은 그가 쓴 한시를 연대순이 아니라 자의적인 순서에 따라 싣고
부분적으로 주석을 통해 시를 쓴 배경 설명이나 사실관계를 밝힌 것으로,
제한적이지만 자서전과 유사한 부분이 있다. 여기서는 문학적 접근이 아니
라 그의 한시나 주석에서 드러나는 사상적 측면과 교우관계, 기타 활동 등
을 살펴보고자 한다.

전해건은 유소년 시절에 한시를 배웠고, 한시는 그의 삶의 일부였다. 앞
에서 보았듯이 해방 직후 재일본효고현조선인협의회 위원장으로 벅찬 출발
을 했으나 본의 아니게 밀려나고 쓰라린 심정으로 조직들의 부침을 지켜봐
야 했던 그는 한시 활동[81]과 통일운동에 집중하게 되었다. 그의 한시 활동
에서 두드러지는 것은 '오구라햐쿠닌잇슈(小倉百人一集)'의 한역(漢譯)과 『한
시집』의 발간이다. 오구라햐쿠닌잇슈는 13세기 초에 편집된 와카집(和歌集)
으로 교과서에도 실린 일본 고전문학이다. 이를 한시로 번역한 것은 전인미

---

80) 『통일조선신문』는 1973년 『통일일보』로 제호 변경과 함께 주간에서 일간으로 바뀌었다. 이에
관해 김광남은 '중앙정보부에서 막대한 돈'을 받아 일간으로 바꿨고, 이때부터 '박정희 비판
논조가 사라지고 김일성 비판이 시작되었다.'고 했다. 전성림은 '아버지는 이러한 변화에 반대
했다.'고 밝혔다.

81) 전해건의 한시활동은 고베와 기타 지역의 여러 吟社, 詩社에 참가하거나 투고하는 형태로 장
기간 계속되었다. 경주의 서라벌시단에도 여러 차례 투고했으며, 1967년 1월부터는 『영남일보』
에 11회에 걸쳐 '수요한시 漫話'라는 제목으로 한시에 관해 연재하기도 했다. 『영남일보』
1967.1.18.

답(前人未踏)의 일이며 동아시아 문화사의 귀중한 유산이라 할 수 있다. 또 전해건의 한시집 역시 재일 1세 지식인의 문화활동으로 극히 드문 성과로 평가된다.[82]

『한시집』의 시편들에는 그의 현실 인식과 지향점, 삶의 태도 등이 군데군데 드러난다. 그는 '졸작 중에는 음풍영월(吟風詠月)의 싯구, 개인간의 증답시(贈答詩), 축하시, 만시(挽詩, 애도시) 등'(서문)이 있으나, '기본적으로는 조국남북평화통일운동자의 일원(一員)이라는 자세를 놓지 않았았다.'고 밝혔다. 그는 평생 '부귀의 문앞에서 몸을 굽히지 않고(富貴門前不屈身)'(37쪽, 「觀梅」 중)[83] 선비로, 이 책은 '병고와 가난 속에서 상재'한 '작자의 반세기의 역사이고 문화활동의 일부'(서문)였다.

그의 시 곳곳에서 드러나는 것은 고향과 조국에 대한 그리움과 교객(僑客)으로서의 한(恨)에 넘친 정서다. '바람 따라 돌아갈 날은 산처럼 깊어'(15쪽, 「餞春」 중), 고국에 가는 길은 멀기만 했다. 그러나 결국 방한의 꿈도 이루었고, 장남 전성림이 고향에 유선방송시설자재를 기부한 데 대해 마을 입구에 감사송덕비가 건립된 것을 자랑스럽게 노래(134쪽, 「感謝頌德碑建立」)하기도 했다.

아무리 일본에서 오래 살아도 '지난 밤 한산(韓山)의 꿈 / 깨어나니 오늘 아침은 객사(客舍)의 봄'(109쪽, 「新春所感」 중)이어서 꿈은 고국의 산을 향하고 그가 사는 곳은 끝내 객사였다. 그 연장선상에서 '전쟁 반대와 조국의 평화통일을 촉구하는 염원'(109쪽, 주석)이 나온다. '멀지 않아 꽃이 피리니 남북의 기슭에 / 단란한 일족(一族) 공존하리'(109쪽, 「新春所感」 중) 하는 소망이다. 그의 현실관과 통일관은 '우리 민족은 북이든 남이든 동(일본에 있는 동포)이든 / 본시 같은 뿌리요 염원이 같으니 / 연석하면 부디 오월(吳越)의 원한을 잊으라 / 회담에서는 미소(美蘇)의 외풍에 휘둘리지 말라 / 인

---

82) 崔碩義, 「在日一世の漢詩人たち」, 『在日朝鮮人史研究』 41, 2011, 7쪽.
83) 이하 한시 번역은 필자가 했다.

민은 압박과 무장 아래에 있고 / 국토는 강제로 나뉜 비극 속에 / 화근인 38
선을 없애야 한다 / 무궁화 만대(萬代)에 무궁히 피리라'(51쪽,「원남북통일
(願南北統一)」)[84]에서 극명히 드러난다.

　다음으로 평화주의이다. '화평의 힘은 무적임을 알아야 한다 / 원수폭(原
水爆)의 바람(風)은 헛될 뿐'(108쪽,「新春所感」중)[85]이라는 일관된 신념이
표출된다. 1958년 히로시마(廣島)에서 열린 원수폭금지세계평화활동가대회
에 참석한 소감을 장편시로 썼고(51~52쪽,「原水爆禁止世界平和活動家日本廣
島大會所感長篇詩」), 일본의 건국기념일에는 '오래도록 인민으로 하여금 전
쟁을 폐하라'(50쪽,「建國記念日」중, 1971), '비핵원칙을 서약하고 진실로 지
켜라'(위와 같음, 1975) 하고 일갈했다.

　그는 1971년 9월 만영회(晩榮會)라는 동(東)고베 한국노인구락부를 결성
(100쪽,「晩榮會敬老日所感」의 주)[86]하고, '1975년부터 시민권획득운동을 일
으켜'(113쪽, 주) 기성회를 조직하기도 했다. 기성회 이름으로 매년 연하장
에 발표한 한시에는 재일코리안의 차별 철폐에 대한 저자의 생각을 볼 수
있다(112쪽,「新年所感」).[87] 그는 생애 말년까지 동포의 권리 획득을 위한
투쟁 의지가 꺾이지 않았다.

　증답시나 만시(애도시)를 통해 누구와 어떻게 교류했는지가 드러난다. 그
는 이영근에게 '고국의 안위(安危)'를 묻고 싶은 벗이었다(29~30쪽,「謹呈統
一朝鮮新聞社李榮根先生」중).[88] 젊은 조용수가 '통일을 이루지 못하고 피살'
된 데 대해 '단장(斷腸)'의 심정을 읊으며 애도했고(119쪽,「悼趙鏞壽民族日報

---

84) 이례적으로 1966년 8월 작이라고 명기되었다.

85) 그는 1930년 복역중 이 시를 썼는데, 마지막 2구를 완성하지 못하고 있다가 1958년 반전평화라
　는 세계적 풍조에 자극을 받아 위의 구절을 덧붙여 완성했다.

86) 이 조직은 1980년 시점에서도 계속 활동하고 있었다.

87) '늙은 나이에 투지를 불태워 새해를 축하한다 / 깃발 선명히 내가 앞장선다 / 세금을 내고 근로
　의무를 다하는데 / 당연히 부여해야 할 시민권'

88) 이영근은 1919년생(14세 연하)이지만, 같은 충북(청주) 출신이어서 남달리 애향심이 강한 전해
　건과 가까워지는 계기가 되었을 것이다.

社長」), 1971년 사망한 평생 동지 원심창의 삶을 애통한 마음으로 절절히 회
고(125~126쪽, 「挽義士元心昌先生」)하기도 했다.

그는 반공주의자가 아니라 공산주의자까지 포용하는 민족주의자로 사람
들과 교류할 때 이념이나 조직에 구애받지 않았다. 오랫동안 민단 동고베지
부 부단장을 지낸 전삼조(全三祚)와 인간적으로 매우 가까웠고(130쪽, 「謹呈
丸三電氣社長全三祚氏」), 마찬가지로 '(해방 전) 투쟁선상에 늘 서로를 따랐
던'(129쪽, 「挽張致洙先生」 중) 총련계 장치수(張致洙)[89]와도 생애 마지막까
지 진심으로 교류했다.

그의 증답시나 애도시의 대상 중에는 일본인도 많았다. 그 가운데 일본
인 정치가 사카모토 마사루(坂本勝)와는 여러 인연이 있었다. 사카모토는
전전에 수평사(水平社)운동과 프롤레타리아문학평론을 거쳐 효고현 현회의
원와 중의원을 했고, 전후에는 아마가사키시장(1951)과 효고현지사(1954)를
한 인물이다. 전성림에 따르면, 사카모토는 아마가사키시장 시절 혼다(本
田)라는 인도철학교수와 함께 전해건의 집에 종종 왔다고 한다. 경제적으로
어려운 전해건의 생계를 돕고자 일거리를 주선하기도 했다. 전해건은 사카
모토가 효고현지사에 출마했을 때 그를 '(현민들이 선택해야 할) 양재(良
材)'(88쪽, 「奇兵庫縣知事候補坂本勝氏」)라고 불렀다. 지식인이자 한학자로서
전해건은 민족과 국적을 넘어 일본의 양심적 인사들과 교류했다.

4. 맺음말

화산 전해건은 해방 전 일본에서 고베·효고 지역을 중심으로 재일 노동
자들이 조직하여 생활 개선, 동포의 권리 향상, 나아가 조국의 독립을 위해

---

[89] 장치수는 해방 전 우리협친회 회장으로 전해건과 함께 활동하고 노동운동으로 경찰서 유치장
에 함께 구금된 적도 있다.

싸운 민족운동가이다. 그는 해방 후 고베·효고 지역에서 자주적 조직을 통해 변화된 조건 속에서 동포들을 결집하고자 했으나 좌절했다. 해방 직후 고베·효고의 재일코리안운동은 이념이나 노선 분화가 아직 뚜렷하지 않았고 전해건 자신도 민족주의자로서 두루 신망을 얻고 있었지만 아직 생긴 지 얼마 안 되는 조련측의 주도권 장악 기도로 인해 조직에서 밀려난 것이다.

전시체제기에는 극심한 탄압으로 인해 대중조직 및 활동이 불가능했다. 또한 황민화정책의 가속화로 인해 많은 조선 청년들이 조선말과 문화에서 멀어지는 결과를 빚었다. 이에 따라 재일코리안 내에 전시체제기를 중심으로 일종의 제너레이션 갭(generation gap)이 생겨나, 이것이 해방 후 재일코리안운동의 지평에도 영향을 주었다. 고베·효고 지역에서는 전전의 활동가(운동가)가 해방 후에도 운동을 이끌기도 했지만 전시체제기에 성장한 새로운 세대가 전후 사실상 재일코리안운동의 주력부대를 이루었고 그들을 이끄는 새 지도자들이 등장했다.

전해건의 아들인 20세의 전성림은 건청 효고에 소속되어 점차 가속화되는 좌우대립과 단독정부 수립을 둘러싼 노선투쟁의 한복판을 경험했다. 고베·효고에서는 조련 청년부가 건청의 사실상의 모태가 되고 건청이 초기 건동·민단을 사실상 주도한 점, 건청 내 남북협상파 세력이 비교적 강하여 이강훈이 이끈 통일동지회의 본부 역할을 한 점, 다른 지역에서 건청 깃발이 내려간 뒤에도 가장 늦게까지 건청이라는 조직을 유지한 점이 특징이다.

전해건은 재일코리안운동의 분열이 심화되는 와중에도 양대 조직과 일정한 거리를 두고 어떠한 형태의 분열에도 반대하는 입장을 취했다. 조직을 주도하는 위치에 서지 못해 실의에 빠지기도 했지만 오히려 조직에서 독립된 개인이자 양심적인 지식인으로서 전후의 삶을 새로이 개척해 가고자 했다.

전후 그의 활동은 민족통일운동과 한시활동으로 대별할 수 있다. 상해 육삼정의거 관련자 이강훈과 원심창이 각각 주도한 통일동지회 및 통협 운동이 좌우대립을 극복하려는 '제3의 길'로 모색되었음에도 불구하고 결국 좌우대립으로 인해 좌초했다면, 전해건이 원심창, 이영근과 함께 전개한 1950년대 말 이후의 통일운동은 이미 굳어질대로 굳어진 좌우 조직에 맞서 재일코리안 대중과 한일 양국 사회를 직접 겨냥한 언론활동을 중심으로 이루어졌다.

그가 남긴 한시를 통해 그의 신조와 사상, 생활태도, 교우관계 등이 드러난다. 그의 가장 중심되는 사상은 평화주의라고 생각된다. 그는 반전 평화라는 기조 위에서 민족의 통일, 대결과 갈등의 극복, 재일코리안의 권리 향상을 추구했다. 또한 그 자신은 공산주의자까지 아우르는 민족주의자로 이념과 조직을 초월하여 동시대 사람들과 교유했다. '가난을 견디고 병과 싸우는 고난 중 / 오직 봄이 와 통일의 바람이 불기를 기다리며 / 구구한 남북의 설(說)을 따라하지 말라 / 진심은 매년 변치 않는다'(112쪽, 「新年所感」, 1978)에 나타나듯이 평생 '부귀의 문 앞에서 몸을 굽히지 않은' 삶을 살았다.

이상으로 지금까지 별로 연구되지 않았던 전해건이라는 인물의 전후 삶에 대해 어느 정도 파악할 수 있었고, 해방 직후부터 재일코리안운동의 분열이 고착화되는 1955년경을 경계로 그 이전과 이후의 운동 전개에 관해 부분적이나마 조명할 수 있었다. 이 논문에서는 자료 부족으로 『통일조선신문』과 한민자통의 성격(성격 변화)에 대해 천착하지 못했지만 앞으로의 연구에서 중요한 과제가 될 것으로 생각한다.

■ 동선희

재일동포의 민족교육과 교육운동

1. 서론

1945년 8월 15일 해방 이후 재일코리안들은 일제강점기 일본정부에 의해 사용이 금지되었던 우리말과 우리글을 되찾고 일본에서 자녀들에게 민족교육을 실시하기 위하여 독자적으로 민족학교를 설립하기 시작하였다.[1] 당시 재일코리안들의 민족학교 설립에 대한 열망은 매우 뜨거웠고 "돈이 있는 자는 돈을, 힘이 있는 자는 힘을, 지혜가 있는 자는 지혜를"이라는 슬로건 하에 일본 전국적으로 전개되었다. 이렇게 재일코리안들이 협력하여 당시 설립된 민족학교는 1946년 9월경 일본 전국에 525개교, 학생 수도 약 4만 4,000명에 달했다.[2]

그러나 당시 일본 정부와 미군정(GHQ)은 재일코리안들의 민족교육이 전

---

[1] 이 연구에서는 논문의 전개과정상 민족학교를 민단계 한국학교와 총련계 조선학교로 구분하여 사용하기로 한다.

[2] 朴三石, 『日本のなかの朝鮮学校—21世紀にはばたく』, 朝鮮青年社, 1997, 157쪽에 의하면 1948년 당시 조선학교는 초급학교 455개교, 중급학교 7개교로 약 5만 명 이상의 학생들이 재적하고 있는 것으로 알려지고 있음.

후 일본의 치안유지에 방해된다고 생각하여 탄압을 강화하기 시작했다. 마침내 1948년과 1949년에는 일본정부에 의해 '민족학교 폐쇄령'이 전국적으로 공포되어 대대적인 경찰조직을 동원한 폭력적인 탄압이 실시되었다. 이로 인해 전국의 민족학교가 일본학교로 강제 통합되거나 폐교되었으며 재일코리안들은 단합하여 '한신교육투쟁'으로 민족교육을 지켜나갔다.

일본정부의 탄압과 억압 속에서 재일코리안들은 후세들의 민족교육을 위한 열정을 결코 포기하지 않았고, 1955년 이후부터 민족학교를 재건하기 시작하였다. 이러한 노력의 결과 민족학교는 1966년에는 142개교, 학생 수 약 3만 4,000명 규모로 확대되었다. 여기에다 1957년 이후 북한정부가 민족학교에 거액의 교육지원금을 보내기 시작하면서 민족학교가 크게 성장하였지만 1980년대 후반부터 재정악화로 교육지원금이 거의 단절되어 폐쇄위기에 놓여있다.

더욱이 2000년 이후 북한의 일본인 납치문제, 핵개발 의혹, 미사일 발사 등으로 북일관계가 급격히 악화되면서 일본정부의 재정적 탄압이 강화되어 민족학교의 운영에도 심각한 타격을 받게 되었다. 일본정부는 민족학교가 북한(총련)의 영향을 받고 있다는 판단 하에, 북한에 의한 일본인 납치사건, 군사적 도발 등이 해결되지 않는 한 민족학교와 재학생들에 재정적 제재조치를 강화하겠다고 발표했기 때문이다. 이미 민족학교는 경제적 정치적인 이유로 2012년 시점에서 103개교 약 1만 2,000명 규모로 감소했으며 조만간 대부분 폐교해야 할 처지에 놓여 있다. 현재 일본 내 민족학교외 민족교육기관은 극소수이고, 재일동포나 한국인이 많은 도쿄, 오사카 인근을 제외하고는 민족학교 외의 민족교육기관은 점차 사라지고 있는 실정이다.

그동안 일본에서 재일코리안들이 민족정체성의 유지가 가능했던 이유에 대해서는 다양한 의견들이 존재하고 있지만 우리말과 민족정체성의 세대 간 계승에 있어서 민족학교에서의 '민족교육'의 역할이 매우 중요했을 것이라는 짐작은 누구도 부인할 수 없을 것이다. 이렇게 민족학교가 직면하고 있는 국내외의 현실적인 요인을 감안할 때 현재 민족학교의 위기를 그대로

방치할 경우 민족교육과 재일코리안 사회의 미래에 부정적인 영향을 미칠
가능성은 매우 높다.

〈표 1〉 민족학교의 구분3)

민족학교		민족학교 수	합계
민족학교	한국학교	동경한국학원(각종), 백두학원(건국: 일조교), 금강학원(일조교), 교토국제학원(일조교)4) 코리아국제학원(Korea International School: KIS 2008년 개교, 각종학교)	5개교 약 2,000명
	조선학교 (각종학교)5)	대학교 1개, 고급학교 10개, 중급학교 33개, 초급학교 54개, 유치원 38원	98개교 약 1만 명
합계		103개교	

　　이러한 가운데 재일코리안 사회의 중요한 민족자산인 민족학교와 민족교
육을 확보 유지하는 것은 향후 매우 중요한 재외동포 교육정책 중의 하나
가 될 것으로 생각된다. 따라서 작금의 총련과 민단이라는 정치적 대립을
떠나 한국정부가 재일코리안 민족학교 학생들의 민족학습권 옹호, 재일코
리안 사회의 미래를 위한 지속가능한 민족교육모델 정립과 민족교육 활성
화 방안을 모색하는 것은 현재 시점에서 매우 시급한 과제 중의 하나이다.
　　이 연구의 목적은 재일코리안 민족교육의 위기상황을 감안하여 한국학교
를 대상으로 설문조사를 통해 민족교육의 실태와 전망을 파악해보고 민족
교육운동의 방향성에 대하여 고찰해보고자 한다.

---

3) 鍛冶致編,「コリア系学校の「経営戦略」一少子化とグローバル化のなかで」,『往還する人々の教育戦略』, 明石書店, 2013, 157쪽과 中島智子,「コリア系学校の状況と調査の概略」,『コリア系学校』, 2012, 75쪽의 내용을 참고로 필자 작성.

4) 도쿄한국학원은 1956년, 기타 금강학원, 백두학원, 교토국제학원은 1946년~1957년 사이에 창립된 것으로 알려지고 있음.

5) 일본에서 조선학교는 각종학교로서 학교졸업자격, 대한진학 문제, 장래 취직, 경제적 부담, 교육 내용 등에 많은 차별이 있음.

2. 선행연구 검토 및 이론적 고찰

재일코리안 민족학교에 대한 최근 연구경향은 나카지마 도모코(中島智子, 2012)에 의하면 일본에 존재하는 조선학교(총련계)의 연구에 편중되어 있으며 연구자도 조선학교 관계자나 졸업생들이 대부분이라는 점을 지적하면서 한국학교에 대한 연구의 필요성을 주장한 바 있다.[6] 그도 그럴 것이 일단 학교의 수적인 측면에서 2012년 기준으로 조선학교가 98개교, 한국학교가 5개교로 당연한 것일지도 모르지만 자연히 조선학교에 주목하는 연구자들이 많았을 것으로 생각되기 때문이다.[7]

재일코리안 민족학교는 '일조교(一条校)'와 '각종학교'로 구분할 수 있는데 먼저 그 차이와 개념에 대하여 살펴보고자 한다.[8] 일본에는 재일코리안계 민족학교로서 조선학교와 한국학교가 존재하고 있다. 일본학교의 학교교육법 제1조에서는 초, 중, 고, 대학교, 고등전문학교, 맹학교, 농학교, 양호학교 및 유치원 등을 일조교로 규정하고 있다. 일본에서 일조교의 설치와 허가, 폐쇄, 변경명령, 제출사항 등은 도도부현지사(대학 문부대신)의 권한이다. 도쿄의 조선대학교는 도쿄도지사의 인가에 의한 것으로 각종학교에 해당된다.[9]

일반적으로 일본에서 일조교와 각종학교(83조)의 차이점은 교장 및 교원의 자격, 건강진단, 보건조치, 자녀사용자의 의무교육조항 권한유무로 민족학교는 동포들의 적극적인 권유로 자녀들이 입학하고 있는 실정이다. 이들학교는 커리큘럼, 교과편성도 크게 차이가 난다. 일조교의 경우 초, 중, 고

---

6) 대입수험자격에 대해서는 먼저 일부 사립대학이 인정한 이후 1990년대 공립대학에서도 인정하게 되고 2003년에는 조선학교를 제외한 모든 외국인학교에서 대학수험자격을 인정하였으며 조선학교 출신자는 각 대학의 개별심사 재량에 맡기게 되었다. 2010년에는 고교무상화제도가 시작되어 각종학교도 대상이 되었는데 조선학교는 대상에서 제외되었음.

7) 조선학교와 한국학교에 대한 상세한 숫자는 中島智子,「コリア系学校の状況と調査の概略」, 『コリア系学校』, 2012, 75쪽 참조.

8) 中尾宏,『在日韓国・朝鮮人問題の基礎知識』, 明石書店, 2003, 77쪽 참조.

9) 조선대학교는 조선학교 교원양성을 위해 1956년 창설되었음.

모두 학교교육법의 목적과 교육의 목표가 정해져 있다. 따라서 교과서도
"문부대신의 검정을 거친 교과용 도서 또는 문부성이 저작의 명의를 가지고
있는 교과용 도서를 사용하게 되어있다." 그러나 민족학교는 민족학교의 교
원이나 교육관계자 등이 저술한 교과서, 부교재 등을 자유롭게 사용하여 교
육할 수 있다. 이상과 같이 일조교와 각종학교(83조교)는 교원자격, 건강검
진 및 보건문제, 취학의무, 교과편성, 검정교과서 사용 등에 있어서 서로 큰
차이가 있다.

오사카에는 재정권의 문제로 일조교가 2개교 있는데 1946년 창립된 백두
학원(유, 초, 중, 고), 금강학원(유, 초, 중, 고)이 1950년에 일조교(중, 고는
86년)로 변경되었다. 이들 두 학교가 일조교로 변경하여 운영되고 있지만
동경한국학원은 '각종학교'로 운영되고 있다.

그 이유에 대해서는 좀 더 자세히 살펴볼 필요가 있겠지만 첫째, 한국학
교의 역사성, 둘째, 대상 학생으로 구분할 수 있을 것으로 생각된다. 오사카
한국학교는 1946년 이후 올드커머 중심학교, 동경한국학교의 경우 1980년대
이후 주재원이나 상사원의 자녀들을 중심으로 한 뉴커머들로 한국으로의
귀국이 전제되어 있었기 때문인 것으로 짐작된다.

재일코리안 조선학교에 대한 대표적인 연구자로는 박삼석(1997, 2008,
2011, 2012), 양영후(1980, 1986), 김덕룡(2004), 송기찬(2012) 등을 들 수 있
다.[10] 국내에서도 민족교육에 대한 연구는 김인덕(2006, 2008, 2012[11])이 한
신교육투쟁과 민족학교의 설립과정에 관한 논문들을 꾸준히 발표해 오고
있다. 이들 기존연구의 내용들은 대체적으로 조선학교의 역사적 배경, 조선
학교의 각종학교로서의 당면과제, 교과과정(커리큘럼)이나 학교생활문제,
조선학교의 일상과 교육의 특징들을 전반적으로 묘사하고 있는 것으로 나

10) 조선학교는 각종학교로 유치반, 초급학교, 중급학교, 고급학교, 대학교 등을 사용하고 있으며
    학년은 6334제로 일본학교의 규정을 따르고 있다.
11) 김인덕, 「해방 후 재일본조선인연맹의 민족교육과 정체성 : 『조선역사교재초안』과 『어린이 국
    사』를 통해」, 『역사교육연구회』 제121집(2012), 165~189쪽 참조.

타났다.12)

이 논문에서 민족운동으로서 민족교육에 관한 내용은 조선학교의 발전과
정에서 1957년 4월 김일성 교육원조비 지원으로부터 유래되었다고 볼 수
있다. 당시 김일성은 조선학교 교육지원에 대하여 "우리들은 공장을 하나
둘 정도 세우지 않아도 교육비를 보내지 않으면 안 된다. 그것도 1~2회가
아니고 일본에 동포 자녀들이 있는 한 계속해서 보내야 한다."고 강조하였
다.13)

최근 재일코리안 민족교육모델에 관한 연구는 김정숙 외(2008)의 연구가
있다.14) 이 연구는 민족교육기관 실태분석과 민족교육관을 통해 민족교육
모형을 도출하려는 시도를 하고 있지만 대안적 모델로서는 다소 부족한 점
이 없지 않다. 왜냐하면 재일코리안에 대한 역사적 발생적 요인과 1945년
이후 구축된 일본의 정치적 사회적 이해 없이는 그들의 디아스포라적 속성
을 이해할 수 없으며 민족교육의 메커니즘을 규명할 수 없기 때문이다.

특히 최근 송기찬(2012)의 조선학교 연구는 글로벌 다문화시대 조선학교
의 민족교육이 본질주의도 아니고 탈민족(탈구축)도 아닌 그들만의 새로운
정체성을 가진 디아스포라적 민족학교 출현이라는 사실을 지적하고 있는
점은 매우 흥미롭다 할 수 있다. 또한 이 연구는 남북한의 정치적 영향력을
초월하여 글로벌시대 조선학교의 심도 있는 실체와 지향점을 파악하고 이
들 조선학교 자체가 가지고 있는 민족교육의 기제(메커니즘)을 이해하고자
노력했다는 점에서 주목할 만하다.

이 연구에서는 한국학교를 중심으로 민족교육의 실태에 대하여 설문조사
자료를 중심으로 분석하고 조선학교에 대해서는 인터뷰자료를 통해 살펴보
고자 한다.

---

12) 김인덕, 「재일조선인 민족교육과 東京朝鮮中學校의 설립 : 『도꾜조선중고급학교10년사』를 중
    심으로」, 『崇實史學會』 제28집, 2012, 251~282쪽 참조.
13) 吳圭祥, 『記録在日朝鮮運動朝鮮総連50年 : 1955-2005』, 有限会社RAS, 2005, 42~43쪽 참조.
14) 김정숙 외, 『재외한인 민족교육 모형개발과 네트워크 구축』, 북코리아, 2008, 123~124쪽 참조.

3. 조사대상 및 연구방법

글로벌시대 전 세계 흩어져 생활하는 700만 명에 해당되는 코리안 디아스포라의 경우 일본의 민족학교와 같이 해외 현지에서 민족교육기관이 제대로 정비되지 못한 미국을 비롯한 세계 각국에서 재외동포 2세들의 민족정체성이 급격히 상실되어 가고 있는 것으로 나타났다. 이러한 연구결과에 비추어 볼 때 민족교육기관으로써 민족학교가 재외국민들을 위해 담당해온 역할은 매우 지대할 것으로 평가된다.

재일코리안의 경우 주로 대부분이 일제강점기 도일한 '조선인'과 그들의 후손들로 현재 '재일코리안 6세'까지 대를 이어 일본에서 생활하고 있다. 재일코리안들은 최근 매년 1만 명 이상이 귀화를 하고 있는 실정이지만(현재는 약간 낮아지기도 했지만), 일제강점기 한국어 사용금지, 광복 이후의 일본정부의 엄격한 제도적·사회적 '조선인' 차별과 탄압 등 수많은 역경을 감내하면서 "동화"를 거부하고 지금까지 일본에서 강한 '민족정체성'을 유지해오고 있다.

〈표 2〉 조사 분석데이터

대상	학교특성	조사대상자	설문지 합계
한국학교	일조교	(오사카) 백두학원	204
	일조교	(오사카) 금강학원	216
	각종학교	(동경) 동경한국학원	425
	각종학교	(오사카) 코리아국제학원(KIS)	6
합계			851

〈표 2〉은 2013년 7월부터 11월 초까지 실시한 설문조사의 수집결과를 나타내고 있다. 도쿄와 오사카에 소재한 한국학교를 중심으로 설문조사를 실시하여 총 851부가 회수되었으며 이 논문의 분석에 활용하였다. 이 연구는 먼저 재일코리안 사회의 한국학교를 대상으로 민족교육의 실태를 분석하고 이를 기반으로 민족교육운동의 방향성을 고찰해보고자 한다.

4. 민족교육의 실태와 전망 및 기여도 분석

1) 조사대상자의 인구통계학적 빈도분석

이 연구는 재일코리안 한국학교를 대상으로 실시한 설문조사의 결과를 바탕으로 인구통계학적 분석에서는 응답자의 성별분포, 연령별분포, 가족구성, 부모의 교육수준, 부모의 국적유지 여부, 본인의 국적과 세대구성 등을 중심으로 살펴보고자 한다.

〈표 3〉 조사대상자의 인구통계학적 특징

질문항목	빈도(%)		질문항목	빈도(%)	
성별	남성	403(47.2)	응답자의 세대구성	1세(한반도 출생)	198(23.2)
	여성	450(52.8)		1.5세(부모 따라 이주)	178(20.8)
가족구성	2명	17(2.0)		2세(부모한반도출생)	159(18.6)
	3명	110(12.9)		3세(조부모한반도출생)	148(17.3)
	4명	385(45.1)		기타	172(20.1)
	5명	230(26.9)	아버지 교육수준	중학교 졸업	8(4.7)
	기타	112(13.1)		고등학교 졸업	47(27.6)
응답자의 국적	한국적	584(68.4)		대학교 졸업	87(51.2)
	조선적	2(0.2)		대학원 졸업	28(16.5)
	일본적	187(21.9)	어머니 교육수준	중학교 졸업	2(1.1)
	기타	81(9.5)		고등학교 졸업	64(35.8)
아버지 국적	한국적	672(78.8)		대학교 졸업	95(53.1)
				대학원 졸업	18(10.1)
	조선적	0(0.0)	어머니 국적	한국적	594(71.3)
				조선적	3(0.4)
	일본적	173(20.3)		일본적	227(27.3)
	기타	8(0.9)		기타	9(1.1)

〈표 3〉에 제시한 바와 같이 먼저 응답자들의 성별 분포를 살펴보면 남성이 47.2%, 여성이 52.8%로 여성이 약간 많은 것으로 나타났다. 가족구성의 측면을 살펴보면, 4명 가족기준이 45.1%로 압도적으로 많고 5명 가족이 26.9%, 3명이 12.9%, 기타로 구성되어 있다. 재일코리안의 경우 가족구성이 일본인의 가족구성 형태와 비슷하게 4명 가족이 가장 많지만 특히 5명의 가

족구성이 높게 나타나고 있는 것이 큰 특징이라 할 수 있다. 이것은 단순히 수적으로 자녀가 한 명 더 많다는 것을 의미하기보다는 재일코리안 가족의 특성상 조부모와 동거하는 가족형태가 많은 것으로 추정할 수 있을 것이다.

한국학교 학생들의 부모의 교육수준을 살펴보면 아버지 학력의 경우 전체 67.7%가 대학졸업 이상이었으며 어머니 학력도 63.2%가 대학졸업 이상으로 학력이 높게 나타났다. 부모의 교육수준은 아버지와 어머니 모두 대학졸업 이상의 비율이 높게 나타났다.

주의해야 할 점은 전체적으로 한국학교의 응답자 가운데 동경한국학교의 응답자비율이 약 50%을 차지하고 있다는 점이다. 동경한국학교는 1980년대 이후 도일한 뉴커머의 자녀들이 많이 다니는 각종학교로서 올드커머들이 다니는 일조교와는 성격이 다르다. 따라서 이러한 점을 염두에 두고 조사결과를 이해할 필요가 있을 것이다.

다음은 한국학교 학생들의 부모의 국적에 대해 살펴보고자 한다. 한국학교 학생들 대상으로 부모의 국적을 질문한 결과, 한국국적 비율이 아버지가 78.8%, 어머니가 71.3%로 모두 높게 나타났다. 상대적으로 한국적 비율이 높은 이유는 동경한국학교의 경우 뉴커머비율이 높은 점과 오사카지역의 경우 올드커머의 비율이 높은 점을 고려할 경우 아버지의 경우 20.3%, 어머니의 경우 27.3% 정도가 여기에 해당될 것으로 추측된다. 기타 국적은 한국적 및 조선적 이외의 국적소유자로 생각된다.

응답자 본인의 국적에 대하여 살펴보면 한국적이라고 응답한 비율이 68.4%, 일본적이 21.9%였다. 국적에 대해서는 일본적 비율은 부모나 자녀가 거의 비슷한 양상을 보이고 있지만 부모와 비교해보면 자녀의 일본적 비율은 약간 낮게 나타났다. 이러한 현상은 아직 18세 이전의 학생들이 많기 때문에 국적선택에 대한 여지가 남아있기 때문인 것으로 생각된다.

본인의 세대구성에 대해서는 재일코리안 세대를 제1세대는 자신이 한반도 출생, 1.5세대는 부모 따라 이주, 2세대는 부모가 한반도 출생, 3세대는 조부모가 한반도 출생으로 구분하여 살펴보았다. 응답자의 세대구분은 전체적으로 골고루 분포되어 있는데 그 중에서도 자신이 한반도 출생이라는 1세의 비율이 23.2%로 높게 나타났다. 이러한 결과는 동경한국학교의 특성상 뉴커머들이 많이 재학하고 있는 것과도 연계하여 추정할 수 있을 것이다.

다음은 부모를 따라 일본으로 이주한 비율이 20.8%로 전체적으로 한국에서 출생했거나 한국에서 부모를 따라 도일한 경우가 약 44%에 달했다. 따라서 거의 절반에 가까운 학생들이 재일코리안 1세나 1.5세들로 여전히 한국과의 관계가 강한 것으로 생각되지만 향후 10년 이내에 많은 변화가 예상된다. 이들 재일코리안에 대한 민족정체성과 민족교육이 정부차원에서 이루어져야 할 것으로 보인다.

2) 한국학교 전반에 관한 빈도분석

다음은 재일코리안 한국학교 전반에 대하여 현재 학생들이 재학 중인 학교, 이전에 다닌 학교, 민족학교 선택 계기, 민족학교 선택 이유, 한국어 수준, 재미있는 과목, 가장 싫은 과목, 민족학교의 장단점, 민족학교가 지속적으로 필요한 이유에 대하여 분석함으로서 민족학교 전반에 대한 총체적인 분석을 시도하였다. 이러한 전체적인 분석결과는 민족학교 실태나 전망을 이해하는데 구체적인 도움을 줄 것으로 생각된다.

먼저 응답자들을 대상으로 현재 재학 중인 학교에 대하여 질문하였다. 전체 응답자 852명 중 초급학교 14.4%, 중급학교 58%, 고급학교 24.1%로 중급학교 학생들이 절반 이상을 차지하였다. 설문응답의 정확도에 대해서는 중급학교 이상의 학생이 80%를 초과하여 특별한 어려움이 없었을 것으로 예상되며, 14.4%에 해당되는 초급학교 학생들의 설문조사 또한 전체적인 설문내용을 설명하고 이루어졌기 때문에 크게 문제되지 않을 것으로 생각된다.

〈표 4〉 한국학교 전반에 관한 조사결과

질문항목		빈도(%)	질문항목		빈도(%)
현재 재학학교	초급학교	123(14.4)	한국학교 선택이유	우리말 배우러	343(40.2)
	중급학교	494(58.0)		부모님 때문에	250(39.3)
	고급학교	205(24.1)		집에서 근거리	40(4.7)
	기타	30(3.5)		기타	221(25.9)
이전에 다닌 학교	한국계 민족학교	337(39.5)	한국어 수준	아주 잘 한다.	253(29.9)
	조선학교	20(2.3)		잘 하는 편이다.	368(43.4)
	일본학교	314(36.8)		못한다.	188(22.2)
	기타	183(21.4)		기타	38(4.5)
한국학교 선택계기	부모님의 권유	509(62.5)	한국학교 장점	한국어 사용.	570(66.7)
	친구의 권유	10(1.2)		선생님이 좋다	58(6.8)
	나의 선택	208(25.6)		수업이 재미있다.	98(11.5)
	기타	87(10.7)		기타	128(15.0)
한국학교 필요 이유	민족의식 교육	215(25.2)	한국학교 단점	통학이 불편	265(31.1)
	민족문화 교육	201(23.6)		시설노후	222(26.1)
	한국어 교육	344(40.3)		소수 학생	206(24.2)
	통일교육	45(5.3)		기타	159(18.7)
	기타	48(5.6)			

　다음은 설문에 응답한 학생들이 한국학교에 입학하기 전에 어느 학교를 다녔는지에 대하여 질문하였다. 이전에 다닌 학교에 대하여 한국계 민족학교가 39.5%, 조선학교가 2.3%, 일본학교가 36.8%로 일본학교에 다니다 한국학교로 입학한 경우가 많았다. 또한 조선학교에 다니다 한국학교로 입학한 경우도 2.3% 정도였다. 조선학교 교장을 상대로 인터뷰한 조사결과에 따르면 한국적 학생들의 조선학교 입학생이 70% 이상이라고 응답하였다.

　왜 이런 현상이 나타나는 것일까? 추측해보면 민단이나 뉴커머들이 대거 조선학교에 입학했다고 보기는 어렵고 대부분 조선적을 가진 총련계 재일코리안들이 한국적으로 전환한 것으로 추측할 수 있을 것이다.

334 재일코리안운동과 저항적 정체성

다음은 한국학교 학생들이 본인들이 다니고 있는 민족학교를 선택한 계기나 이유에 대하여 질문한 결과를 살펴보도록 하겠다. 먼저 민족학교 선택 이유에 대하여 '부모님의 권유'가 62.5%로 가장 높았고, 다음으로 '나의 선택'이 25.6%였다. 이러한 결과는 조선학교나 민족학급,[15] 한글학교의 선택 계기와도 확연히 구분되는데 동경한국학교의 경우 부모를 따라 이주하여 한국학교에 입학한 경우가 많은 것으로 생각되며 오사카의 금강학원이나 백두학원의 경우 일조교로 다른 일반 일본학교도 많은데 굳이 한국계 일조교로 자녀들을 보내는 이유는 부모들의 영향이 매우 클 것으로 생각된다.

다음은 한국학교에 다니는 학생들이 자신의 한국어 실력에 대하여 어떻게 생각하고 있는지에 대하여 살펴보았다. 조사결과를 보면 '아주 잘 한다'가 29.9%, '잘 하는 편이다'가 43.4%, '못 한다'가 22.2%로 나타났다. 한국학교 학생들이 한국에서 도일한 재일코리안 1세 학생들이 많은 만큼 한국어 실력도 약 70% 이상이 상당히 높다고 응답하였다.

한국학생들이 생각하고 있는 한국학교의 장단점은 무엇인가? 먼저 학생들이 생각하고 있는 한국학교의 장점에 대하여 '한국어를 사용할 수 있다'가 66.7%로 가장 높게 나타났다. 다음으로는 '수업이 재미있다'가 11.5%, '선생님이 좋다'가 6.8% 순이었다. 한국학교 학생들은 오사카지역의 경우는 다르겠지만 동경지역의 경우 한국에서 최근에 도일한 뉴커머들이 많을 것으로 예상되기 때문에 예상외로 일본어에 대한 부담이 많고 한국어를 자유롭게 사용할 수 있다는 점에서 한국학교를 선호하고 있는 것으로 나타났다.

---

15) 中尾宏(2003)에 의하면 민족학급은 재일코리안이 집거하고 있는 지역의 공립 초중학교에 '민족학급'이 설치되어 있는 학교가 존재한다. 정규수업 이외에 과외로 '재일코리안'의 자녀들을 모아서 한국인의 강사에 의해 한국어나 한국 역사, 문화 등을 학생들에게 가르치는 것이다. 민족학급의 기원은 1948년 '한신교육투쟁사건' 이후 문부성학교교육국장통달에 의해 시작되었으며 일본학교에서도 학부모들에 의해 재일코리안 학생들이 재일코리안으로 살아가기 위한 최소한의 민족교육의 요구를 각지의 교육위원회와 교섭한 결과 실현되었다. 그리고 마침내 1948년 당시 77개교에 민족학급이 따로 설치되었다. 1997년 오사카시는 '민족클럽기술지도자 초청사업총괄기술지도자제도'을 설치하여 시내 초중학교 67개교의 '민족학급'을 과외가 아니라 학교교육으로 수용하여 민족강사의 처우를 다소 개선하고자 시도하기도 하였음.

다음은 한국학교의 단점에 대해서는 학생들이 어떻게 생각하고 있는가에 대하여 살펴보자. 한국학교의 단점에 대하여 학생들은 '통학 불편'이 31.1%로 가장 높게 나타났으며 '시설 노후'가 26.1%, '학생이 적다'가 24.2%였다. 대부분의 한국학교가 자신들이 살고 있는 주변지역보다는 역이나 번화가로부터 멀리 떨어진 곳에 위치하고 있기 때문에 통학에 상당히 어려움이 있는 것으로 나타났으며 시설 또한 현대식 시설보다는 노후화가 진행되어 설비의 교체나 보수가 시급한 것으로 나타났다.

동경한국학교의 특징은 1980년대 이후 한국으로부터 일본으로 도일한 뉴커머들이 많다는 점, 그리고 오사카지역의 경우 1945년 해방 전후 올드커머들이 자리 잡고 있는 지역으로 뚜렷이 구분되고 있다. 그러면 한국학교 학생들은 민족학교의 필요성에 대하여 어떻게 생각하고 있는지 살펴보자. 일본에서 한국학교의 존재이유나 필요성에 대하여 '한국어 교육'이 40.3%로 가장 높게 나타났고, 다음은 민족의식 교육이 25.2%, 민족문화 교육이 23.6%였다. 학생들이 한국어를 구사하면서도 한국어 교육이 필요하다고 응답한 이유는 무엇일까? 그 이유는 대개 일본어보다는 그들에게 익숙한 한국어로 수업을 진행하기 때문일 것으로 추측된다.

3) 한국학교의 민족교육에 대한 신뢰도 및 평균차이분석

한국학교의 실태에 대한 질문항목의 신뢰도를 분석하기 위해 조사결과의 결측치가 없는 케이스들만 분석한 결과 855개 케이스 중 19개 항목이 제외되어 836개 항목에 대하여 신뢰도 분석을 실시하였다. 신뢰도 분석결과 신뢰도 계수가 0.693으로 나타나 보통 신뢰도가 0.6 이상이면 유효하지만 0.8 이상이므로 상당히 신뢰도가 높은 계수로 생각된다.

다음 표에 제시한 바와 같이 한국학교 실태에 관한 총통계량 분석을 보면 질문항목 중 3번, 5번, 7번, 12번의 평균값이 모두 높게 나타났다. 이들 항목은 주로 민족교육에 대한 흥미, 민족교육기관 시설노후, 민족교육에 대한 관심 부족, 민족교육에 대한 만족 등의 항목에서 높게 나타났다.

여기에서는 한국학교의 실태에 대하여 전체 13개 항목으로 구성된 설문지의 응답결과를 바탕으로 추론하고자 한다. 현재 한국학교의 실태 및 현황은 조사대상자들에게 13개 항목에 대하여 5점 리커트척도의 설문지로 측정하여 분석결과를 제시하는데 중점을 두고 있다.

민족교육 실태 및 현황에 대해서는 "1=전혀 그렇게 생각하지 않는다. 2=그렇게 생각하지 않는다. 3=보통이다. 4=그렇게 생각한다. 5=매우 그렇게 생각한다"로 구조화된 설문지를 배포하여 수집한 설문지를 분석하였다.

〈표 5〉 한국학교 실태에 대한 평균차이분석

한국학교 실태 및 현황	M	SD	N
1. 학교 선생님들이 민족교육에 대해 아는 것이 거의 없다.	2.64	.96	851
2. 학교 선생님들이 민족교육의 내용을 잘못 가르친다.	2.56	.97	851
3. 학생들이 민족교육의 내용을 배우는 데 흥미가 없다.	2.98	1.00	851
4. 우리 부모님들은 민족교육에 대한 관심이 별로 없다.	2.52	1.07	851
5. 민족교육기관의 시설이 너무 낡고 오래되었다.	3.00	1.12	851
6. 민족교육에 관한 책이나 다양한 수업자료가 부족하다.	2.79	1.03	851
7. 한국정부는 민족교육에 대한 관심이 부족하다.	2.96	1.02	851
8. 민족학교 학생들은 모국에 대한 의식이 강하다.	3.20	1.01	851
9. 민족학교에 대한 한국인들의 의식이 긍정적이다.	3.25	.91	851
10. '나는 누구인가?'라는 민족정체성의 혼란을 느낀다.	2.52	1.59	851
11. 모국과 문화적으로 이질감을 많이 느낀다.	2.65	1.07	851
12. 현재 민족학교 교육내용에 만족하고 있다.	3.00	.98	851
13. 한민족으로서 강한 자부심을 느끼고 있다.	3.31	1.19	851

조사결과를 보면 "한민족으로서 강한 자부심을 느끼고 있다"의 평균값이 5점 만점에서 3.31로 가장 높았다. 다음은 "민족학교에 대한 한국인들의 의식이 긍정적이다"가 3.25, "민족학교 학생들은 모국에 대한 의식이 강하다"가 3.20의 순으로 높았다. 또한 한국학교의 교육과 실태에 대하여 "학생들이 민족교육의 내용을 배우는 데 흥미가 없다"와 "한국정부는 민족교육에 대한 관심이 부족하다"는 항목이 각각 평균값이 2.98, 2.96순으로 높았다.

전체적으로 보면 한국학교 학생들은 학교에서 한국어로 공부하면서 한민

족에 대한 자부심이 강하고 한국학교에 대한 한국인의 시선을 강하게 의식
하고 있는 것으로 생각되며 그들 스스로도 모국의식이 강한 것으로 평가하
고 있는 것으로 나타났다.

다음은 한국학교의 교육내용과 한국정부의 지원 및 관심에 대한 설문 항
목의 평균값이 모두 높게 나타났는데 여기에 대해서는 교육내용의 개발과
재일코리안의 입장에서 한국정부의 제도적 지원이 필요할 것으로 생각된다.

4) 한국학교의 교육전망 및 기여도에 관한 신뢰도 및 평균차이분석

전술한 바와 마찬가지로 한국학교 전망에 관한 신뢰도 분석은 크론바흐
알파값을 신뢰도 계수로 나타내는데 알파 계수는 0과 1사이의 값으로 1에
가까울수록 질문항목들에 대한 응답이 서로 유사하다는 것을 증명해 주며
이는 신뢰성이 매우 높다는 것을 나타내고 있다.

여기서는 신뢰도 분석결과 신뢰도 계수 값이 0.792(79.2%)로 높아 설문
항목이 매우 신뢰할 만하다고 할 수 있다.

신뢰도 검사는 동일한 개념을 측정하는 여러 항목들에 대한 신뢰도 계수
를 계산하고자 실시하기 때문에 결측치가 없는 케이스들만 분석이 가능하
다. 여기에서는 전체 케이스 845개 중 20개가 제외되고 유효케이스 825로
통계 처리하였다. 왜냐하면 질문항목들 중에서 일정 질문항목들을 제외시
켰을 때 신뢰도가 전체 신뢰도보다 상당히 증가하는 항목이 존재한다면 보
통 그런 항목들은 신뢰성이 낮은 항목들로 좀 더 정확한 분석을 위해 제거
시키는 경우가 많기 때문이다.

한국학교의 전망 및 기여도에 대해서는 조사대상자들에게 14개 질문항목
으로 구성된 설문지를 배포하여 설문지를 수집하였다. 질문항목은 실태조
사와 마찬가지로 5점 척도로 구성하여 각각의 조사대상자들을 상대로 설문
조사를 실시하였다.

〈표 6〉 한국학교 전망에 관한 평균차이분석

한국학교 전망 및 기여도	M	SD	N
1. 한국(북한)과 일본과의 관계를 원활하게 한다.	3.14	1.03	838
2. 재일동포 간의 연대 및 협력을 강화한다.	3.29	.90	835
3. 재일동포 세대 간의 관계와 의사소통을 가능하게 한다.	3.31	.91	834
4. 민족정체성과 자긍심을 높이는 교육목표나 이념을 가지고 있다.	3.22	.90	835
5. 학교 관련 지역사회 및 동포단체들이 적극 지원한다.	3.13	.93	836
6. 한국진출이나 외국과의 관계를 높여준다.	3.40	.98	834
7. 다문화공생과 국제사회에 대한 이해도를 높여준다.	3.31	.93	834
8. 재일동포 단체 간의 협력을 강화시킨다.	3.23	.88	830
9. 일본에서 민족의 뿌리(언어, 역사, 문화, 예술 등)를 알기 위한 민족학교 교육이 더욱 중요해지고 있다.	3.52	1.00	831
10. 현재 민족교육기관의 주변환경은 교육적인 측면에서 매우 좋다.	2.89	.93	835
11. 주변에서 민족교육기관을 쉽게 찾을 수 있다.	2.64	.96	834
12. 내가 민족학교에 다니는 것은 부모님이 원해서이다.	2.85	1.14	834
13. 내 친구들이 민족학교에 다니니까 나도 다닌다.	2.35	1.14	835
14. 향후 한국에 유학가거나 한국기업에서 일하고 싶다.	3.21	1.29	831

한국학교 전망 및 기여도에 대한 분석결과, 평균값이 높은 항목을 보면 "일본에서 민족의 뿌리(언어, 역사, 문화, 예술 등)를 알기 위한 민족학교 교육이 더욱 중요해지고 있다"가 평균 3.52로 가장 높았다. 다음으로 높은 항목은 "한국진출이나 외국과의 관계를 높여준다"가 3.40이었다. 그밖에도 "재일동포 세대 간의 관계와 의사소통을 가능하게 한다"와 "다문화공생과 국제사회에 대한 이해도를 높여준다"가 각각 3.31로 높게 나타났다. 한국학교가 "재일동포 간의 연대 및 협력을 강화한다."는 항목도 평균값이 3.29였다.

이상과 같이 한국학교의 전망도에 대한 평균값의 차이분석 결과를 살펴보면 다음과 같이 정리할 수 있을 것이다.

첫째, 한국학교는 한민족의 뿌리와 민족정체성의 확립에 기여할 것이라는 의견이 많았다. 둘째, 한국학교는 한국이 외국으로 진출하는데 교두보가 될 것이라는 전망과 외국과의 관계를 높여 줄 것으로 기대하고 있었다. 셋째, 한국학교는 재일동포 세대 간의 관계와 의사소통이 가능하게 할 것이라는 전망이 높았다. 넷째, 한국학교는 다문화공생 사회에서 국제사회에 대한 이해도를 높여 줄 것으로 기대하였다. 다섯째, 한국학교는 재일코리안 간의 연대와 협력을 강화시킬 것으로 전망했다.

5) 한국학교의 특성별(일조교와 각종학교) 실태와 전망에 대한 분산분석과 T검정 결과

다음은 3개의 한국학교를 일조교와 각종학교로 구분하여 이들 학교 특성별 실태에 대한 차이유무에 대하여 T검정을 실시하였다. 분석결과, 〈표 7〉에 나타난 바와 같이 한국학교 실태에 대한 질문항목 간 신뢰도 계수 값이 0.693으로 신뢰할만한 수준인 것으로 나타났다. 한국학교의 민족교육 실태에 대한 평균의 차이에서는 각종학교가 일조교보다 높게 나타났다. 즉 학교 특성(일조교와 각종학교)에 따라 실태 인식에 차이가 있는지를 분석하기 위하여 독립표본 T검정을 실시한 결과 학교특성별 유의한 차이가 있는 것으로 나타났다(유의확률 0.000). 따라서 일조교와 각종학교의 학생들은 학교 실태의 인식에 차이가 있음을 알 수 있다. 그러니 학교특성별 한국학교의 전망에 대한 T검정결과에서는 일조교와 각종학교의 차이는 나타나지 않았다.

〈표 7〉 학교 특성별(일조교와 각종학교) 민족교육 실태에 대한 평균의 독립표본 t검정

		Levene의 등분산 검정		평균의 동일성에 대한 t-검정				
		F	유의확률	t	자유도	유의확률(양쪽)	평균차	차이 표준오차
실태평균	등분산이 가정됨	5.180	.023	-5.464	848	.000	-.18173	.03326
	등분산이 가정되지 않음			-5.464	843.501	.000	-.18173	.03326

*주: 평균차는 0.001 수준에서 유의

이번에는 3개 한국학교의 민족교육 실태와 전망에 대한 평균의 차이유무를 살펴보기 위하여 분산분석을 실시하였다. 먼저 3개 한국학교 간 전망에 대한 차이유무를 확인하기 위해 분산분석을 실시하였다. 민족교육 실태에 대한 평균차이 분석결과 3개 학교에 대한 분산 동질성 검정결과 유의확률이 0.008으로 분산이 동일하지 않은 것으로 나타났다. 따라서 분산분석을

실시할 수 없다. 따라서 아래와 같이 비모수적인 방법으로 평균의 동질성 검정인 Kruskal-Wallis 검정을 실시하였다. 검정의 결과 유의확률이 0.000으로 학교 간 실태평균에 유의한 차이가 있다고 볼 수 있다. 이에 아래 〈표 8〉과 같이 3개 한국학교 간 어떠한 차이가 있는지 분산분석을 실시하였다. 분석결과 3개 한국학교는 각각 유의한 차이를 보였다. 즉 한국학교 민족교육 실태에 대하여 평균은 동경한국학교, 백두학원, 금강학원 순으로 높게 나타났다.

〈표 8〉 3개 학교의 실태에 대한 분산분석 결과

	학교종류	N	유의수준 = 0.05에 대한 부집단		
			1	2	3
Tukey HSD	금강학원	216	3.0978		
	백두학원	203		3.2202	
	동경한국학원	425			3.3371
	유의확률		1.000	1.000	1.000

*주: 평균차는 0.05 수준에서 유의

다음 〈표 9〉은 3개 한국학교의 민족교육 전망에 대한 평균의 차이를 나타내고 있다. 3개 한국학교의 전망평균에 대한 분산 동질성 검정결과 유의확률이 0.619로 유의한 차이가 없고 동일하다는 결과가 나와서 분산분석을 실시할 수 있다.

〈표 9〉 3개 한국학교의 전망에 대한 분산분석결과

	(I) 학교		평균차(I-J)	표준오차	유의확률	95% 신뢰구간	
						하한값	상한값
Tukey HSD	백두학원	금강학원	.21243	.05304	.000	.0879	.3370
		동경한국학원	.10368	.04627	.065	-.0050	.2123
	금강학원	백두학원	-.21243	.05304	.000	-.3370	-.0879
		동경한국학원	-.10875	.04539	.044	-.2153	-.0022
	동경한국학원	백두학원	-.10368	.04627	.065	-.2123	.0050
		금강학원	.10875	.04539	.044	.0022	.2153

*주: 평균차는 0.05 수준에서 유의

민족학교의 전망에 대한 분산분석결과, 유의수준 5%(유의확률이 0.000)에서 3개 집단 간의 평균에 유의한 차이가 있는 것으로 나타났다. 사후검정에는 Turkey의 방법을 사용하였다. 사후검정 결과 5% 유의수준에서 금강학원은 다른 두 학교와의 비교에서 모두 유의확률이 0.05 이하로 한국학교의 전망에 대한 유의한 차이가 있음을 알 수 있다. 즉 3개 한국학교별 민족교육의 전망에 대한 평균은 백두학원, 동경한국학교, 금강학원 순으로 높았다.

6) 한국학교 교육실태에 관한 요인분석

이번에는 민족학교 교육실태에 대한 요인분석을 통해 현재 민족학교가 처해 있는 환경이나 개선점을 도출하였다. 원래 요인분석은 많은 수의 변수들이 가지고 있는 정보를 몇 개의 요인에 의해 설명하고자 시도할 때 실시하는 분석이다. 먼저 전술한 바와 같이 신뢰도 분석결과에 의해 질문항목 10번, 13번 항목은 분석에서 제외하였다. 결과적으로 (선형회귀분석을 실시하기 위해서) 현재 11개 항목의 변수를 상호독립적인 몇 가지 요인으로 축소하였다.

요인분석을 실시하기 위해 표준형성 적절성의 KMO(Kaiser-Meyer-Olkin) 측도는 변수들 간의 상관성을 알아보는 값으로 0.6 이상이면 요인분석의 변수로서 적당하고 통계적인 확률도 유의미하므로 요인분석을 실시할 수 있다.

위에 제시한 총분산 결과를 보면 주축요인 추출방법을 이용하여 고유값이 1 이상인 것들만 추출하는 방식으로 요인추출을 실시한 결과, 요인은 대략 세 가지로 요약되었다. 이들 세 가지 요인들은 전체 분산의 40.313% 정도의 설명력을 가지고 있는 것으로 나타났다.

〈표 10〉 민족교육실태의 요인분석

질문항목	요인분석		
	제1요인	제2요인	제3요인
민족교육실태현상2	.779	.204	.068
민족교육실태현상1	.749	.199	.100
민족교육실태현상4	.578	.151	.078
민족교육실태현상3	.531	.273	.073
민족교육실태현상11	.189	.110	-.058
민족교육실태현상5	.163	.628	-.009
민족교육실태현상6	.222	.597	-.016
민족교육실태현상7	.352	.516	-.042
민족교육실태현상9	-.037	-.043	.776
민족교육실태현상8	.056	-.074	.666
민족교육실태현상12	.178	.176	.237

*주: 요인추출 방법: 주축 요인추출. 회전 방법: Kaiser 정규화가 있는 베리멕스.

상기에 제시한 바와 같이 한국학교 실태의 요인분석결과는 다음과 같이 3가지 요인으로 정리할 수 있다.

첫째, 제1요인은 민족학교 주체나 대상자들에 대하여 한국학교의 민족교육에 대한 내용과 관심으로 요약되는데 선생이나 학부모, 학생 등 민족학교 대상자들의 실태에 대하여 민족교육에 대한 내용이나 흥미, 부모님의 관심 등이 별로 없다는 점을 나타내고 있다. 둘째, 제2요인은 제도적 뒷받침의 미비로 한국학교 실태에 대하여 교육기관의 노후화, 다양한 수업자료, 정부의 민족교육 관심부족 등으로 제도적 지원이 부족하다는 의견을 나타내고 있다. 셋째, 제3요인은 한국학교에 대한 한국인의 의식과 학생들의 모국의식이 의외로 강하다는 점을 나타내고 있다. 한국학교에 대한 한국인의 시선과 자신들의 모국의식이 강하다는 의식을 나타내고 있는 것으로 보인다.

5. 민단계 한국학교와 총련계 조선학교의 사례분석

여기에서 일본 현지 한국학교와 조선학교에서 면접조사를 통해 수집된 자료를 바탕으로 학교실태, 학교의 지향목표, 교육의 방향성 등에 대하여 사례분석을 실시하고자 한다. 한국학교와 조선학교가 지향하는 교육목표와 내용을 살펴보면 〈표 11〉에 제시하는 바와 같다. 구체적인 교육내용과 목표를 살펴보면 한국학교는 국제사회에서 능력 있는 글로벌 리더 양성과 다문화공생 사회에 부응하는 인재양성에 목표를 두고 있다. 반면에 조선학교는 조선사람으로서의 민족자주의식과 민족적 소양, 국제사회에서 활약할 수 있는 유능한 조선사람의 양성에 교육목표를 두고 있다. 이에 대한 구체적인 사례를 살펴보면 다음과 같다.

〈표 11〉 민족학교의 교육내용과 목표

구분	교육내용 및 목표
한국학교16)	재일한국인의 자각과 긍지, 국제사회 적극적인 참가와 적응능력 배양, 사회에 봉사하는 인간 육성, 개성과 창조성 계발, 글로벌 리더 양성, 자기존재에 대한 긍지, 자기연마, 국제인으로서 인권을 존중하고 이문화를 바르게 이해하고 공생하는 사람 양성
조선학교17)	동포 자녀에게 조선사람으로서 민족자주의식, 민족적 소양 동포사회건설과 나라의 통일과 부흥발전에 이바지 국제사회에서 활약할 수 있는 참된 조선사람, 유능한 인재

1) 동경한국학원18)

① 한국학교의 실태

"전술한 바와 같이 동경한국학교는 각종학교에 속한다. 그러나 간사이지역에 있는 한국학교의 경우는 일조교에 해당된다. 동경의 경우는 학교운영의 원활한 대처가 가능하다. 예를 들면 한국에서 실시하는 수능 등에 원활히 대응할 수 있다. 동경의 경우 뉴커머와 기업주재원의 자녀가 많아 일시 체류자의 비율이 높은 편이다. 따라서 이들은 한국으로 다시 돌아가기 때문

---

16) 櫻井緑・棚田洋平(), 「日本の韓国学校－韓国系一条校3校の事例より」, 『往還する人々の教育戦略』, 明石書店, 2013, 128~129쪽 참고로 필자 작성.

17) 조선학교의 교육목표와 내용에 대해서는 재일본조선인총련합회(2005) 『총련－총련결성 50돐에 즈음하여』, 조선신보사, 47~48쪽 참조하여 작성.

18) 이 자료의 인터뷰는 2013년 7월 17일 오전 10시 30분 추병국 교장선생님과 서만호 진로부장 선생님을 대상으로 동경한국학원 교장실에서 이루어졌음.

에 대학교도 한국에서 진학하고자 하는 경우가 많다. 그러나 올드커머의 경우 일본에 정착하고 있기 때문에 한국학교에 진학하기보다는 일본학교에 진학하는 경우가 많다.

동경한국학교의 경우 교사들은 파견직이 많다. 학생들의 입시 성적도 매우 좋은 편이다. 학생들의 입시성적이 좋아지고 나서 학생모집에 대한 부담감이 많이 줄어들었다고 한다. 한국의 대학입학사정이 입학사정관제로 바뀌면서 한국대학의 입장에서 보면 일본지역이 하나의 입시 시장이 되었고, 제대로 된 한국학교는 동경뿐이니까 대학에서 많은 배려를 해 주고 있는 것으로 생각된다. 중국의 경우 서류위조가 많아 신뢰하기 어렵지만, 일본의 경우 서류조작이 거의 불가능하기 때문에, 이러한 점도 한국에서 좋은 쪽으로 생각하고 있는 것 같다. 학생들의 입시성적이 좋아졌기 때문에 주재원들도 가능하면 이 학교에 자신들의 자녀들을 입학시키려는 경향이 있는 것 같다."

② 한국학교의 목표 – 글로벌 인재양성

"한국학교에 다니면 일본어, 한국어, 영어 등 3개 국어를 자유롭게 구사할 수 있게 된다. 초등학생의 경우 50% 이상을 영어로 수업하고 있다. 중등학교의 경우 차츰 그 비율을 높여가고 있다. 중등부는 과학, 수학 등의 일부 과목은 원어민이 영어로 수업을 진행하고 있다.

서울의 경우 다양한 특색을 가진 학교들이 존재한다. 그러나 한국학교에는 대안학교, 영재학교 등 모든 종류의 특색들이 이 학교 안에 포함되어 있다고 생각하면 된다. 따라서 모든 학생들의 능력과 취향에 철저하게 대처하기에는 한계가 많다. 학생에 따라 능력별 수업을 진행하고 있지만 모든 과목에서 모든 학생들을 다 만족시킬 수 있는 수업은 불가능하다.

학교로 가끔 시험을 쉽게 출제한다고 항의하는 학부모가 있는가 하면, 더 어렵게 출제해달라고 요구하는 학부모들도 있다. 모든 학부모들은 자기 자녀중심으로 생각하고 교육을 요구하기 때문에 어려운 점이 많다. 한국학교

의 학습목표는 다중언어 구사능력을 갖춘 '글로벌 인재양성'에 있다고 보면
된다."

③ 교육의 방향성

"한국에서는 총련계 학교에 다니는 사람들을 머리에 뿔 달린 사람이라고
생각하고 있는 것 같은데, 우리와 별반 차이가 없다. 정부에서도 향후 조선
학교에 대해서 많은 지원을 해주었으면 한다. 현재 특별히 총련학교와의 교
류관계는 없다. 아무래도 현재 정치적인 상황이 좋지 않으니 섣불리 교류를
했다가 오해 받을 소지도 있고 해서 애써 교류하지 않고 있는 상황이다.

지금은 글로벌시대이다. 지금과 같이 이렇게 더불어 살다보면 민족에 대
해 더욱 구체적으로 생각하게 되는 것 같다. 우리학교가 일부러 민족교육을
내세워서 교육을 하지 않아도 민족에 대한 것들이 자연스럽게 학교과정에
서 배양되어야 한다고 생각한다. 우리말을 배우게 하는 것이 바로 최선의
'민족교육'이라 생각한다."

2) 도쿄조선중고급학교[19)

① 조선학교의 실태

"본래 이 학교에서는 중급부가 없어서 1945년 해방 이후 중급부를 새로
만들었다. 당시에는 기숙사도 있었는데 지금은 없다. 현재 학교 운영상 가
장 어려운 점은 재정적인 문제이다. 연간 1년에 4천만 엔의 임대료를 지불
해야 한다. 현재 학교운영이 어려워 학부형으로부터 기부금을 받고 있다.
또한 학생 1인당 1천 엔 정도를 도쿄도에서 지원받고 있다. 그러나 3년 전
부터 도쿄도의 학교지원이 거의 없어졌다. 자치단체에서 외국인 학생 가정
에 1인당 5천 엔에서 7천 엔 정도를 지원했었는데, 그것도 현재 절반 정도

---

19) 인터뷰 자료는 2013년 7월 18일 오전 11시 도쿄조선중고급학교 교장실에서 신길웅 교장선생님
을 대상으로 이루어진 것임.

로 지원이 감소했다. 다른 지역인 에도가와구의 경우 전에는 1만 엔 정도를 지원했었는데 현재는 절반으로 지원이 줄었다. 전반적으로 일본경기가 좋지 않기 때문에 동포기업인으로부터 기부금을 받기 힘든 상황이다.

학생 수도 1980년대만 해도 당시 학교를 다니던 시절에는 이 학교에만 학생 수가 3천 명 정도였다. 그러나 현재 중·고급학교 학생 수를 다 합쳐도 6백 명도 안 된다. 1946년부터 중급부가 시작되었고, 현재 학생 수가 감소하여 동경주변 사이타마 현, 치바 현, 군마 현에서 중급부 학생들이 옮겨와 통합하여 학교를 운영하고 있다. 초급부는 도쿄 제3학교가 다른 곳에 있어서 그쪽으로 통합했다. 현재 도쿄 제1, 제4, 제5(스미다구)학교에는 중급부가 아직도 남아 있다."

② 조선학교의 목표

"재일동포들이 향후 계속해서 일본에서 살아가야 할 것으로 생각해 점차 정주화 의식도 강해지고, 경기불황으로 경제적인 어려움도 있다 보니 일본학교로 진학하는 학생들이 계속 증가하고 있다. 신주쿠의 동경한국학교는 한국학교와도 교류가 많은 것으로 알고 있다. 그리고 한국학교는 한국에서 오는 선생님과 한국에서 오는 학생들이 90%이기 때문에 일본어를 조금 가르치고, 한국정부 방침을 중심으로 교육이 진행되고 있다. 따라서 이 학교는 한국에서 오는 학생들을 주로 가르치기 때문에 진정한 민족교육으로 보기에는 약간의 문제가 있다고 생각한다.

현재 조선학교에 다니는 학생들의 50~60% 이상은 한국국적이고, 교사들도 대부분 제주도, 경상도, 전라도 출신이 많다. 이 학교 학생들 중 40% 정도가 상급학교를 조선대학으로 결정한다. 나머지는 일본대학으로 진학하고 있다. 조선대학에 진학하는 40%의 학생들은 졸업 후 대개 총련 기관의 일꾼으로 활동하게 된다.

조선학교는 일본에서 살고 있지만, '조선사람'이라는 '민족의식'을 심어주는 계기를 마련해 주고 있다. 말과 글, 역사, 지리교육을 통하여 민족의식을 심어주고 있다. 해방 후 60여 년이 지났지만 학생들이 '조선사람'이라는 민족정체성을 가지고 살아갈 수 있도록 교육시키고 있다는 것에 자부심을 가지고 있다. 이들이 만약 일본학교에 진학하여 졸업하면 조선사람이라는 의식을 가지기 힘들고 일본으로 귀화자가 증가할 것으로 생각한다."

③ 교육의 방향성

"최근 일본 우익단체들이 반한데모를 신오쿠보 코리아타운에서 실시하고 있다. 교토에서는 초급학교 앞에서 우익들이 반한데모를 하고 있다. 조선학교 운동장이 좁아 학교 근처 공원에서 사람이 없을 때 축구를 하게 했던 것을 구실삼아 조선학교에서 데모를 하고 있는 것이다. 일본인 납치문제가 한창이었을 때는 학생들에게 돌을 던지는 일본인들도 있었다. 현재도 일부 그런 차별을 하는 사람들이 있다. 일본정부는 조선학교가 경제적인 지원을 받지 못하도록 차별하고 있다. 조선학교 고급부의 경우 고등학교 무상교육 지원이 가능하지만 조선학교만 배제하였다. 조선학교가 일본 우익단체의 표적이 되고 있는 이유도 "납치에 관련된 학교다. 수업에서 그런 것을 가르치고 있다"는 것을 구실로 삼고 있다.

〈표 12〉 한국학교와 조선학교의 차이[20]

구분	민단계 한국학교	총련계 조선학교
교육의 형태	도쿄한국학원(각종학교)을 제외하고 모두 일조교로 일본정부 지원	대부분이 각종학교로 취급되어 일본정부의 지원을 받지 못하고 있음
학교실태	도쿄한국학원은 한국진출기업의 주재원과 뉴커머 자녀들을 중심으로 교육열기와 글로벌 인재양성 교육 오사카와 교토 한국학교의 경우 일조교로서 정체성이 불분명	일본정부의 차별과 억압정책으로 학교 쇠퇴, 조선학교 70~80%가 한국국적 사람들로 대책이 필수, 현재 학생모집은 민족단체나 개인네트워크에 의존하고 있음, 도쿄 3~4개 학교가 지진에 대비 학부모 기부와 일본정부의 지원으로 재건축 중.
교육목표	한국정부 지원과 일본정부지원으로 글로벌 인재양성	재일조선인 상공인들의 기부로 조선사람, 민족교육
향후 방향성	글로벌시대 글로벌 교육 속에 한국인으로서 자연스런 민족교육 지향-글로벌 교육지향	일본에서 조선인의 정체성을 유지하고 살아가기 위한 민족교육 지향-민족교육 지향

---

20) 2013년 7월 현지에서 수집한 인터뷰자료와 내용을 중심으로 필자 작성.

현재 일본의 정치정세에 따라 민족학교가 좌지우지되고 있지만, 한국에 대해서 더 많이 알 수 있도록 잘 가르쳐야 한다. 재일코리안들 중에는 일본에서 살기 때문에 조선학교에 보내면 차별 받을 것이라는 이유로 조선학교에 보내지 않고, 일본으로 동화되어 가는 사람이 많아지고 있다. 그러나 향후 일본에서 계속 생활하기 위해서는 '조선사람'으로 의식을 가지고 살기 위한 '민족교육'이 더욱 절실히 필요하다고 생각한다."

이상과 같이 한국학교와 조선학교의 교육내용과 목표에 대해서 일본현지 사례조사를 통해 구체적으로 살펴본 결과를 정리하면 다음과 같다. 첫째 한국학교는 글로벌시대에 적합한 미래인재양성에 목표를 두고 있는 것으로 나타났다. 둘째, 조선학교는 조선인으로서의 자각을 가진 조선사람을 양성하는 데 목표를 두고 있었다.

6. 결론

이 연구의 목적은 한국학교를 대상으로 민족교육의 실태에 대하여 설문조사와 면접조사를 통해 교육의 방향성을 살펴보는데 있다. 연구방법은 한국학교의 학생들을 대상으로 설문조사를 실시하였고 조선학교에 대해서는 면접조사의 자료를 분석에 활용하였다.

연구결과는 다음과 같다.

먼저 빈도분석 결과, 성별 분포를 살펴보면 남성이 47.2%, 여성이 52.8%로 여성이 약간 많은 것으로 나타났다. 가족구성의 측면을 살펴보면 4명 가족기준이 45.1%로 압도적으로 많았고 5명 가족이 26.9%, 3명이 12.9%, 기타로 구성되어 있었다.

부모의 교육수준을 살펴보면 아버지 학력의 경우 전체 67.7%가 대학졸업 이상이었으며 어머니 학력도 63.2%가 대학졸업 이상이었다. 부모의 국적에서는 한국국적 비율이 아버지가 78.8%, 어머니가 71.3%로 양쪽 모두 높게 나타났다. 응답자 본인의 국적에 대한 질문결과는 한국적이라고 응답한 비율이 68.4%, 일본적이 21.9%였다. 응답자의 세대구성은 자신이 한반도 출생이라는 재일 1세의 비율이 23.2%, 부모를 따라 일본으로 이주한 재일 1.5세가 20.8%였다.

응답자들의 현재 재학 중인 학교에 대한 질문결과, 전체 852명 중 초급학교 14.4%, 중급학교 58%, 고급학교 24.1%로 중급학교 학생들이 절반이상을 차지하였다. 이전에 다닌 학교에 대해서는 한국계 민족학교가 39.5%, 조선학교가 2.3%, 일본학교가 36.8%로 학생들 중 상당수가 일본학교에 다니다 한국학교로 전학한 사례가 많았다. 한국학교를 선택한 계기나 이유에 대해서는 '부모님의 권유'가 62.5%로 가장 높았고, 다음으로는 '나의 선택'이 25.6%였다.

조사대상자들에게 한국학교의 장점에 대한 질문결과, '한국어를 사용할 수 있다'가 66.7%, '수업이 재미있다'가 11.5%, '선생님이 좋다'가 6.8%순이었다. 한국학교의 단점에 대하여 '통학 불편'이 31.1%로 가장 높게 나타났으며 '시설 노후'가 26.1%, '학생 수가 적다'가 24.2%로 뒤를 이었다. 한국학교의 존재이유나 필요성에 대해서는 '한국어 교육'이 40.3%로 높게 나타났고, 민족의식 교육이 25.2%, 민족문화 교육이 23.6% 순이었다.

한국학교의 실태분석 결과 한국학교 학생들은 학교에서 한국어로 공부함으로서 한민족에 대한 자부심이 강하다고 생각하고 있었으며 한국학교에 대한 한국인의 시선을 강하게 의식하고 있는 것으로 나타났다. 또한 그들 스스로도 모국의식이 강한 것으로 평가하고 있었다.

한국학교 전망 및 기여도에 대한 분석결과, 한국학교는 한민족의 뿌리와 민족정체성의 확립에 대한 기여, 한국기업이 외국으로 진출하는데 교두보 역할, 재일동포 세대 간의 연대강화와 의사소통 가능성, 일본 다문화공생 사회에서 국제사회에 대한 이해도 제고, 재일코리안 간의 연대와 협력 등을 강화시켜 줄 것으로 전망하였다.

다음은 독립표본 T검정과 분산분석을 통한 평균의 차이를 분석한 결과,

한국학교 내에서 학교특성별 차이를 보면 실태에서는 각종학교 학생들이 일조교 학생들보다 민족정체성을 더 높게 인식하고 있는 것으로 나타났다. 전망과 기여도에서는 일조교와 각종학교 학생 간 차이를 보이지 않았다.

3개 한국학교별 차이를 보면 실태에서는 세 학교의 학생들의 인식도의 차이가 분명히 있으며 동경한국학교가 가장 높았으며 건국고교, 금강학원 순으로 높았다. 민족교육 전망에서는 백두학원이 가장 높게 나타났으며 동경한국학교, 금강학원 순으로 높게 나타났다. 금강학원은 다른 두 학교보다 민족학교 전망에 대한 평균이 가장 낮은 것으로 나타났다. 그 이유에 대해서는 다른 항목들의 분석과 함께 향후 연구에서 살펴볼 필요가 있을 것이다.

요인분석 결과에서는 한국학교 선생이나 학부모, 학생 등 학교 관련자들의 실태조사 결과, 민족교육에 대한 내용이나 흥미, 부모님의 관심 부족, 제도적 뒷받침의 미비 등으로 응답하였다. 한국학교 실태에 대해서는 교육기관의 노후화, 다양한 수업자료, 정부의 민족교육 관심부족 등으로 제도적 지원 부족, 한국학교에 대한 한국인의 의식과 학생들의 모국의식이 매우 강하다는 점 등으로 분류되었다.

현지 사례조사를 통해본 한국학교와 조선학교의 차이점을 살펴보면 다음과 같이 정리할 수 있다. 첫째, 역사적 측면에서 조선학교는 각종학교로 유지되어 온 측면이 있지만 한국학교는 일조교와 각종학교로 분리되어 운영되어 오고 있다. 그 이유는 대해서는 오사카와 도쿄를 중심으로 하는 학교 설립의 역사적 배경과 학교학생의 대상이 누구이며 어떤 것을 목표로 지향하고 있는가에 따라 다르게 나타나는 것으로 생각된다.

둘째, 한국학교와 조선학교에서 사용하고 있는 민족교육 이론이나 개념은 새롭게 정립되어야 할 것으로 보인다. 민족학교의 교육내용과 목표에서도 나타난 바와 같이 한국학교에서는 민족이라는 용어에 대하여 '우리말'을 강조하는 측면이 있는데 조선학교에서는 '민족'이라는 단어는 끝까지 지켜내야 하는 것으로 생각하는 경향이 있었다. 즉 일본에서 재일코리안의 민족교육은 한국학교에서는 글로벌 인재교육 가운데 우리말을 교육하고 있는 측면을 강조하였고 조선학교는 최후까지 '민족'을 지켜내야 하는 교육의 수단적인 측면을 강조한 것으로 나타났다.

■임영언

오사카 민족교육운동의 현재

−오사카부 · 오사카시 보조금문제를 중심으로−

1. 들어가기

해방 후에 재일조선인의 민족교육은, 일본에 의한 동화압력을 비롯한 여러가지 곤란에 직면하면서도 명맥을 이어가며 재일조선인 자녀의 민족적 정체성의 함양에 큰 기여를 하여 왔다. 그 중심적인 역할을 수행하여 온 것이 재일조선인총연합회(이하 '조선총련' 또는 '총련') 계의 '조선학교'인 것은 민족교육의 사정을 알고 있는 사람이라면 누구나가 수긍하는 사실일 것이다.

조선학교는 일본의 학교교육법에 정해진 '각종학교'로서 각 광역자치단체에 의해 인가된 한반도에 뿌리를 두는 아이들(조선적[1]뿐 아니라 한국국적과 일본국적 등도 포함한다)이 다니는 민족학교이다.[2] 일본 각지에 소재하

---

1) '조선적'이란 일본의 재류관리제도(구 외국인등록제도)에 있어서 지역명으로서의 '조선'을 국적에 준하여 취급한 편의상의 표기이다. 간단히 말해 일제식민지시대 한반도에서 도항해온 자 및 그 자손 중 일본정부에서 등록상의 국적을 '한국'으로 변경하지 않은 사람을 가리키며 '조선민주주의인민공화국'의 국적을 의미하는 것은 아니다.

2) 일본의 학교교육법 제134조에서는 '각종학교'에 대하여 다음과 같이 규정하고 있다. "제1조에 게재된 것 이외로 학교교육에 준하는 교육을 행하는 것은 각종학교로 한다. 일본에 있어서의 외국인학교는 일본정부가 정하는 교육과정에 구속되지 않는 독자의 교육을 실시하기 위해 거

는 조선학교는 일본의 학교제도에 맞춰 6·3·3·4제의 체계적인 교육과정
을 갖추고 있어 일본의 '소학교' '중학교' '고등학교' '대학'에 대응하는 교육
시설로서 '초등학교' '중학교' '고급학교' '대학교'가 설치되어 있다. 조선학교
에서는 '일본어' 과목을 제외한 모든 수업이 한국어로 진행되며 음악이나
무용 등의 민족문화를 실천하는 과외활동도 활발히 이루어지고 있다. 2014
년 4월 현재 학교단계별로 보면 일본 전국의 98개 초중고급학교 및 대학교
에서 1만 명 정도의 학생이 배우고 있고(〈표 1〉) 그 가운데 오사카부에서는
11개교에 약 1,600명이 재적하고 있다.3)

그런데 지금 조선학교는 그 존립을 위협받게 된 중대한 위기에 처해있다.
일본정부는 2010년부터 실시되기 시작한 고등학교 '무상화'제도로부터, 조
선학교만을 배제하는 차별을 공공연하게 시행하고 있다.

이른바 고등학교 '무상화'란 "교육의 기회균등에 기여할 것을 목적"4)으로
공립고등학교 학생들에게서 수업료를 징수하지 않고 사립고등학교 학생들
에게는 공립고등학교 수업료에 상당하는 '취학지원금'을 지급하는 제도이
다. 그리고 이 제도로 일본 고등학교와 동등한 과정을 설치한 외국인 학교
학생들도 '취학지원금'의 지급대상이 된다.5) 그러나 2010년 4월에 이 제도

의 다 학교교육법 제1조에서 정하는 '학교'(이른바 '일조교')가 아니고, 각종학교로서 설치되어
있다. 또한 한국계 민족학교(각종학교)로서는 도쿄한국학교(초등부와 중고등부로 되어 있다)
가 존재할 뿐이다.
또 오사카의 건국유초중고등학교(학교법인 백두학원), 금강학원 유초중고등학교, 교토시의 교
토국제학원 중고등학교 그리고 2014년 4월에 개교한지 얼마 안 된 이바라기현(茨城県) 이시오
카시(石岡市) 청구(青丘)학원 쓰쿠바중고등학교 등 '일조교'로서 인가되어 한국정부로부터 지
원도 받고 있는 민족학교도 있다.(참고로 일본의 학교교육법 제1조 조문은 다음과 같다. "이
법률에서 학교란 유치원, 소학교, 중학교, 고등학교, 중등교육학교, 특별지원학교, 대학 및 고
등전문학교를 가리킨다.)
이외에 재일조선인 학생을 대상으로 하는 민족교육의 형태로서는 공립학교에서 방과 후 과외
활동으로 실시되는 '민족학급'이 있다.
3) 朴三石,『知っていますか, 朝鮮学校』, 岩波書店, 2012, 32~33쪽. 초급·중급학교, 중급·고급학
교 등이 병설되어 있는 경우가 많아서 소재지별로 세면 전국 63개, 오사카는 10개이다.
4)「공립고등학교에 관한 수업료 불징수 및 고등학교등취학지원금의 지급에 관한 법률」(2010년
3월 31일 공포, 같은 해 4월 1일 시행) 제1조.
5) 2013년 3월 7일 현재, 39개 외국인학교 학생에게 취학지원금이 교부되고 있다.(고등학교 취업

<표 1> 조선학교의 분포상황(2012년 4월)

지역	대학교	고급	중급	초급	유치원	합계 (유치원 제외)
東京	1	1	5	9	3	16
埼玉	-	-	1	1	1	2
千葉	-	-	1	1	-	2
神奈川	-	1	1	3	3	5
茨城	-	1	1	1	-	3
栃木	-	-	1	1	-	2
群馬	-	-	1	1	-	2
新潟	-	-	1	1	-	2
宮城	-	-	1	1	-	2
北海道	-	1	1	1	-	3
福島	-	-	1	1	-	2
愛知	-	1	1	4	4	6
長野	-	-	1	1	1	2
岐阜	-	-	1	1	1	2
福井	-	-	1	1	-	2
静岡	-	-	1	1	-	2
三重	-	-	1	1	1	2
京都	-	1	1	2	2	4
滋賀	-	-	1	1	1	1
和歌山	-	-	1	1	1	2
大阪	-	1	2	8	8	11
兵庫	-	1	3	6	6	10
広島	-	1	1	1	1	3
岡山	-	-	1	1	1	2
愛媛	-	-	1	1	-	2
山口	-	-	1	1	1	2
福岡	-	1	1	2	3	4
합계	1	10	33	54	38	98

출전: 朴三石, 『知っていますか, 朝鮮学校』, 岩波書店, 2012, 33쪽.

가 실시된 이래 일본 전국에 10개 정도 있는 조선고급학교만이 심사미완료
를 이유로 사실상 적용대상에서 제외되었다. 그리고 2012년 12월에 발족한
자민당의 아베정권은 2013년 2월에 조선고급학교 학생들을 '취학지원금' 지
급 대상에서 배제하기 위한 제도개악을 행하였다.

───────────

지원금제도의 대상으로서 지정된 외국인학교 등 일람, 문부과학성 http://www.mext.go.jp/
a_menu/shotou/mushouka/1307345.htm)

이에 더하여 오사카의 조선학교의 상황을 더욱 심각하게 한 것은 고등학교'무상화'제도의 조선학교 적용을 둘러싼 논의를 계기로 1974년도 이래 조선학교에 교부하여 오던 오사카부 등의 보조금을 2011년부터 2012년에 걸쳐 정지해 버린 것이다.

2010년 3월 하시모토 도루(橋下徹) 오사카부지사(당시)는 오사카의 조선학교의 경영모체인 학교법인 오사카조선학원에 대하여 이른바 4가지 요건(후술)을 교부조건으로 일방적으로 제시하여, 다음해 2011년 3월에 오사카조선고급학교가 이 조건을 채우지 못했다는 이유로 보조금 지급을 정지하였다. 더욱이 2012년 3월에는 하시모토 전 지사의 정책을 이어받은 마쓰이 이치로(松井一郞) 지사가 초중급학교를 포함한 모든 조선학교에 대한 보조금을 정지하고 말았다. 그리고 그 직후에 하시모토가 시장으로 취임한 오사카시도 오사카부의 방침을 따라 1990년도 이래 지급하여 온 보조금을 정지하였다.

왜 이런 사태가 일어났는가? 이하 본고에서는 주로 오사카부와 오사카시의 보조금 교부에 관한 사정을 검토하면서 그 문제점을 지적함과 아울러 이같은 차별정책에 대항해 전개되어 온 오사카에서의 민족교육운동 현상에 대해 소개하고자 한다.[6]

2. 민족교육의 역사와 오사카

1) 해방 직후의 민족교육과 그 수난

조선학교의 성립사정은 일제 식민지배의 역사와 분리될 수 없다. 1945년

---

6) 본고는 「朝鮮学校に対する大阪府補助金停止問題の経緯」(『インパクション』 제184호, 2012년 4월), 「朝鮮学校補助金停止問題と植民地主義」(『歴史学究』 제902호, 2013년 2월) 등 필자가 일본어로 발표했던 논문을 재구성해 대폭 가필했음을 밝혀 둔다.

8월 일본이 패전한 당시 재일조선인은 200만 이상에 달하였지만 그 아이들은 일본의 식민지 교육에 의해 자민족의 언어와 문화를 배울 기회를 빼앗기고 있었다. 그리고 식민지배로부터 해방됨에 따라 재일조선인의 3분의 2 이상은 귀국하고, 조국의 정치 불안과 반출재산의 제한 등의 이유로 약 60만 명이 일본에 남게 되었다.

오늘날 조선학교의 직접적인 기원은 해방 직후에 설립된 '국어강습소'로 총칭된 교육시설에서 찾을 수 있다. 재일조선인이 일본 각지에 자주적으로 설립한 이 시설은 모국어를 배울 기회가 없었던 아이들에게 '국어'(조선어)를 가르치는 것이었다. 1945년 10월에 결성된 재일본조선인연맹(이하 조련)의 지도하에 국어강습소는 1946년 4월 무렵부터 3년제의 초등교육기관－대다수는 '초등학원'이라는 명칭을 사용하였다－으로 정비 개편되어 국어(조선어)는 물론 역사, 지리, 산수, 체육, 음악 등의 과목도 가르치게 되었다. 1946년 6월 10일 현재, 조련 중앙총본부가 장악하고 있던 교육기관은 206개에 달해, 교원 326명, 학생 16,502명이 있었으며, 동년 9월에는 6년제가 되었다[7]. 그리고 동년 10월에는 일본 전국 525개교의 '초등학원'에 학생 42,182명, 교원 1,022명이 재적하고 있었던 것 외에 중학교 4곳에 학생 1,180명, 교원 52명, 청년학원 12곳에 학생 750명, 교원 54명이 재적하고 있어 합하면 재일조선인의 민족교육기관은 541곳에 학생 44,112명, 교원은 1,128명에 달했다.[8]

1947년에 들어가면 조련에 의한 민족교육의 조직화, 체계화는 더욱 진전되어 동년 7월 6일 제4회 전국문화부장회의에서 '정규 학교교육을 통해 동포 아이들에게 민족교육을 실시하"기 위한 '교육규정'이 정식으로 제정되었다.[9] 오사카부의 민족학교는 1947년 시점에서 62개교, 학생은 15,835명, 교

---

7) 呉圭祥, 『ドキュメント在日本朝鮮人連盟1945-1949』, 岩波書店, 2009, 132~133쪽. 그런데 1946년 6월 10일 현재 조련의 조사에는 재일조선인이 다수 거주하는 오사카, 가나가와 등의 학교수 등은 보고되지 않았다.

8) 朴慶植, 『解放後在日朝鮮人運動史』, 三一書房, 1989, 138쪽.

원은 291명이 되었다.[10]

그러나 일본정부와 GHQ/SCAP(연합국군 최고사령관 총사령부)는 조련계 민족학교가 공산주의교육을 실시한다고 의심해 탄압을 개시했다. 1948년 1월 24일에 일본정부는 문부성 학교교육국장의 이름으로 '조선학교 설립의 취급에 대하여'라는 통달문을 내려 재일조선인 아이들을 일본의 소중학교에 다니도록 할 것, 민족학교의 정규과목에서 조선어를 제외할 것 등을 지시했다. 그리고 이 통달을 따르지 않는 민족학교는 폐쇄하도록 각 광역자치단체에 명령했고 실제로 동년 3월에서 4월에 걸쳐 야마구치(山口) · 오카야마(岡山) · 효고(兵庫) · 오사카(大阪) · 도쿄(東京)의 민족학교에 폐쇄명령이 내려졌다.

이에 대해 각지에서 폐쇄에 반대하는 대규모 항의행동이 전개되어 -특히 치열했던 오사카와 고베(神戶)의 투쟁을 가르켜 '4 · 24한신(阪神)교육투쟁'이라 불림- 동년 5월 5일에는 문부성과 조련계 조선인 교육대책위원회와의 사이에 타협 각서가 교환되어 민족학교에 대한 탄압은 일단 정지되었다. 이 각서에 기초하여 오사카부에서는 다음해 1949년 2월 28일자로 재단법인 조련학원의 설립이 허가되어 3월 1일에는 조련학원이 운영하는 민족학교 21개교의 설립이 허가되었다.[11]

하지만 1949년 9월에 조련이 강제로 해산당하자 10월부터 11월 사이에 조련 산하의 민족학교도 거의 강제로 폐쇄되었다. 오사카부에서는 11월 5일 파악된 학교 44개교 중 40군데가 폐쇄명령을 받았는데, 그 내역은 조련계 인가교 24개교 전체와 무인가교 14개교 중 13군데, 민단(재일본대한민국거

---

9) 金德龍, 『朝鮮学校の戦後史1945-1972(増補改訂版)』, 社会評論社, 2004, 33~34쪽 ; 呉圭祥, 앞의 책, 139쪽.

10) 編集委員会 編, 『大阪民族教育60年誌』, 学校法人大阪朝鮮学園, 2005, 6쪽.

11) 大阪府教育委員会事務局学事課, 『昭和二十九年四月 大阪府下における朝鮮人学校問題について』(九州大学森田文庫, J-10-18, 「在日朝鮮人 大学生 · 学校問題」 수록), 4~5쪽. 그중 7개교는 교사의 완성 · 개축, 운동장의 정비, 교실의 개장, 사유지의 매수 등의 조건부로 인가되었다. 또 설립허가교는 그 후 3교 늘어 24개교가 되었다.

류민단)계 무인가교 1군데, 중립계 무인가교 2군데였다.[12]

2) 민족교육의 재건과 각종학교 인가

이리하여 재일조선인의 민족교육은 큰 타격을 입게 되었는데 학교의 일
부는 일본정부의 인가를 받지 않은 이른바 자주학교로 유지되거나 재건되
었고, 또 일부는 조선인만을 학생으로 하는 공립학교로 개편되었다. 오사카
부의 경우 1953년 4월 시점에서 자주학교로서 구 조련계 13개교(소학교 11
개교, 고등학교 2개교) 공립중학교로서 1개교(오사카시립 니시이마자토(西
今里)중학교)가 운영되게 되었다.[13]

한편, 1955년 5월 조선총련 결성 후 각지의 조선학교는 북한으로부터 재
정지원을 받으면서 민족교육의 재건에 매달렸다. 오사카부는 1961년 8월에
오사카조선학원을 재단법인으로 인가하고 이 학원이 운영하는 오사카부 내
의 조선학교 가운데 일난 오사카소선중급학교만을 각종학교로 인가했다[14].
유일한 공립학교인 오사카 시립 니시이마자토중학교도 1961년 8월 31일에
폐교되었고, 다음날인 9월 1일부터 나카오사카(中大阪) 조선초중급학교로
새롭게 출발하게 되었다[15].

이 무렵 오사카부와 같이 각 광역자치단체들이 조선학교를 각종학교로
인가하는 움직임이 서서히 각지로 확대되어 갔다.(〈표 2〉) 1965년 현재 각
종학교로 인정된 조선학교는 일본 전국에서 33개교로 학생 정원의 합계는

---

12) 大阪府総務部教育課, 『昭和二十八年(1953年) 四月調 朝鮮人学校一覧』(九州大学森田文庫, 前
　掲, 「在日朝鮮人 大学生・学校問題」 수록) 2~6쪽 ; 前掲, 『昭和二十九年四月 大阪府下におけ
　る朝鮮人学校問題について』, 6~8쪽. 폐쇄명령이 내려지지 않은 4개교 가운데, 조련계 무인가
　교 1개교는 '자발적으로' 폐교를 신청하였고, 중립계의 재단법인백두학원이 설치한 3개교는 문
　부성에서 개조를 승인받아 존속하게 되었다.

13) 前掲, 『昭和二十八年(1953年) 四月調 朝鮮人学校一覧』, 7~16쪽. 오사카시립 니시이마자토(西今
　里)중학교는 1950년 7월 1일에 개교한 오사카시립 혼조(本庄)중학교니시이마자토분교가 이듬
　해 1951년 4월에 독립한 것이다.(전게, 『大阪民族教育60年誌』, 55쪽).

14) 前掲, 『大阪民族教育60年誌』, 18쪽.

15) 同前, 55쪽.

19,404명에 달하였다[16]. 그 외에도 당국 측이 '북조선계'로 간주한 자주학교 120개교(대학교 1, 고급학교 9, 중급학교 39, 초급학교 71) 및 공립학교 분교 15개교도 설치되었다.[17]

이 같은 상황에 대하여 일본정부는 1965년 12월 28일 각 광역자치단체가 조선학교를 각종학교로서 인가하는 움직임에 제동을 걸고자, 문부성 사무

〈표 2〉 조선 학교의 각종 학교 및 준 학교 법인의 인가 추이

연도	인가학교수					준학교법인 인가수
	초급	중급	고급	대학교	소계	
1949	1	-	-	-	1	1
1953	-	3	3	-	6	-
1955	11	2	2	-	15	1
1956	-	-	1	-	1	-
1959	3	2	1	-	6	-
1961	2	2	-	-	4	1
1962	1	6	-	-	7	-
1963	1	1	-	-	2	1
1964	-	2	-	-	2	-
1965	8	3	-	-	11	1
1966	22	8	2	-	32	6
1967	19	9	-	-	28	7
1968	3	4	-	1	8	4
1969	3	1	-	-	4	1
1970	3	5	1	-	9	2
1971	3	3	-	-	6	2
1972	2	2	-	-	4	-
1974	-	2	1	-	3	-
1975	1	1	-	-	2	1
1983	-	-	1	-	1	-
합계	83	56	12	1	152	29

출전: 朴三石, 『教育を受ける権利と朝鮮学校－高校無償化問題から見えてきたこと－』, 日本評論社, 2011, 179쪽.

비고: 원주에 "편의상 인가 학교는 1988년 현재 운영되는 학교만 대상으로 한다. 1983년의 선정 대학은 신설에 따른 것."이라고 되어있다.

---

16) 「外人教育小委員会中間報告附属資料」 중의 「第四 朝鮮人教育関係施設」, 3~5쪽(日韓会談関連文書第6次開示決定・文書番号565 「朝鮮人教育の概要」 수록. http://www.f8.wx301.smilestart.ne.jp/6ji-all/6ji-1/00847/2006-00588-0565-01-01-IMG.xdw). 도도부현별 소재지 내역은 도치기(栃木) 1, 이바라키(茨城) 1, 도쿄 15, 가나가와(神奈川) 1, 아이치(愛知) 1, 시가(滋賀) 1, 교토 4, 오사카 1, 효고(兵庫) 6, 와카야마(和歌山) 1, 후쿠오카(福岡) 1 등이 있다.

17) 同前, 10~11쪽.

차관 명의로 "조선인만을 수용하는 교육시설의 취급에 대하여"라는 통달문을 내려 '조선인학교'를 각종학교로 인가해서는 안 된다고 못을 박았다. 그러나 각 광역자치단체가 조선학교를 각종학교로 인가하는 움직임은 오히려 그 후에 한층 확대되어[18] 오사카에서는 1966년 3월에 오사카 조선학원이 운영하는 오사카부 내의 모든 조선학교가 각종학교로서 설립을 인가받았다.[19] 각 광역자치단체 지사들에 의한 조선학교의 각종학교 인가는 1965~1967년에 집중되었는데,(〈표 2〉) 결국 1975년까지 일본 전국 모든 조선학교가 인가되기에 이르렀다.[20] 민족교육을 관념적으로 위험시 정대새하고 항상 억압하여 온 일본정부에 비해 민족교육의 현장 상황을 그 나름대로 아는 지자체에서는 한계가 있기는 하나 민족교육을 지탱하려는 노력도 일정 정도 진전되었던 것이다.

3) 보조금 지급의 개시와 충실화

조선학교가 각종학교로서 인가된 후, 일본의 각 지방자치단체는 '사립학교', '사립전수각종학교', '사립전수학교 등' 등에 대한 경제적 조성의 일환이라는 형식으로 조선학교에 대한 보조금을 교부하기 시작했다.(〈표 3〉) 즉 조선학교는 지방자치단체에서 사립고등학교, 전수학교에 준하는 교육기관으로 위치하게 된 것이다. 각 광역자치단체에 의한 조선학교에 대한 공적보조는 1970년도에 도쿄도가 실시한 '사립학교 교육연구 조성금'을 효시로

---

18) 특히 1968년 4월, 미노베 료키치(美濃部亮吉) 동경도지사가 고다이라(小平)시의 조선대학교(朝鮮大学校, 1956년 4월 설립)를 각종학교로서 인가한 것은 큰 반향을 불렀다. 후지나가 다케시, 「한일국교수립과 재일조선인의 민족교육 – 외국인학교 제도안을 중심으로 –」, 『환동해리뷰』 제9권 제1호, 2013년 4월 참조.

19) 前掲, 『大阪民族教育60年誌』, 20쪽, 이 때 인가된 학교는, 오사카고급, 히가시오사카중급, 나카오사카초중급, 미나미오사카초중급, 히가시오사카제1초급, 히가시오사카제2초급, 히가시오사카제3초급, 히가시오사카제4초급, 히가시오사카제5초급, 港초급, 福島초급, 堺초급, 城北초급, 泉北초급, 泉大津초급, 泉州초급 등의 16개교로 보여진다.

20) 朴三石, 『教育を受ける権利と朝鮮学校 – 高校無償化問題から見えてきたこと –』, 日本評論社, 2011, 177~181쪽.

1970년대 후반부터 서서히 일본 전국으로 확대되어, 1997년에는 조선학교가
설치되어 있는 29개 광역자치단체 모두가 실시하게 되었다.[21] 또 기초자치

<표 3> 도도부현의 조선학교 보조금 지급 상황

도도부현	보조금 명목(1997년 4월 현재)	지급 초년도	2014년도 지급상황
東京都	사립학교교육연구보조금 사립외국인학교교육운영보조금	1970 1995	2010년도 정지
大阪府	사립전수각종학교설비비보조금 사립외국인학교진흥보조금	1974 1991	2010년도 감액 2011년도 정지
奈良県	교과서등교재보조금	1975	2009년도 휴교부터 정지?
愛知県	사립학교경상비보조금	1977	계속
神奈川県	사립학교경상비보조금 사립학교교육설비비보조금	1977 1979	2013년도 정지 2014년도 신제도로 지급
京都府	사립전수각종학교교육진흥보조금	1979	계속
滋賀県	사립전수각종학교운영비보조금	1979	계속
長野県	사립전수각종학교시설충실보조금	1981	계속
和歌山県	사립학교교육관리경비보조금	1981	계속
茨城県	사립전수각종학교교육진흥보조금	1981	계속
兵庫県	외국인학교운영비보조금	1982	2014년도 감액
埼玉県	사립학교운영비보조금	1982	2010년도 정지
千葉県	조선학원경상비보조금	1985	2011년도 정지
群馬県	사립학교교육진흥보조금	1986	계속
広島県	사립학교경상비보조금 사립학교진흥사업(교원연수비) 사립학교진흥사업(일반수학비보조)	1988 1994 1994	2012년도 정지
北海道	사립전수학교등관리운영비보조금	1988	계속
静岡県	사립전수학교등운영비보조금	1988	계속
岐阜県	사립전수학교등교육진흥보조금	1989	계속
福井県	사립전수학교등교육진흥보조금	1990	계속
栃木県	사립전수학교등운영비보조금	1990	계속
福島県	외국인학교진흥사업보조금	1991	계속
山口県	사립전수학교등교육조건설비보조금	1992	2013년도정지
福岡県	외국인학교교육진흥비보조금	1992	계속
宮城県	사립전수학교등교육진흥보조금	1992	2011년도정지
三重県	사립전수학교등교육진흥보조금	1992	계속
新潟県	사립전수학교등운영비보조금	1993	2013년도 정지
島根県	특색교육조성금	1994	1999年度廃校により停止?
岡山県	사립학교교재교구보조금	1996	계속
愛媛県	외국인학교교류보조금	1997	2012년 정지

출전: 朴三石, 『教育を受ける権利と朝鮮学校－高校無償化問題から見えてきたこと－』, 日本評論
社, 2011, 203쪽을 일부 수정, 추가.

---

21) 同前, 202~203쪽.

단체로부터의 조성도 점차 확대되어 1995년 시점에서 조선학교에 몇 가지 형태의 조성금을 지급하는 지방자치단체는 27개 광역자치단체와 154개 시, 23개 구, 33개 정('읍'에 해당하는 일본 특유의 행정단위—역자 주)이라고 한다.22)(〈표 3〉)

한편 오사카부에서는 1974년도부터 재단법인 오사카조선학원에 '사립전수각종학교설비보조금'(이하 '설비보조금')을 교부하기 시작했다. 이 보조금은 시설 수선비로서 지출된 금액의 절반을 한도로 보조를 실시하는 것으로 오사카조선학원이 경영하는 17개교(1974년 당시)에 대해 초년도 총액 450만 엔(1개교당 264,700엔)이 교부되었다. 설비보조금은 해마다 조금씩 증액되어 1986년도에는 설비보증금 1,730만 엔에 더해 오사카조선고급학교에만 교재보조금 500만 엔이 지급되기 시작해 오사카조선학원의 조성금액은 모두 2,230만 엔이 되었다.

1989년에 오사카 조선학원이 재단법인에서 학교법인으로 변경됨에 따라 오사카부는 1991년도부터 '오사카 사립외국인학교 진흥보조금'(이하 '진흥보조금')의 교부를 개시했다. 이에 따라 종래의 교재보조금 교부가 끝나고 설비보조금 교부도 1997년도를 마지막으로 폐지되었다.

진흥보조금 교부가 시작되자 오사카부당국은 조선학교에 대해 조성의 의의를 다음과 같이 말하고 있다.

> 조선학교에 대한 조성에 대하여는 설립자가 학교법인이고, 또 그 교육활동이 대학 등에 진학 실적에서 보이다시피 우리나라 사회의 구성원으로서 필요한 교육을 실시하고 있다는 사실에 의거하여 평성4년도(1992년도, 단 정확히는 앞에 서술한 것처럼 1991년도—인용자)에 현재의 사학조성체계 안에 외국인학교 조성이라는 위치를 부여하여 조성을 실시하고 있습니다.23)

---

22) 2012년(行ウ) 제197호(補助金不交付処分取消等請求事件)「訴状」(원고: 학교법인오사카조선학원, 피고: 오사카부·오사카시), 2012년 9월 20일, 11쪽.

23) 1993년 1월 27일, 오사카부의회일반·특별회계결산특별위원회에서의 다케우치 오사무(竹內 脩) 사학과장의 답변(「平成4年度一般·特別会計決算特別委員会 01月27日—06号」, 242쪽. 오사

이 같이 당시 오사카부는 조선학교에서 일본사회의 구성원 육성에 필요한 교육활동을 실시하고 있다고 인식하고 있었다.

한편 진흥보조금은 '외국인학교'의 "교육조건의 유지 향상 및 외국인 학교에 재학하는 학생들에게 드는 수학의 경제적 부담을 덜어주도록 한다"(진흥보조금 교부 요강 제1조)라는 취지로 창설되어, 학교 운영의 경상경비(인건비 등)에 충당할 것을 전제로 한 교부로 조선학교도 조성의 대상이 되었다. 1991년도에는 학생 1인당 연간 1만 엔이었던 진흥보조금이 서서히 증액되어, 2000년도에 7만 7,000엔이 된 후, 오사카부의 재정난으로 인해 2008년도에 7만 1,860엔, 2009년도에 6만 9,300엔으로 감액되었다. 2009년도 조선 초중고급학교 10곳에 대한 교부액은 합계 1억 2,099만 엔이 되었다.

오사카부의 조선학교에 대한 경제적 조성은 다른 지방자치단체에 비해 후한 편이었다. 그러나 2009년도 실적을 보면, 오사카부 사립고등학교 학생에 대한 경상비 보조금은 1인당 27만 848엔이나 되어 오사카조선고급학교 학생에 대한 조성금(6만 9,300엔)은 그 25.6%에 불과하다[24]. 외국인도 일본 국민과 같은 액수의 세금납부 의무를 지고 있으면서 교육에 대한 공적 조성은 확연히 내국인과 외국인 사이에 차별이 존재하는 것이다. 이러한 상황에 직면해 오사카의 조선학교에서는 수업을 일반 공개하는 등의 노력을 기울이는 한편, 1993년 11월부터 보조금 증액 등을 요구하는 서명운동을 전개하여 약 21만 명의 서명이 모아졌다.

한편, 오사카부의 보조금 교부에 촉발되어 1980년대에 들어가면서 오사카부 소속의 각 시에서도 조선학교에 대한 조성이 실시되기 시작했다. 필자가 알기로는 1984년도 사카이(堺)시에서의 실시가 가장 빠르고 다음해 1985년도에는 히가시오사카(東大阪)시에서도 보조금 교부가 시작되었다.

오사카시에서는 1990년도부터 오사카조선학원에 대해 보조금("의무교육

카부 의회회의록 검색시스템 http://kaigiroku.gikai-web.jp/kaigiroku/osakafu/index.html).
24) 前揭, 「訴状」, 13~20쪽 ; 前揭, 2012년(行ウ) 第197号, 甲第1号証 「私立高校と朝鮮高級学校への教育助成金の比較」.

에 준하는 교육을 실시하는 각종학교를 설치한 학교법인에 대한 보조금")을 지급하기 시작했다. 이 보조금은 오사카시 내의 학교를 대상으로 교구 시설 등에 드는 실비를 반액을 한도로 교부한 것으로 초년도에 120만 엔이었던 지급액은 1997년도에는 3,000만 엔까지 증액되었다. 2002년도 이후 오사카 부와 마찬가지로 재정난 때문에 감액되었지만, 중지되기 전년도인 2010년 도에도 2,650만 엔이 지급되었다.[25]

1990년대에는 조선학교에 대한 경제적 조성 확대와 더불어 조선학교에 대해 일본 학교와 동등한 대우를 보장하려는 움직임이 확대되어 여러 가지 차별적 대우는 서서히 해소되어 갔다. 예를 들어 1994년에는 전국고등학교 체육연맹이 조선고급학교와 고등전문학교 등에 전국고등학교 종합체육대 회(고교총체, 다른 말로 인터하이)에 참가할 자격을 특례로 인정함으로써 이후 경기별 선수권대회에 조선고급학교의 참가가 인정되게 되었다. 또 전 국중학교 체육연맹도 1996년 3월에 외국인학교 학생의 공식대회 참가 자격 을 특례조치로서 인정했고 1997년도 여름에 열린 전국대회 예선에 조선중 급학교가 출장할 수 있게 되었다.[26]

한편 1994년 4월 JR 각사는 조선학교를 포함한 각종학교, 전수학교와 일 반학교 사이의 통학정기권 운임 할인율 격차를 시정하였다. 1987년 이래 조 선학교의 학부모를 중심으로 전개된 꾸준한 청원운동이 열매를 맺어 일본 학교에 비해 할인율이 낮았던 통학정기권의 차별운임이 해소되었다.[27] 더 욱이 2003년 9월에는 문부과학성이 외국인학교 졸업생의 국립대학 수험자 격을 인정하기 위해 학교교육법 시행규칙의 일부를 개정하는 성령을 공포 함으로써, 조선고급학교 졸업생은 각 국립대학의 개별심사를 통해 수험자 격을 인정받게 되었다.

이 같이 조선학교에 대한 차별대우는 완만하기는 하나 착실하게 해소되어

---

25) 前揭, 2012년(行ウ) 제197호, 甲第3号証「本件各補助金 支給実績表」.
26) 朴三石, 前揭『教育을 받을 権利와 朝鮮学校』, 194~200쪽.
27) 同前, 200~202쪽.

갔다. 그러나 이러한 움직임은 2010년대에 들어서 한꺼번에 역행하게 된다.

3. 오사카부 오사카시 보조금의 정지

1) 하시모토 '4가지 요건'의 제시

2009년 12월, 하토야마 유키오(鳩山由起夫) 민주당 내각의 나카이 히로시(中井洽) 납치문제담당장관은 이른바 '납치문제'의 '해결'이 진전되지 않은 상황을 배경으로 2010년도부터 실시예정이던 고등학교 '무상화'제도에서 조선고급학교를 제외하도록 문부과학성에 요청해 정부 내에서 의논이 되었다.[28] 다음해 2010년 2월 신문보도로 이 사실이 널리 알려지자[29] 3월에 당시 하시모토 도루 오사카부지사는 조선학교에 대한 오사카부의 보조금 문제에 관해 언급하기 시작했다.

2002년 일본과 북한의 수뇌회담에서 북한이 일본인 납치를 인정하고 나서 일본사회는 들끓었고 이른바 '북한 때리기'가 강화되었는데, 그 공격대상이 점차 조선학교로 향하게 되었다. 2003년 1월 도쿄도는 도쿄 조선 제2초급학교의 부지 일부를 반환할 것과 손해금 4억 엔을 요구하는 소송을 일으켰다(이른바 에다가와(枝川)재판이다). 한편 오사카에서도 2007년 1월에 히가시오사카시가 오사카조선고급학교의 운동장의 일부를 비우고 손해금 약 8000만 엔과 명도할 때까지의 임대료를 요구하며 소송을 일으켰다.[30] 양자는 다행히 합의를 보긴 했지만, 조선학교 교지가 공유지가 된 역사적 경위를 살펴보지 않고 소송을 일으킨 것에서 지방자치단체의 조선학교에 대한 태도의 변화를 느낄 수 있다. 앞서 서술한 국립대학 수험자격 문제만 해도

---

28)『朝日新聞』오사카본사판, 2010년 9월 23일 조간.

29)『朝日新聞』오사카본사판, 2010년 2월 21일 조간.

30) 朴三石, 前揭,『교육을 받을 權利와 朝鮮学校』, 205~209쪽.

당초 문부과학성은 외국인학교 가운데 경제계로부터 요망이 강한 인터내셔널스쿨 졸업생에 대해서는 수험자격을 인정하지만 조선학교 등에 대해서는 인정하지 않을 방침이었다. 문부과학성 간부에 따르면 그 이유는 "지금 인정하면 북조선을 이롭게 하는 것으로 보일 가능성이 있다"는 것이었다고 한다.[31]

또한 하시모토 지사는 2010년 3월 2일 고등학교 '무상화' 문제에 대하여 조선총련과 "조선학교의 관계를 확인하여 (오사카)부민이 납득하지 못할 관계가 있을 경우 지원할 수 없다"고 말해 조선학교에 대해 고등학교 '무상화' 제도가 적용될 경우에도 "(오사카)부 독자적으로 조성 대상에서 조선학교 제외를 검토할 생각"을 나타냈다.[32] 다음날 3일에는 "북한이라는 나라와 폭력단은 기본적으로 같다"고 하며 가까운 시일 내에 직접 오사카조선고급학교를 시찰할 방침을 밝혔다.[33] 더욱이 하시모토 지사는 이날 "북한이라는 나라는 불법국가이며, 그와 관련된 학교나 시설과는 함께 할 수 없다"고도 말했다.[34]

하시모토 지사는 조선학교를 시찰하기 직전인 3월 10일, "교실에 불법 국가의 리더의 초상화를 걸고 있는 학교라면 인정할 수 없다"며, 북한의 김정일 국방위원장의 초상화가 교실에 걸려 있는지 확인할 의향을 처음으로 밝혔다.[35] 더욱이 "민족차별이라는 지적이 있지만 조선민족이 나쁜 건 아니다. 북한이라는 불법 국가가 문제이다. 그것은 독일민족과 나치스와의 관계와 마찬가지이다"고도 주장하였다.[36]

이리하여 3월 12일 하시모토 지사는 오사카조선고급학교와 이쿠노(生野)

---

31)『朝日新聞』오사카본사판, 2003년 2월 21일 조간.
32)『朝日新聞』오사카본사판, 2010년 3월 3일 조간.
33)『朝日新聞』오사카본사판, 2010년 3월 3일 석간.
34)『朝日新聞』도쿄본사판, 2010년 3월 4일 조간.
35)『朝日新聞』오사카본사판, 2010년 3월 10일 석간.
36)『産経新聞』오사카본사판, 2010년 3月 10日 석간.

조선초급학교를 시찰하고, 오사카부 독자의 보조금을 주는 조건으로 이른
바 4가지 요건을 제시하였다. 그 내용은 ① 일본의 학습지도 요령에 준해
교육활동을 행할 것, ② 학교의 재무정보를 일반에 공개할 것, ③ 특정의 정
치단체와 선을 그을 것, ④ 특정 정치지도자의 초상화를 교실에 내걸지 말
것이었다. 동시에 지사는 전문가에 의한 검토위원회(워킹그룹)를 설치해 조
선학교에서 사용될 교과서의 기술내용 등을 확인할 방침을 표명했다.[37]

한편 동년 4월 1일에 이른바 고등학교 '무상화'법이 실시되자 문부과학성
령으로 그 시행규칙도 공포 시행되는데, 그에 의하면 대학수험 자격인정 기
준으로 정해진 외국인학교의 세 가지 분류가 원용되었다. 즉 ① 일본과 국
교가 있는 국가의 민족학교, ② 인터내셔널스쿨에는 '무상화'제도가 적용되
는 한편, ③ 문부과학장관의 지정이 필요한 학교(대다수는 조선고급학교)는
당분간 적용이 보류되었다.[38] 그 중 ③에 대해서는 11월 5일에 다카키 요시
아키(高木義明) 문부과학장관이 "교육내용이 아니고 수업시간과 시설면적
등으로 판단"한다는 '무상화'제도 적용 기준을 공표하였지만, 23일에 북한이
연평도에 포격한 것을 계기로 다음 24일에 간 나오토(菅直人) 수상은 또다
시 조선학교를 당분간 적용대상 외로 할 생각을 표명하였다.

그 후 민주당 정권 하에서 조선고급학교의 심사는 "종료에 이르지 않았
다"고 해 사실상 정지되었다. 심사가 장기화된 이유에 대해 문부과학성은
"보도 등에서 지적된 내용 중에 심사에 관계할 것에 대해 필요한 확인을 실
시하고 있다"는 등의 설명을 하고 있다.[39] 우익 매스컴이 조선학교를 공격
할 때마다 그 보도내용에 대해 확인하고 있기 때문에 심사종료에 이르지
않았다는 것이다. 실제로 2011년 말부터 2012년 중반까지 문부과학성은 각

---

37) 『産経新聞』 오사카본사판, 2010년 3월 13일 조간.
38) 3에 해당되는 다른 2개의 학교 즉 호라이즌 저팬 인터내셔널 스쿨(요코하마시)는 2011년 8월
에, 코리아 국제학원(오사카부 이바라키(茨木)시)는 같은 해 12월에 취학지원금교부의 대상학
교로 지정되었다(호라이즌 저팬 인터내셔널 스쿨은 나중에 2로 지정변경).
39) 『朝鮮新報』 2012년 4월 12일(http://chosonsinbo.com/jp/2012/04/kkm-11).

조선고급학교에 계속적으로 문의를 한 모양이었고,[40] 이 같은 지극히 정치적=자의적인 판단에 의해 일본 전국의 10개 조선고급학교만이 '무상화' 제도에서 배제되어 온 것이다.

그 결과 특히 오사카에서 조선고급학교에 다니는 학생과 그 밖의 공립·사립 고등학교를 다니는 학생들의 대우의 격차=차별은 심각하게 확대되었다. 수업료가 무상화된 공립고등학교는 물론 오사카의 사립고등학교에서는 하시모토 전 지사의 노력으로 고등학교 '무상화' 제도와 연동하는 오사카부 독자의 '사립고등학교 수업료 지원보조금' 제도를 발족시켜 2011년도의 신입생부터 연소득이 610만 엔 미만의 세대는 실질적으로 수업료가 면제되었기 때문이다. 오사카조선고급학교 학생의 학부모도 원래는 교부 대상이었지만 '무상화'제도가 적용되지 않아 그 실시가 보류되었다. 다시 말해 오사카부에서는 공립 사립을 불문하고 거의 모든 고등학교 학생의 수업료가 무상화되었던 것에 비해 조선고급학교 학생들만 연간 50만 엔 정도의 수업료를 지불하지 않으면 안 되는 사태를 맞이하였다. 그리고 이러한 경제적 부담의 격차가 조선고급학교의 학생수 감소에 박차를 가하는 게 아닐까 하는 우려를 낳았다.

한편 오사카부가 2010년 5월에 설치한 워킹그룹은 6월 3일과 9일 오사카조선고급학교를 시찰한 뒤 9월 22일 하시모토 지사에게 16항목으로 된 "오사카조선고급학교의 교육활동에 대한 제언"을 제출하였다. 그 가운데 특히 주목되는 것은 ① 특정 정치지도자에 대한 경칭 사용은 고려할 필요가 있다, ② 현행 커리큘럼의 '현대조선사'는 '교과'가 아니라 '특별활동'으로 변경

---

40) 구체적인 확인사항의 내용은 「高等学校等就学支援金の支給に関する審査会」의 의사요지이나 회의자료에서 확인할 수 있다(http://www.mext.go.jp/a_menu/shotou/mushouka/detail/1342768.htm). 예를 들면, 제4회 심사회(2011년 11월 7일 개최)에서 조선총련과의 관계와 이후의 대응방침 등, 조선고급학교에 대한 확인사항이 결정되었다(「資料7各朝鮮学校への書面による確認事項(案)」 http://www.mext.go.jp/a_menu/shotou/mushouka/detail/1342899.htm). 이에 대한 각조선고급학교의 회답은 제5회 심사회(2011년 12월 16일 개최)에서 보고되었다(「資料9各朝鮮学校に対する書面確認事項」 http://www.mext.go.jp/component/a_menu/education/micro_detail/__icsFiles/afieldfile/2013/12/27/1342844_08.pdf).

하는 것이 적당하며 다른 견해를 가진 역사적 사실에 대하여는 양쪽 모두
를 가르칠 필요가 있다, ③ 일본의 학습지도요령과 대비해 볼 때 '가정과'와
'종합적 학습 시간'을 개설하는 것이 바람직하다, ④ 거버넌스(독립성) 향상
을 위한 방법으로 재무정보공개 등 투명화를 꾀할 것과 정치적 중립성을
준수하는 학교운영에 힘쓸 것 등이었다.41) 앞서 살펴본 바와 같이 문부과
학성의 전문가회의에서는 교육내용을 무상화제도 적용의 판단재료로 하지
않을 방침을 제언한 것에 비해, 오사카워킹그룹은 교육내용까지 관여하는
'제언'을 한 것이었다. 오사카부는 곧바로 이를 오사카조선학원에 전하며 하
시모토 지사는 "모두 개선할" 것을 보조금 지급의 조건으로 하였다.42) 오사
카조선학원으로서는 받아들이기 어려운 내용도 포함되어 있었지만 학원측
은 그 후 지속적인 보조금 교부를 위해 오사카부 당국과 4가지 요건을 둘러
싼 구체적인 협의를 거듭하게 되었다.

2) 보조금 정지와 새로운 장벽

이리하여 2011년 3월 8일, 오사카조선학원은 4가지 요건에 대한 회답서를
오사카부에 제출하였다. 그 요지는 ① 조선총련을 비롯한 각종 단체와 동포
의 지원을 받고 있지만 조선학원의 독립성은 보장한다, ② 초상화에 대해서
는 우리의 심정에 관한 것으로 우리 자신이 결론을 낼 문제이고 현재 고급
학교에는 초상화가 있긴 하지만 초 중급학교에는 없다, ③ 견해가 다른 문
제에 대해서는 일본의 참고도서를 활용해 양쪽의 의견을 병기한다, ④ 학원
홈페이지에 재무상황을 공개하고 지역주민과 교류를 활발하게 진행한다는
것이었다.

이에 대해 하시모토 지사는 조선학원 측이 오사카조선고급학교의 교실에

41) 오사카조선고급학교 교육활동의 확인 워킹 「大阪朝鮮高級学校の教育活動に対する提言」, 2010
　　년 9월 22일.
42) 『朝日新聞』 오사카본사판, 2010년 9월 23일 조간.

걸린 초상화를 내리는 결단을 하지 않았다는 것에 더해 교과서의 기술에 대해 "(교과서)편집위원회에 의견을 전달한다"고 언급한 것에 머문 점을 문제시해 오사카조선고급학교에 보조금을 지급하지 않기로 했다.[43] 한편 하시모토 지사는 오사카조선학원에 의한 "거버넌스 향상을 위한 기본방침" 책정을 조건으로 교실에 초상화가 없는 초중급학교에 대해서만 보조금을 교부할 방침을 밝혔다.

이리하여 3월 23일 오사카조선학원이 오사카부에 '기본방침'을 제출하였는데, 오사카부에서는 초중급학교가 4가지 요건을 충족하였다고 하여 보조금 9,100만 엔을 지급할 것을 정식으로 결정하였다. 또 이때 하시모토 지사는 다음연도(2011년도)에도 보조금을 지급할 예정이며, 9월 정례오사카부의회의 본회의에서 보정예산으로 결정할 것이라고 말했다.[44]

그런데 4월 10일 통일지방선거의 결과 하시모토 지사가 대표로 있는 '오사카유신회'가 오사카부 의회선거에서 과반수의 의석을 획득하자 분위기가 이상해졌다.

오사카부의회에서의 보정예산 심의에 앞서 부의회 교육상임위원 14명 전원(그 중 7명이 '오사카유신회' 소속)이 10월 6일 이쿠노조선초급학교를 시찰하고, 11·13·17일 교육상임위원회에서 담당부서인 부민문화부 사학(사립학교)·대학과와 하시모토 지사에 대한 질의응답이 실시되었다. 거기서 '오사카유신회' 등에 소속된 일부 의원이 초상화에 대해서는 교실뿐이 아니라 교직원실(학교 전체)에서도 떼어내야 하고, 교실에 '독도'·'동해'라고 표기된 지도(조선어판)가 있는 것은 문제이며, 일본정부의 견해에 따라 '다케시마(竹島)'·'일본해(日本海)'라고 교육해야 한다며, 납치피해자 전원이 돌아

43) 『朝日新聞』 오사카본사판, 2011년 3월 9일 조간. 아울러 조선학교에서 사용되는 교과서는 2003~2006년의 개정 이후 교과서를 출판하는 学友書房 교과서편찬부원, 조선대학교교원, 조선 각급학교 교원 등이 '교과서편찬위원회'도 조직하고 편찬작업도 행하고 있다.(板垣竜太, 「朝鮮学校への嫌がらせ裁判に対する意見書」, 『評論·社会科学』 제105호, 2013년 5월, 156~157쪽)
44) 『読売新聞』 오사카본사판, 2011년 3월 24일 조간.

올 때까지 보조금을 교부해서는 안 된다는 따위의 주장을 해 초중급학교에의 보조금 지급에 반대한 것이다. 하시모토 지사는 4가지 요건에 대해 "지금 이 단계에서 그것을 크게 바꿀 수는 없다"고 초중급학교는 "지금 현재 4가지 조건을 충족하고 있다"며, 초상화 문제에 관해서는 "의회의 지적에 따라 학교 측에 그 뜻을 전해 조정을 꾀하고자 한다"고 답변하였다.[45]

이렇게 해서 오사카부 의회에서 보조금 지급에 관한 새로운 조건의 설정이 논의되기 시작한 가운데 하시모토 지사는 오사카 시장선거에 출마하기 위해 오사카 지사를 사임하고, 11월 27일에 오사카 부지사와 오사카 시장의 동시선거가 실시되었다. 하시모토는 오사카시장에 당선되었고, 하시모토의 후임으로 오사카부지사에는 같은 '오사카유신회'의 마쓰이 이치로(松井一郎)가 당선되었다.

마쓰이 신임 지사 아래 재개된 오사카부의회에서 '오사카유신회'의 일부 의원들은 집요하게 조선초중급학교 직원실에 초상화가 걸려있는 것 등에 대한 공격을 계속하였다. 그 결과 12월 21일 오사카부의회 본회의에서 직원실에 초상화가 없었던 초급학교 1개교에만 보조금을 교부하고 다른 초중급학교 8개교에는 보조금을 교부하지 않는 보정예산을 가결했던 것이다. 동시에 오사카부의회는 ① 보조금을 집행할 때 4가지 요건을 충족시켰는지를 재조사 할 것, ② 4가지 요건에 대해 더욱 엄격한 실태조사를 계속 실시할 것, ③ 4가지 요건을 충족시키지 못했음이 판명될 경우 보조금의 반환을 요구할 것 등의 부대결의를 가결하였다.[46] 오사카부는 2012년 2월 20일 보조금 교부 요강의 '개정'을 오사카조선학원 등의 외국인학교에 통지했는데, 이는 하시모토 전임 지사가 제시한 4가지 요건을 요강에 명분화한 것이다. 특

---

45) 「平成 23年(2011年) 9月 定例会教育常任委員会 10月 17日 -03号」, 99쪽(『読売新聞』 오사카본사판, 오사카부 의회회의록 검색시스템).

46) 平成23年(2011年) 9月定例会本会議(2) 12月21日 -14号」, 690쪽. 부대결의 내용은 「平成23年 9月 定例会教育常任委員会 12月 19日 -06号」, 202쪽(『読売新聞』 오사카본사판, 오사카부 의회 회의록 검색시스템).

히 초상화에 대해서는 "직원실을 포함한 교실 전체에서 떼어낼 것"이라는 오사카부의회의 논의에 의거해 '교실'의 해석을 확대하는 내용이 되었다.[47]

3) 보조금 부활을 요구하면서

이 같은 역경 속에서 오사카에서는 변호사와 학교, 지역마다 결성되어 있던 일본인 중심의 지원단체,[48] 그리고 조선학교 관계자, 이렇게 삼자가 하나가 되어 2011년 7월부터 고등학교 '무상화' 문제에 대하여 일본정부에 대한 제소를 시야에 둔 학습회가 시작되었다. 그리고 이 삼자를 중심으로 '조선고급학교무상화를 요구하는 연락회 오사카'(이하 연락회 오사카)를 결성해 '무상화' 적용, 오사카부 보조금부활을 위한 폭넓은 운동을 전개한다는 방침이 결정되었다. 그리하여 2012년 3월 1일 연락회 오사카의 결성집회가 개최되었다.

같은 해 6월 16일에는 조선학교를 재정적으로 지원하기 위한 '오사카조선학원 지원 부민기금'(애칭 홍길동기금)이 발족했다. 현재 연락회 오사카에서는 재판투쟁 지원을 중심으로 매주 화요일 오사카부청 앞에서 가두선전활동(2014년 5월 13일에 100회째를 맞이함)을 펼치는 한편 행정당국과 오사카부의회 오사카시의회 의원 등에 대한 로비, 각종 집회와 시위, 서명활동 등에 힘쓰고 있다. 2013년 7월에는 조선학교 지원을 위해 한국의 배우, 가수, 영화감독 등이 결성한 몽당연필[49]의 공연을 개최하여 대성공을 거두었다.

한편 연락회 오사카는 결성집회에서 채택한 요청서를 2012년 3월 8일에

---

47) 오사카부부민문화부 사학·대학과장 발신, 사립외국인학교설치자 수신, 私第2693号, 「「大阪府私立外国人学校振興補助金交付要綱」の改正について」, 2012년 2월 20일.
48) 현재, 오사카부에서는 이하의 익곰 단체가 조직되었다 조선학교를 즐겁게 지원하는 이쿠노(生野)회, 나카오사카조선초급학교와 함께 하는 모임, 조호쿠조선초급학교를 지원하는 모임, 기타오사카조선초중급학교를 지원하는 모임, 미나미오사카조선초급학교 앞으로 함께, 1%의 저력으로 조선학교의 민족교육을 지원하는 모임, 히가시오사카의 조선학교를 지원하는 시민 모임.
49) 몽당연필. http://cafe.daum.net/mongdanglove

오사카부에 제출했으며, 다음날인 3월 9일 오사카조선학원은 초중급학교 직원실의 초상화를 내리고 8개교 분의 보조금을 오사카부에 신청하였다(1 개교는 학생수가 보조기준에 도달치 않아 신청할 수 없었다). 이에 대해 마쓰이 지사는 3월 12일 2011년도의 보조금으로 이미 교부가 결정된 1개교를 더하여 7개교 분 약 7,300만 엔을 추가한 보정예산안을 개회 중인 부의회에 제안할 방침임을 밝혔다. 하지만 보조금 교부를 저지하려는 정치세력은 조선총련의 홈페이지에 조선학교가 "조선총련의 지도 아래 운영"한다고 명기되어 있고, 조선학교 학생이 금년 1월에 '소년예술단'으로서 북한을 방문해 김정은 조선노동당 중앙군사위원회 부위원장(당시)을 찬양하는 가극에 출연했던 것 등을 들어 지급에 부정적인 반응을 보였다. 이른바 4가지 요건 가운데 '특정 정치단체'=조선총련과 선을 그을 것이라는 항목에 저촉한다는 주장을 하였던 바, 조선 초중급학교가 직원실 초상화를 내린 후에 연례행사인 북한 방문에 대해 새삼스럽게 이 같은 주장을 들이대는 것은 보조금 지급의 조건으로 새로운 장벽을 세우려는 것이라고밖에 볼 수 없다.

결국 마쓰이 지사는 3월 19일 조선학원 측이 북한방문이 조선총련의 행사가 아니었음을 증명하는 서류(안내장 등)를 제출하지 않았던 것에 근거하여 보조금 지급을 미루었다. 그러나 조선학원은 안내장 등의 제출은 오사카부에 의한 과도한 요구이며 민족교육에 대한 부당한 간섭이라고 반론하고 있다. 한 조선학교 관계자는 "(조선)학교를 적대시하는 보도가 있을 때마다 행정기관이 학교에 설명 책임을 지라고 하는 것은 너무한 게 아닌가"라고 호소하고 있다.[50] 앞에서 언급한 것처럼 고등학교 '무상화' 제도의 적용을 둘러싸고 우파 매스컴에 의해 조선학교에 대한 악의에 찬 보도가 계속되어 일본정부는 내용 확인을 이유로 심사를 연기했던 것이다. 2011년 말부터 2012년 중반 무렵까지 문부과학성은 각 조선고급학교에 문의를 계속했고 오사카부의 보조금 중지 결정은 마침 그러한 상황 속에서 일어난 사건이었다.

---

50) 『朝日新聞』 오사카본사판, 2012년 3월 20일 조간.

그리고 3월 22일 쐐기를 박듯이 하시모토 오사카시장은 오사카부의 결정에 따라 3월 말까지 교부될 예정이었던 오사카부 내의 조선초중급학교 8개 교에 대한 2011년도분 보조금 약 2,700만 엔의 불지급을 결정하였다. 1987년부터 교부된 오사카시의 보조금은, 예산을 심의 결정한 오사카시의회에서 일절 논의되지 않은 채 시장의 권한으로 독단적으로 동결된 것이다.

오사카부와 오사카시의 조선학교에 대한 보조금의 정지 방침은 정부에 의한 고등학교 '무상화'제도 적용 제외 정책과 어우러져 각지의 지방자치단체로 파급되어 갔다. 광역자치단체 수준에서는 2010년도부터 2013년도에 걸쳐 도쿄(東京), 사이타마(埼玉), 지바(千葉), 미야기(宮城), 히로시마(広島), 가나가와(神奈川), 야마구치(山口), 니가타(新潟) 등 8개 지역이 보조금을 정지하였고(표 3. 단 가나가와는 2014년도로부터 새로운 제도에 의해 교부할 방침), 기초자치단체에서도 보조금 정지의 움직임이 서서히 확대되는 사태가 일어났다.

특히 '재일특권을 허용하지 않는 시민의 모임'(재특회, 在特会), '북한에 납치된 일본인을 구출하기 위한 전국협의회'(구출회), '북한귀국자의 생명과 인권을 지키는 모임' 등의 단체는 지방자체단체의 보조금 정책에 대한 공격을 집요하게 전개하여 왔다. 예를 들면 오사카부지역의 사례로 2011년 11월 9일 히가시오사카시가 히가시오사카조선초급학교와 히가시오사카조선중급학교에 교부한 2011년도 보조금 540만 엔의 반환과 금후 보조금의 교부 정지를 요구하는 주민감사 청구가 이루어진 일이 있다. 다음해인 2012년 1월 6일 히가시오사카시 감사위원은 이를 기각하였지만 "보조금에 관한 산출근거를 조급히 구축할 것과 아울러 이번 감사결과를 근거로 하여 본건 보조금의 적정한 집행에 힘쓰기 바란다"는 의견이 첨부되었다.[51]

또 효고현에서는 '구출회' 회원들이 2012년 4월 27일 효고현과 고베시에

---

51) 東大阪市監査委員, 「住民監査請求監査」, 2012년 1월(히가시오사카시 http://www.city.higashiosaka.lg.jp/cmsfiles/contents/0000005/5928/H2512juminkansa.pdf).

있는 조선학교에 대한 보조금의 지급을 취소하라는 소송을 제기하였는데, 고베지방법원은 2014년 4월 22일에 제소를 기각하는 판결을 내렸다.[52] 하지만 다른 한편으로는 효고현이 2014년도부터 외국인학교에 대한 보조기준으로 국제적으로 실적 있는 학교평가단체의 인증을 받을 것, 검정교과서의 사용 등 일본 교육과정에 준하는 교육을 실시할 것 등의 요건을 추가하고 있어, 조선학교는 이를 충족시키지 않았다는 이유로 8분의 1정도 보조금을 감액할 방침을 제시하였던 것이다.[53] 외국인학교의 교육내용에 맞지 않는 '일본 교육과정에 준하는 교육'을 보조기준에 추가한 것은 명백히 조선학교를 공격하는 정치세력의 주장을 받아들인 결과라고 하지 않을 수 없다.

4) 재판투쟁의 개시

2014년 9월 20일 오사카조선학원은 오사카부와 오사카시를 상대로 2011년도 분 보조금의 불지급 결정취소와 교부의 의무화를 요구하는 소송을 오사카지방법원에 일으켰다. 제1회 구두변론은 2012년 11월 15일에 열려, 이후 2, 3개월에 한 번 꼴로 변론이 행하여졌다. 2014년 1월 23일 제7회 구두변론에서 청구내용에 원고의 지위 확인, 국가배상이 추가되고 나아가 8월 6일에는 제10회 재판이 열렸다. 재판에서 원고와 피고 쌍방의 주장은 거의 다 나왔으므로, 이제 원고 측 변호인단은 출판물이나 비디오 등을 통한 조선학교와 학생 실상의 증거화, 각종 성명·신문 사설 등에 보이는 보조금 적용 필요성의 증거화, 교원·학부모·학생 등 당사자의 생각이나 음성, 전문가의 감정의견서 등에 의한 입증 작업에 들어갔다.

한편 2012년 12월 16일에 실시된 일본의 중의원 의원선거에서 자민당이 압승해 3년 3개월 만에 정권에 복귀했다. 12월 26일에는 자민당의 당수 아

---

52) 『神戸新聞』 2014년 4월 23일 조간.
53) 「朝鮮学校の補助金減額教育内容要件満たさず」, 『神戸新聞NEXT』, 2014년 2월 18일(http://www.kobe-np.co.jp/news/kyouiku/201402/0006717158.shtml).

베 신조가 5년 만에 총리에 취임함으로써 아베 신정권이 정식으로 출범하였다. 제2차 아베 내각은 발족 직후 조선학교에 대한 고등학교 '무상화' 제도 불적용의 방침을 명확히 하였다.

이에 대해 오사카조선학원은 2013년 1월 24일 고등학교 '무상화'제도에 기초한 취학지원금 지급 지정의 신청에 대해 문부과학장관이 어떠한 처분도 하지 않는 것은 위법이라며(불행위의 위법확인), 조선학원의 지정을 요구하며(의무화소송) 일본 국가를 상대로 소송을 제기하였다. 또 같은 날 나고야에서는 아이치조선고급학교 학생과 졸업생 5명이 취학지원금 지급 배제에 따른 정신적 고통에 대하여 국가배상을 청구하는 소송을 제기하였다. 이리하여 오사카부 오사카시 보조금 재판으로 이어져 조선학교에의 고등학교 '무상화' 제도 적용을 요구하는 재판투쟁이 개시된 것이다.

그러나 아베 정권은 2월 20일 조선학교를 고등학교 '무상화' 제도에서 배제하는 문부과학성령의 개악을 하고(앞에서 언급한 고등학교 '무상화' 법 시행규칙에 의한 외국인학교의 세 가지 분류 중, '3. 문부과학장관이 지정하는 학교'를 삭제) 동시에 일본 전국 조선학교 10개교에 불지정 통지를 보냈다. 그 통지서에는 불지정 이유로 '무상화' 적용의 법적 근거를 삭제함과 아울러 취학지원금이 수업료로서 확실히 학생들에게 사용될 것이라고 인정하기에 이르지 않았다고 지적했다.

문부과학성령의 개악과 '무상화' 불지정의 통지를 받고 오사카조선학원은 3월 11일 소송의 내용 일부를 '부작위의 위법 확인'에서 '불지정처분 취소'로 변경하고 제1회 구두변론이 그 2일 후인 3월 13일에 열렸다. 또 오사카 이외의 조선고급학교 9개교는 불지정처분에 대해 곧바로 이의신청에 들어가는 한편, 8월 1일에는 히로시마에서, 12월 19일에는 후쿠오카에서, 그리고 2014년 2월 17일에는 도쿄에서 소송을 일으켰다. 오사카 이이이 재판은 조선고급학교 재학생과 졸업생이 원고가 되어 일본정부를 상대로 국가배상과 취학지원금 지급 등을 요구하는 내용이었고(히로시마에서는 히로시마조선학원을 원고로 하는 행정소송도 포함된다) 고등학생을 중심으로 250명의 젊은이들이 원고로서 법정에 서게 되는 일본 재판사상 유례를 찾기 힘든 재판투쟁이 전개되고 있는 것이다.(표 4)

〈표 4〉 각지의 고교 '무상화' 재판의 청구내용

지역	원고	청구내용	제소일
大阪	오사카조선학원	불지정처분취소,[1] 지정의무화	2013-01-24
愛知	재학생·졸업생 10명	국가배상	2013-01-24
広島	히로시마조선학원	불지정처분취소, 지정의무화	2013-08-01
	재학생·졸업생 110명	국가배상	
福岡	재학생·졸업생 68명	국가배상	2013-12-19
東京	재학생 62명	국가배상	2014-02-17

주 1) 제소 시에는 소송의 내용이 "부작위의 위법성"이었으나, 불지정결정이 내려짐(2013/02/20)에 따라 변경하였다.

하지만 한편으로는 이러한 재판투쟁의 확대를 견제하는 듯이 2012년 12월 26일 거꾸로 오사카시가 오사카조선학원에 대해 오랫동안 나카오사카조선초급학교(오사카시 히가시나리구(東成区))가 부지로 사용해 온 시유지를 비우도록 요구하는 소송을 일으켰다. 나카오사카조선초급학교의 부지가 오사카시로부터 무상대여 되어온 것은 앞서 살펴본 바와 같이 1949년에서 1961년까지 이 학교의 전신이 오사카시립 중학교로 운영되었던 사정에 유래된다. 이 부지문제를 둘러싸고 오사카시와 오사카조선학원 측이 2009년 이래 협의를 계속해 왔는데, 오사카시 측이 일방적으로 이를 중단하고 소송을 일으킨 것이었다. 이렇게 오사카시는 지금까지 일정 한도 내에서나마 그 의의를 인정해 온 민족교육에 대한 자세를 완전히 뒤집어 버린 것이다.

5) 조선학교 배제의 사상

조선학교가 고등학교 '무상화'제도에서 배제되어 오사카부 오사카시의 보조금이 정지된 배경에는 일본사회의 밑바탕에 뿌리 깊게 존재하는 조선학교에 대한 편견, 적의, 몰이해가 있음을 지적하지 않을 수 없다.

예를 들면 오사카부의 보조금 문제에 관해 하시모토 전 지사는 다음과

같이 조선학교 학생들을 일본의 학교에 다니게 하면 된다는 '대안'을 제시
한 적이 있다.

　　불법적인 국가체제와 교류한다면 나는 아이들을 되찾아와 정상적인 학교(즉,
　일본 학교－인용자)에서 배우게 할 것이다.54)

　　조선학교에 다니는 아이들의 학습권을 침해할 생각은 없다. 부립고등학교에
　서든 사립학교에서든 제대로 받아 줄 것이다.55)

　하시모토 전 지사는 일본 학교교육이 조선학교의 교육보다 '정상'이기 때
문에 조선학교의 "아이들을 되찾아와" 일본 학교에서 배우게 하면 된다고
한다. 그러나 '자유권규약(국제인권B규약)' '아이들의 권리조약' '마이너리티
의 권리선언' 등에 보이는 국제인권법의 규정에서는 정부(및 지방자치단체)
는 마이너리티의 교육의 실현과 촉진을 꾀하기 위해 적극적 조치를 강구할
의무를 지니고 있다.56) 특히 조선학교에 대한 지원은 일본의 과거 식민지
배에 대한 책임을 다한다는 점에서도 중요한 의미를 갖고 있다.
　따라서 지방행정의 책임자로서 해야 할 일은 무엇보다 우선 자칫 유린되
기 쉬운 민족교육을 받을 권리를 제대로 보장하는 것인 셈이다. 그러나 하

---

54)『朝日新聞』오사카본사판, 2010년 3월 10일 석간.
55)「橋下氏、人的つながりなどで判断／朝鮮学校の授業料無償化」47NEWS, 2010년 3월 10일(http://
　www.47news.jp/CN/201003/CN2010031001000547.html).
56) 지면 관계상 여기서는 1992년 12월 국련총회에서 채택된「마이너리티권리선언」(정식명칭은
　「민족적 또는 종족적 종교적 및 언어적 마이너리티에 속하는 자의 권리선언」)만을 소개하는
　(가나가와인권센터에 의한 仮訳. http://www.bekkoame.ne.jp/ro/jinken/jinken-db-08.htm).「국가
　는 마이너리티에 속하는 자가 가능한 모든 장소에 있어서 자신들의 언어를 학습하기 위한 또
　는 자신들의 언어로 교육을 받기 위한 적절한 기회를 갖도록 적당한 조치를 취해야 한다.」
　(제4조 제3항). 또한 元百合子에 의하면 "조약의 국내실시의무는 일차적으로 국가가 진다"라거
　나 "통치기능이 요소를 행사하는 것에 의한 지방자치체의 조약위반행위는 국제법상 국가의
　행위로서 국가책임을 묻는다"는 것에서 "지방자치제도 국제인권기준을 충분히 인식하고 행동
　할 필요가 있다"라고 한다.(元百合子,「国際人権法から見た朝鮮学校無償化除外と公費助成削
　減・停止問題」, 専修大学 現代文化研究会,『現文研』제88호, 2012, 15~16쪽). 즉 오사카부 등의
　지방자치체도 국가와 마찬가지로 마이너리티 교육권을 보장하기 위한 조치를 취하지 않으면
　안 된다.

시모토 전 지사는 이와는 정반대로 재일조선인에게서 민족교육의 권리를 박탈하겠다고 주장을 하고 있는 것이다. 법률가 출신이면서도 조선학교에 대한 편견에 사로잡혀 국제인권법의 규정을 무시한 폭력적 논리라고 하겠다.

그러나 이 같은 발상은 하시모토 전 지사가 대표를 하고 있는 '오사카유신회' 안에서는 어느 정도 공유되고 있는 것 같다. 2011년 10월 13일 오사카부 의회 2011년 9월 정례회 교육상임위원회에서 오사카유신회 소속의 니시노 고이치(西野弘一) 오사카부의회의원(당시)은 다음과 같이 말하고 있다.

> … 이 외국인학교에 다니는 아이들은 소학교나 중학교라면 공립학교에 갈 수 있죠. 그래서 일반적인 일본아이들과 함께 배우면 그야말로 공생하고 함께 살고, 일본아이들도 국제화할 수 있겠고, 오히려 외국아이들도 일본아이들의 감각 같은 것을 이해할 수 있을 것이라고 생각되고 오히려 공립 초중등학교에 가는 게 좋지 않을까 저는 생각합니다.[57]

제2차 세계대전 전의 재일조선인 아이들은 일본의 학교에 다닐 것을 강요당했지만, '일본아이들'이 재일조선인과 함께 배움으로써 조선인과 '공생'하고 '국제화'되었다고 할 수 있을까? 그에 대한 정답은 명백하다. 원래 하시모토나 니시노의 주장은 초중등교육의 장에서 민족의 정체성을 키우는 민족교육의 이념을 무시하고 있다는 점에서 일본인 중심의 독선적인 사고에 기초한 잘못된 주장이라고 할 수밖에 없다. 한국인을 일본학교에 다니게 해야 한다는 주장은 곧바로 동화교육의 발상, 식민지주의의 발상에 불과하다.

조선학교와 일본 학교의 교육내용이 전혀 다름에도 불구하고 재일조선인 자녀들을 일본 학교에 다니게 한다는 것은 아이들에게서 민족교육을 받을 권리를 박탈하는 행위, 다시 말하면 하시모토 전 지사가 말하는 "학습권을

---

57) 「平成 23年 9月 定例会教育常任委員会 10月13日－02号」, 83쪽(前揭, 오사카부 의회회의록 검색시스템).

침해하는" 행위에 다름이 없다. 초중등교육의 장에서 자기 민족의 언어와
역사 문화를 배울 기회가 보장되어 있지 않은 채 성인이 된다면 민족적 정
체성 형성에 지장이 생길 것임에 틀림없으며 일본인화=동화가 유도될 것
이다. 일본국가가 재일조선인을 일본 학교에 가게 하도록 고집해 온 것은
바로 이 같은 결과를 노린 것이기 때문일 것이다. 따라서 동화를 거부하는
제도로서의 조선학교를 적대시하고 차별과 배제와 억압의 정책을 반복하여
온 것이다. 이것이 식민주의의 발상이 아니고 무엇인가? 하시모토와 니시노
의 주장은 민족교육의 이념을 완전히 무시하고 있을 뿐 아니라 동화교육의
발상, 식민주의의 발상에 기초한 잘못된 주장인 것이다.[58]

4. 마무리

이상과 같이 오사카에서는 목하 고등학교 '무상화'에서 배제, 오사카부 오
사카시의 보조금 정지, 나카오사카초급학교 부지 명도 등의 조선학교 존립
에 큰 영향을 미칠 수 있는 세 가지 소송이 진행 중이다.

조선학교에 대한 오사카부 오사카시 등 지방자치단체의 보조금 정지, 일
본정부의 고등학교 '무상화' 제도에서의 배제 등 차별적 조치는 명확히 북
한을 적대시하는 정치세력의 의도에 유래한 것이었다. 그리고 이러한 차별
정책을 정당화하는 논리를 주의 깊게 관찰한다면 그 밑바탕에는 재일조선
인에 의한 민족교육 자체를 위험시하고 차별시하는 식민주의적 발상이 횡
행하고 있음을 알 수 있다.

일부 정치세력은 '납치문제'를 볼모로 조선학교에 대한 차별을 정당화하

---

58) 시모무라 하쿠분(下村博文) 문부과학장관도 하시모토, 니시노와 똑같은 주장을 전개하고 있
   다. 그 내용을 검토한 것으로 후지나가 다케시, 「조선학교는 여전히 일제시대…'동화'와 '차별'
   의 역사: [다시, 조선학교](2) 시모무라 장관의 식민주의적 담론 검증」, 『PRESSian』 2013년 7월
   23일(http://www.pressian.com/news/article.html?no=108118) 참조.

는 선전을 반복하여 왔다. 특히 조선학교에의 보조금을 정지하기 위해, 또 고등학교 '무상화' 제도에서 조선학교를 배제하기 위해 소급적으로 법을 변경했던 오사카시나 일본정부의 상식을 벗어난 수단이 "재일조선인은 차별받아도 당연하다"는 잘못된 메시지를 일본사회에 발신하는 결과를 낳았다. 일본사람의 '국민감정'을 이유로 재일조선인에 대한 차별과 인권침해가 정당화된다는 무서운 사태가 일본사회에서 진행되고 있는 것이다.

2013년에 들어서 도쿄와 오사카의 코리아타운에서 반복적으로 일어난 배외주의 단체의 데모 중에서는 한국인, 조선인에 대한 적대발언이 공공연히 행해지게 되었다. 일본정부나 지방자치단체에 의한 조선학교에의 차별정책이 이러한 움직임을 조장하고 있음은 의심할 여지가 없을 것이다.

그러나 조선 학교에 대한 공적 보조 정책의 본질은 잘못하면 유린되기 쉬운 마이너리티의 민족교육권을 보장하는 것임을 간과해서는 안 된다. 거듭 말하지만, 재일조선인의 민족교육은 무엇보다 과거의 식민지배에 대한 책임을 다하는 것이라는 의미에서, 일본 행정당국이 적극적으로 추진해야 할 과제로서 인식되어야 한다.

오사카의 재일조선인 민족교육은 일본정부로부터 거듭되는 탄압 억압정책을 비롯한 많은 시련을 경험하면서도 오늘날까지 발전해 왔다. 특히 조선학교에 대한 지방자치단체의 공적 보조는 불충분함을 내포하고 있긴 하지만 학부모와 관계자들의 끈질기고 헌신적인 운동이 쟁취해온 "피와 땀과 눈물의 결정"(어느 조선학교 관계자의 말)이었다. 또 조선학교에 대한 고등학교 '무상화'제도 적용, 보조금 부활을 요구하는 운동은 민족교육에 머물지 않고 널리 일본사회의 인권과 민주주의를 지키기 위한 운동이기도 하다. 한국에서도 조선학교 지원 움직임이 널리 확대되길 기대하면서 중요한 국면에 들어선 법정투쟁의 행방을 주시하고자 한다.

■후지나가 다케시

'히타치취업차별재판' 이후 재일 한국인의
권리쟁취운동

1. 들어가기

1970~74년의 '히타치채용차별재판'은 제2차 대전 후 재일코리안의 권리쟁취운동 역사에 있어서 중요한 분수령이 되었다. 1970년 고등학교 졸업 후 히타치제작소 도쓰카공장(戸塚工場)에 취업시험을 본 재일한국인 2세의 박종석(朴鐘碩)이 일단 합격통지를 받았지만 한국국적임을 알게 된 히타치제작소가 채용을 취소한 것이 이 사건의 발단이 되었다. 일본사람들의 지원을 받아 조직된 '박종석군을 응원하는 모임'에 의해 재판을 통한 투쟁이 전개되어 1974년 요코하마지방법원은 재일코리안에 대한 일본사회의 차별의 실상을 지적하고 박종석의 전면승소판결을 내렸다.[1]

이 운동은 그때까지 '본국을 중심의 삶을 지향'의 경향이 강했던 재일코리안들의 운동이 일본사회에 정착하는 것을 전제로 한 변혁을 추구하는 '정

---

[1] 朴君を囲む会 편, 『民族差別―日立就職差別糾弾』, 亜紀書房, 1974.

착지향형'의 운동으로 변화하는 역사적 계기가 되었다. 전후 재일코리안의 권리쟁취운동사를 고찰한 정애란(鄭愛蘭)은 히타치취업차별사건을 재일대한민국거류민단(민단)과 재일조선인총연합회(조총련)과 같이 종래의 '국가를 기반으로 하는 아이덴티티수립전략'에서 '재일코리안사회에 뿌리내린 독자적인 운동'으로의 전환이라는 위치를 부여하고 있다. 더 나아가 히타치취업차별사건은 "두 개의 중요한 전국적인 운동 – 지문날인반대운동과 지방참정권요구운동 – 의 점화역할을 하였다" 고 전망하면서 이러한 일련의 운동이 갖는 공통점은 '시민권 없는 사람들의 시민적권리쟁취운동(noncitizen civil rights movements)"'이라고 규정하고 있다.[2]

이들 사이에는 '시민권 없는 사람들의 시민적권리쟁취운동' 이라는 이념적인 공통성이 인정되기는 한다. 하지만 다른 한편으로는 히타치재판에서 지문날인반대운동, 지방참정권쟁취운동에 이르는 여러 운동 사이에는 참여자와 방법론 등에 있어서 적지 않은 변화도 있었다고 생각된다. 본 논문에서는 지문날인반대운동과 지방참정권쟁취운동이라는 두 가지 운동을 택하여 이러한 문제를 분석할 것이다. 그 중에서도 두 가지 운동의 주체 – 민단과 민투련(민족차별에 대한 투쟁을 위한 연락협의회民鬪連) – 의 동향에 주목하고자 한다.

민단은 종전 직후 반공민족주의계열 재일코리안이 결성한 조선건국촉진청년동맹, 신조선건설동맹을 모체로 하여 1946년에 결성되었다. (결성당시에는 재일본조선거류민단이었고 나중에 재일대한민국거류민단으로 바뀌고 다시 재일본대한민국민단이 됨) 1948년에 대한민국이 건국하자 한국의 국시준수, 재류동포의 민권옹호를 강령에 더하였다. 1970년대 이후 한국의 민주화운동을 둘러싸고 내부대립이 발생하긴 하였지만 민단은 기본적으로 한국을 지원하는 재일코리안의 전국적인 이익대표단체라고 할 수 있다. 다른

---

2) Erin Aeran Chung, *Immigration and Citizenship in Japan*, New York: Cambridge University Press, 2010, p.116 · 121. 이 책의 성과와 문제점에 대한 상세한 설명은 마쓰다(松田)의 서평(『在日朝鮮人史硏究』 제42호, 2012년 10월) 참조.

한편으로는 민족차별에 대한 투쟁을 위한 연락협의회-민투련-가 시민운동의 과정에서 생겨났다. 히타치취업차별사건의 승소를 계기로 취업과 교육 사회보장 등의 재일코리안차별문제의 해결에 힘을 기울였기 때문에 각지에서 재일코리안과 일본사람들의 공동투쟁을 위한 자생적 시민조직이 생겨난 것이다. 민투련은 그러한 시민운동그룹의 연락체와 협의체로서 1974년 11월에 발족하였다.(발족 당시 대표는 李仁夏와 佐藤勝巳)

두 단체는 역사와 조직의 규모 한국에 대한 입장 등의 많은 점에서 대조적이다. 그러나 두 조직은 모두 지문날인반대운동과 지방참정권요구운동에 관여하고 큰 역할을 수행하였다. 두 단체에 의한 운동이 재일코리안 사회운동의 전부는 아니지만 그들의 운동진행방식은 그 무렵에 나타난 재일코리안운동의 변화와 실태와 배경을 명백히 하는 키포인트 중 하나가 될 것이다.

2. 지문날인반대운동

1) 민투련의 행정차별철폐운동

우선 히타치취업차별사건 전후의 행정차별철폐운동의 양상을 통하여 당시 민투련과 민단의 자세를 추적해 보고자 한다.

민투련은 강령3)이라는 면에서 보면 "재일한국 조선인이 본명을 밝히면서

---

3) 민투련은 결성 당시에 강령이 없었는데 1980년대에 이하의 강령을 내세우게 되었다.
  1. 재일 한국인 조선인이 본명을 가지고 일본인과 함께 살아갈 수 있는 다민족공동사회를 창조한다.
  2. 일본사회에서 각종 민족차별을 없애기 위한 싸움을 강력하게 추진한다.
  3. "일본에 살고 있는 식민지출신자에 관한 전후 보장 및 인권보장법" 제정의 실현에 힘쓴다.
  4. 결성이래의 역사와 전통을 바르게 계승 발전시킨다.
  5. 이데올로기의 대립을 넘어 남북쌍방의 주장에 대하여는 자립과 대등성을 관철시킨다.
  6. 재일 한국인 조선인과 일본인의 수평적 공통투쟁 하에 운동을 추진한다.
  7. 운동의 주체는 각 지역에 두며 상호간에 책임을 지는 민주적 운영을 실시함과 아울러 강

일본사람들과 함께 살아갈 수 있는 민족공생사회"를 지향하고 있다. 아울러
'남북 쌍방의 주장에 대하여 자립적이고 대등한 입장을 취하고"을 재일한국
인 조선사람과 일본사람과의 수평적 공동투쟁"을 내세우고 있는 등 기존의
민단이나 조총련과는 다른 유연성을 내세우고 있었다. 조직 형태도 "운동의
주체는 각 지역에 두며 상호간에 책임을 가진 민주적 운영을 한다"고 하여
지역분산형이라는 느슨한 시스템을 갖고 있다.

　1980년부터 민투련에 가담하여 나중에 전국민투련 사무국장을 지낸 재일
교포 2세 서정우 (徐正禹)가 직접 정리한 기록에 의하면 1970년대에 일어난
새로운 운동의 배경은 다음과 같다. 1965년의 한일기본조약 체결에 즈음하
여 민단은 한국정부과의 교섭을 통해 '재일한국인의 법적지위 및 처우에 관
한 협정'을 성립시켰는데 협정은 기대와는 거리가 먼 것이 되고 말았다. 그
로 인하여 조국에 대한 기대를 버리고 "재일교포가 자신들의 힘으로 싸워
해방을 쟁취한다"라고 하는 '재일교포 중심'의 운동이 나타나게 된 것이다.[4]
여기에 덧붙여 말한다면 귀국을 전체로 하지 않는 재일교포 2세들이 중견
세대가 되어가는 재일교포사회의 구성변화, 학생운동이나 천민지역출신차
별철폐운동(部落解放運動) 등 일본사회에서의 사회운동의 고양, 국제인권규
약의 발효(1979) 국제연합난민조약의 발효(1982) 등과 같은 외압도 작용하
였다는 점을 함께 들 수 있다.

　민투련운동은 도쿄(東京), 가나가와(神奈川), 아이치(愛知), 오사카(大阪),
효고(兵庫), 오카야마(岡山), 히로시마(広島), 후쿠오카(福岡) 등 각지에 퍼져
나가서 재일교포 2세에 의한 행정차별철폐운동을 그 중심으로 하였다. 그
로 인해 1975년에는 일본에서 처음으로 일부 지방자치단체에서 공영주택주
거자격차별을 철폐시키고 각각의 자치단체가 지급하는 아동수당의 확대를
이루었다. 주택공단주택, 국민금융금고, 국민연금, 지방공무원, 교사, 변호

　　력한 연대를 구축한다. (이하 8~13은 생략)
4) 徐正禹,「在日コリアン人権運動の理論構築について」,『労働運動研究』(復刊) 제16호, 2007년 4
　월, 61~63쪽.

사, 우체국 외근직원, 전국체전 등에 대하여 국적조항을 다수 철폐시키는 성과가 나타난 것이다.[5]

한편 민단과 조총련과 같은 기존의 민족단체는 이러한 정착지향형 운동에 대하여 애초에는 냉담하였다. 나중에 민투련 사무국장이 되는 이경재(李敬宰)는 1972년에 '재일조선인모임 무궁화회'(현재의 '다카쓰키무궁화회')를 조직하여, 재일코리안 집중주거지역의 환경개선에 힘을 기울이는 활동을 시작했지만, 당시 "민단은 '일본정부를 움직이려 하지 말고 조국의 민주화에 신경을 써야 한다'"고 하였으며, 조총련은 "조총련은 '자신들에게는 김일성이라는 훌륭하신 분이 계셔서 그 분께서 언젠가 문제를 해결해 주실 테니까 조국통일에 매진하라'고 하는 식의 반응을 보였다고 한다. 정주외국인으로서의 지역적 이해에 대한 개선요구는 동화로 이어질 것이라고 보았기 때문이라고 이경재는 분석하고 있다.[6]

어찌되었던 간에 이러한 민투련이 힘을 기울여 온 행정차별철폐운동은 1980년대에 들어가 지문날인거부투쟁으로 결실을 맺어갔다.

2) 지문날인반대운동과 민투련

지문날인거부운동은 재일조선인 한종석(韓宗碩, 2008년 사망)에 의해 '한 사람에 의한 고독한 반란'의 형태로 시작된다. 한종석은 1980년9월, 신주꾸(新宿)구청에서 지문날인제도의 부당성을 표명하면서 날인을 거부하고 그로 인하여 경찰과 검찰에 의한 조사를 받아 유죄판결을 받았지만 그럼에도 거부를 계속하였다.

재일한국인 조선인에 대하여는 외국인등록법(1952년 제정) 제14조에 의해 지문의 날인 등록이 의무화되어 있었기 때문에 재일코리안의 지문날인

---

5) 田中宏, 『在日外国人 新版』, 岩波新書, 2013, 136~150쪽.
6) 李敬宰, 「在日韓国·朝鮮人と国籍」 (2001년 12월 강연, 民族差別と国籍を考える京都の会 편, 『在日外国籍市民の参政権を考える連続講座』アジェンダ, 2002년, 수록).

거부 자체는 제도도입이래 발생하여 재판에 회부된 사례도 있기는 하
다.(1956년의 안상도 사건 安商道事件) 이에 비해 김종석의 거부는 "일본사
람들의 앞에서 공개적으로 거부한 첫 번째 사례"이며,[7] 또 지문날인과 외국
인등록법의 부당성을 명확히 하려고 한 점에서 "최초의 양심적이고 자각적
인 날인 거부자"[8]라는 위치를 갖는다. 한종석은 전국을 돌며 1만 명 이상이
라고 하는 날인거부자의 선구자가 되었다.

　　지문날인거부운동은 우선 재판을 통한 투쟁이라는 형태로 일어났다. 기
소된 형사피고인으로서 법정에 서서 지문날인 거부자에게 변호사가 변론에
나서고 방청석은 시민운동관계자들로 메워지는 식이다. 이러한 '지문날인
재판'은 지문날인제도의 위헌성을 둘러싸고 피고인이 일본의 외국인정책을
고발하는 장이 되었다. 반대운동의 확대에는 재일한국인 조선인 기독교도
의 네트워크가 큰 역할을 수행하였고, 일본사람들도 지문날인 거부자를 '지
지하는 모임' '지원하는 모임' 등의 시민그룹을 각지에서 형성하였던 것이
다.[9] 첫 케이스인 한종석의 경우, 아이들도 따라서 지문날인을 거부하였고
그런 직후인 1982년 9월에 '한씨 일가의 지문날인 거부를 지지하는 모임'이
결성되었다.

　　이리하여 지문날인거부운동은 ① 중심점-거부자자신 ② 핵심집단-거부
자를 지지하는 시민그룹 ③ 지지자-서명, 모금, 집회참가 등에서 운동에
대한 지지의사를 표명하는 사람들 ④ 공감자-공식적인 집회에는 참가하지
않지만 관심을 갖고 있고 공감을 나타내며 지켜보는 사람들 이라는 식의
동심원 형태의 구조로 이루어졌다.[10]

　　그렇다면 이러한 운동 내에서 민투련과 민단은 어떤 위치를 점하였을까?

---

7) 田中, 앞의 책, 90쪽.

8) 寺島俊穗, 「指紋押捺拒否の思想と運動」 (1) (『大阪府立大学紀要 (人文・社会科学) 』 제43호,
　　1995년 3월) 24쪽.

9) 寺島, 앞의 논문, 25쪽.

10) 寺島俊穗, 「指紋押捺拒否の思想と運動」 (2) (『大阪府立大学紀要 (人文・社会科学) 』 제43호,
　　1996년 3월) 16쪽.

민투련에 참가한 많은 재일코리안은 자발적으로 지문날인을 거부하고 재판투쟁에 가담하였다. 그 당시 민투련의 전국교류집회에서는 투쟁 형태로 '고발저지투쟁', '재판을 통한 투쟁', '민족단체의 시위와 실력행사', '일본인자신에 의한 광범위한 법 개정투쟁'이 제시되었다.[11] 지역마다 지원운동을 전개할 뿐 아니라 법무대신 앞으로 '지문날인 등의 폐지를 요구하는 요망서'(1982년)을 제출하거나 일반인들을 위한 계몽팜플렛을 발간하거나 하였다.[12] 이 과정에서 새로이 민투련에 참가하게 된 젊은 활동가도 적지 않았다.(이른바 '민투련 제3세대') 앞서 언급한 민투련 대표 이경재도 1982년에 지문날인을 거부하여 1985년에 체포, 기소되었다.

그와 동시에 민투련은 운동이념으로 '공생'을 내세우기 시작했다. 1979년 제5회 전국교류집회의 특별기조보고에 있어서 삼대원칙 '실천·교류·공동투쟁' 을 내세웠지만 1980년대의 지문날인반대운동 가운데 '공동투쟁'은 '공생'이라는 슬로건으로 정착하여 갔다. 1984년 제10회 민투련전국교류집회의 기조보고에서는 "'함께 살아간다'는 것이란 타협을 전제로 하는 것이 아니다"라고 하며, 함께 살아간다는 것이 "이질적인 것을 서로 존중하고 인정함으로써 성립되도록 하는 것으로 민족으로 자립적인 관계를 이루고자 한다"라고 정의하여 함께 살아가는 지역사회의 창조를 지향한다고 논하고 있다.[13]

3) 지문날인반대운동과 민단

민투련의 네트워크에 비하여 민단중앙의 출발은 늦었다. 그렇지만 민단 산하의 재일본대한민국청년회의 활동가는 민투련과도 접촉하면서 지문날인반대운동에 관여하여 갔다.[14] 청년회는 1983년 7월, 처음으로 체포자(金

11) 民族差別と闘う連絡協議会 편간, 『第9回民闘連全国交流集会資料集』, 36~37쪽.
12) 民族差別と闘う連絡協議会 편간, 『「指紋」は人権を侵す』(1982년) ; 동 편간, 『外国人登録法と 指紋制度』(1983년).
13) 民族差別と闘う連絡協議会 편, 『第10回民闘連全国交流集会資料集』, 1984, 19~20 ; 金侖貞, 「地 域社会における多文化共生の生成と展開, そして, 課題」, 『自治総研』 제392호(2011.6), 71~72쪽.

明観, 김명관)가 나온 것을 계기로 지문날인 거부자들을 지원할 것을 결정하여 자전거부대를 만들어 일본열도를 종단하면서 서명운동을 전개하였다.[15]

민단 본부는 이 운동에 자극을 받아 지문날인제도, 외국인등록증의 휴대의무의 폐지를 요구하는 100만인서명운동을 전개했다. 민단의 지문날인반대운동에 대한 특징적인 움직임으로는 한국정부와 일본정계에 대한 접촉활동을 우선 들 수 있다. 1984년 9월 전두환 대통령이 일본을 방문하게 되었는데, 이에 앞서 민단은 자민당에 요청하여 재일한국인지문날인과 등록증휴대의무를 면제하도록 요청하는 청원서를 차기 국회에 제출하겠다는 약속을 받아냈다.[16]

두 번째로는 지문날인 '유보'전술이다. 약 27만에 이르는 외국인등록증갱신을 해야 하는 1985년 7월부터 10월에 걸쳐 민단은 법무성의 통달(通達, 5·14통달)에 의해 주어진 3개월간의 설득기간 중 지문날인을 유보한 것이다. 이는 일본정부에 대한 압력일 뿐 아니라 같은 해 8월의 한일정기각료회도 시야에 둔 운동이었다.

민단의 이러한 운동은 민투련 등의 시민그룹과는 상당히 다른 것이었다. 실제 민투련 측에서는 1985년 여름 이후 지문날인거부운동은 '재일교포로부터 본국을 향해 그리고 한일 간의 외교루트로 옮겨 가게 된 것이었다" 라는 의외감을 느꼈던 것이다.[17] 민단의 유보전술은 시민운동그룹의 '시민적복종'과는 다른 불철저한 것이라고 비판하는 연구자도 있다.[18] 그거야 어찌되었든지 1985년 10월에 민단이 유보운동종결을 선언한 시점에서 거부유보자

14) 徐正禹, 「在日コリアン人権運動の理論構築について」, 兵庫県立大学 大学院 修士論文 ; http://koreanshr.jp/kenkyukai/resume1/index.html, 2014년 4월 열람.
15) 在日本大韓民国青年会 편간, 『外登法改正への闘い―外国人登録法·指紋押捺拒否を闘う』, 1985, 15~25쪽.
16) 『朝日新聞』 1984.8.3, 동경판 조간.
17) 徐正禹, 「指紋押捺拒否運動の再編成を」, 『部落解放』 第247号, 1986년 6월, 123~124쪽.
18) 寺島, 앞의 논문, 「指紋押捺拒否の思想と運動」 (2), 19쪽.

들은 13,341명이었는데 대부분의 유보자들은 날인하게 되어 지문날인반대운동은 고비를 넘어 식어갔다.[19]

그 후 1991년 1월 당시 수상이었던 가이후 도시키(海部俊樹)가 한국을 방문하였을 때에 조인된 한일법적지위협정에 기초한 협의의 결과에 관한 각서에서 2년 이내에 지문날인폐지를 결정하고 1993년 1월 외국인등록법 개정에 의해 재일코리안을 중심으로 한 특별영주자에 대한 지문날인제도는 폐지되었다. (단 1년 이상 장기체류자는 지문날인을 의무화하였다)

3. 외국인지방참정권요구운동

1) 참정권요구운동과 민투련

재일코리안의 참정권요구의 효시는 1975년, 재일대한기독교 오구라(小倉)교회의 최창화(崔昌華) 목사가 시장이나 현(縣)지사(知事)에 공개질문장을 제출한 것이라고 보고 있다. 또 1980년대 후반의 재일코리안에 대한 여론조사에 의하면, 참정권을 요구하는 의견은 8할 정도 된다고 한다.[20] 그러나 이러한 의견이 사회운동의 형태로 표면화된 것은 아니었다. 정주외국인의 참정권문제가 일본 내에서 사회문제로 지속적으로 클로즈업된 것은 1980년대 말기 이후이다.

1989년 영국국적을 갖고 있는 오사카부의 주민 힉스 앨런이 참의원선거에서 투표를 못해서 정신적인 고통을 당했다고 하여 국가배상을 청구하는 소송을 제기하였다. 이를 계기로 하여 재일코리안에 의한 4건의 재판에 의한 투쟁이 1990년부터 2000년까지 계속되었다.[21] 1990년 특별영주자인 재일

---

19) 「「留保運動」を終結」, 『読売新聞』 1985.10.12.

20) 金原左門 외 편, 『日本のなかの韓国・朝鮮人, 中国人』, 明石書店, 1986년.

21) 본문 중에 기술한 '100명소송' 이외는 다음과 같다.

한국인이 오사카시 각 선거관리위원회에 대하여 선거인명부등록을 요구하는 소송에 대하여 1995년 2월 일본대법원인 최고재판소는 상고를 기각하였다. 그러나 최고재판소의 판결문 방론(傍論)에 재일외국인에 대한 선거권부여가 헌법상 금지되어 있는 것이 아니라는 내용이 있었기 때문에 참정권요구운동에 강력한 바람이 일어나는 계기가 되었다.

민투련도 이 같은 움직임에 호응하였다. 확인된 바에 의하면 민투련은 1985년에서 참정권을 구체적인 과제로 내세우게 되었는데,[22] 1995년 최고재판소의 판결을 계기로 '100인 소송'이라고 불리는 운동을 일으켰던 것이다. 이것은 홍인성(洪仁成)을 대표로 하는 118명에 의해 국가가 정주외국인에게 참정권을 부여하기 위한 입법조치를 게을리 한 것에 대하여 손해배상을 할 것을 요구하는 집단소송이 일으켰던 운동을 말한다. 이 재판은 민투련의 후신인 재일코리안 인권협회(1995년 결성)의 회장이었던 서정우(徐正禹)가 직접 불러일으켰고 사무국도 동 협회 안에 설치되었다.[23] 동 소송에 대한 1997년의 오사카고등법원의 판결에서는 1심과 마찬가지로 기각이라는 결과가 나왔지만 지방참정권 중 피선거권도 헌법상 용인되어 있다는 사법적 판단이 제시되었다.

1990년대 전반의 외국인 참정권문제를 둘러싼 움직임은 거의 이 같은 재판을 통한 투쟁에 관련된 것이었다. 재일교포 3세인 이영화(李英和)가 1992년 이래 '재일당'을 통하여 '선거운동'과 재판을 통한 투쟁이 여론에 대한 어

1990년 11월 김정규 (金正圭) 등이 원고가 되어 오사카지방법원에 지방참정권을 요구하여 제소. 1995년 최고재판소에서 기각.

1991년 5월 이진철 등 4명이 후쿠이(福井)지방법원에 제소. 2000년 최고재판결에 의해 기각.

1993년 2월 재일조선인3세 이영화를 대표로 한 외국인정당 '재일교포의 정당'이 1992년 참의원 선거에 입후보할 수 없었던 것에 대하여 투쟁을 전개했지만 1998년 최고재판소에서 기각되었다.

각 소송에 있어서 당사자의 주장은 徐龍達,『定住外国人の地方参政権』, 日本評論社, 1992, 제10~11장 ;『共生社会への地方参政権』, 日本評論社, 1995, 제11~13장, 참조.

22) 民族差別と闘う連絡協議会 편,『第11回民闘連全国交流集会資料集』, 1985.

23) 徐正禹, 앞의 논문,「在日コリアン人権運動の理論構築について」, 효고현립대학원 석사학위논문.

필을 의식한 것이기도 하였고[24] 신문이나 잡지에서도 외국인참정권재판이
주목을 받기 시작하였다.

　그렇다고 해서 참정권운동이 법정 밖으로 사회운동으로서 뜨겁게 타올랐
다고 하기는 어렵다. 지문날인거부운동의 경우 날일거부라고 하는 주장을
재판에서 어필할 수는 있었지만 참정권재판의 쟁점은 오로지 정주외국인의
참정권을 둘러싼 법령상의 기술적 문제에만 집중되었기 때문이다. 그러한
사정도 있고 해서 참정권부여를 요구하는 집회와 선언문 채택은 각지에서
거듭되기는 했지만 일반적인 재일코리안들이나 일본인시민운동으로부터의
지원의 넓이는 그다지 확대되지 않았다. 예를 들어 재일대한기독교교회부
속 연구소로 1974년에 만들어진 재일한국인문제연구소(RAIK)는 1980년대의
지문거부 외국인등록법의 발본적 개정을 위한 전국 기독교 신도와 교회의
운동을 하나로 묶는 역할을 수행하였고 민투련과도 많은 활동가들을 공유
하면서 이 시기에는 '정주외국인의 지방참정권을 실현시키는 일본과 한국
재일교포네트워크'을 조직하였다. 이 네트워크는 2001년 전반에만 도쿄(東
京)・시가(滋賀)・가나가와(神奈川)・교토(京都)・홋카이도(北海道)・효고(兵庫)
등에서 16차례에 걸친 집회를 개최하고는 있지만 대부분이 학습모임의 영
역을 벗어나지 못했다.[25] 또 일본인의 사회운동조직 중 그나마 참정권 운
동에 협력을 해 준 것은 사민당(社民党) 계열의 평화포럼뿐이었다고 한다.[26]

　또 민투련이 이 시기에 내부분열로 인해 이론적으로도 흔들리고 있었다
는 것도 지적해야 한다. 원래 다양한 이념을 느슨하게 묶어 놓고 지역별로
자주성을 중시하는 조직형태란 구심력이 약해질 수밖에 없어 분열하기 쉽
기 마련이다. 1990년대에 민투련은 그 같은 문제에 직면하고 있었다.

---

24) 李英和, 『在日韓国・朝鮮人と参政権』, 明石書店, 1993.

25) 『RAIK通信』 제67호(2001년 4월) ; 定住外国人の地方参政権を目ざす市民の会 編, 『定住外国
　　人の参政権』, かもがわ出版, 1998.

26) 樋口直人, 「東アジア地政学と外国人参政権―日本版デニズンシップをめぐるアポリア」, 『社会
　　志林』 제57권 제4호(2011.3), 63쪽.

민투련은 1995년 재일코리안인권협회(회장 서정우)에 의해 조직개편을
이루었다. 그러나 이 때에 가와사키(川崎)27)와 다카쓰키(高槻)의 구 민투련
그룹은 동 협회에 합류하지 않았다. 1997년에는 동 협회 및 KMJ28)사무국직
원과 오사카부 야오(八尾)시의 독가비어린이모임이 재일코리안인권협회로
부터 이탈하게 된다. 독가비어린이모임에 의한 행정적 투쟁자금의 관리가
불투명하였던 것이 직접적인 원인이었지만 일부 간부의 현장을 무시한 의
사결정, 차별기업으로부터 교재를 구입하게 하고 그 자금을 사업자금으로
유용하는 식의 운동방식, 천민지역출신차별반대동맹(부락해방동맹)과의 마
찰 등 조직의 비대화에 따른 여러 가지 혼란이 배경에 있었다.29)

2000년에는 재일 코리안인권협회부회장인 송정지(宋貞智)도 "재일교포의
권리향상을 위한 시민운동이 차별을 빌미로 기업이나 행정기관을 협박"한
다고 비판하고 사임했다.30) 진위 여부는 확실한 것은 아니지만 '조직의 혼
란'에 의해 "활동, 조직 모두 대폭적인 축소가 불가피해졌다"는 점은 협회
측도 인정하는 바이다.31) 이러한 가운데 민투련을 떠나 적대적인 입장을
취하는 일본인 활동가도 나타났다.32)

---

27) 가와사키 국제교류회관을 거점으로 하는 가와사키거주코리안운동에 대하여는 松田, 「재일코
리안과 뉴커머 문제」, 青厳大学校在日코리안研究所편, 『재일코리안 디아스포라의 형성—이주
와 정주를 중심으로』, 図書出版선인, 2013년 참조.
28) 1987년에 민족차별의 철폐를 지향하여 결성된 "재일한국인 조선인 학습센터"(대표: 정조묘鄭
무苗)가 1994년에 KMJ(재일코리안&마이너리티)연구센터로 개칭되었다.
29) 徐正禹, 「民闘連運動以降の分裂と財政問題」(在日コリアン人権協会第2回理論研究会, 2008년 5월
보고, http://www.koreanshr.jp/kenkyukai/intro2.html, 2014년 5월 열람).
30) 宋貞智, 「「在日コリアン人権協会」の組織正常化に向けての訴え」(2000년 8월. http://www.asahi
-net.or.jp/~fv2t-tjmt/daiyonjuurokudai, 2014년 5월 열람).
31) 徐正禹, 앞의 논문, 「在日コリアン人権運動の理論構築について」, 효고현립대학원 석사학위논
문.
32) 1976년 무렵부터 오사카에서 민투련에 가담하여 재일코리안의 자녀모임과 '어머니학교' 운동
에 종사하여 온 쓰지모토 다케시(辻本武)는 1982년 무렵부터 운동에서 이탈하여 90년대에는
민투련이 행정투쟁을 통한 자금획득을 목적화하고 있다고 비판하였다(辻本武, 『「民族差別と
闘う」には疑問がある—私的在日朝鮮人論』 자비출판, 1993년). 또 사토카쓰미(佐藤勝巳, 현대
코리안연구소장)는 재일코리안의 국적조항철폐운동과 지방참정권요구운동에 반대하고 있고
권리를 요구할거라면 일본국적을 취득해야 한다고 주장함으로써 1990년대 이후 재일코리안의

이론적으로도 재일코리안인권협회는 "다문화 공생사상은 재일교포의 인권문제만이 아니라 … 오늘날 일본의 사회운동 전반에 공통하는 사상적인 병폐[33]라고 하고 비판을 던지고 있는 것이다. 그것이 옳고 그르건 간에 이전에 '공생지향'의 전형적인 존재였던 민투련의 초기지도자[34]들과는 큰 갭이 있었다는 사실은 틀림이 없을 것이다.[35]

2) 지방참정권쟁취운동과 민단

먼저 살펴 본 바 있는 재일외국인에 의해 4건의 참정권 부여를 요구하는 소송은 1993년부터 2000년 사이에 모두 최고재판소에 의해 기각되었다. 1990년대 후반부터 이러한 시민운동을 대신하여 참정권운동에 대한 주도권을 잡은 것이 민단이었다.

일본의 신문보도에 의하면 민단이 지방참정권요구운동에 착수하기 시작한 것은 1970년대인데[36] 확인은 할 수 없다. 1980년대 후반에 들어서도 민단에게 재일한국인의 지위권리에 관한 한 최대의 과제는 이른바 '91년 문제'였다.[37] 이 시기의 민단에서는 간부에 의한 개별적인 발언 가운데 지방참

권리쟁취운동에 반대하는 유력한 주장을 펼친 인물로 알려져 있지만 사토도 원래는 민투련의 초대대표였다. 지문날인거부운동에 대하여 지문채취가 일본의 국익상 필요하다는 의견을 비난받았기 때문에 민투련을 떠났다고 한다.

33) 徐正禹, 앞의 논문, 「在日コリアン人権運動の理論構築について」, 『労働運動研究(復刊)』 제16호, 67쪽.

34) 福岡安則, 『在日韓国・朝鮮人 若い世代のアイデンティティ』, 中公新書, 1993년, 90쪽.

35) 재일코리안 인권협회는, 또는 "인권을 생각할 때, 뉴커머와 올드커머는 전혀 다른 상태에 있다고 하는 사실을 이해하는 것이 쉽지 않다" 라고 하며 뉴커머문제에 연계하는 것을 반대하고 있다. (徐正禹, 「日本人だけの社会という前提を見直す 外国人の権利」, 『まなぶ』 제508호, 2000년 9월, 14쪽) 민투련이 원래 갖고 있던 "민족차별과 싸우는 자세"로 부터 일탈한 것이 아니가 하는 의문을 불식시킬 수 없다. 민투련 활동의 흐름에 영향을 받으면서도 현회와는 결별한 가와사키(川崎)의 국제교류회관(ふれあい館)의 경우, 지역의 뉴커머문제에 올드커머문제에 대한 대응경험을 참고하면서 대처하려고 하고 있다. (松田, 앞의 논문, 「재일코리안과 뉴커머 문제」 참조).

36) 『産経新聞』 2000.9.30, 동경판 조간.

37) 1965년의 한일법적지위협정에 의해 한일 양 정부는 재일교포 1,2세에 협정 영주를 부여하는

정권에 대한 의욕이 보이기도 하였고,[38] 1986년에는 공식적으로 선거권획
득운동추진을 결의하였으며 1989년에는 전국의 지방의회에서의 진정활동
을 제시하였다. 하지만 민단의 권익옹호위원회 내에 반대의견이 있어 조직
적인 운동과는 거리가 있었다.[39]

1990년대에 들어서면 '91년 문제' 이후를 전제로 한 움직임도 민단에서 나
타나기 시작하였다. 민단에서는 1991년 3월에 검토기관을 세워 본국의 파견
기관 역할에서 일본에 정주할 것을 지향하는 것을 명확히 선언하는 것으로
하는 방향전환을 추진하고 있었다. 1994년 3월에 결정한 규약개정에 의해
'재일본대한민국거류민단'이라는 명칭에서 '거류'를 삭제한 것은 이러한 방
침전환에 의한 것이다.[40]

전기는 1994년에 왔다. 이 해 5월 민단 단장에 당선된 신용상(辛容祥)이
지방참정권쟁취운동의 본격화에 대한 주도권을 잡게 되었다. 3년 후 신용
상은 "지방참정권획득운동의 본격적인 전개는 3년 전의 단장 당선고약으로
내가 시작했다. 이 운동에 민단전체가 호응하였기 때문에 구심력이 생겨
'민단 이탈'이 상당히 저지되었다"고 하였다.[41] 1994년 6월에는 전국단장회
의에서 지방의 자치단체와 의회에 요망서를 제출하는 운동 등을 포함한 '지
방참정권지침'을 결정하였다.[42] 그 해 이후 기관지 '한국신문' (후속지 '민단

것을 주요한 내용으로 타결하였다. 그러나 이 협정은 한국인 3세 이후의 재류자격의 문제에
대하여는 1991년까지 미루고 있다. 이 문제는 1991년 1월 가이후(海部) 수상의 방한 시에 한일
양국 외상이 서명한 "한일 법적 지위 협정에 기초한 협의 결과에 관한 각서"에 의해 일단 결착
되었고 입국관리특별법(1991년 5월에 의해 조선 및 대만 출신자가 하나로 묶여 3세 이후도 특
별영주가 인정되어 외국인등록법에 대하여는 2년 이내의 지문날인의 폐지가 결정되었다.

38) 예를 들면 박병헌(朴炳憲) 단장은 1989년 "최대 과제는 91년도의 협정재협의" 라고 하면서 이
문제가 해결되자 "다음은 국정에 관여하지는 못해도…지방자치체의 선거권을 가질 수 있어야
한다"라고 하였다.("「最大課題は91年度の協定再協議」, 『韓国新聞』 1989.1.1) 황영만(黃迎滿)
민단 사무총장도 마이니치신문과의 인터뷰에서 마찬가지의 것을 언급하고 있다.(「韓日80年の
歴史の淸算」に向け協議注視する在日韓国人」, 『毎日新聞』 1990.4.23, 동경판).

39) 徐龍達, 『共生社会の地方参政権』, 10쪽.

40) 「民団が団員資格緩和, 日本国籍も「友好団員」として認める」, 『毎日新聞』 1993.12.1, 동경판
석간.

41) 「団長選挙候補者に聞く (上) 辛容祥」, 『統一日報』 1997.3.13.

신문')에서는 지방참정권획득운동을 위한 캠페인이 대대적으로 홍보되었다.

이를 전후로 지방참정권요구운동에 몇 가지 순풍이 불어 왔다. 우선 1993
년 9월에 오사카부 기시와다(岸和田) 시의회가 재일외국인의 지방참정권을
요구하는 결의를 하였고 이를 시작으로 관서지방을 중심으로 기초지방의회
에 의한 정주외국인의 참정권을 요구하는 결의가 이어졌다. 원래 기시와다
시의회의 결의채택에는 김중근(金重根, 백두학원 이사장)과 김치웅(金治雄,
한국오사카청년회의소 특우회 회장) 등 민단에 가까운 인물들의 활동이 있
어, 민단의 입김을 받은 한일의원연맹도 배후에서 움직이고 있었다.[43] 민단
의 집계에 따르면 1993년 말까지 6부현(府県) 15지방자치체의 의회가 정주
외국인에게 참정권부여를 요구하는 의회결의와 의견서를 채택하였다.[44]

민단 운동의 특징은 일본의 각 정당 국회의원 지방의회에 대한 로비활동
을 하는 것이었다. 민단은 각 도도부현(都道府県)에 있는 지방본부를 동원
하여 지방의회에 대한 진정청원활동과 각 지역 출신의 국회의원에 대한 청
원을 전개하였다.[45] 신용상 단장 자신도 "일본 각계에 대한 로비방법 등 운
동의 방법도 내가 제일 잘 알고 있다. 일본의 정계와 여론의 지지를 어떻게
얻을지 완급조절과 미묘한 사정을 파악하는 데에는 경험이 필요하다"[46]고
하여 정계에의 공작을 가장 중요시하였던 것이다.[47]

---

42) 「ハードル高い「外国人参政権」」,『毎日新聞』1994.8.27., 東京版 夕刊).
43) 「大阪府岸和田市, 全国で初めて『定住外国人に対する参政権を認める』決議」,『季刊Sai』제9호
    (1993), 18~19쪽 ; 徐龍達,『共生社会の地方参政権』, 8쪽.
44) 「15府市町村が, 外国人地方参政権を決議・採択」,『毎日新聞』1994.1.6, 오사카판 조간. 같은
    무렵 신당 사키가케 시마네(島根)지부가 재일외국인의 입당을 인정한 것으로도 화제가 되었
    다. (「新党さきがけの島根支部, 在日外国人の入党認める」,『毎日新聞』1994.1.7, 오사카판 조
    간).
45) 樋口, 앞의 논문, 62쪽.
46) 「団長選挙候補者に聞く（上）辛容祥」,『統一日報』1997.3.13.
47) 민단의 공작으로서는 개별의원에 대한 로비활동과 더불어 한일의원연맹에 대한 활동도 중요
    했다. 한일의원연맹은 1972년 발족 이래 정식외교루트를 지원하는 파이프가 되었는데, 후유시
    바 데쓰조(冬柴鉄三)・아라키 기요히로(荒木清寛)(公明党)・나카노 간세이(中野寛成)（民社党
    →民主党）・하크 신군(白眞勲)(民主党) 등 일본 측에는 재일코리안의 참정권에 관심을 갖는
    의원도 포함되어 있다. "허들이 높은 '외국인 참정권'"('마이니치신문' 1994.8.27 동경판 석간)

한국정부와의 연결고리를 활용하는 것도 중요한 전략이었다. 김대중 대통령은 민단의 요청을 받아 1998년 한일정상회담과 국회연설에서 참정권문제를 언급하였다. 김 대통령의 방일에 맞춰 동년 10월에는 민주 공명 양당이 처음으로 '영주외국인지방선거권부여법안'을 국회에 제출하였다. 다음해인 1999년 3월 오부치 게이조(小渕恵三) 수상은 방한하여 참정권문제에 적극적으로 대처할 것을 약속하였다. 10월에는 자민 자유 공명 삼당연립정권이 발족함에 있어서 공명당의 요망에 의해 외국인에 대한 참정권부여안의 성립이 정책협정 안에 포함되어 있었다.

이렇게 하여 주로 민단의 운동에 의해 1999년은 정주외국인에 대한 참정권부여논의가 부각된 시기가 찾아 온 것이다. 이 사이 신용상단장 등 민단간부와 5월에 자민당의 모리 요시로(森喜朗) 간사장, 노다 다케시(野田毅) 자치성대신 겸 공명당대표대행을 방문하고 지방자치단체장과 의원선거에 대한 참정권을 부여하기 위한 법안정비를 연내에 행하도록 진정하였다.[48] 2000년 10월에도 김재숙(金宰淑) 단장은 노나카 히로무(野中広務) 자민당 간사장에게 금번 국회에서의 법안성립을 요청하였다.[49]

그러나 알려진 대로 그 후 자민당은 외국인참정권법안을 외면하고 2009년에 성립된 민주당정권하에서도 우파계열의 국회의원과 매스컴 등에 의한 폭 넓은 반대론의 제기로 법안제출조차 불가능하게 되었다. 오늘날 민단은 지방참정권요구운동이 부진에 빠진 것에 대하여 총괄적으로 다음과 같이 말하고 있다. "민단은 대규모 집회와 심포지움을 열었고 특별히 국회의원에 대한 로비활동에 힘을 보다 기울였다." 그러나 여전히 외국인 참정권법안성립의 가능성은 보이지 않는다. "획득운동이 대중운동으로 발전할 수 있었는가? 일본의 여론의 지지를 얻었는가? 재야시민운동과의 연계는 이루어졌는가? 반대세력의 공세에 대처할 수 있었는가? 로비활동에 편중된 것은 아니

---

48) 「在日外国人に参政権を 民団年内法制化を要請」,『産経新聞』1999.5.12, 동경판 조간.
49) 「こう着状態の地方参政権運動」,『統一日報』2012.2.1.

없는가?'를 재검토해야 한다고 민단은 논하고 있다.[50]

원래 외교루트를 통한 활동이나 의원에 대한 로비활동이 전부 전략적으로 잘못되었다고 할 수는 없을 것이다. 하지만 히구치 나오토(樋口直人)가 지적하듯이 민단의 활동이 "한일외교관계의 일환으로 전개된" 결과 "외국인 참정권을 둘러싼 정치는 외국인의 권리를 둘러싼 국내정치보다는 일본과 다른 동아시아국가들을 둘러싼 지정학적인 종속변수가 되고 말았다." '국내 마이너리티 문제'로서의 정주외국인 참정권문제가 "동아시아의 대립구조 안에 포함되고 말았기 " 때문에 "동아시아에 관계된 과제가 발생될 때마다 참정권 반대의 논거가 쌓여가는 구도"가 형성된 것이다.[51]

한일관계가 상대적으로 양호했던 2000년 전후에 참정권운동이 부각된 반면, 그 후 북한의 납치의혹, 핵개발문제 또는 중국 위협론의 대두라는 동아시아의 정세불안에 비례하여 우파미디어와 정치가들의 외국인참정권 반대론이 힘을 얻었던 것은 그러한 지적에 대한 근거가 되고 있다.

4. 결론을 대신하여

이 원고에서는 '비시민권자의 시민적권리쟁취운동'으로서 1980년대 이후 재일코리안의 지문날인 반대운동과 지방참정권쟁취운동을 고찰하였다. 일련의 운동은 재일코리안이 일본정주를 전제로 하여 귀화하지 않고 '공생'을 할 수 있도록 하는 운동이라는 점에서 공통점을 갖고 있고 종래의 연구에서도 그러한 의견을 따르고 있다. 그러나 이러한 운동을 지지하는 조직 가운데에서도 민투련(그 후속단체도 함께)과 민단이라는 대조적인 조직에 주목하게 되면 무시할 수 없는 변화가 발생하였음을 알 수가 있다. 한 마디로

50)「こう着状態の地方参政権運動」,『統一日報』2012.2.1.
51) 樋口, 앞의 논문, 68~69쪽.

말하자면 이는 민투련 계통의 확대와 쇠락 그리고 그것에 대신하는 민단의 조직적인 운동관여라는 흐름이 있다는 것이다.

1970년대의 히타치 취업차별 판결로 시작하여 행정차별철폐투쟁에 이르기까지 민투련과 연결된 시민운동이 그 주력이 되었고 반면 민단은 이러한 정주지향형운동에는 거리를 두고 있었다. 그러나 1980년대의 지문날인반대운동과 1990년대 이후의 정주 외국인 참정권요구운동에 있어서 민단은 민투련과 시민운동그룹의 뒤를 따르면서 운동의 주도권을 점차 쥐게 되는 과정을 밟게 된다. 민투련의 당사자가 "민단은 … 민투련의 성과를 탈취하는 전략을 취하였다"[52]고 말하는 것도 그들의 그런 느낌을 나타낸 것이라 하겠다.

한편 민투련(후신은 재일코리안인권협회)는 요즈음에 "민투련은 … 재일동포의 대다수를 결집시키는 데까지 가지는 못하고, 재일교포운동의 주류가 되지도 못하였다"고 자기비판을 하고 있다.[53] 이러한 운동의 주도세력의 교체가 운동의 전략적인 틀 자체를 바꾸게 되었다는 사실은 본론에서 살펴본 대로이다.

물론 지방참정권운동을 비롯한 재일코리안의 권리쟁취운동이 오늘날 침체된 원인이 두 단체에게만 있다고 주장할 생각은 없다. 이 논문에서는 지면상 검토할 수 없었지만 조총련은 민단의 권익옹호운동에서 지방참정권요구운동에 이르기 까지 모든 것을 동화주의라고 비판하고 있으며 2000년대 외국인 참정권반대론자들은 이러한 재일코리안 내부의 의견 대립을 이용하였던 것이다.[54] 덧붙여 말하자면 일본사회에 있어서의 마이너리티에 대한

---

52) 徐正禹, 앞의 논문, 「在日コリアン人権運動の理論構築について」, 효고현립대학원 석사학위논문.

53) 徐正禹, 앞의 논문, 「在日コリアン人権運動の理論構築について」, 『労働運動研究 (復刊)』 제16호, 59쪽.

54) 조총련은 이미 1990년대 중엽부터 참정권부여는 '동화정책'이라는 이유로 참정권부여에 반대하는 진정서를 제출하는 운동을 전개하고 있었다. 2000년 9월 오오치가게(扇千景)보수당당수 (건설성대신)이 영주외국인참정권부여에는 민단과 조총련의 의사통일을 기다려야 한다고 발

불관용적인 경향, 아시아 국가들과의 관계악화 등의 문제가 오히려 더 중요할 것이다. 그런 의미에서 이 논문은 어디까지나 세기 전환 전후의 재일코리안에 의한 권리쟁취운동에 범위를 한정하고 내부의 변화를 추적한 시론이라고 이해해 준다면 다행일 것이다.

■ 마쓰다 도시히코

언히고 있는 것에서 알 수 있듯이(「永住外国人参政権付与 民団と朝鮮総連の意思統一待つべき」, 『産経新聞』 2000.9.9) 민단과 조총련의 대립을 참정권 부여의 반대 논거로 하는 주장은 적지 않다. 또 동년 10월에는 지방참정권법안에 반대하는 자민당의원이 만드는 "외국인참정권에 대한 신중한 대응을 요구하는 국회의원의들의 모임"에 조총련 국제국부장 김명수(金明守)가 출석하여 법안반대의 이유를 논하였다.(「外国人参政権 朝鮮総連, 反対を表明」, 『, 産経新聞』 2000.10.14).

재일동포사회의 분단극복과 통일운동

1. 머리말

흔히 재일코리안은 이중의 과제를 안고 산다고 한다.[1] 일제시기의 과제는 민족의 해방과 자신의 생활문제였다. 그리고 해방 이후에는 조국의 통일과 자신의 생활문제로 바뀌었다. 민족 해방과 조국통일의 과제는 자신들의 귀환·귀국문제와 직접 관련된 문제이고, 생활의 문제는 일본에서의 정착 또는 일상의 문제와 관련된 문제이다. 결국 재일코리안의 과제는 자신들의 정체성 문제이며, 자신들의 '귀속'의 문제에 다름 아닌 것이다. 한편 이들의 과제는 귀환, 귀국의 열망과 희망이 얼마나 큰지, 또 본국 지향적인 자기 정체성이 얼마나 큰지, 일본에서의 정착이나 일상의 '권리'를 얼마나 중요한 문제로 생각하느냐에 따라 운동의 방향과 중요성이 달라지는 문제라고 할 수 있다.

---

[1] '재일동포'에 대한 호칭문제는 아직 명쾌하지 않다. 재일조선인, 재일한국인 등 다양한 용어를 사용하고 있지만, 그들을 통칭할 때 적합한 용어를 찾기가 쉽지 않다. 이 글에서는 이들을 통칭할 때 '재일동포'와 '재일코리안', '재일사회'라는 용어를 혼용한다.

재일사회의 다양한 운동과 권리투쟁은 그러한 조건의 변화에 따라 다양하게 전개되어 왔다. 그런데 해방이후 전개된 운동의 대부분은 두 개의 정부와 그것에 대응한 재일조선인총연합회(이하 총련)와 재일본대한민국거류민단(현재 명칭 재일본대한민국민단, 이하 민단)과의 관계를 벗어나기 힘든 상황이었음은 주지의 사실이다. 특히 통일운동의 경우는 그러한 한계가 더욱 분명하였다. 재일사회는 숙명처럼 이들 두 조직을 중심으로 각각의 입장에 따른 운동을 전개해 왔던 것이다. 조국 땅에 전쟁이 일어나고 분단이 고착되어 갈수록 재일사회의 분단도 고착되어 갔다. 그런데 그러한 분단고착과 분열의 과정에서도 균열은 있었고 새로운 모색은 끊임없이 추구되었다.

그러한 균열과 새로운 모색을 가능케 했던 가장 큰 요인은 일본 사회 내에서의 생존과 권리를 둘러싼 조건의 변화와 그에 따른 자기인식의 변화라는 내부적 요인이었다. 그에 못지않게 중요한 또 다른 요인은 남북화해의 분위기나 탈냉전 같은 외부적 조건이었다. 이글은 그러한 환경의 변화 속에서 재일사회의 통일운동이 어떻게 변화해왔는지, 또 어디를 향해 가고 있는지를 살펴본다. 더불어 내부적, 외부적 요인의 변화와는 무관하게 '재일'이라는 그 자체만으로도 조국통일을 갈망하고, 강요된 분열 속에서도 '작은 통합'을 지향하고 있었음을 살펴볼 것이다.

해방 직후부터 1960년대의 작은 통합을 거쳐, 1970년대 들어 재일코리안에 대한 차별 철폐운동이 대두되고, 그것이 일본 내에서 사회적 이슈가 되면서 재일사회의 통합은 더 이상 미룰 수 없는 과제가 되었다. 고착된 분단체제에 균열이 생기기 시작한 것은 '귀향'을 너무나 당연한 전제로 인식하는 1세대들의 태도에 대한 작은 저항에서부터였다. 그리고 그것은 잡지운동에서 시작되어 다양한 문화운동의 형태로 전개되었다. 한반도의 분단 상황보다는 '재일'이라는 현실적 조건을 자신의 주된 정체성으로 새롭게 인식하기 시작한 2세와 3세 청년들은 1세대를 향해 '잔소리'를 내기 시작했던 것이다.[2]

이 같은 움직임은 1980년대 새로운 문화운동을 통한 정체성의 재확립과 재일사회의 통합, 그리고 그것을 통한 통일운동이라는 새로운 운동 형태를 만들어 내기에 이르렀다. 이시기 다양한 문화운동 중 새로운 통일운동을 명확히 표방한 것은 1985년 오사카에서 시작 된 '원코리아페스티벌'이었다. 재일사회의 이 같은 움직임은 한반도에서 남북대화의 움직임이 아직 본격화되지 않은 시기에 나타난 현상이라는 점에서 주목할 만하다. 그들 스스로도 자신들의 통일운동이 역으로 한반도의 통일에 영향을 미칠 수 있기를 기대했다는 점에서도 한반도의 두 조국이 표방하는 이념적 범위 내에서만 통일담론을 주장하고 있던 이전의 통일운동과는 차원이 다른 것이었다.

이 글에서는 해방 직후부터 1970년대까지의 '작은 통합'과 '균열'을 이 운동의 총괄적 배경으로 제시한다. 그리고 실제로 이 운동이 어떠한 이념적 지표로 운영되고 있는지를 그들의 활동과 주장을 통해 살펴본다. 그리고 현재 이 운동이 지향하고 있는 바가 어떠한 한계를 가지고 있는지를 살펴봄으로써 향후 과제를 전망해 본다. 다만, 재일사회의 통일운동 전반에 관한 선행연구가 부족한 상황이기 때문에 이 글에서는 전체적인 흐름을 정리하는 데 초점을 맞추었다. 기존의 연구는 대부분 재일코리안 단체들의 분열과 대립을 중심으로 기술하고 있고, 특히 민단과 총련 결성 이후에는 '본국 지향성' 또는 본국의 지령에 따른 대립을 중심으로 기술하고 있다.[3] 이 글에서는 그러한 대립과 분열보다는 '작은 통합'과 '제한적 연대'의 흐름에 초점을 맞추어 새로운 시각을 제시한다.[4] 각 시기 통일운동의 구체적인 사실규

---

2) '재일'의 정체성과 문화운동의 대략적 흐름에 관해서는 이신철, 「이념 갈등 극복을 위한 재일조선인의 문화활동」, 청암대학교 재일코리안연구소 편, 『재일코리안의 생활 문화와 변용』, 서울, 선인, 2014 참조.

3) 대표적으로 정용하, 「재일한인 통일운동에 나타난 연대·네트워크 – 통일운동의 시기별 특징과 관련을 중심으로」, 『한일민족문제연구』 제13호, 2007 ; 김태기, 「한반도 통일과 재일한국인 통일문제를 둘러싼 민족단체의 분열을 중심으로」, 『한국과 국제정치』 17권 2호, 2001. 대부분의 연구는 남북정상회담 이후에야 본격적인 통합과 연대운동이 실현되는 것으로 서술하고 있다.

4) 재일의 연대와 통합이라는 관점의 연구는 나주현, 「1955년 남북통일촉진협의회에 관한 연구」, 『한일민족문제연구』 제11호, 2006(2008년 『在日朝鮮人史硏究』 38호에 재수록)을 주목할 만하다. 다만, 이 연구도 총련 결성이후 분단고착화에 의해 남북통일촉진협의회의 정신이 꺾인 것으로 이해했다.

명과 의미 분석, 조직구성, 활동에 관한 심도 있는 분석은 다음의 과제임을 미리 밝혀둔다.

2. 1980년대 이전 재일사회의 통일운동과 통일문제

1945년 일본의 패전 시점에 일본에 있었던 조선인은 대략 200만 명으로 추산된다. 그들은 저마다 귀향의 꿈에 부풀어 있었지만, 그것은 그렇게 쉬운 일이 아니었다. 운 좋게 곧바로 귀국선을 얻어 탄 경우도 있었지만, 대부분의 사람들은 하염없이 바다를 바라보며 기다림의 나날을 보내야 했다. 또 자신의 일터를 지키며 사태의 추이를 관망하기도 했다. 그들에겐 귀환의 꿈과 당장의 생계를 이어나가야 할 과제가 동시에 주어졌다. 그나마 다행인 것은 그동안 조선인임을 숨기며 살아야 했던 과거와 달리 조선말을 하고, 조선의 노래를 마음껏 부를 수 있다는 정도였다.

귀향자들의 편의를 도모하고, 생활 안정을 위한 지원을 하며, 또한 조선의 문화와 글을 가르치는 일을 하는 조직이 생겨난 것은 너무나 당연한 일이었다. 1945년 8월 18일 도쿄에서 재류조선인대책위원회가 결성되었다.[5] 이 단체에는 일제시기 친일단체에 가담했던 자로부터 공산주의자에 이르기까지 다양한 조선인들이 모여들었다. 그리고 이들은 해방된 지 채 한 달이 안 된 9월 10일 재일본조선인연맹(이하 조련) 중앙결성준비위원회를 도쿄에서 개최했다. 그로부터 한 달 후 조련은 10월 15일과 16일 이틀에 걸쳐 결성대회를 개최하고 정식 출범하였다.[6] 이후 조련은 귀국지원 활동을 중심으로 왕성한 활동을 전개해나갔다.

그러나 그것도 잠시, 같은 해 11월에는 조련의 활동 노선을 비판하는 반

---

5) 吳圭祥, 『ドキュメント 在日本朝鮮人聯盟 1945-1949』, 東京, 岩波書店, 2009, 4쪽. 해방직후 결성된 다양한 조직에 관해서는 이 책 참조.
6) 카지무라 히데키, 김인덕 옮김, 『재일조선인운동－1945~1965』, 서울, 현음사, 1994, 22~23쪽.

공 색채의 재일조선건국촉진총동맹(이하 건청)이 결성되면서 재일사회에도 한반도의 분열상을 닮은 지형이 만들어지기 시작했다. 그 같은 대립구도는 1946년 4월 재일본조선거류민단이 만들어지면서 좀 더 명확해졌다. 1948년 두개의 정부 수립은 두 조직을 적대적 관계로 만들어버렸다.

한반도의 분단은 곧 재일사회의 분단을 의미했다. 분단의 과정과 이후 고착 과정에서 재일사회의 모습은 한반도와 다르지 않았다. 분단을 극복하려는 모습 또한 그대로 닮아 있었다. 분단의 길목에서 남북협상이 전개되자 조련은 대표단을 파견했다.[7] 또 1949년 6월 북조선에서 남북통일을 표방하며 조국통일민주주의전선(이하 조국전선)이 결성되자, 조련은 송성철을 결성준비위원으로 파견했다.[8] 한 가지 흥미로운 것은 조련의 대표가 당시에 북조선민주주의민족전선 소속이 아닌 남조선민주주의민족전선 소속으로 참가하고 있다는 점이다. 이 시기에는 조련이 북조선보다 남한의 좌익운동 세력과 더 밀접한 관계를 유지하고 있었음을 의미한다.[9]

한편 조국전선이 결성된 직후인 1949년 9월 8월 일본 당국은 조련과 민청 등 4개 단체에 대해 해산명령을 내린다. 이 때 민단은 이에 대한 항의성명을 발표했다.[10] 이시기까지만 해도 민단이 조련을 재일조선인들의 권익을 대표하는 단체의 하나로 이해하고, 그들의 필요성을 인정하고 있었음을 의미한다. 이 시기 민단의 단장은 박렬이다. 그는 일본에서 사회주의 운동에 투신하기도 했지만, 주로 무정부주의자로 활동했다. 대한민국 정부 수립 후 한국으로 귀국해 활동하다가 6·25 남북전쟁 때 북으로 갔다. 그리고 1956년 재북평화통일촉진협의회 결성에 주도적으로 참여한다.[11] 해방 후 박렬의 행보는 이시기 민단이 아직 이념적으로 경직되어 있지 않았음을 잘 보

---

7) 국사편찬위원회, 『북한관계 사료집』 6, 서울, 국사편찬위원회, 1988, 291쪽.

8) 『민주선국에 있어서 북소선민선의 넉알』, 병양, 1949, 179~192쪽.

9) 이것이 어떤 의미를 가지고 있는지, 당시의 남·북·재일의 관계에 대한 연구가 진행될 필요가 있지만, 여기서는 다루지 않는다.

10) 카지무라 히데키, 김인덕 옮김, 앞의 책, 69쪽.

11) 이신철, 『북한 민족주의운동 연구』, 서울, 역사비평사, 2008, 373~374쪽 참조.

여준다.

그렇지만 그 같은 상호인정의 관계는 6·25전쟁이 일어나자 적대적인 관계로 전환되고 말았다. 당국에 의해 해산된 조련 관계자들은 조국방위위원회(이하 조방위)와 산하 행동 조직으로 조국방위대(이하 조방대)를 비합법적으로 결성하고, 일본 내에서 미군과의 투쟁을 전개했다. 같은 시기에 대중조직으로 재일조선통일민주전선(이하 재일민전)을 결성했다(1951). 그런데 재일민전에는 조련계의 사람들 뿐 아니라 건청에서 출발해 민단에 합류했다가 다시 독자적인 조직인 조선민주통일동지회를 결성하였던 사람들이 참여했다. 민단에서 부의장을 역임했던 이강훈은 이들의 지도자격으로 재일민전의 의장직을 수행했다.

조선민주통일동지회 계열의 재일민전 참여는 공산주의나 북조선을 적극적으로 지지하지 않는 그룹이 조련계와 연합활동을 전개하고 있음을 보여주고 있다. 이시기가 전쟁 시기라는 점을 고려한다면 그 의미는 더욱 커진다. 이 같은 상황은 남북협상에 참여했던 적지 않은 사람들이 북조선에 눌러 앉아 조국전선의 결성에 참여했던 경우와 유사하다고 할 수 있다. 다만 참여자들의 정치적 성향이나 활동에 관해서는 아직 명확히 규명되지 않았다.[12] 이 시기에 관한 연구의 공백이라고 할 수 있다. 어쨌든 이들의 참여가 재일민전의 통일전선적 성격을 강화시켜준 반면에 이들이 민단에서 이탈했다는 사실은 민단이 좀 더 친대한민국 노선을 견지하게 되었음을 의미했다. 한편, 민단은 재일한교자원군(在日韓僑自願軍)이라는 이름으로 국군에 참전할 청년들을 모집해 한국으로 보냈다.

6·25전쟁을 거치면서 재일민전과 민단은 적대적인 관계로 돌아섰지만 연대활동이 완전히 끝난 것은 아니었다. 1954년 6·25전쟁 전후 협상의 일환으로 평화통일을 위한 제네바정치협상이 결렬된 직후 북조선은 남북회

---

12) 가지무라는 김구의 노선을 따르는 사람들이 항상 함께 한 것은 아니라고 평하고 있다. 카지무리 히데키, 김인덕 옮김, 앞의 책, 62쪽.

담, 병력감축, 자유왕래, 남한으로의 송전, 우편물교환, 실무회담 등 다양한
형태의 통일정책들을 남한에 제안했다. 이 같은 공세는 10월 30일부터 12월
1일까지 약 한달 간 집중적으로 전개되었다. 그 시작은 10월 30일 최고인민
회의 제8차 회의였다. 회의 참가자들은 제네바 대표단의 보고를 듣고, 새로
운 통일방안을 담은 「남조선 전체 인민에게 보내는 호소문」(이하 호소문)을
채택했다. 호소문에는 남북 각계각층의 대표자 연석회의, 조선최고인민회
의와 대한민국 국회의 합동회의, 남북 경제 문화교류, 서신왕래를 위한 남
북회의, 회의 참가자들의 자유왕래 등의 내용이 담겼다.13) 호소문은 남한
1365명, 일본 136명, 기타 해외동포 112명에게 서신으로 전달되었다.14)

　재일민전은 호소문에 호응하여 적극적인 통일운동을 전개했다. 1954년
11월 10일에는 제5차 전체대회를 개최하고 호소문 지지 성명을 발표했다.
이시기에 일본 곳곳에서 호소문에 대한 '학습'이 진행되었고, 재일민전과 민
단의 중요 인사들 일부 간에 평화통일문제를 고민하는 교류가 시작되었다.
이들은 곧바로 새로운 통일운동조직 건설을 추진했다. 당시 호소문에 대한
한국정부와 민단의 공식 입장은 '북괴의 정치적 모략'이었다. 재일민전의 경
우 새로운 단체 결성에는 미온적이었지만, 북의 호소문 지지에는 적극 찬성
이었다. 민단의 공식적 반대와 재일민전의 새로운 조직에 대한 미온적 태도
에도 불구하고, 1955년 1월에는 '남북통일촉진협의회'(이하 통협)가 결성되
기에 이르렀다.15)

　통협은 결성 직후 3·1절 기념행사를 모든 단체가 공동으로 치를 것을 제
안했다. 이 제안에 따라 3월 1일 도쿄 료코구(兩國)국기관에서 2만여 명의
재일동포들이 모인 가운데 3·1절 기념 중앙대회가 개최되었다.16) 대회에
는 재일조선통일민주전선 의장단 리계백, 재일조선민주녀성동맹 위원장 김

13) 『조국전선』 1955. 10. 31.
14) 朴慶植, 『解放後在日朝鮮人運動史』, 三一書房, 1989, 371쪽.
15) 당시의 교류와 학습회, 통협의 결성과 활동 등에 관해서는 나주현, 앞의 글 참조.
16) 북조선에서는 이 대회를 '궐기대회'로 보도했다.

은순, 재일조선인상공련합회 이사장 리재동, 대한거류민단 고문 권일 등이
참가해 평화통일과 외국 군대 동시 철거, 자주적 통일 등을 호소했다. 특히
권일은 "오직 조국의 평화적 통일을 위하여 단결하자"라고 강조했다.

대회 참가자들은 외국 군대 철수와 남북회의 즉시 개최, 재일동포에 대한
일본 정부의 민족적 권리 보장 등의 내용을 담은 결의문을 채택하고 남북
정부와 일본 정부, 그리고 유엔에 보냈다. 일본에서 발행되고 있던『해방신
문』은 약 여섯 시간에 걸쳐 진행된 이 대회가 "조국의 평화적 통일을 위한
재일동포들의 일대 시위였으며 일대 민족적 궐기대회"였다고 보도했다.17)
재일민전은 이 집회의 연장선상에서 제19차 중앙위원회를 개최하고, 최고
인민회의 제9차 회의 선언의 실천에 노력할 것을 결의하기도 했다. 또 이들
은 남북의 군축을 주장하고, 남측에서 일고 있는 중립국 감시위원회 해체
시도를 비판하기도 했다.18)

3·1절 기념 중앙대회에 참가했던 민단 고문 권일은 메이지 대학 법학부
를 졸업하고 고등문관시험에 합격해 만주국 심판관을 역임했고, 1943년 12
월 일본으로 돌아와 전쟁협력단체인 일심회를 결성해 활동했다. 2009년 친
일반민족행위진상규명위원회에서 그를 친일반민족행위자로 규정했다.19)
해방 후 그는 일본에서 변호사로 활동했다. 1964년엔 민단 단장으로 선출되
었고, 박정희의 초청으로 귀국해 민주공화당 중앙위원으로 활동했다. 이후
8대(민주공화당), 9대(유신정우회) 국회의원을 역임했다.

이 같은 우익인사가 이날의 대회에 참석했다는 점에서 이념적 대립보다
통일문제를 중시하는 재일사회의 특성을 엿볼 수 있다. 통협에는 권일보다
더한 친일파로 유명한 조선인 유일의 일본 중의원 출신의 박춘금도 참여했
다. 그것은 북조선이 호소문을 박춘금에도 보냈던 것이 크게 작용했다고 할

---

17)『민주조선』1955. 11. 9. 대회 내용은 나주현, 앞의 글과 이신철, 앞의 책, 2008, 347~348쪽 참조.
18)『조국전선』1955. 4. 16.
19) 친일반민족행위진상규명위원회,『친일반민족행위진상규명 보고서 Ⅳ-1 – 친일반민족행위 결
    정』, 2009, 663~677쪽. 보고서에는 일제시기에 사용한 이름 권혁주로 등재되어 있다.

수 있다. 이들의 참여 등을 적극적으로 평가해 이 운동을 민단계의 통일운동으로 분류하는 경우도 있다.[20]

3·1절 기념 중앙대회는 당시 재일사회가 통일방안을 누가 주장했느냐보다는 그 내용이 무엇인가를 더 중요하게 생각하고, 그것에 공감한다면 지지의사를 표현할 수 있는 분위기였음을 보여준다. 나아가 북조선이 주장한 남북회담과 교류정책이 당시에 상당한 설득력을 얻고 있었다고도 해석할 수 있다. 이 점은 당시 북에 있던 임시정부 출신의 민족주의자들의 통일운동이 이 시기에 본격화되었다는 사실과도 부합한다. 이들의 관계는 향후 좀 더 면밀히 검토될 필요가 있다.[21]

한편으로 3·1대회의 성공은 이 시기가 총련 결성 이전이라는 점과 민단에 대한 한국정부의 영향력이 크지 않았던 시기라는 점도 중요한 요인이 되었다. 또한 한국 정부에 대한 재일사회의 실망감이 크게 작용했다고 해도 과언이 아닐 것이다. 한국정부가 북측의 호소문을 일축한 점도 있었지만, 당시 중요한 쟁점의 하나였던 '일본정부의 외국인 등록 갱신 강요'라는 문제에 대한 이해하기 힘든 대응도 적지 않은 영향을 미쳤다. 당시 일본 정부는 외국인 등록 갱신을 거부하던 재일조선인들을 한국으로 추방했는데, 한국 정부가 이들을 받아들이지 않았던 것이다. 나아가 국적란에 한국을 기입할 수 있으면 등록에 응할 것을 요구했다.[22] 이 같은 상황은 통일을 열망하는 재일동포들에게 적지 않은 실망감을 안겨주었다. 결국 역설적이게도 일본정부의 강압과 한국 정부의 자기중심적 태도가 민단의 간부들조차 대화와 타협으로 돌아설 수 있도록 하는 하나의 요인이 되었던 것이다.

3·1대회는 해방 직후 기념식조차 좌우가 따로 진행했던 남한 사회의 이념갈등과 비교해 보면 재일사회가 가지는 통합 지향적 성격을 이해하는 데

20) 田駿, 『朝總聯硏究(1)』, 고려대학교출판부, 1973.
21) 한편으로 이 시기에는 김삼규, 이영근 등에 의한 중립화 통일운동도 활발히 전개되었지만, 이 글에서는 논외로 한다.
22) 카지무라 히데키, 김인덕 옮김, 앞의 책, 59~60쪽, 71~72쪽.

도움이 된다.23) 그만큼 조국통일에 대한 열망이 강했음을 의미한다. 동시에 북조선의 호소문에는 없었던 재일조선인에 대한 민족적 권리 보장을 일본 정부에 요구하고 있는 점도 눈여겨 볼 필요가 있다. 통일문제와 함께 일본 내에서의 생존권 획득이라는 지점에서 재일조선인들은 일치된 견해를 가지고 있었던 것이다. 1955년의 연대는 작지만 큰 통합이었다.

1955년의 제한적 연대는 곧이어 총련이 결성됨으로써 큰 변화를 맞게 된다. 총련의 결성은 북조선의 재일조선인 정책변화와 연계되어 있었고, 그것은 곧 재일민전 또는 총련과 일본공산당과의 결별을 의미하기도 했다. 총련의 출범은 조선민주주의인민공화국의 비공식 재외공민조직의 출범을 의미했고, 그들의 활동을 북조선 당국의 정책과 분리해서 사고하기 힘들어 진 것을 의미했다.

곧이어 북조선과 총련은 재일조선인들의 '귀국' 사업을 시작했다. 1959년 초에 이르러 일본 사회의 주요이슈로 부각된 '귀국' 사업은 이승만 정권의 반대와 그에 호응한 민단의 격렬한 반대운동을 불러일으켰다. 이를 통해 총련은 좀 더 북조선 정부와 밀접한 연관을 맺게 되었고, 재일사회도 북조선에 가족을 두게 되는 '이산을 통한 통합'이라는 역설적 현상이 나타나게 된다.

반면에 민단에게는 이승만 정권의 기민정책에도 불구하고 본국 정부와의 관계를 강화시키는 계기가 되었다. 물론 그러한 반대운동이 민단을 대한민국정부와 일체화시키는 역할을 한 것은 아니었다. 오히려 1960년 발생한 4·19혁명은 민단 내 젊은 층에게 한국의 민주화에 대한 관심을 확장시키는 계기가 되었다. 그 영향으로 한국의 민중운동 지원이라는 지향성을 가진 재일대한민국학생동맹(한학동) 같은 조직이 결성되었다.24)

뿐만 아니라 4·19혁명을 계기로 다양한 통일운동이 전개되었다. '재일남북경제인 간담회', '한국학생동맹·조선유학생동맹 합동문화제' 같은 행사들이 진행되었고, '조국평화통일 남북문화교류촉진 재일문화인회의'도 결성되었다. 이 같은 통일운동의 기운은 5·16 군사정변 이후에도 계속되어 1961년 8월 '8·15조국해방 16주년개념합동문화제'로 이어졌다.[25]

그 같은 우호적 흐름은 합동문화제 직후 그 사업에 관여했던 민단 소속의 최선이 제명되고, 이후 민단이 한국정부와의 관계를 강화하면서 중단되었다. 1965년 한일기본조약의 체결로 인해 민단은 대한민국 정부와 공식적인 관계를 맺게 되었다. 공식 국교가 수립됨으로서 민단은 공식 재외공민기구가 되었고, 각종 지원을 공식적으로 받게 된 것이다.

1972년은 복합적인 해였다. 7·4남북공동성명의 여파로 한국청년동맹과 조선청년동맹에 의해 합동문화제가 열리면서 민단과 총련은 다시 한 번 합동행사를 모색했다. 아쉽게도 이 행사는 유신체제 성립과 남북의 대립으로 실행되지 못했다. 그렇지만 비록 실현되지는 못했더라도, 4·19혁명 직후와 마찬가지로 7·4남북공동성명 직후에도 문화행사가 기획되었다는 점은 기억할 필요가 있다. 1980년대 이후의 남북 문화교류나 재일사회의 문화를 통한 통일운동의 등장이 이와 무관하지 않기 때문이다.

한편, 유신체제 성립은 민단을 다시 한 번 분열시키는 계기가 되었다. 결국 민단은 유신민단과 자주민단-한민통(재일한국민주회복통일촉진국민회의)으로 분열되었다.[26] 이러한 상황 속에서 시작 된 1970년대의 모국방문단 사업과 재일조선인의 한국 유학 경험은 재일조선인 사회에 새로운 분위기를 형성해 주었다. 1970년대 한국 민주화 운동과 그 수단으로 적극 활용되고 있던 문화운동이 재일사회에도 상당한 영향을 미치기 시작한 것이다. 그

25) 정갑수, 「정상회담 이후 재일동포사회의 화해·협력: 민단·조총련간의 화해와 협력을 중심으로」, 『통일문제연구』 2000년 상반기호(통권 제33호), 27쪽.
26) 이 시기의 대략적 흐름은 위 같은 곳, 정용하, 앞의 글, 245~246쪽. 한편, 한민통(후신은 재일한국민주통일연합: 한통련)도 독자적인 활동을 전개했다. 이에 대한 간단한 소개는 지충남, 『재일동포 사회의 '제3의 민족통일운동' 고찰」, 『한국동북아논총』 제69호, 2013, 136~137쪽 참조. 한민통, 한통련의 통일운동은 1990년 결성된 조국통일범민족연합(범민련) 일본지역본부의 활동과 연결된다고 할 수 있다. 이에 대한 분석도 분석이 필요하지만, 이들에서 주목하고 있는 원코리아페스티벌의 흐름과는 다소 차이가 있기 때문에 이 글에서는 논외로 한다.

리고 1980년 광주에서 벌어진 민주화운동은 재일사회 뿐 아니라 일본 사회에도 큰 충격을 주었고, 한국에 대한 긍정적 인식을 크게 높여 주었다. 한국에 대한 긍정적 인식의 확대는 재일사회가 한국의 민주화 운동과 관련된 문화운동을 적극적으로 수용할 수 있는 계기로 작용했다.

이 같은 변화와 더불어 1970년대에는 귀국이라는 목표보다는 일본에서 살아가야할 생활상의 목표를 더 중요하게 여기는 '신세대'들이 제 목소리를 내기 시작했다. 이전까지의 재일조선인운동이 귀국지향, 본국지향이었다면 이제는 '재일'의 독자성이 강조되기 시작한 것이다.[27] 이러한 흐름과 한국 민주화 운동의 영향이 상호작용 하면서 1980년대의 새로운 문화운동이 광범하게 전개될 수 있었던 것이다. 이러한 분위기 속에 뒤에 기술할 원코리아페스티벌의 주체들이 5·18민주화운동 직전에, 새로운 통일운동을 모색하면서 '7·4회'를 조직하게 되었다.[28] 이들이 모색하는 통일운동은 7·4남북공동성명의 정신을 계승하면서도 시대의 변화에 걸맞는 새로운 내용과 형식을 찾는 일이기도 했다.

이처럼 1980년대의 재일조선인 사회는 미약해지는 자신의 정체성을 확인할 필요성과 새롭게 재일의 정체성을 만들어야 하는 필요성, 본국 지향의 이념 대립이 재일사회에 미치는 독소를 제거해야 할 필요성 등이 복합적으로 표출되고 있었다. 이와 더불어 1970년대부터 일본 내부에서 현대적 마츠리가 적극적으로 새로 만들어지고 있었던 분위기도 재일사회의 운동형식 변화요인으로 작용했다.[29] 이처럼 복합적인 요인이 작용해 재일사회에 새로운 운동의 기운이 일어나기 시작했다. 민족문화라는 요소를 재일사회의 정체성확립과 통합운동에 접목시키기 시작한 것이다. 그 같은 흐름은 신세대의 목소리를 대변하는 역할을 하기도 했다. 이러한 분위기 속에 재일코리

---

27) 이에 관해서는 이신철, 앞의 글, 2014 참조.
28) 정갑수, 앞의 글, 30쪽.
29) 김희정, 「축제를 통한 재일코리안의 통합적 문화운동에 관한 연구: 원코리아페스티벌을 중심으로」, 예원예술대학교 문화·영상창업대학원 석사논문, 2013, 13쪽.

안의 민족 축제(마쓰리)가 등장했다. 그리고 그 가운데 남북통일을 목표로
내세우는 원코리아페스티벌이 있었다.

3. 원코리아페스티벌, 새로운 통일운동의 등장

1980년대 재일사회의 변화 열망을 담은 민족문화축제는 1983년 10월 오
사카의 이쿠노(生野)에서 시작되었다. 1982년 이쿠노구의 중앙부에 있는 세
이와 사회관(聖和社會館) 관장으로 취임한 김덕환(金德換)은 재일 청년들에
게 기존 조직에 치우치지 않는 자신들의 축제를 직접 만들자고 제안했다.
그는 "하나가 되어 키우자, 민족의 마음을! 혼을!"이라는 구호를 내세웠다.
이념이 아니라 민족의 동질성을 구호로 내세운 것이다.
　행사는 길놀이 농악으로 시작해 강강술래로 폐막했다. 농악 길잡이가 끝
나면, 첫머리에 고사를 지냈다. 이 같은 형식은 한국 대학가의 민주화 시위
에서 흔히 볼 수 있는 장면이었다. 중간 중간의 행사에 부채춤과 마당놀이,
풍물 등이 포함되었다.
　제1회 이쿠노민족문화제는 오사카시립 미유키모리 소학교(御幸森小學校)
에서 개최되었다. 행사 참여는 재일조선인들로 제한되었다. 그런데 제2회
문화제는 지역 주민들의 반대에 부딪쳐 인근의 중학교에서 진행했다. 지역
주민들이 반발한 이유는 자신들의 자녀가 다니는 학교가 마치 재일조선인
들의 학교인 것처럼 비치는 것이 싫다는 것이었다. 그 소학교는 이 지역에
서 가장 많은 숫자의 재일조선인 자녀들이 다니고 있는 학교였다. 이 같은
문제제기는 일본 사회에 만연해 있던 재일조선인 차별의 문제로 커져갔다.
이 문제는 1993년 한교 사용이 허용되면서 일단락되었다.[30]
　이쿠노민족문화제는 일본인 사회와의 동화나 공존보다는, 이념을 초월한

---

30) 金德換, 『第10回生野民族文化祭報告書』, 1993.

재일코리안의 민족 정체성 확립과 통합에 그 목적이 있었다. 이 같은 문제의
식을 더욱 발전시킨 것이 원코리아페스티벌이었다. 1985년에 처음 등장한
이 축제는 재일코리안들의 민족정체성 확립과 통합에서 한 걸음 더 나아가
남북의 통일과 일본인들과의 공생을 목표로 내세웠다. 또한 문화를 소통의
방식으로 내 건 것은 정치에 무관심한 젊은이들에게 문화를 도구로 활용해
정치적 이슈인 통일문제에 관심을 불러일으키려는 목적도 있었다.[31]

원코리아페스티벌은 '8·15(40) 민족·미래·창조 페스티벌'이라는 제목으
로 시작되었다. 대회는 창립선언문을 통해 "재일이 처한 차별적 상황을 바
꾸는 운동으로서의 성격을 가지고 있다"고 천명했다. 또한 "정체성 확립을
통한 노력, 문화전파자로서의 자부심과 교류에 대한 필요성을 공유를 통한

시도, 통일조국이 재일동포(사
회-필자)에서 긍정적 영향을
미칠 것이라는 의식"을 가지고
이 축제를 진행한다고 선언했
다.

축제의 내용에는 가야금 연
주, 고전무용, 풍물 등 한국의
전통문화뿐 아니라 포크, 록,
샹송, 재즈, 레게 등이 망라되
었다. 그리고 한복 패션쇼와
미술전시, 그리고 바자회도 펼
쳐졌다. 그야말로 다양한 문화
의 공존을 보여주는 행사들이
오사카성 야외음악당과 태양
의 광장에서 전개되었다. 축제

제1회 원코리아페스티벌 자료집

31) 鄭甲壽, 『〈ワンコリア〉風雲錄 - 在日コリアンたちの挑戰』, 東京, 岩波書店, 2005, 3쪽.

제1회 원코리아페스티벌에 참여한 공연단의 모습[34]

의 참가자들도 재일조선인뿐 아니라 일본인을 포함한 모두에게 공개되었다. 재일의 정체성과 함께 일본인들과의 공생을 강조한 것이다.[32]

무엇보다 이 행사에서는 재일사회에서 문화적으로 일정한 성공을 거둔 사람들이 주요 출연자로 참석했다. 일본인들에게도 익숙한 노래와 공연 등을 내세우고 그러한 훌륭한 문화를 만들어 내고 있는 것이 재일코리안 임을 자연스레 보여주는 전략이었다. 이 같은 전략은 축제에 많은 일본인들을 참여하게 만들뿐 아니라, 한반도의 통일이라는 정치적 과제를 자연스럽게 접할 수 있는 계기가 되었다.

더불어 이 같은 과정은 재일조선인 문화인들이 스스로의 정체성을 확인하는 과정이기도 했다. 1987년 3회 대회에서는 록그룹 '유카단(憂歌団)'의 보컬 기무라 히데카쓰가 처음으로 자신의 본명 박수승(朴秀勝)을 드러내고 공

---

32) 원코리아페스티벌을 다룬 대부분의 논문들이 통일과 공생, 그리고 뒤에서 다루게 될 아시아공동체라는 비전에 주목하고 있다. 원코리아페스티벌을 직접 다룬 논문으로는 김희정, 앞의 글, 지충남, 앞의 글들; 정갑수, 앞의 글(2000); 정용하, 앞의 글 등이 있다.

연에 참여했다.³³⁾ 이처럼 행사에 참여한 재일조선인들은 자신의 조선이름
을 내걸고 공연하는 것을 주저하지 않았다.

축제에서 또 한 가지 주목할 점은 총련과 민단의 화합을 추구한다는 점이
다. 처음에는 반신반의하던 두 기구는 1987년 3회 대회에 이르러 민단 산하
의 재일한국청년회와 총련 산하의 조선청년동맹의 청년들이 전단지를 배부
하는 등 적극적으로 참여하는 것을 허용했다. 이 같은 분위기에 힘입어 재일
상공인들도 대거 참여하게 되었다. 상공인들의 참여가 늘어난 것은 당시의
행사 안내 책자에 실린 광고의 숫자변화를 통해 짐작할 수 있다. 1회와 2회의
경우 전체 36개의 동일한 광고가 실렸다. 그 중 가장 많은 비용을 낸 전면광
고의 숫자는 6개였다. 그런데 3회 때는 전체 61개의 광고가 실렸다. 1, 2회에
비해 25개가 늘어나, 약 70%에 가까운 성장이 이루어진 것이다. 게다가 전면
광고도 8개로 2개가 늘었고, 1, 2회 때에는 없었던 1/2면 짜리 광고 24개가 추
가되었다. 새로 후원에 참여한 대부분의 상공인들이 1, 2회 때보다 더 많은
금액을 후원하였고, 기존의 상공인들도 후원 금액을 늘렸음을 알 수 있다.³⁵⁾
이 같은 우호적인 분위기는 불가능할 것 같은 두 기관의 화합 가능성을 보여
주었다는 측면에서 매우 중요한 변화였다. 물론 그럼에도 불구하고 두 기관
의 참여는 남북관계에 직접적인 영향을 받으면서 부침을 거듭했다.

원코리아페스티벌은 1989년 5회 대회에 이르러 (아시아)지역 공동체에 대
한 고민을 드러내기 시작한다. 이 시기에는 소련과 동구권의 변화가 가시화
되고 유럽공동체 논의가 활발하던 때였다. 대회는 취지문을 통해 통일운동
에 있어서 해외동포의 능동적인 역할을 강조함과 동시에 유럽공동체 형성
의 사례와 연결시키고 있다. 실행위원장 정갑수는 대회 취지문을 통해 인류
는 "유럽 EC에서 볼 수 있듯이, 통합으로 나아가고 있다"며, "세계의 평화와

---

33) 김희정, 앞의 글, 2013, 32쪽.
34) 출처: http://blog.naver.com/PostList.nhn?blogId=hanaonekorea&categoryNo=39&skinType=&skinId=
    &from=menu&userSelectMenu=true
35) 광고의 숫자는 1, 2, 3회의 안내책자에 실린 것을 헤아린 결과이다.

인류사회의 발전을 위해서도 우리 민족이 반드시 하나로 되지 않을 수 없다"고 주장하고 있다.[36) 아직 구체화되지는 않았지만, 이 시기에 이미 통일에 대한 비전을 지역공동체 형성을 통해 추진할 필요성을 제기하고 있다는 점에서 주목할 만하다. 독일 통일 이전이라는 점을 고려한다면 매우 빠른 주장인 셈이다.

이 같은 생각은 1990년 6회 대회에 이르러 좀 더 구체화된다. 정갑수는 대회 취지를 '원코리아·아시아·세계'로 내걸고, "앞으로 세계의 진행 방향을 나타내는 키워드는 당분간 리버럴, 글로벌, 휴머니즘으로 집약된다고 생각하고, 그 구현으로서 소련을 비롯한 동유럽의 변혁, 혹은 유럽의 EC 통합과 미국을 중심으로 한 북미 경제권 등 국경을 넘는 지역 경제권의 형성이 진행되고 있다"고 주장한다. 그는 나아가 아시아에서도 지역공동체가 실현될 필요가 있지만, "그 최대의 장애가 우리 조국의 분단"이라고 주장했다.[37)

이 같은 주장과 함께 6회 대회는 한국의 김덕수 사물놀이와 북조선 김정규의 공연이 함께 이루어져 재일의 화합을 넘어 남북의 문화교류 가능성을 열었다는 점에서 의의가 컸다. 또 한 가지 주목할 변화는 이 대회에 이르러 오사카부와 오사카시의 공식 후원을 받기 시작했다는 점이다. 이것은 원코리아페스티벌이 일본 사회에서도 공식으로 인정되고 나름의 자기 영역을 확보하기 시작했음을 의미했다. 그리고 이 해에 한국YMCA가 후원함으로써 한국 시민사회와 교류가 시작되었다.[38)

원코리아페스티벌의 남북 공조 분위기는 1991년에도 이어졌다. 이 해에는 북조선의 김정규, 남한의 사주팔자, 재일본조선문학예술동맹오사카 연주단, 재일본대한민국청년회의 사물놀이공연단 등이 함께 했다. 실행위원

---

36) 鄭甲寿, 「新しい発想とビジョンのもとに」, 『PARIRO FESTIVAL '89』(5회 대회 안내책자), 大阪, 1989.

37) 鄭甲寿, 「ワンコリア・アジア・世界」, 『'90 ONE KOREA FESTIVAL』(6회 대회 안내책자), 大阪, 1990.

38) 이 외에도 라디오오사카OBC도 공식 후원했다. 그리고 산토리 등에서 음료를 제공하기도 했다. 『'90 ONE KOREA FESTIVAL』(6회 대회 안내책자), 大阪, 1990.

장 정갑수는 이 대회의 취지를 "원코리아 38선 개최를 목표로"라고 내걸었다.[39]

1992년부터 원코리아페스티벌의 안내책자에는 인사말이 일본어와 한글로 동시에 게재되기 시작했다. 일본어를 모르는 공연자와 참가자들에 대한 배려가 필요해 진 것이다. 그동안 원코리아페스티벌이 남북, 재일, 일본사회의 통합을 내걸었지만 실질적으로는 재일에 좀 더 무게 중심이 있었다면, 1990년의 남북 합동 공연을 거치면서 남과 북에 좀 더 가까워지고, 그것이 안내책자의 한글 병기로 나타났다고 할 수 있다.[40] 원코리아페스티벌은 1993년에는 자신의 지역공동체적 이념지향을 좀 더 명확히 표명했다. 자신들이 "전부터 이미 아시아 공동체(AC)를 제창해 왔고", 그것은 "단순한 경제적 통합만이 아니라 '아시아 시민' 창출이라는 이상을 지향하고자 하는 발상"임을 명확히 하면서 처음으로 '아시아 시민'을 주장한 것이다.[41]

원코리아페스티벌이 이 같은 선진적인 주장을 펼칠 수 있었던 것은 1984년 이래의 남북 이산가족 상봉과 문화교류 등의 성과에 힘입은 바 컸다. 특히 정갑수 스스로가 언급하고 있듯이 1989년 정주영의 북한 방문으로 상징되는 한반도 교류의 가능성은 매우 고무적인 것이었다. 더불어 베를린 장벽의 붕괴 또한 중요한 요인으로 작용하고 있었다.

원코리아페스티벌은 다양한 차원에서 새로운 운동이었다. 먼저 남북의 통일문제를 문화적 관점에서 접근했다는 점에서 새로운 시도였다. 두 번째로 재일사회의 통합을 민족고유의 전통문화뿐 아니라, 일본 내 재일조선인들의 문화를 통해 추진하고, 나아가 한국의 민주화 운동의 산물인 문화운동

---

39) 鄭甲寿, 「ワンコリア '三八度線開催をめざして」, 『ONE KOREA FESTIVAL』(7회 대회 안내책자), 大阪, 1991.

40) 물론 처음부터 한글 광고는 실렸지만, 그것은 가게나 업체의 상호였다는 점에서 대회의 취지가 한글로 병기된 것은 다른 의미를 가진다. 『ONE KOREA FESTIVAL』(8회 대회 안내책자), 大阪, 1992. 한편 1993년 안내책자에는 취지문이 영어로도 실렸지만, 지속되지는 않았다.

41) 鄭甲寿, 「제9회 원코리아페스티벌을 맞이하여」, 『ONE KOREA FESTIVAL』(9회 대회 안내책자), 大阪, 1993.

16회 원코리아페스티벌(2000년) 공연장면43)

을 수용하였다는 점에서 새로운 운동이었다. 그리고 한 걸음 더 나아가 세계사적인 지역 통합의 흐름을 남북통일의 당위성과 연결시킴으로써, 남북통일의 문제를 동북아를 넘어서 세계사적 보편성과 연결시키려고 했다는 점에서도 새로운 운동으로 발전해 나가고 있었다.

원코리아페스티벌은 2000년 남북정상회담이 이루어지면서 더욱 고조되었다. 6 · 15 정상회담을 앞두고 페스티벌은 6월 11일 '남북정상회담 환영! ONE KOREA FESTIVAL in 동경'을 긴급 개최하고 회담의 성공을 기원하는 성명을 발표했다. 6월 15일에는 '남북 공동 성명 지지! ONE KOREA FESTIVAL in 이쿠노 코리아 타운'을 개최했다. 연이어 8월 10일에는 '해방 55주년 ONE KOREA FESTIVAL'을 개최했다. 그리고 11월 5일 다시 'ONE KOREA FESTIVAL in 이쿠노 코리아 타운'을 개최하였다. 그리고 16회 원코리아페스티벌은 12월 10일에 진행되었다. 이처럼 이 해에는 남북정상회담에 고무되어 도쿄와 오사카에서 연이은 페스티벌이 진행되었다. 또 김대중 대통령이 아세안+3

에서 제안한 '동아시아 협의체'가 좋은 반응을 얻은 것에 대해서도 자신들
이 주장하고 있던 '아시아 공동체'의 구상이 현실로 부상해 갈 가능성을 보
여준 것으로 이해했다.[42]

2000년의 원코리아페스티벌은 그 동안의 성과가 남북정상회담의 성과와
함께 다양한 형태로 나타난 해였다. 1990년 원코리아페스티벌에서 남북합동
공연이 이루어진 이후, 'ONE KOREA'의 이름을 딴 민단·총련 합동의 'ONE
KOREA 바둑대회'나 'ONE KOREA 꽃구경 대회' 같은 행사들이 등장했다. 또
'ONE KOREA'의 또 다른 이름인 '하나'의 이름을 딴 크고 작은 행사들이 이
어졌다.[44] 그것이 2000년 정상회담이 실현된 후 'ONE KOREA 통일행진'(효
고현), 'ONE KOREA 카운트 다운 21'(교토) 등으로 확산되었다.[45] 그리고 이
해의 행사에는 1998년 뉴욕에서 'NEW YORK, ONE KOREA FESTIVAL'를 진행
했던 주요 인사들이 영상 메시지를 보내왔다.[46] 그리고 1998년부터 교류를
하고 있던 의정부의 '통일예술제' 측에서도 축하 메시지를 보내왔다.[47] 그
밖에도 '민족화해협력 범국민협의회'를 비롯한 다양한 한국의 통일운동 관
련 단체들의 축하메시지가 소개되었다. 그리고 이 행사는 한국의 재외동포

---

42) 鄭甲寿, 「ONE KOREA FESTIVAL 2000 개최에 즈음하여」, 『ONE KOREA FESTIVAL 16th 2000』(16회
    대회 안내책자), 大阪, 2000, 13쪽.

43) 출처: http://blog.naver.com/PostList.nhn?blogId=hanaonekorea&categoryNo=39&skinType=&skinId=
    &from=menu&userSelectMenu=true

44) 원코리아페스티벌의 주체들은 행사의 명칭을 영어로 표기하는 것을 두고 많은 고민을 했다.
    이들은 미래지향이라는 점을 강조해 영어를 사용했지만, 실행위원장이었던 정갑수조차 영어
    를 쓰는 것에 대해 부담을 느끼고 있었다. 그런데 2회 대회에서 자연스럽게 관객과 출연자들
    이 마지막 순간에 '하나'를 외치게 되면서, 이 행위가 '하나 콜'이라는 명칭으로 정례화 되었고,
    이로부터 '하나', '하나 콜'이라는 용어는 원코리아페스티벌의 또 다른 명칭이 되었다. 정갑수,
    앞의 글, 『통일문제연구』, 2000 상반기, 32~33쪽.

45) 위의 책자, 12쪽.

46) 「ビデオメッセージ from ニューヨーク」, 위의 책자, 49-53쪽.

47) 이 행사에는 의정부 예총 회장 명의의 축하메시지가 왔다. 위 같은 책, 29쪽. '통일예술제'는
    1993년부터 의정부 지역의 문화, 예술단체들이 중심이 되어 진행하고 있던 통일시대 지향의
    지역축제이다. 양측은 1998년부터 교류를 시작하여 통일예술제를 진행하면서 원코리아페스티
    벌이라는 용어를 함께 사용해 행사를 진행했다. 이들의 교류는 2005년까지 지속되었다.

재단이 재정지원을 함으로써 한국 정부의 공식 지원을 받는 행사가 되었다.

나아가 이 행사에는 도이 다카코(土井たか子) 중의원 의원(사회민주당 당수), 간자키 다케노리(神崎武法) 공명당 당수, 나카노 칸세이(中野寬成) 민주당 부대표, 후와 데쓰조(不破哲三) 일본공산당 중앙위원회 의장 등이 축하 메시지를 보내왔다. 또한 오타 후사에(太田房江) 오사카부 지사를 비롯해 오사카 시장, 야마구치현 지사 등 21개 지사와 시장이 축하 메시지를 보내 왔다.48) 이 같은 한국과 일본의 적극적인 참여는 원코리아페스티벌이 지향하고 있는 재일의 통합과 남북의 통합, 그리고 일본의 동참을 통한 아시아 공동체라는 목표가 결코 실현 불가능한 것이 아님을 보여준 획기적인 발전이었다. 그만큼 남북정상회담이 가지는 의미는 큰 것이었다. 그렇지만, 남북정상회담의 성사에도 불구하고 총련이나 북조선의 참여가 적극적이지 않았다는 점은 원코리아페스티벌의 앞날이 순탄하지만은 않을 것임을 보여주는 지표이기도 했다. 이 행사에 총련 측은 히가시(東) 오사카 조선중급학교 학생들이 건국학교 학생들과 함께 합창을 하는 정도로 참여하는데 그쳤다.

2004년에 이르러 원코리아페스티벌은 조직적으로 중요한 변화를 맞이했다. 동 실행위원회는 민족교육문화센터, 재일한국민주인권협의회의와 함께 '코리아NGO센터'를 설립했다. 민족교육문화센터는 공립학교에서의 민족교육의 제도보장운동을 전개하던 단체였다. 재일한국민주인권협의회의는 재일한국인 정치범 구원활동에서 출발해 재일외국인 인권보장과 한일시민 교류활동을 전개하던 단체였다.49) 코리아NGO센터가 설립됨으로써 그동안 별개로 진행되었던 남북통일운동, 재일외국인 인권옹호 활동, 동아시아 교류 활동을 통합적으로 전개해 나갈 수 있게 되었다. 또한 이 단체는 2013년 재일조선인 단체로는 처음으로 정부의 NPO 재단법인 승인을 받음으로써, 명실상부한 일본의 시민단체로서 제도적 기위를 인정받게 되었다.50) 이는 재

---

48) 『ONE KOREA FESTIVAL 16th 2000』(16회 대회 안내책자), 大阪, 2000, 21~27쪽.

49) 『朝日新聞』(夕刊, 大阪) 2004. 3. 27.

50) 정갑수 원코리아페스티벌 실행위원장 면담. 2013년 8월 14일 원코리아페스티벌 사무실.

일조선인만으로 구성된 단체가 일본 지역공동체의 일원으로 공식 인정되었다는 점에서 그 의의가 매우 큰 '사건'이었다. 향후 이러한 변화가 지역사회에서 어떤 변화를 이끌어 낼지 주목할 필요가 있다.

물론 원코리아페스티벌이 계속된 발전만을 거듭하고 있는 것은 아니다. 2008년 한국에 보수 정권이 들어서고, 같은 해 '금강산 총격사건'과 그로인한 금강산 관광 중단, 2010년의 천안함 사건과 그에 따른 5·24조치 등 남북관계가 하루가 다르게 경색되어 감에 따라 원코리아페스티벌의 열기도 점차 가라앉을 수밖에 없었다. 재외동포재단과 민단을 통해 재정적 지원을 하던 한국정부는 2009년에는 지원을 중단해버렸다. 2010년에는 다시 지원을 했지만 금액을 반으로 줄여버렸다.

게다가 한국의 보수정권 등장과 같은 시기에 일어난, 하시모토 도루(橋下徹) 오사카부 지사의 등장은 일본 내의 상황도 조금씩 악화시키는 요인으로 작용했다. 결국 2010년대에 들어와서는 오사카시와 오사카부의 지원이 현저히 줄어드는 결과를 낳게 되었다. 행사장을 무료로 대여해 주고, 지하철 역사의 포스터 홍보를 지원해 주던 오사카시와 오사카부는 하시모토 등장 이후 역사 홍보를 중단시켰고, 2012년부터는 무료로 대여해 주던 대회장 사용료를 징수하기에 이르렀다.[51]

이렇게 원코리아페스티벌은 남북관계의 악화와 보수지방정권의 등장이라는 악재를 맞아 위기에 봉착하게 되었다. 더 이상 총련과 민단의 적극적인 참여를 기대하기 어렵게 되었다. 남북의 통일은 물론이고 재일의 통합에도 문제가 생긴 것이다. 게다가 일본 내에서 잘 드러나지 않는 방해도 생겼다. 그런데 이 같은 부침을 겪는 사이 원코리아페스티벌은 내용면에서도 적지 않은 변화가 생겼다. 북조선의 문화보다는 남한의 문화 경향이 주류를 이루게 된 것이다. 뿐만 아니라 한류의 영향을 직접적으로 받게 되었다. 축제의 내용이 점점 한국문화와 재일의 문화가 주류를 이루는 모양새가 된

---

51) 위의 면담.

것이다. 참여하는 구성원들도 그러한 특징을 반영한 인물들이 주류를 차지
하게 되었다. 한국의 배우들이 참여하거나, 시민단체 대표, 정치인들이 참
여하기 시작한 것이다.[52]

2004년 한국의 드라마 겨울연가가 큰 반향을 불러일으키면서, 2005년 한
류 배우가 된 권해효 등이 참여하면서 일본인들의 참여가 폭발적으로 늘어
났다. 이 해에 만 명이 넘는 일본인이 참여했다. 그 이후 참여자의 반 이상
이 일본인들로 채워졌다.[53] 남북관계가 악화되면서 떠나간 총련과 북조선
의 자리를 한국의 배우들과 일본인들이 채우기 시작한 것이다. 그럴수록 행
사의 내용은 점점 더 한류문화와 일본의 대중문화가 차지하는 비중이 커지
는 양상을 띠게 되었다. 페스티벌의 주체들이 그토록 유지하려고 애를 썼던
'발란스'가 무너지기 시작한 것이다.[54]

2014년에 이르러 원코리아페스티벌은 새로운 시도를 시작했다. 해외 한
인사회를 엮어내는 것을 목표로 새롭게 '2014 DMZ 원코리아 온누리 페스티
벌'을 진행했다. 이 행사는 개천절인 10월 3일 임진각에서 진행되었다. 행사
의 주체는 일본의 주최와는 별개로 설립된 외교부 산하의 사단법인 원코리
아였다. 이 행사를 주관한 김희정 이사장은 "문화적 동질감으로 모두 하나
되는 자리"를 표방하며 "새로운 희망을 만드는 통일문화운동"이라고 주장했
다. 또한 이 행사가 오사카의 원코리아페스티벌과 뜻을 같이하는 것임을 밝
히고 있다.[55]

그런데 이러한 분화와 변신이 어떤 미래지향적 의미가 있게 되기까지는

52) 원코리아페스티벌 2004년대 이후 행사안내 책자 참조. 안내책자들은 단체 홈페이지와 블로그를
통해 확인할 수 있다. 홈페이지: http://hana.wwonekorea.com ; 블로그: http://blog.naver.com/Post
List.nhn?blogId=hanaonekorea&categoryNo=39&skinType=&skinId=&from=menu&userSelectMenu=true
53) 위의 면담.
54) 정갑수 위원장은 원코리아페스티벌을 시작하면서 가장 강조한 것이 '남북을 일체 비난하지 않
는다'라는 것과 어느 한 편의 주장을 대변하지 않는 '발란스(균형)'였다고 밝히고 있다. 정갑수,
앞의 글,『통일문제연구』 2000 상반기, 31쪽.
55)「임진각에서 'DMZ 원코리아 온누리 페스티벌」,『연합뉴스』 2014. 10. 2.

아직 많은 고민이 필요해 보인다. 온누리 페스티벌 주최 측은 원코리아페스티벌과 이념적 지향이 어떻게 같은지, 또 무엇을 계승하고 있고, 무엇이 다른지에 대한 명확한 답을 제시하지 않았다. 그렇지만, 온누리 페스티벌의 지향은 그동안 원코리아페스티벌이 추구해 왔던 비전과 구성원과는 사뭇 다른 내용임이 분명하다. 가장 확연한 차이는 동북아 평화공존의 공통 비전으로 제시되었던 아시아공동체라는 지향이 전세계 한인사회의 통합이라는 지향으로 옮겨간 것이다. 비록 이 축제가 DMZ라는 지역성을 통해 통일운동 지향의 행사라는 점을 분명히 하고 있지만, 그 성격과 비전이 아시아공동체를 지향하고 있다고 주장하기에는 무리가 있다.

한편으로 '온누리 페스티벌'은 총련이나 북조선의 참여는 고사하고, 관심조차 얻어내지 못한 상태에서 진행되었다. 물론 일본인들이나 중국인들의 참여도 없다. 참여자들은 한국인들과 재외동포들 특히, 한국의 여야 정치인들과 기업대표, 해외 한인단체 대표들로 대부분이 채워졌다. 이들 중 상당수는 재외동포들의 투표권에 더 관심이 많은 정치인들이다. 이런 축제에 총련계가 참여할 리 만무하다. 자칫 문화적 언어를 통해 통일운동이라는 정치적 목표를 추구한다는 원코리아페스티벌의 성과가 정치적 목표 실현을 위한 문화적 도구로 전락할 위험성마저 보인다. '발란스'가 또 한 번 기울고 있는 것이다. 물론 일본에서 진행되는 원코리아페스티벌은 현행대로 진행되고, '온누리 페스티벌'은 새로운 영역을 확장하는 개념이라고 할 수 있다. 그렇지만, 그러한 새로운 지향이 기존의 지향과 어떻게 조화될 수 있을 지는 아직 미지수이다.

4. 맺음말

해방 직후 재일동포 사회는 '귀국'이라는 공통의 목표 하에 통일된 조직을 만들고, 단결된 활동을 진행했다. 얼마 되지 않아 조직은 분열되었지만, 1950년대까지 재일사회는 통일 정부 수립이라는 공통의 열망을 기반으로,

제한적이나마 탈이념적인 연대의 공간을 가지고 있었다. 특히 1955년 결성된 남북통일촉진협의회와 3·1절 기념 중앙대회는 작은 통합의 가장 중요한 부분을 차지하고 있다.

4·19혁명을 맞으면서 시작된 1960년대에도 작은 통합과 제한적인 연대는 계속되었다. 이시기의 연대는 한국의 민주화운동을 지지하며 재일본한국거류민단에서 분리되어 나온 세력에 의해 주도되었다. 이들은 재일본조선인총연합회 계열과 새로운 연대의 가능성을 모색했다. 그런데 이들의 등장과 함께 재일사회에는 '귀국'이나 '본국'이라는 개념보다는 일본 사회에서의 '생활'을 더 크게 인식하는 새로운 세대가 주역으로 등장했다. 그러한 변화는 1970년대의 새로운 경향으로 성장했다.

재일사회에 귀국지향, 본국지향의 의식이 상대적으로 약한 세대들이 주역으로 나서면서 일본 내에서의 공존과 자기정체성의 재정립이라는 과제가 전면에 등장했다. 이러한 문제의식의 연장선상에서 1980년대에는 한국의 민주화 운동 현장에서 만들어진, 민족 문화를 활용한 운동 방식이 재일의 운동에 수용되기 시작했다. 그것은 새로운 형식의 민족문화축제의 모습으로 나타났다. 그 중에 남북통일과 아시아공동체론을 공통의 비전으로 제시하는 원코리아페스티벌이 있었다. 이 행사의 주체는 '7·4'남북공동성명의 정신을 계승하면서도 완전히 새로운 운동을 지향했다. 원코리아페스티벌은 1990년대의 남북대화 분위기, 2000년의 남북정상회담 등을 거치며 동북아시아 탈냉전의 분위기와 함께 새로운 가능성을 열어 나갔다.

그렇지만 2008년부터 시작된 남북대결의 분위기는 재일사회 통일운동의 흐름에도 악영향을 미쳤다. 남북관계의 악화는 북조선은 물론이고 총련계의 참여마저 제한하는 역할을 했고 통합의 기운은 점차 적대적 기운으로 변해갔다. 그런데 때마침 불어온 한류의 열풍은 북조선과 총련계의 문화가 떠나간 빈자리를 한류문화와 일본의 대중문화로 채우는 역할을 했다. 원코리아페스티벌의 규모는 커졌지만, 그것은 한일교류의 장으로 변모하기 시작한 것이다.

원코리아페스티벌은 30여 년 간 진행되면서 남북통일이라는 정치적 이슈를 문화적 언어로 풀어내는 데 성공했다. 그리고 그것을 일본의 지역사회 내의 문화와 결합시켜 내는 데에서도 많은 진전을 이룩했다. 그렇지만, 남북관계의 악화를 극복하기에는 아직 역량이 부족한 상황이다. 그런 와중에 원코리아페스티벌의 정신을 계승 확장하려는 시도가 등장했다. 전세계 700만 한인의 문화적 통합을 통한 통일운동을 해나가겠다는 '온누리 페스티벌'이 그것이다. 그런데 이 운동의 방향은 그 동안 원코리아페스티벌이 이루어 왔던 성과들과는 그 방향이 같지 않다. 이 운동이 어떻게 발전해 나갈지 아직 알 수 없지만, 대한민국 외교부 산하의 재단이 추진하고, 수많은 여야 정치인들과 기업들이 대거 참여하는 이 페스티벌에 북조선이나 총련계의 참여를 기대하기는 힘들 듯하다. 게다가 아시아공동체라는 지역통합적 목표와 결합도 쉽지 않다. 원코리아페스티벌의 주체들이 가장 중요시하는 '균형'이 무너지고 있다고 해도 과언이 아니다.

그럼에도 원코리아페스티벌은 재일사회만이 가지고 있는 특징과 문화적 요소, 세계사적 비전이 결합된, 그리고 풀뿌리 시민사회에 기반 한 운동이 재일사회의 통합을 이끌어 낼 수 있다는 사실을 보여주었다. 그리고 그 같은 흐름은 다문화 공생을 추구하는 일본 시민사회도 설득할 수 있음을 보여주었다. 재일사회의 탈이념적 통합과 일본 시민과의 공생이 이루어 질 때 재일의 분단극복 노력이 두 본국 사회에도 긍정적인 영향을 미칠 수 있을 것이다. 그런데 지금 재일사회의 능동적 전환이라는 꿈은 남북위기의 시대와 함께 안팎으로 위기에 봉착해 있다. 원코리아페스티벌의 성과를 어떻게 이어나갈지, 현재의 위기를 어떻게 극복해 나갈지 깊은 고민이 필요해 보인다.

■ 이신철

저자소개

김인덕 金仁德
- 청암대학교 간호학과 교수, 재일코리안연구소 부소장
- 재일코리안사, 근현대한일관계사 전공
- 『재일본조선인연맹 전체대회 연구』(선인), 『재일본조선인연맹 전체대회연구』(선인)

오노 야스테루 小野容照
- 교토대학 조교
- 조선근대사, 동아시아 민족운동사 전공
- 『朝鮮独立運動と東アジア 1910-1925』(思文閣出版)

최재성 崔在聖
- 청암대학교 학술연구교수
- 한국근현대사 전공
- 『식민지 조선의 사회경제와 금융조합』(경인문화사), 『韓國の歷史を知るための66章』(明石書店)

성주현 成周鉉
- 청암대학교 재일코리안연구소 연구교수
- 근대민족운동사, 동학 및 천도교사 전공
- 『동학과 동학혁명의 재인식』(국학자료원), 『식민지시기 종교활동과 민족운동』(선인)

도노무라 마사루 外村大
- 도쿄대 대학원 종합문화연구과 교수
- 일본근현대사, 지역문화연구 전공
- 『재일조선인 사회의 역사학적 연구』(논형), 『朝鮮人強制連行』(岩波新書)

정희선 鄭熙鐥
· 청암대학교 문화관광과 교수, 재일코리안연구소 소장
· 근현대한일관계사, 재일코리안사 전공
· 『재일조선인의 민족교육운동(1945~1955)』(서울기획), 『(湖山)姜桂重』(湖山姜桂重刊行發 起人會)

김광열 金廣烈
· 광운대학교 교수
· 근현대한일관계사, 일본사회론 전공
· 『한인의 일본이주사 연구(1910~1940년대)』(논형), 『帝國日本の再編と二つの「在日」』(明石書店)

정혜경 鄭惠瓊
· 대일항쟁기강제동원피해조사 및 국외강제동원희생자등 지원위원회 조사1과장
· 한국근현대사 전공
· 『일제시대 재일조선인민족운동연구 : 오사카(大阪)을 중심으로』(국학자료원), 『조선 청년이여 황국 신민이 되어라』(서해문집)

기무라 겐지 木村健二
· 시모노세키시립대학 교수
· 근현대한일관계사, 경제사 전공
· 『在朝日本人の社會史』(未來社), 『在日コリアンの經濟活動 移住勞動者, 起業家の過去・現在・未來』(不二出版)

미즈노 나오키 水野直樹
· 교토대학 교수
· 조선근대사, 동아시아관계사 전공
· 『창씨개명』(산처럼), 『생활 속의 식민지주의』(산처럼)

동선희 董宣熺

· 전 청암대학교 재일코리안연구소 연구교수
· 일제식민지배정책사, 근현대한일관계사 전공
· 『식민권력과 조선인 지역유력자』(선인), 『디아스포라를 사는 시인 김시종』(역서, 어문학사)

임영언 林永彦

· 전남대학교 세계한상문화연구단 연구교수
· 경제사회학 일본학분야 전공
· 『글로벌 디아스포라와 세계의 한민족』(공저, 북코리아), 『재일코리안 기업의 형성과 기업가 정신』(북코리아)

후지나가 다케시 藤永壯

· 오사카산업대학 교수
· 조선근현대사 전공
· 『戰爭・暴力と女性3　植民地と戰爭責任』(吉川弘文館), 『第二次大戰後における済州島民の日本への密航について(東アジアの間地方交流の過去と現在 －済州と沖縄・奄美を中心にして－)』(彩流社)

마쓰다 도시히코 松田利彦

· 국제일본문화연구센터 준교수
· 근대한일관계사 전공
· 『일제시기 참정권문제와 조선인』(국학자료원), 『日本の朝鮮植民地支配と警察－1905~1945年』(校倉書房)

이신철 李信澈

· 성균관대학교 동아시아역사연구소 연구교수
· 남북현대사, 한일관계 전공
· 『북한 민족주의운동 연구』(역사비평), 『한일 근현대역사논쟁』(선인)